AF557986

Felix Römer

Die narzisstische Volksgemeinschaft

Theodor Habichts Kampf
1914 bis 1944

S. FISCHER

Die Zeit des Nationalsozialismus
Eine Buchreihe
Begründet und bis 2011 herausgegeben von Walter H. Pehle

Zahlreiche Archivrecherchen für dieses Buch
wurden durchgeführt von Frederik Müllers

Erschienen bei S. FISCHER

Satz: Fotosatz Amann, Memmingen
Druck und Bindung: CPI books GmbH, Leck
Printed in Germany
ISBN 978-3-10-397284-9

Für Louis und Henry

Inhalt

I

Einleitung

In der nationalsozialistischen »Volksgemeinschaft« galt die Maxime »Du bist nichts, dein Volk ist alles«, doch in Wirklichkeit hielten sich noch nicht einmal die Machthaber daran. Die NS-Propaganda predigte unablässig, dass nur noch das Kollektiv zähle und nicht mehr der Einzelne, aber viele der führenden Nationalsozialisten nahmen sich selbst davon aus: Sie hielten sich für herausragende Persönlichkeiten, die über der Masse des Volkes standen. Ein typischer Fall war der prominente NSDAP-Funktionär Theodor Habicht aus Wiesbaden. Im Jahre 1926 trat er als Achtundzwanzigjähriger in die NSDAP ein – im NS-Staat schaffte er es später fast bis ganz nach oben.[1] Vor 1933 galt Habicht als einer der erfolgreichsten nationalsozialistischen Provinzführer in ganz Deutschland. Ab 1931 führte er die NS-Bewegung in Österreich an und machte weltweit Schlagzeilen, als er im Juli 1934 einen Putschversuch gegen die Regierung in Wien unternahm, der blutig scheiterte. Trotz dieses spektakulären Fehlschlags ging seine Karriere ab 1937 weiter, erst als Oberbürgermeister von Wittenberg und Koblenz, dann ab 1939 sogar als Diplomat im Auswärtigen Amt. Im Herbst 1940 trat er als Offizier in die Wehrmacht über und kam 1944 schließlich an der Ostfront ums Leben. Schon zu Lebzeiten sah sich Habicht als historische Figur und war vollkommen von sich selbst eingenommen. Weit über den Einzelfall hinaus offenbart Habichts Biographie die narzisstischen Züge der Nationalsozialisten. Damit ist nicht ihre individuelle Psyche gemeint, sondern ihre historische Mentalität im Sinne eines kollektiven kulturellen Musters. Dennoch lassen sich die analytischen Kriterien für die Beschreibung dieser Mentalität aus der psychologischen Forschung ableiten. Dies verdeutlicht das folgende kurze Gedankenexperiment, das auf Habichts historischen Selbstzeugnissen beruht.

Stellen wir uns einmal vor, Habicht hätte sich damals einem psychologischen Test unterzogen, der erst mehrere Jahrzehnte nach dem Ende des Zweiten Weltkriegs zur Diagnose von narzisstischen Persönlichkeitsstörungen entwickelt wurde. Nehmen wir einmal an, Habicht hätte den Fragebogen Ende 1943 kurz vor seinem Tod im Rückblick auf sein Leben während einer Kampfpause in seinem Quartier an der Ostfront ausgefüllt. Auf seinem Schreibtisch hätte er die deutsche Version des *Narcissistic Personality Inventory* (NPI) vor sich liegen gehabt, der heute zum Standard der Psychologie gehört. Wenn Habicht den NPI aufgeblättert hätte, hätte er eine Liste mit vierzig Paaren von kurzen Aussagen vorgefunden. Der Test hätte darin bestanden, diese Aussagenpaare Punkt für Punkt durchzugehen – und sich jeweils zu entscheiden, mit welchem der alternativen Statements man sich mehr identifiziert. Natürlich hat Habicht in Wirklichkeit nie etwas vom NPI gehört, geschweige denn, ihn jemals ausgefüllt. Doch nach allem, was Habicht in seinen Reden, Schriften und Tagebüchern von sich selbst preisgegeben hat, kann man sich leicht ausrechnen, was er auf die Fragen des NPI wohl geantwortet hätte.

1 Ich bin ziemlich genau wie jeder andere auch |
Ich bin eine außergewöhnliche Person

Gleich die erste Aussage wäre für jemanden wie Habicht irritierend gewesen. Die Vorstellung, dass irgendjemand ihn nicht für außergewöhnlich halten könnte, war aus seiner Sicht reichlich absurd. Wegen seiner Leistungen und Taten fühlte sich Habicht den meisten Zeitgenossen weit überlegen, deshalb sah er in vielen auch nur »Durchschnittsfiguren«. Immer wenn Habicht auf seine eigene Geschichte zurückblickte, wurde er pathetisch – sein Tagebuch zeigt an vielen Stellen, wie sich das bei ihm anhörte. Im Weltkrieg hatte er als Kriegsfreiwilliger gekämpft und war dafür mit dem Eisernen Kreuz ausgezeichnet worden. Nach der Schmach von 1918 hatte er in Berlin mit einem Freikorps gegen die Spartakisten gekämpft, die alles umstürzen wollten, wofür er und seine Kameraden gefochten hatten – eine düstere, aber auch eine heroische und prägende Zeit. Ab Mitte der 1920er Jahre hatte er dann seine Heimatstadt Wiesbaden zu einer Hochburg der NSDAP gemacht: In der Kampfzeit hatte er mit die besten Wahlergebnisse des gesamten Reiches eingefahren. Sein Aufstieg zum Gauleiter und Führer der Nationalsozialisten von ganz Österreich im Sommer 1931 war die logische Folge seiner großen

Verdienste um die Bewegung gewesen. Bei dem Gedanken an Österreich konnte Habicht gleichzeitig einen Anflug von Bitterkeit nicht ganz unterdrücken, denn unweigerlich kam auch die Erinnerung an seinen gescheiterten Coup vom Juli 1934 wieder hoch. Habicht ließ sich jedoch von dem Fehlschlag nicht weiter beeindrucken, schließlich hatte der ja nicht an ihm gelegen, sondern am Versagen der österreichischen SA. Auch dass Hitler ihn nach dem Putschversuch seines Amtes entheben musste, war eben nur außenpolitischen Rücksichtnahmen geschuldet gewesen.

Sein Wiedereinstieg in die Politik war ihm schon 1937 gelungen, als Oberbürgermeister von Wittenberg. Ab 1939 dann regierte er das wesentlich bedeutendere Koblenz, in der Übergangszeit sogar beide Städte zugleich – auch das hatte er sich selbstverständlich ohne Zögern sofort zugetraut. Die erhebenden Bilder von den großen Aufmärschen und Paraden mit den Menschenmassen, Wehrmachtsformationen und wehenden Flaggen standen ihm noch lebhaft vor Augen. Die Krönung war dann seine Berufung als Unterstaatssekretär ins Auswärtige Amt im Herbst 1939. Mit Ehrfurcht dachte er daran, wie er als Diplomat Weltpolitik mitgestaltet hatte, einmal sogar als Sondergesandter des Reiches in Oslo nach dem deutschen Einmarsch vom April 1940. Er hatte zwar das Amt im selben Jahr wieder verlassen müssen, doch das hatte nur an der Unfähigkeit von Reichsaußenminister Ribbentrop gelegen, unter dem die Wilhelmstraße zu einem »Narrenhaus« heruntergekommen war. Habicht war froh, dass er seither wieder Soldat war. Als Offizier an der Front für die Volksgemeinschaft und die Zukunft des Reiches zu kämpfen war ohnehin das Ehrenvollste und Männlichste, was es überhaupt gab. Und auch auf diesem Feld hatte er gezeigt, was er konnte. In Polen hatte er noch als Leutnant gedient, jetzt war er schon Hauptmann und Kommandeur eines Bataillons, nachdem seine Leistungen auf dem Schlachtfeld endlich angemessen gewürdigt worden waren.

Habicht dachte daran, wie er an seinem letzten Geburtstag über einer Europakarte gesessen hatte und mit dem Finger über all die Orte gefahren war, an denen er in seinem Leben gewirkt hatte. Andere mochten vielleicht weiter gereist sein als er, aber kaum jemand hatte an so vielen Punkten Geschichte mitgemacht. Gewiss hatte er auch Niederlagen und Rückschläge hinnehmen müssen. Mehr als einmal war er um seine Erfolge betrogen worden, und das von Leuten aus den eigenen Reihen.

Aber er hatte nie den Konflikt gescheut und immer in vorderster Linie gekämpft, nicht nur im übertragenen Sinne, sondern auch ganz wörtlich. Wenn man sein außergewöhnliches Leben auf einen Nenner bringen wollte, dann konnte es keinen besseren Begriff dafür geben als diesen: den Kampf! Und um die historischen Dimensionen dieses kämpferischen Lebens zu erfassen, dafür brauchte es doch eine geradezu epochale Bezeichnung: Habicht sprach deshalb von seiner Zeit seit Beginn des Ersten Weltkriegs als seinem ganz persönlichen dreißigjährigen Krieg.

2 Ich bin ein geborener Führer | Führerschaft ist eine Qualität, die man lange entwickeln muss

Auch bei dieser Frage lag die Antwort für Habicht auf der Hand. Dass er ein geborener Führer war, hatte er doch schon im Weltkrieg bewiesen, mit neunzehn Jahren hatte er es zum Unteroffizier gebracht! Und in der Wiesbadener NSDAP hatte er gerade einmal ein Jahr gebraucht, um Parteichef zu werden. Ein weiteres Jahr später hatte er mit der Partei in der Stadt den Durchbruch geschafft. In Österreich war es im Grunde dasselbe gewesen. Die österreichische Bewegung war unter dem schwachen Landesleiter Alfred Proksch so in Unordnung geraten, dass erst Habicht kommen musste, um wieder eine straffe Partei daraus zu formen – und das hatte er ja wohl geschafft! Man denke nur an seine Radioansprachen im bayerischen Rundfunk, mit denen er die Bewegung bei der Stange gehalten hatte! Noch vor wenigen Tagen hatte ihn hier im Frontgebiet schon wieder ein früherer Anhänger aus Österreich darauf angesprochen: Er sei damals »Abonnent« auf Habichts Rundfunkreden gewesen. Habicht hatte immer gezeigt, wo es langging, auch als Oberbürgermeister. In Wittenberg war man ihm doch heute noch dankbar dafür, was er dort alles bewegt hatte, und das gegen alle Widerstände. Am klarsten zeigte sich natürlich hier an der Front, wer ein geborener Führer war. Kein Zweifel, seine Soldaten waren ihm ergeben, wie es eine Gefolgschaft nur sein konnte. Wenn er Witze machte, dann lachten sie, und wenn er durch den Bataillonsbereich ging, lief keiner vor ihm weg, so wie beim Regimentskommandeur mit seiner falschen Leutseligkeit. Mit diesem »Volk« konnte er alles anstellen.

3 Ich stehe gerne im Zentrum der Aufmerksamkeit |
Es ist mir unangenehm, im Mittelpunkt zu stehen

Diese Frage ließ sich nicht ohne kurzes Nachdenken beantworten. Bei der zweiten Aussage fiel Habicht einer der anständigen Ritterkreuzträger aus seinem Regiment wieder ein, der vor Bescheidenheit einmal beinahe ganz rot geworden war, als Hitler im Radio von den Leistungen der Ritterkreuzträger geschwärmt hatte. Ein weiterer Ritterkreuzträger aus seinem Regiment war fast wütend darüber gewesen, als ihn eine Zeitung in der Heimat mit einem Bericht über seine Heldentaten zu einer regelrechten Lokalberühmtheit gemacht hatte. Es ehrte die Männer, dass sie sich nicht übermäßig herausstellen wollten, schließlich war jeder Einzelne ja nur ein kleines Glied in der großen Volksgemeinschaft, der alle letztlich dienten. Auf der anderen Seite waren sie aber eben auch keine Gauleiter und Unterstaatssekretäre, so wie er. Wenn man im ganzen Reich als bedeutende Persönlichkeit bekannt war, stand man zwangsläufig häufig im Mittelpunkt, und dass man Habicht als »hohes Tier« ansah, hatte nun einmal auch seine Gründe. Warum sollte man verschweigen, welches Ansehen man genoss? Habicht dachte nicht ungern daran, wie oft ihn schon frühere Anhänger aus Österreich hier im Frontgebiet angesprochen hatten, auch wenn er manchmal vielleicht etwas nachhelfen musste, wenn man ihn nicht gleich erkannte. Teilweise war er geradezu wie ein Filmschauspieler umschwärmt worden. Einer seiner Anhänger aus Linz hatte sich gar nicht wieder eingekriegt, als er begriff, wen er vor sich hatte, und hatte sogar darauf bestanden, mit Habicht für ein Foto zu posieren. Habicht wusste, wie sich Ruhm anfühlte, aber das war eben eine logische Folge seiner Verdienste.

4 Ich bestehe darauf, den Respekt zu erhalten, der mir zusteht |
Für gewöhnlich erhalte ich den Respekt, den ich verdiene

Für eine bedeutende Persönlichkeit wie ihn war die Antwort auf diese Frage offensichtlich. Wenn er sich nicht stets Respekt verschafft hätte, wäre er nicht da, wo er heute war. Anders konnte man in der Partei auch gar nicht bestehen, denn dafür gab es zu viele »Parteigenossen«, die nur auf ihre Chance warteten, einem den Posten wegzuschnappen. In der Kampfzeit in Wiesbaden hatte er gnadenlos jeden aus der Partei entfernt, der ihm nicht passte. Er hatte sich niemals auch nur das Geringste gefallen lassen. Wer ihn kritisierte, kriegte eine Verleumdungsklage vor dem Wiesbadener Amtsgericht an den Hals oder eine Breitseite aus seiner Parteizeitung. Seine persönlichen Feinde hatte er mit schlagkräftigen Schmähartikeln überzogen – für seinen beißenden Sarkasmus war er in Wiesbaden berühmt gewesen. Nach der Machtergreifung von 1933 standen natürlich noch ganz andere Mittel zur Verfügung, um mit lästigen Zeitgenossen fertig zu werden. So wie mit den beiden Parteigenossen, die sich damals in dem Münchener Wirtshaus beim Biertrinken über ihn lustig gemacht hatten – ein halbes Jahr Konzentrationslager für beide! Ansonsten kam es ja ohnehin nicht häufig vor, dass man ihm nicht den gebührenden Respekt zollte. Er konnte sich nicht daran erinnern, dass er in seinem gesamten Tagebuch an der Ostfront auch nur einmal eine despektierliche Bemerkung über sich registriert hätte, im Gegenteil.

5 Ich habe eine natürliche Gabe, Menschen zu beeinflussen |
Ich bin nicht gut darin, Menschen zu beeinflussen

Habicht wäre ein kläglicher Propagandist gewesen, wenn er bei dieser Frage lange überlegt hätte. Allein die Mitgliederzuwächse und Wahlerfolge seiner NSDAP-Ortsgruppe während der Kampfzeit in Wiesbaden sprachen doch Bände. Habicht wusste, dass er als begnadeter Redner galt, und seine Parteizeitung war der Schrittmacher der Bewegung in Wiesbaden gewesen. Durch seine unermüdliche Agitation war die Partei nicht nur in die wohlhabenden Gegenden im Osten und Norden der Stadt vorgedrungen, sondern auch in das Arbeiterviertel in Biebrich. Zugegeben, einmal hatten sich einige Arbeiter bei der NSDAP-Führung über ihn beschwert, weil es angeblich zu autoritär zuging in der Partei, doch gerade die Massen brauchten doch straffe Führung! Bei höhergestellten Persönlichkeiten konnte er sich auf seine Überredungskünste verlassen. Im Sommer 1934 hatte er sogar den Führer höchstpersönlich von seinen Putschplänen in Österreich überzeugen können. Leider fiel Habicht zwangsläufig auch ein Gegenbeispiel ein, das ihn an einige der unerfreulichsten Erscheinungen im Reich erinnerte, die ständigen Grabenkämpfe mit machthungrigen Parteibonzen. Im Auswärtigen Amt wusste selbst er irgendwann nicht mehr weiter. Ausgerechnet andere

Nationalsozialisten hatten sich in der erzkonservativen Wilhelmstraße gegen ihn gestellt, und Alfred Rosenberg hatte sogar seinen vielversprechenden Putschplan für Afghanistan zunichtegemacht. Natürlich nur aus Eitelkeit, da war sich Habicht sicher. Dass er die Gabe hatte, auf Menschen einzuwirken, das erlebte er doch täglich bei seinen Soldaten. Eine Bestätigung erhielt Habicht sofort, als er die nächste Aussage in dem Fragebogen las, die offenbar in eine ähnliche Richtung ging wie die vorliegende: »Ich kann in Menschen lesen wie in einem Buch.« Etwas ganz Ähnliches hatte er einmal in seinem Tagebuch über einen seiner Feldwebel geschrieben: »Ich kann in sein Inneres sehen wie durch Glas.«

6 Ich hänge manchmal von anderen ab, um Dinge fertigzubringen | Ich hänge selten von anderen ab, um Dinge fertigzubringen

Diese Frage war durchaus schwierig, doch je länger Habicht nachdachte, desto mehr tendierte er zur letzteren Aussage. Einerseits war es ja vollkommen selbstverständlich, dass man im neuen Deutschland nicht auf sich selbst gestellt, sondern in der Gemeinschaft aufgehoben war. Hier an der Front im Osten erlebte Habicht den Geist der Kameradschaft jeden Tag – viel mehr im Übrigen als in der Heimat, wo allzu viele selbstsüchtige Parteibonzen die Ideale des Nationalsozialismus untergruben. Er wusste sich schon damals in Wiesbaden eine loyale Gefolgschaft aufzubauen, durch die ihm kaum einer etwas anhaben konnte. Auch in Österreich hatte er eine Auslese von Getreuen um sich geschart, auf die er sich verlassen konnte. Manche Verbindungen aus der Kampfzeit waren so unerschütterlich, dass sie bis heute hielten – und schon einmal sehr nützlich sein konnten, zumal einige von seinen alten Mitstreitern inzwischen in hohe Positionen gelangt waren. Schon bei seiner Berufung als Oberbürgermeister in Wittenberg war das hilfreich gewesen. Das hieß aber keinesfalls, dass Habicht nur durch Seilschaften zu seinen hohen Stellungen gelangt wäre, und deshalb konnte es für ihn keine andere Wahl geben, als oben die zweite Aussage anzukreuzen. Er hatte schließlich alles aus eigener Kraft geschafft, durch seine Leistungen, weil er eben mehr konnte und tatkräftiger war als andere. Mit Leuten wie seinem aktuellen Regimentskommandeur wollte er nicht verglichen werden: Der hatte seinen Posten nur deshalb bekommen, weil er SA-Obergruppenführer war und seine Beziehungen hatte spielen lassen. So einer war doch kein richtiger Nationalsozialist!

7 Ich werde nie zufrieden sein, bis ich bekomme, was ich verdiene | Ich beziehe meine Zufriedenheit daraus, was sich mir bietet

Auch diese Frage erforderte ein kurzes Nachdenken, doch im Grunde gab es für Habicht keinen Zweifel, dass überhaupt nichts Schimpfliches daran war, die erste Aussage zu unterschreiben. Selbstverständlich lag ihm nichts ferner, als sich zu bereichern, so wie manche Bonzen in der Heimat das taten. Doch hier ging es ja darum, das zu bekommen, was einem zustand. Und was hatte Habicht nicht alles für Opfer gebracht! Erst der heldenhafte Einsatz für das Vaterland in Weltkrieg und Revolutionswirren, dann die Kampfzeit in Wiesbaden. Nach dem begeisternden Wahlsieg vom September 1930 war es ja einfach, Nationalsozialist zu sein, aber in den Jahren davor hing doch die ganze Bewegung an einem seidenen Faden, und dieser seidene Faden war eben die kleine Schar von unerschrockenen Kämpfern wie ihm. Für die Partei hatte er alles aufs Spiel gesetzt, auch seine Anstellung hatte er bereitwillig aufgegeben, und wer hätte ihn jemals wieder eingestellt, wenn die Bewegung gescheitert wäre? Und was hatte Deutschland der Bewegung nicht alles zu verdanken! Nach dem Diktat von Versailles marschierten jahrelang französische und britische Besatzer durch seine Heimatstadt Wiesbaden – eine unvergessliche Demütigung. Und heute hatte Deutschland seine Freiheit und Größe wieder. Das war auch mit sein Werk gewesen. Alles andere wäre Hohn gewesen, wenn Männern wie ihm jetzt nicht auch die verdiente Anerkennung zuteilgeworden wäre. Da war es nur passend, dass Deutschlands Wiedererwachen auch mit seinem eigenen Aufstieg verbunden gewesen war. In Wiesbaden war er in einer engen Mietswohnung aufgewachsen, doch inzwischen wohnte er nicht mehr in kleinbürgerlichen Quartieren, sondern in großzügigen Villen, und das war nur angemessen. Natürlich gab es noch Bürokraten, die das nicht verstanden, aber solche Hindernisse ließen sich leicht ausräumen, wenn man eine große Persönlichkeit war. Es war nur gerecht, dass man das bekam, was man verdiente. Für den Einsatz in diesem Krieg winkte vielleicht ein Rittergut hier im Osten. Habicht blickte aus dem Fenster und malte sich die roten Kirchtürme im Tal und die weißen Segelboote auf dem Fluss vor seinem Bataillonsabschnitt aus: Aus diesem Land könnte unter deutscher Ordnung wirklich etwas werden. Habicht legte den NPI beiseite. Den Fragebogen auszufüllen war befriedigender, als er gedacht hatte, fast so wie Tagebuchschreiben.

*

Mit diesen Fragen, auf die Habicht in seinen historischen Selbstzeugnissen ungewollt Antworten gab, waren alle sieben Hauptkategorien des NPI angesprochen: das Gefühl der Einzigartigkeit und Überlegenheit; der Anspruch auf Autorität; Prahlsucht und das Bedürfnis nach Aufmerksamkeit; Selbstgefälligkeit und Empfindlichkeit gegenüber Kritik; Manipulationsneigung; die Selbstgewissheit, alles aus eigener Kraft geschafft zu haben; Anspruchsdenken.[2] Mit den oben zusammengefassten Aussagen, die mit Habichts Tagebüchern, seinen Schriften und anderen zeitgenössischen Quellen im Einzelnen belegbar sind, punktete Habicht in sämtlichen Kategorien. Am NPI gemessen, wies er zweifellos narzisstische Charakterzüge auf. Es geht hier aber nicht darum, Habichts Psyche mit vermeintlich universellen Kategorien zu ergründen, sondern darum, die Historizität der mentalen Einstellungen eines Nationalsozialisten wie Habicht präziser zu erfassen.

Der NPI ist allerdings nicht der einzige gebräuchliche Diagnosemaßstab in der modernen Psychologie, und es lohnt sich, auch die Kriterien des international etablierten *Diagnostic and Statistical Manual of Mental Disorders* (DSM) in Betracht zu ziehen, um Habicht als historischen Typus besser einordnen zu können.[3] Das DSM kennt noch einige weitere Kriterien, die im NPI nicht berücksichtigt sind. Interessanterweise bekräftigen manche von diesen Kriterien den Befund, während andere Punkte auf Habicht nur teilweise zutreffen. Das gilt zum einen für das Kriterium »Mangel an Empathie«. Einerseits äußerte sich dies bei Habicht in der Gefühlskälte, mit der er Tod und Gewalt im Krieg beschrieb. Andererseits registrierte er durchaus die Gefühle und Ansichten seiner Offizierskameraden. Ebenso wenig war Habicht besonders neidisch oder unterstellte anderen oft Neid, was einem weiteren Kriterium der DSM-Definition entspräche. Einerseits war Habicht sehr sensibel dafür, wenn er nicht die Anerkennung erhielt, die er für sich beanspruchte. Auf der anderen Seite identifizierte er sich so sehr mit dem Leistungsprinzip der »Volksgemeinschafts«-Ideologie, dass sich jeder seiner Anerkennung sicher sein konnte, der sich in seinen Augen bewährt hatte. Auch soziale Unverträglichkeit und übermäßige Arroganz gegenüber seinen Mitmenschen – der letzte Punkt in der DSM-Liste – konnte man Habicht nur teilweise nachsagen: Einerseits konnten Meinungsverschiedenheiten mit Habicht erstaunlich schnell eskalieren, andererseits besaß er aber auch Charisma und konnte sich in soziale Umgebungen einpassen, was sich nicht zuletzt daran zeigen sollte, wie er sich als früherer NS-Funktionär in die traditionelle Welt der Wehrmacht integrierte.

Diese Einschränkungen widerlegen den Befund des Narzissmus aber nicht, sondern helfen, ihn als Phänomen der Zeit zu präzisieren. Die DSM-Definition verlangt ohnehin nicht, dass alle Kriterien gleichermaßen erfüllt sein müssen. Allerdings geht es hier sowieso nicht darum, bei Habicht eine voll ausgeprägte narzisstische Persönlichkeitsstörung nachzuweisen. Von der Definition her traf auf ihn eher der alltäglichere Befund von narzisstischen Persönlichkeitszügen zu, die in der Psychologie als abgeschwächte, häufiger auftretende Form unterschieden werden – und deren Hauptmerkmal das übersteigerte Selbstwertgefühl ist. Was Habichts Narzissmus abschwächte, waren vor allem die oben beschriebenen Qualifizierungen, die alle in dieselbe Richtung wiesen: Sie folgten dem Imperativ der Gemeinschaft, der wohl wichtigsten sozialen Norm der nationalsozialistischen Gesellschaft. Damit wird gleichzeitig deutlich, dass wir es hier nicht allein mit einer allgemeinen psychologischen Erscheinung zu tun haben, sondern mit mentalen Einstellungen, die historisch aufgeladen waren.

Hier geht es also nicht in erster Linie um Narzissmus als individualpsychologische Diagnose, sondern um Narzissmus als kulturelle Tendenz von Gruppen oder Gesellschaften. Lange dominierte in Wissenschaft und Öffentlichkeit ein Verständnis von Narzissmus als Persönlichkeitstyp oder klinische Störung mit individuellen und familiären Ursachen, doch mittlerweile hat sich die Sicht etabliert, dass es ihn auch auf einer überindividuellen Ebene geben kann.[4] Psychologen, Sozialwissenschaftler und Philosophen sehen im Narzissmus zunehmend auch ein soziales, kulturelles und historisches Phänomen. Theodor Adorno etwa attestierte der Gesellschaft der 1960er Jahre einen kollektiven Narzissmus, den er als Abwehrmechanismus gegen die sozioökonomischen Umwälzungen der Zeit deutete.[5] In den 1970er Jahren konstatierten amerikanische Publizisten eine ausgeprägte Kultur des Narzissmus in der US-Gesellschaft, in der es geradezu eine Explosion von extremem Individualismus und Selbstversessenheit gegeben habe.[6] Mit einer Kultur des Narzissmus im linksradikalen Milieu der Bundesrepublik erklärten Wissenschaftler auch das Sendungsbewusstsein der RAF-Terroristen und ihre Obsession für Gewalt und Macht.[7]

Das Thema des kulturellen Narzissmus ist auch in der Gegenwart angekommen. Psychologen sprechen von einer regelrechten Narzissmusepidemie in der heutigen westlichen Welt.[8] Was damit gemeint ist, dürfte jedem vertraut sein. Die Celebrity-Kultur treibt immer neue Blüten, und Tag für Tag nehmen zahllose Menschen »Selfies« von sich auf, um sie auf ihren Internetseiten zur Schau zu stellen. In den »sozialen Medien« imitieren viele Zeitgenossen die Selbstanpreisung der Prominenten, die alle noch so banalen Dinge von sich der Welt mitteilen, in dem Glauben, dass sie wichtig seien. In Ländern wie Großbritannien wird diese Entwicklung kritisch von den Medien verfolgt, und auch in Deutschland wurde der Narzissmus als Gesellschaftstrend zum Titelthema.[9] Im Diskurs der Gesellschaften hat sich ein Narrativ etabliert, das die sozialen Medien immer mehr als Symptom und Katalysator für zunehmenden Individualismus begreift. Das heißt aber nicht, dass alle Nutzer von sozialen Medien Narzissten sind, die das Internet ausschließlich zur Selbstanpreisung verwenden, im Gegenteil. Studien haben gezeigt, dass die sozialen Medien für vielfältige Zwecke genutzt werden und nicht nur zur Eigenwerbung.[10] Es besteht aber kein Zweifel, dass die Selbstdarstellung ein wichtiger Teil der sozialen Medien ist – sie sind ein modernes Beispiel dafür, wie kulturelle Formen der Identitätsarbeit und Subjektivierung von den jeweiligen Gesellschaften und Zeiten abhängen.

Bei näherem Hinsehen zeigen sich interessante Parallelen zwischen der heutigen Selbstbewerbung im Internet und dem Narzissmus der Nationalsozialisten, wie ihn Theodor Habicht verkörperte. Heute nutzen die Zeitgenossen Facebook oder Instagram, um eine positive Identität von sich zu konstruieren – wobei sich von selbst versteht, dass dabei nur sorgfältig ausgewählte und bearbeitete Informationen präsentiert werden.[11] Damals schrieben die Zeitgenossen hierzu Tagebücher, die gerade in den 1930er und 1940er Jahren einen Boom erlebten – historische Tagebücher waren im Grunde genauso selektiv angelegt wie heutige Facebook-Profile und dienten häufig ebendem Zweck, im Schreiben von sich selbst das Bild einer kohärenten, integren Persönlichkeit zu behaup-

1. Porträt von Theodor Habicht, ca. 1930/34

ten.[12] Auch der emotionale Nutzen dieser Identitätsarbeit war damals wie heute ganz ähnlich. Für die Gegenwart wissen wir aus psychologischen Studien, dass schon das bloße Ansehen und Bearbeiten der eigenen Online-Profile bei den Nutzern einen Schub im Selbstwertgefühl auslösen kann.[13] In der Vergangenheit verschaffte man sich solche positiven Gefühle durch das Tagebuchschreiben. Die Forschung zur Geschichte des Tagebuchs im 20. Jahrhundert unterscheidet in diesem Zusammenhang eine Reihe von Funktionen, die das Tagebuchschreiben für die Zeitgenossen haben konnte: Man schrieb Tagebücher, um sich seiner Identität zu vergewissern, zur Selbststeuerung und Selbstoptimierung oder auch zur Selbstanalyse und Selbsttherapie.[14] Als Sonderform wäre in dieser Liste noch zu ergänzen, dass Tagebücher auch als privates Forum für Selbstanpreisung und extremen Individualismus dienen konnten – den man in der »Volksgemeinschaft« nur bis zu einem gewissen Grade öffentlich zum Ausdruck bringen konnte. Theodor Habicht war ein besonders offenkundiges Beispiel dafür.

Doch selbst in der »Volksgemeinschaft« gehörte es zum gesellschaftlichen Leben, die Taten von hochgestellten »Persönlichkeiten« öffentlich zu zelebrieren. Wenn es schon damals soziale Medien gegeben hätte, wäre Habicht zweifellos ein begeisterter Nutzer geworden: Sicherlich hätte er begierig von Facebook und Instagram Gebrauch gemacht, um sich und seine Taten in geeigneter Form herauszustellen. Stattdessen schrieb Habicht Tagebuch, und das wie ein Besessener. Während seines Kriegseinsatzes an der Ostfront von 1941 bis 1944 schrieb Habicht fast jeden Tag, selbst in den hitzigsten Kampfphasen, oft bis spät in die Nacht hinein. Bis er Ende Januar 1944 im Kampf an der Front umkam, beschrieb Habicht insgesamt über 1500 Blätter.[15] Ähnlich wie heutigen Facebook-Nutzern war Habicht in seinem Tagebuch kein Detail seines Lebens zu nichtig: Er dokumentierte jeden Tag minutiös in seinem Ablauf und produzierte damit gleichzeitig das wahrscheinlich aussagekräftigste Zeugnis über den Alltag an der Ostfront, das bislang bekannt ist. Wie in den heutigen sozialen Medien hatte sein Tagebuch auch eine kommunikative Funktion, denn er adressierte es an seine Ehefrau, Margarete Habicht, der er die Tagebuchblätter nach und nach in die Heimat schickte. Sie war eine ähnlich glühende Nationalsozialistin wie er selbst, und wie heutige »Freunde« auf Facebook fungierte sie als das geneigte Publikum, vor dem ihr Mann sich virtuell profilieren konnte, um Anerkennung zu erheischen. Entsprechend ichbezogen waren Habichts Tagebucheinträge, obwohl sie auch als Briefe an seine Ehefrau gedacht waren: Fast nie ging er darin auf ihre Mitteilungen ein, und wenn, dann nur sofern sie von ihm handelten – ein typisch narzisstisches Kommunikationsverhalten.[16] Und genauso wie viele Facebook-Nutzer musste selbst ein überzeugter Nationalsozialist wie Habicht an seiner Identität durchaus arbeiten: Zwar war sein Selbstbild absolut festgefügt und völlig frei von Zweifeln oder Schwankungen, doch suchte er ständig nach neuen Bestätigungen dafür. Wenn man Habichts Tagebuch liest, wird offenkundig, dass er es in erster Linie deshalb schrieb, weil er sich und sein Erleben für historisch bedeutsam hielt und weil er ein Medium benötigte, um sich selbst anzupreisen. Habichts Tagebuch ist ein erstrangiges Zeugnis für den Narzissmus der Nationalsozialisten.

Anders als bei Facebook hatte Habicht mit seinem Tagebuch kein Massenpublikum – doch das war wahrscheinlich für die Zukunft angedacht. Ob Habicht plante, sein Tagebuch nach dem Krieg als Buch zu veröffentlichen, geht aus seinen Aufzeichnungen nicht hervor, ist aber zu vermuten. Er hatte Ernst Jüngers »Stahlgewitter« gelesen und nahm in den 1920er Jahren sogar persönlich Kontakt zu Jünger auf – Jüngers Buch stand noch im Zweiten Weltkrieg in Habichts Quartier an der Ostfront im Regal. Habicht war offensichtlich inspiriert von Jünger, und viel spricht dafür, dass er beabsichtigte, es diesem gleichzutun und seine Aufzeichnungen von der Front nach dem Krieg zu einem Buch zu verarbeiten – um damit einen ähnlich durchschlagenden Erfolg zu erzielen. Es wäre nicht Habichts erste Publikation gewesen, die stark um ihn selbst gekreist wäre. Schon in seinen Parteizeitungen schrieb er oft Artikel mit großer Selbstbezogenheit. Und im Jahr 1928 veröffentlichte er seine eigene Kampfschrift in Buchform – eine Aufsatzsammlung mit dem Titel »Wider den Unstaat«.[17] Bei dem kurzen Band handelte es sich um eine Zusammenstellung von Habichts Kolumnen aus seiner Parteizeitung, die seine Weltanschauung vermittelten und seine Identität als Weltkriegsveteran betonten. Der Band war ganz anders angelegt als Hitlers Buch »Mein Kampf«, aber er war unverkennbar von dem gleichen Glauben an die eigene Bedeutsamkeit beseelt.[18] Habichts Geschichte führt vor Augen, wie die Nationalsozialisten ihre eigene Biographie als politische Ressource in den internen Machtkämpfen der NSDAP einsetzten.

Im NS-Staat konnte man seine narzisstischen Züge allerdings nur bis zu einem gewissen Grad offen zutage treten lassen, denn in der Doktrin der »Volksgemeinschaft« galt Egoismus als Todsünde. Die Nationalsozialisten lavierten daher immer zwischen Gemeinschaftsrhetorik und Selbstdarstellung. Das war aber kein Widerspruch, sondern passt ins Bild der historischen Situation – und lässt sich wiederum mit den Kategorien der psychologischen Forschung erklären. Diese unterscheidet zwischen offenen und verdeckten Formen von Narzissmus.[19] Bei den offenen Formen sind die Zurschaustellung von grandiosem Selbstwertgefühl und das Bedürfnis nach Aufmerksamkeit, Arroganz und Anspruchsdenken besonders offensiv. Für die verdeckten Formen dagegen ist ein äußerlich bescheidenes Auftreten typisch, hinter dem sich innerlich ein ähnlich starkes Selbstbewusstsein und umso größere Sensibilität für Fremdwahrnehmung und Kritik verbergen. Beide Formen können sich vermischen und treten in unterschiedlichen Schweregraden auf. Bei der schwächeren bis normalen Ausprägung können die Betroffenen weiter funktionieren und sind damit sogar häufig in hohem Maße erfolgreich. Zwischen diesen Polen oszillierten auch die Nationalsozialisten, und sie besaßen in aller Regel noch ein Bewusstsein dafür, wie weit sie mit ihrer Selbstdarstellung gehen konnten, ohne die Konventionen der »Volksgemeinschaft« zu verletzen. Wem das nicht gelang, der unterminierte seine eigene Position – auch dafür war Habicht ein Beispiel. Einen Teil ihrer narzisstischen Emotionen fraßen die Nationalsozialisten deshalb in sich hinein oder nutzten Tagebücher dafür, ihr Eigenlob weiter auszubreiten, als sie das in der Öffentlichkeit tun konnten. Was blieb, war das starke Gefühl von der eigenen Relevanz.

Habicht war kein Einzelfall, sondern typisch für die Mentalität vieler Nationalsozialisten. Prominente Beispiele für deren narzisstische Züge gab es bis in die höchste Führungsriege des NS-Staates – die Tagebücher von Joseph Goebbels und Alfred Rosenberg sind voll von entsprechenden Aussagen. Der Chefideologe des NS-Staates, Rosenberg, kreiste so sehr um sich selbst, dass seine persönlichen Aufzeichnungen an vielen Stellen fast komische Züge annahmen.[20] Etwa wenn Rosenberg voller Befriedigung einen Anhänger zitierte, der ihn als »größten Denker unserer Geschichte« bezeichnete. Rosenberg ließ keine Gelegenheit aus, um sich in Applaus und Lobhudelei zu sonnen, wann immer er irgendwo Anzeichen von Zustimmung registrierte. Bei seiner Auszeichnung auf dem Parteitag 1937 etwa vermerkte er Beifall »von einer einmütigen Wucht« und »ohne Ende« – und wie die Gauleiter »z. T. geheult« hätten vor lauter Rührung. Während Rosenberg sich selbst unablässig als ein Stück »Geschichte« feierte, erregte er sich gleichzeitig über die »Selbstbeweihräucherung« anderer Parteiführer, insbesondere über die Eitelkeit seines größten Rivalen, Joseph Goebbels, der für ihn die »Eiterbeule« des NS-Staates war. An Rosenberg kann man sehen, wie blindwütig der Narzissmus der Nationalsozialisten sein konnte und welche spaltende Wirkung er hatte, wenn er hinter der Fassade der Gemeinschaftsrhetorik einen Kampf aller gegen alle befeuerte.

Auch beim obersten Nationalsozialisten waren zweifellos ähnliche Züge vorhanden. Sein Biograph Ian Kershaw hat Hitlers Egomanie als seinen hervorstechendsten Charakterzug beschrieben, der alle anderen Denkweisen und Verhaltensmuster bestimmte.[21] Wie sich das bei Hitler ausdrückte, ist aus der historischen Forschung bekannt. Hitler entwickelte schon frühzeitig einen unerschütterlichen Glauben an seine historische Bedeutsamkeit – deswegen gab er sich auch zusehends distanzierter und lachte immer weniger, um den Nimbus des Auserwählten zur Schau zu stellen.[22] Sein Glauben an sich war so stark, dass er nicht nur sich selbst ständig etwas vormachte: Weil er so sehr von sich und seinen Ideen ergriffen war, wirkte er auch auf andere umso überzeugender. Wegen seines Sendungsbewusstseins entwickelte er außerdem eine ausgeprägte Angst um sich selbst, die ihn sein Leben lang begleitete: Er fürchtete, er könnte nicht lange genug leben, um seine geschichtliche Mission zu Ende zu bringen, und er war überzeugt, dass kein anderer das an seiner Stelle fertigbringen könnte. Diese Zeitangst trug wohl auch zu einigen seiner folgenschwersten Entscheidungen bei: Er beschleunigte seit 1936/37 den Weg in den Krieg, obwohl er wusste, dass das Land und sein Militär dafür noch nicht bereit waren – weil er glaubte, nicht länger warten zu können, unter anderem wegen seines eigenen Alterns.[23] Auch am Vorabend des fatalen Angriffs auf die Sowjetunion vom Juni 1941 erklärte er seinen Generälen, dass der Krieg gegen den Bolschewismus nicht aufgeschoben werden könne, weil nur »jetzt« mit ihm ein großer »Staatsm.[ann] u. kongenialer Feldherr« vorhanden sei, der den »Kampf um unser Dasein« durchkämpfen könne.[24] Der vielleicht vielsagendste Beleg für Hitlers Narzissmus war sein eigenes Buch, das vor Selbstbezogenheit und Größenwahn nur so strotzte. Den Herausgebern der neuen Edition drängte sich das als eines der hervorstechendsten Kennzeichen von »Mein Kampf« auf – dass es »vor allem« ein »ungemein egozentrisches Buch« ist, das »einen gescheiterten Demagogen« zu einer »großen historischen Persönlichkeit« stilisiert und ständig insinuiert, dass er das »Gravitationszentrum« in einem »größeren Geschichtsprozess« sei.[25]

Prominente Einzelfälle wie die von Hitler, Goebbels oder Rosenberg könnten zu der Annahme verleiten, dass sich in der NS-Bewegung vielleicht einfach Personen angesammelt hätten, die aus individuellen Gründen zufällig gleichzeitig Narzissten waren – doch eine solche Sichtweise würde zu kurz greifen. Die Erklärung, die ich in diesem Buch vorschlage, ist vielmehr, dass die Nationalsozialisten *als Gruppe* durch ihre soziale Praxis eine Kultur des Narzissmus ausbildeten – und dass diese kollektiven narzisstischen Züge dann auch einen Teil der Dynamik der NS-Bewegung ausmachten. Die moderne Psychologie kennt dieses Phänomen von Gruppen oder Organisationen auch aus der Gegenwart, etwa von Managern, Bankern oder Politikern. In bestimmten Gruppen verfestigt sich eine narzisstische Kultur, indem sie im Denken und Umgang gelebt und kultiviert wird – schon einige wenige Persönlichkeiten können bei der Etablierung einer solchen sozialen Praxis entscheidend sein.[26] Auch die NS-Forschung hat dafür schon Beispiele gefunden: Sogar in der SA sahen sich die Führer der »Braunhemden« als überragende historische Persönlichkeiten an, die dabei waren, Weltgeschichte zu machen.[27]

Es wäre aber zu einfach anzunehmen, dass sich diese Mentalität schlicht auf den Einfluss einiger bestimmender Einzelpersönlichkeiten reduzieren ließe – die Kultur des Narzissmus war in der NS-Bewegung noch viel tiefer verwurzelt und basierte auf sehr spezifischen historischen Ursachen. Der Narzissmus der Nationalsozialisten war keine allgemeinpsychologische Erscheinung, die man in dieser Form auch heute finden würde, sondern besaß einen eigenen, unverwechselbaren Fußabdruck, der aus einem komplexen Bündel von erfahrungsgeschichtlichen, sozialgeschichtlichen, kulturgeschichtlichen und ideengeschichtlichen Faktoren bestand. In diesem Buch führe ich den Narzissmus der Nationalsozialisten auf vier zentrale Faktoren zurück:

Erstens: die generationelle Lagerung der NS-Aktivisten der ersten Stunde. Männer wie Theodor Habicht waren alt genug, um am Ersten Weltkrieg teilzunehmen, im Anschluss in den Freikorps weiterzukämpfen und dann während der 1920er Jahre auch die Führung der NS-Bewegung zu übernehmen. Aus diesen Erfahrungen ergab sich für diese Aktivisten einerseits ein Gefühl der doppelten Zurücksetzung, als Angehörige einer gedemütigten Nation nach der Niederlage von 1918 und als rechtsextreme Parias in der Nachkriegsgesellschaft. Andererseits folgte aus der mythischen Verklärung des »Fronterlebnisses« und der Freikorpszeit gleichzeitig der tiefempfundene Stolz, etwas Besonderes geleistet zu haben und darzustellen. In Verbindung mit der Führungsrolle in der lange marginalisierten, sektenähnlichen NS-Bewegung entstand bei den Aktivisten das Gefühl, eine Avantgarde zu sein.

Zweitens: die soziale Lagerung der NS-Aktivisten. So wie Habicht stammen viele von ihnen aus kleinbürgerlichen Verhältnissen, kamen sich aber als Veteranen und Aktivisten als etwas Besseres vor. In der »Kampfzeit« kam bei den Aktivisten das Gefühl hinzu, mit dem Einsatz für die »Bewegung« auch die eigene soziale Existenz zu riskieren und damit gegenüber dem vorgestellten Deutschland der Zukunft in Vorleistung gegangen zu sein. Das führte bei ihnen zu starkem Anspruchsdenken, gleichzeitig machten sie ihre bescheidene Herkunft mit Statusgehabe wett. Als sie nach 1933 in Villen einzogen und hohe Gehälter kassierten, imitierten die kleinbürgerlichen Emporkömmlinge den Lebensstil des Großbürgertums und fühlten sich umso mehr in ihrem elitären Selbstbild bestärkt.

Drittens: die Personalisierung der politischen Kultur. Bedingt durch ihre Entstehungsgeschichte und alltägliche Praxis, entwickelte sich in der NS-Bewegung von Anfang an eine stark personalisierte Parteikultur, die nach 1933 den Charakter des »Dritten Reichs« als Personenverbandsstaat mit begründete. Schon in der »Kampfzeit« bauten die NS-Führer ihre Macht auf persönlichen Beziehungen, Netzwerken und Entouragen auf. Vor allem in der frühen NSDAP nahmen sich die institutionellen Strukturen der NS-Bewegung eher schwach aus gegenüber dem starken Gewicht, das einzelnen Persönlichkeiten wie Theodor Habicht zufiel. Männer wie Habicht begriffen, dass alles auf Personen ankam – und fühlten sich selbst umso bedeutsamer. Und je erfolgreicher sie waren, desto mehr wurde ihnen gehuldigt, selbst auf den mittleren und unteren Ebenen des NS-Staates. Funktionäre wie Habicht wurden im »Dritten Reich« teilweise wie heutige »Prominente« hofiert.

Viertens: der nationalsozialistische Kult der Persönlichkeit. Alle bisher aufgezählten Faktoren waren in der NS-Ideologie durch den Kult der Persönlichkeit informiert und legitimiert. Schon in »Mein Kampf« hatte Hitler äußerst elitäre und im Grunde extrem individualistische Ideen geäußert. Ihm zufolge hing alles von großen Männern ab. Er nannte dies das »aristokratische Prinzip« oder das »Persönlichkeitsprinzip«. In der nationalsozialistischen Weltanschauung stand es allerdings in einem nicht aufzulösenden Spannungsverhältnis mit dem ebenfalls verabsolutierten Gemeinschaftsprinzip, und aus diesem Grund war die historische Narzissmusvariante der Nationalsozialisten – wie in Habichts Fall – in einer widersprüchlichen Mischung sowohl von extrem individualistischen als auch von kollektivistischen Elementen geprägt. Dieser vierte ideengeschichtliche Faktor fiel besonders ins Gewicht und zählt zu den Gründen, warum Habichts Geschichte nicht nur über ihn selbst viel aussagt, sondern weit über den Einzelfall hinausweist: Der Kult der »Persönlichkeit« beruhte auf einem breiten Diskurs, der bis ins 19. Jahrhundert zurückreichte, und Habicht war ein Paradebeispiel dafür, wie sich dieses diskursive Konzept in soziale Praxis umsetzte.[28]

Die narzisstischen Züge der Nationalsozialisten erklären natürlich nicht alles, und zur Mentalität von Hitler und seinen Gefolgsleuten gehörte selbstverständlich noch viel mehr – doch der Narzissmus wirkte dabei als verbindendes Element. Als hervorstechendes Kennzeichen ihres Habitus gilt in der historischen Forschung, dass sie sich als »Tatmenschen« mit unbändigem Willen sahen.[29] Dieser Dezisionismus und Voluntarismus beruhte auf einem elitären Selbstbild und hing damit wiederum mit ihren narzisstischen Zügen zusammen. Zum Auftreten der Nationalsozialisten gehörte außerdem, dass sie sich als authentische Persönlichkeiten aufführten.[30] Weil ihre Biographien dem Ideal von Gradlinigkeit und Echtheit aber häufig nicht entsprachen, spielten sie eine Rolle – und dabei wirkten sie umso überzeugender, weil sie aufgrund ihres grandiosen Selbstwertgefühls auch persönlich an die Wahrhaftigkeit ihrer Selbstdarstellung glaubten. Der narzisstische Glaube an sich selbst war deshalb ein wesentlicher Bestandteil des Charismas, das für die Machttechniken von Hitler und seinen Gefolgsleuten so zentrale Bedeutung besaß.

Diese Perspektive trägt dazu bei, besser zu verstehen, was die Nationalsozialisten antrieb und wie ihre Gefühlswelt aussah. Denn ihre narzisstische Mentalität war mit starken Emotionen verbunden. Ihr übersteigertes Selbstwertgefühl konnte die gegensätzlichsten Gefühle auslösen: Gereiztheit und Verbitterung bei Konflikten und Fehlschlägen, aber auch Stolz und Genugtuung bei Erfolg und Anerkennung.[31] Diese Gefühle waren aber keine universellen Gegebenheiten, sondern sagen auch etwas über die Gesellschaft und ihre Zeit aus, in der sie geprägt, zugelassen oder unterdrückt wurden. Anhand von Habichts Geschichte lässt sich nachverfolgen, welches Verhältnis die Nationalsozialisten zu solchen Emotionen hatten. In Habichts Fall verrät seine Kommunikation mit seiner Ehefrau, dass ihm seine Selbstbezogenheit persönlich überhaupt nicht unangenehm war: Das gute Gefühl des Stolzes auf sich selbst hielt er offenkundig für absolut legitim. Sogar der Chefideologe des NS-Staates, Rosenberg, fand überhaupt nichts dabei, sich in seinem Tagebuch seinen narzisstischen Affekten hinzugeben, trotz der Gemeinschaftsrhetorik in der Propaganda.

Die narzisstischen Gefühle der Nationalsozialisten erklären zumindest teilweise auch ihr Verhalten, vor allem das selbstversessene Gehabe, das viele NS-Funktionäre auf allen Ebenen schon in der »Kampfzeit« an den

Tag legten. Sie machen außerdem die zahlreichen innerparteilichen Rivalitäten und Feindschaften begreiflich, die in der NS-Bewegung umso schneller aufkeimten, weil viele Nationalsozialisten eben besonders allergisch reagierten, wenn ihre Eitelkeit verletzt wurde. Der Narzissmus hatte aber keineswegs nur spaltende, destruktive Effekte, sondern wirkte auch dynamisierend – mit letztlich gleichfalls zerstörerischen Konsequenzen. Er war für viele NS-Funktionäre auch eine emotionale Ressource, die ihnen die Fähigkeit verlieh, bis zuletzt einen unbeirrbaren Glauben an sich selbst zu bewahren. Die moderne Psychologie hat in vielen Studien gezeigt, dass Narzissten häufig selbstbewusster auftreten und vielfach damit erfolgreich sind. Eine Untersuchung kam 2013 sogar zu dem Ergebnis, dass US-Präsidenten, die einen höheren Grad an narzisstischen Zügen aufwiesen, mehr Führungsstärke im Krisenmanagement bewiesen, mehr Gesetze durch den Kongress brachten und größere Überzeugungskraft in der Öffentlichkeit hatten als andere Amtsinhaber, die tendenziell etwas weniger von sich selbst eingenommen waren.[32] Die Nationalsozialisten machten sich ebenfalls die Energien zunutze, die der Narzissmus in ihnen freisetzte. Wie in Habichts Fall bildeten sie sich ein, sie könnten trotz ihrer geringen Bildung und Qualifikation nicht nur Politiker werden, sondern auch Oberbürgermeister, Diplomaten und Truppenkommandeure – und gingen dann so selbstbewusst zu Werke, dass sie vielfach tatsächlich als kompetent galten. Die Nationalsozialisten waren Amateure, füllten aber ohne Zögern hohe und höchste Staatsämter aus. Sie trauten sich einfach alles zu, weil ihre narzisstische Einstellung in ihnen kaum Zweifel aufkommen ließ.

Die narzisstischen Züge der Nationalsozialisten sagen außerdem viel über die Herrschaftsmechanismen des Regimes aus. Sie erklären einen Teil der großen Aggressivität, die das NS-System als Ganzes entfaltete. Die Dynamik des »Dritten Reichs« speiste sich in besonderem Maße aus dem Aktivismus seiner Funktionäre, die sich in permanenten Machtkämpfen mit immer neuen Initiativen gegenseitig zu übertrumpfen versuchten – angefeuert durch die sozialdarwinistischen Grundüberzeugungen des Diktators und ermöglicht durch die Freiräume, die Hitlers großzügiger Führungsstil eröffnete. Dadurch entstanden die polykratischen Strukturen, die den NS-Staat so stark prägten – das Nebeneinander von Staatsbürokratie und Parteihierarchie, das Chaos aus konkurrierenden Ämtern und Sonderbevollmächtigten, die ständigen Rivalitäten und Kompetenzstreitigkeiten auf allen Ebenen. Diese Strukturen führten zu vielen Reibungsverlusten, konnten aber auch dazu genutzt werden, Dinge in Bewegung zu bringen – Habichts Geschichte ist ein aussagekräftiger Testfall für diese »neue Staatlichkeit« im NS-System.[33] Sein Beispiel unterstreicht den großen Anteil, den einzelne Funktionäre am Geschehen hatten. Das heißt nicht, dass Hitler ein »schwacher Diktator« war, im Gegenteil.[34] Doch er setzte auf den Tatendrang seiner Funktionäre und nahm dabei auch in Kauf, dass sie eigene Wege beschritten. Männer wie Habicht gingen dabei mit übermäßigem Selbstbewusstsein zu Werk und hatten keine Scheu, selbst Entscheidungen zu treffen und Entwicklungen voranzutreiben.

Mit diesem Funktionsprinzip unterschied sich das NS-Regime zugleich von den vielen übrigen Diktaturen und autoritären Systemen, die sich in den 1920er und 1930er Jahren in Europa etablierten. Im faschistischen Italien etwa stützte sich Mussolini auf das Bündnis mit den alten Eliten in Monarchie, Militär, Staatsverwaltung und Wirtschaft – und achtete sorgfältig darauf, dass die Partei keine parallelen Machtstrukturen ausbildete.[35] Die Entfaltungsmöglichkeiten, die ein italienischer Gegenpart von Theodor Habicht gehabt hätte, wären damit von vornherein begrenzt geblieben – während Habicht in NS-Deutschland den polykratischen Ämterdarwinismus personifizierte. Im Klassensystem des italienischen Heeres hätte Habicht außerdem kaum dieselben Aussichten auf eine Offizierskarriere gehabt wie in der Wehrmacht, in der sogar ein ehemaliger Unteroffizier wie er den Sprung zum Bataillonskommandeur schaffen konnte.[36] In der Sowjetunion wiederum setzte Stalin bei seinen gewaltigen Projekten zwar durchaus auf die Durchsetzungsfähigkeit seiner Funktionäre, doch sein paranoides Misstrauen ließ ihnen kaum Freiräume. Das bekamen sie mit aller Macht im großen Terror von 1937/38 zu spüren, als der Diktator ihre persönlichen Netzwerke zerschlug und die alte Parteigarde bis auf seine eigene Entourage weitgehend auslöschte. Die sowjetische Version von Theodor Habicht hätte seine eigenmächtige Art unter Stalin zweifellos früher oder später mit dem Leben bezahlt – während Habicht in NS-Deutschland trotz wiederholter Eskapaden immer wieder neue Chancen erhielt.

Eine Karriere wie die von Theodor Habicht war weder im italienischen Faschismus noch in der stalinistischen Sowjetunion denkbar. In keiner anderen Diktatur in Europa besaßen die Funktionäre der herrschenden

Partei so große Handlungsspielräume wie in NS-Deutschland – und nirgendwo nutzten sie diese wohl so effektvoll und machten so viel von der Wirkungsmacht der Diktatur aus wie unter Hitler. Wahrscheinlich traten sie auch nirgendwo sonst so selbstbewusst auf wie hier. Inwieweit die verschiedenen totalitären Systeme unterschiedliche Funktionärstypen mit jeweils spezifischem Habitus hervorbrachten, wäre eine interessante Fragestellung für die vergleichende Diktaturforschung.[37] Wahrscheinlich würden die kollektiven Eigenheiten der Nationalsozialisten dabei noch deutlicher hervortreten, einschließlich ihrer narzisstischen Züge. In der Historiographie wird es teilweise wie ein Kuriosum beschrieben, dass sich Hitler von Anfang an mit scheinbar pathologischen Exzentrikern umgab – doch die egozentrischen Persönlichkeitszüge seiner Gefolgsleute beruhten nicht auf individueller Charakterschwäche, sondern gehörten zur historischen Mentalität der Nationalsozialisten.[38]

Der Narzissmus der Nationalsozialisten sagt gleichzeitig viel über die Gesellschaftsordnung aus, die sie für das Deutschland der Zukunft anstrebten. Zum einen entlarvt er die Ungereimtheiten in ihrem eigenen Denken, denn schließlich widersprach ihr »aggressiver Individualismus«[39] der Ideologie der »Volksgemeinschaft«. In den Gesellschaftsvorstellungen der Nationalsozialisten galt einerseits die Maxime, dass sich der Einzelne grundsätzlich der Gemeinschaft unterzuordnen habe, andererseits maß Hitler einzelnen »Persönlichkeiten« herausragende Bedeutung bei.[40] Die Widersprüche zwischen individualistischen und kollektivistischen Maximen in Hitlers Weltanschauung lassen sich logisch nicht auflösen. Der Inbegriff dieses Dilemmas war die Losung »Du bist nichts, dein Volk ist alles«: Eine ideengeschichtliche Analyse hierzu hat zu Recht die Frage aufgeworfen, wie aus der »Summation des Nichts die Größe des Ganzen« entstehen sollte.[41] Genauso inkonsistent waren Hitlers Ideen von sozialer Mobilität und Elitenbildung. Er predigte die Abschaffung aller Klassenprivilegien, damit sich im »Kampf des täglichen Lebens« eine »Auslese« der »Besten« durchsetzen könne, von der auch die »Volksgemeinschaft« als Ganzes profitieren würde. Konsequent zu Ende gedacht, bedeutet dieses »aristokratische Prinzip« allerdings den Kampf aller gegen alle und damit die Aufhebung der Gemeinschaft.

Diese Widersprüche bestanden aber nur in der Theorie – in der Propaganda ging Hitler einfach darüber hinweg, und in der Praxis ließ das NS-Regime trotz der Verabsolutierung des Gemeinschaftsprinzips Raum für Individualität. Für die Machthaber war das schon ein Gebot der Herrschaftssicherung, denn sie hätten zweifellos viel Zustimmung verspielt, wenn sie sich den langfristigen Gesellschaftstrends von Konsumstreben, Privatheit und Aufstiegssehnsüchten entgegengestellt hätten – die nun einmal alle auf individuellen Ambitionen und Ansprüchen beruhten.[42] Die Parole von der Leistungsgerechtigkeit und die Aussicht auf Mobilitätschancen wirkten auf viele aufstiegswillige Deutsche aus allen Schichten höchst attraktiv, obwohl diese Zukunftsversprechen im »Dritten Reich« nur ansatzweise eingelöst wurden.[43] Das Angebot, sich durch Leistung als Einzelner hervorheben zu können, stachelte aber auch das Konkurrenzdenken an. Der Historiker Moritz Föllmer ist indes zu dem Ergebnis gekommen, dass Individualitätsvorstellungen und Gemeinschaftsideologie in der NS-Gesellschaft keine Widersprüche bildeten, sondern miteinander vereinbar waren – die Nationalsozialisten machten sich die individuellen Ambitionen der Deutschen sogar regelrecht zunutze, um ihre Energien für die »Volksgemeinschaft« zu mobilisieren.[44] Habichts Geschichte zeigt, wie sich dieses Spannungsverhältnis in seinem Umfeld äußerte. Neuigkeitswert hat dabei insbesondere die soziale Praxis in der Wehrmacht, die in der historischen Debatte über die »Volksgemeinschaft« weitgehend außer Acht gelassen wurde.

Die »Volksgemeinschaft« bot die Chance auf Individualität, doch nicht für jeden in gleichem Maße – diese wichtige Beobachtung führe ich hier anhand von Habichts Geschichte fort.[45] Damit ist nicht in erster Linie die rassistische Ausgrenzung von Juden und anderen »Gemeinschaftsfremden« gemeint, die in der historischen Forschung in zahlreichen Studien analysiert wurde.[46] Ich konzentriere mich stattdessen auf die Ungleichheiten innerhalb der »Volksgemeinschaft«, die sich in der gedanklichen Einteilung der vollwertigen »Volksgenossen« in »Persönlichkeiten« und »Massenmenschen« manifestierten. In der »Volksgemeinschaft« waren diese Gruppen offiziell nicht mehr mit bestimmten sozialen Schichten assoziiert, doch insgeheim dachten die Nationalsozialisten bei den »Massen« zweifellos in erster Linie an die Arbeiter. Die Ungleichheiten manifestierten sich auf vielfältige Weise, nicht nur in den Sozialstrukturen, die im NS-Staat trotz der egalitaristischen Rhetorik erstaunlich starr blieben. Sie äußerten sich auch in den Möglichkeiten zu individueller Selbstentfaltung. Das zeigt sich schon an so kleinen Details wie den vornehmen Herrenclubs, in denen führende Nationalsozialisten durch ihr Auftreten offenbarten, dass der in der Rhetorik des Regimes suggerierte Antiindividualismus nicht für die Elite galt.[47] Dieses Denken blieb keineswegs nur bloße Theorie: Theodor Habichts Beispiel zeigt, dass es auch im täglichen Umgang in der Praxis zum Tragen kam – und das gab der NS-Gesellschaft insgesamt einen elitäreren Zug.

Habichts Geschichte zeigt außerdem, wie die nationalsozialistischen »Führerpersönlichkeiten« im Krieg an der Ostfront agierten: Habicht zügelte hier seinen Narzissmus, gab seinem Individualismus aber auf andere Weise Ausdruck. Seine Tagebücher sind dabei gleich in mehrfacher Hinsicht ein einzigartiges Zeugnis. Zum einen, weil sie erstmals im Detail zeigen, wie sich die NSDAP-Funktionäre als Soldaten in der Wehrmacht verhielten. Es waren insgesamt mehrere Hunderttausend, doch bislang sind in der historischen Forschung hierzu nur die Statistiken bekannt – obwohl ihre Rolle für das Verhältnis zwischen Wehrmacht und Nationalsozialismus offensichtlich große Bedeutung besaß.[48] Habichts Tagebücher haben aber auch deshalb Seltenheitswert, weil sie einmalige Einblicke in den Alltag der Kompaniechefs und Bataillonskommandeure an der Ostfront gewähren – das war eine entscheidende Personengruppe, aus der es aber in der gesamten Literatur bislang kein vergleichbares wissenschaftlich aufbereitetes Selbstzeugnis gibt. Zudem ist kein anderes Tagebuch eines so hochrangigen Nationalsozialisten bekannt, der bei Hitlers Vernichtungskrieg selbst mitkämpfte. Weil Habicht schreiben konnte, liest man sich in seinen Aufzeichnungen schnell fest: Es existieren nur wenig andere Zeugnisse, die ein ähnlich detailliertes und lebensnahes Bild vom Krieg vermitteln – das allerdings aus der Perspektive eines Ideologen. Es ist eine zuweilen verstörende Lektüre, der man sich aber stellen muss, wenn man die Gedankenwelt der Nationalsozialisten nachvollziehen will.

Das vorliegende Buch geht von Theodor Habichts Biographie aus, weist aber weit darüber hinaus. Es erzählt die Geschichte eines wichtigen, aber weithin vergessenen Akteurs des »Dritten Reichs«, der mit seiner narzisstischen Art erstaunlich weit kam und dabei oft am Abgrund wandelte, bis er schließlich stürzte. Es ist eine Geschichte von Machtspielen, Klüngeln und Korruption, aber auch von der Kraft der Ideologie, für die Habicht letztlich sogar sein Leben zu opfern bereit war: Er war einer der ranghöchsten Nationalsozialisten, die mit der Waffe in der Hand im Kampf an der Front starben. Habichts Geschichte sagt aber nicht nur über ihn selbst viel aus. Dieses Buch ist auch eine Studie über den Aufstieg der NSDAP vor 1933 und die Kultur und Mentalität der Nationalsozialisten. Es ist ein Buch über die Herrschaftsstrukturen und die Gesellschaftsordnung des »Dritten Reichs«. Und es ist ein Buch über den Krieg und den Alltag an der Front in Hitlers brutalstem und folgenschwerstem Feldzug. Den roten Faden bildet der Narzissmus der Nationalsozialisten – er zieht sich durch alle Phasen und Stationen. Das Buch stützt sich dabei auf diverse Quellenbestände aus mehr als zwei Dutzend kommunalen, regionalen, nationalen und internationalen Archiven.

Das zentrale Thema dieses Buches versinnbildlicht auch das Titelbild auf dem Umschlag. Man sieht Soldaten aus Habichts Infanterieregiment, die sich bei einer Theateraufführung im Feld an der Ostfront amüsieren. Das Bild symbolisiert die Ideologie der »Volksgemeinschaft«, indem es den auflachenden Offizier in der Bildmitte rechts vorne inmitten seiner Mannschaften und Unteroffiziere zeigt – entsprechend der Idee von der rangübergreifenden Kameradschaft in der Wehrmacht, die den Abbau der Klassenschranken in der Gesellschaft widerspiegeln sollte. Andererseits lässt das Bild aber auch erkennen, dass individuelle Unterschiede dadurch nicht aufgehoben waren: Der Offizier sticht als Einzelner aus dem Bild deutlich hervor – durch die Bildkomposition, den Fokus und die Bildunterschrift in dem zugehörigen Fotoalbum, in dem er namentlich als individuelle Persönlichkeit herausgehoben ist. Gerade weil sich dieses Spannungsverhältnis zwischen individuellen und kollektivistischen Zügen nicht unbedingt auf den ersten Blick erschließt, ist das Foto ein Sinnbild dafür, wie subtil sich die Machtverhältnisse in der paternalistischen Gesellschaftsordnung des »Dritten Reichs« im Alltag artikulierten: Die Nationalsozialisten schafften die Klassengrenzen ab, aber ersetzten sie durch gläserne Decken.

Das Titelbild ist gleichzeitig eine Metapher für eine theoretische Perspektive, die für Habichts Geschichte und die Themen dieses Buches sehr treffend ist. Die Situation auf dem Foto erinnert an die Rollentheorie des Soziologen Erving Goffman, der soziale Interaktion als Theateraufführung beschrieben hat. Laut Goffman verhalten sich Menschen im Umgang mit ihren Mitmenschen wie Schauspieler auf einer Bühne gegenüber ihrem Publikum: Sie spielen sich selbst und versuchen dabei, einen guten Eindruck zu machen.[49] Sie brauchen die Zuschauer und die Vorführung, um überhaupt eine Identität entwickeln zu können, und daher hängt ihre Performance auch von den Reaktionen des Publikums ab.[50] Die Rollen und die Darbietungen werden an die soziale Situation und das Publikum angepasst, und nur im privaten Backstagebereich, der den Blicken des Publikums entzogen ist, kann man zeitweise aus der öffentlichen Rolle schlüpfen – spielt dafür aber eine andere und übt im Kreis der Vertrauten sogar weiterhin für die Bühnenrolle.

Wendet man diese Theorie auf unseren historischen Fall an, tritt das eigentümliche Verhalten von Nationalsozialisten wie Theodor Habicht noch deutlicher hervor. Habicht war ein Selbstdarsteller, der ständig mit seiner Imagepflege beschäftigt war. Er nutzte dafür auch sein Tagebuch als Bühne und seine Frau als Publikum – oder eher noch als Backstagebereich und als Bühnenassistentin. Es war vor allem der Bereich hinter der Bühne, wo Habicht offen um sich selbst kreisen konnte, während er auf der Bühne seine narzisstischen Züge eher zügeln musste, um den gesellschaftlichen Konventionen des »Dritten Reichs« zu entsprechen. Der Bereich hinter der Bühne bot ihm Kompensation dafür – hier konnte er seiner Ichbezogenheit freien Lauf lassen und erhielt Bestätigung von seiner gleichgesinnten Partnerin. Das half ihm zweifellos, seine Rolle auf der Hauptbühne noch überzeugender zu spielen; durch die Autosuggestion von der eigenen Großartigkeit glaubte er wahrscheinlich selbst daran. Weil die Nationalsozialisten so sehr von sich selbst überzeugt waren, spielten sie ihre Rolle ohne Rollendistanz – sie hinterfragten sich nicht und traten dadurch umso effektvoller auf.[51] Zudem war ein gewisses Maß an Narzissmus selbst auf der Hauptbühne zulässig, schließlich sah man im »Dritten Reich« zu »großen Männern« empor. In der »Volksgemeinschaft« wurden narzisstische Parteiführer wie Theodor Habicht nicht etwa verspottet für ihre Selbstversessenheit, sondern als starke Persönlichkeiten verehrt.

II

Die Kultur des Narzissmus

Am 25. Juli 1934 hielt die Welt den Atem an: Gegen 13 Uhr stürmten SS-Kommandos das Kanzleramt am Wiener Ballhausplatz und die Rundfunkanstalt in der Innenstadt. Die österreichischen Nationalsozialisten unter der Führung von Theodor Habicht unternahmen einen gewaltsamen Umsturzversuch gegen die Regierung von Bundeskanzler Engelbert Dollfuß. Zunächst lief alles nach Plan, als die SS-Trupps die Kontrolle über die Gebäude übernahmen. Doch dann ging alles schief. In der Rundfunkanstalt konnten die Putschisten nur eine kurze Durchsage absetzen, bevor der Sender bei Schusswechseln mit der Polizei beschädigt wurde. Im Kanzleramt war der Großteil der amtierenden Regierung entkommen, und dann wurde Dollfuß von einem der Nationalsozialisten erschossen – obwohl es ein entscheidender Bestandteil des Putschplans war, den Kanzler als Geisel zu benutzen. Am Abend mussten die Putschisten in Wien aufgeben. Damit war auch der zweite Teil des Putschplans zum Scheitern verurteilt, der landesweite Aufstand von SA-Brigaden in den Bundesländern, der über die Wiener Rundfunkanstalt ausgelöst werden sollte.

Der Organisator des Staatsstreichversuchs, Theodor Habicht, heizte die Eskalation der Gewalt trotzdem weiter an. Die Aktion in Wien war fehlgeschlagen, und der SA-Aufstand kam nur stellenweise in Gang oder wurde rasch vom österreichischen Bundesheer niedergeschlagen. Zudem drohte das faschistische Italien einzugreifen, weil es seine Interessen in der Region bedroht sah. Doch in Hitlers Entourage verbreitete Habicht weiterhin »Optimismus«.[1] Er war vermutlich auch die treibende Kraft, als der SA-Führer Hermann Reschny noch am 26. Juli dazu gedrängt wurde, einen Angriffsbefehl an alle SA-Brigaden in Österreich zu funken, um sie in den aussichtslosen Kampf zu hetzen – Habicht war offenbar in dem Irrglauben, man könne Wien doch noch von außen erobern. Manche SA-Einheiten befolgten die Angriffsbefehle gar nicht erst, doch andere taten es. Die Kämpfe endeten dadurch erst am 28. Juli und forderten insgesamt etwa 220 Todesopfer. Wer die Hauptschuld an diesem Drama trug, stand zumindest für den NS-Propagandaminister Joseph Goebbels zweifelsfrei fest: Er sprach noch lange später von dem misslungenen Putsch in Österreich nur als der »Habichtkatastrophe«.[2] So schilderte Goebbels die letzten beiden Tage des Putschversuchs in seinem Tagebuch:[3]

> »Habicht und Frauenfeld lügen unentwegt weiter. Ich kann das garnicht mehr mitanhören und gehe nach Hause. (...) Sonntag: Rom tobt weiter. Telegramm aus Kärnten: unsere Leute vollkommen eingeschlossen. Hunderte von Toten. Habicht endgültig aus bei Hitler. Göring und ich geben ihm den Rest. Legion aufgelöst. Ebenso Landesinspektion. In Österreich größtes Durcheinander. Wutanfälle gegen Italien. Aus, aus, aus! Mit dem Führer immer überlegt. Er ist sehr ernst und verhalten. Habicht gehört an die Wand. Ein zynischer Dilettantismus.«

Der Juliputsch von 1934 war Habichts folgenschwerste Tat: Sie erschütterte ein ganzes Land und führte nicht nur zu Hunderten von Toten und Verletzten, sondern auch zu schweren internationalen Verwicklungen. In Österreich griff Habicht in den Gang der Geschichte ein – der Juliputsch machte ihn zu einer historischen Figur. Das sah er auch selbst so: Fast am erstaunlichsten ist aus heutiger Sicht, dass er sich trotz des völligen Scheiterns des Coups bis zuletzt gerne an seine Rolle in Österreich zu erinnern schien – offenbar weil er sich deswegen als bedeutsame geschichtliche Persönlichkeit fühlen konnte. Noch nicht einmal ein Fehlschlag solchen Ausmaßes änderte etwas an Habichts enormem Selbstbewusstsein, mit dem er in Österreich die Entwicklung bis zur Eskalation vorangetrieben hatte – an seinen späteren Karrierestationen trat er weiterhin genauso machtvoll und eigenmächtig auf. Das gehört zu den narzisstischen Zügen der Nationalsozialisten von Habichts Schlag. Sie verliehen ihnen nicht nur eine unbeirrbare Selbstgewissheit, sondern konnten auch konkret zu Verhaltensweisen und Entscheidungen von großer Tragweite führen, so wie beim Juliputsch. Die Wurzeln dieser Mentalität lagen im Ersten Weltkrieg, den die späteren Nationalsozialisten auf ganz bestimmte Weise erlebten und deuteten – und für ihre Selbstinszenierung nutzten.

Vorkämpfer des NS-Staates: Die Selbstinszenierung als Avantgarde

Am 2. November 1915 war die Morgenausgabe der *Berliner Volkszeitung* voller Siegesmeldungen von den Fronten.[4] Die Berichte enthielten beeindruckende Zahlen von gegnerischen Gefangenen und erbeutetem Kriegsmaterial und erzählten von den hohen Verlusten des Feindes. Nur von den eigenen Verlusten konnte man in der *Berliner Volkszeitung* nichts lesen. Man musste bis ganz hinten durchblättern, um eine Ahnung davon zu bekommen. Der Teil mit den »Familien-Anzeigen« war voller Trauerannoncen zum »Heldentod«, den Berliner Soldaten Tag für Tag auf allen Kriegsschauplätzen starben. Zu diesem Zeitpunkt gehörte das für die Berliner längst zum Alltag, zumal nach den extrem verlustreichen Kämpfen des Jahres 1914.[5] Das Jahr 1915 brachte große militärische Erfolge für das Kaiserreich, doch die Massenverluste hatten die Deutschen längst ernüchtert. Das »Augusterlebnis« von 1914 hatte noch dazu geführt, dass sich Zigtausende junge Männer aus allen Schichten freiwillig zu den Waffen meldeten – aus Patriotismus, Abenteuerlust oder einfach, weil es in ihrem Umfeld von ihnen erwartet wurde.[6] Insgesamt waren es mehrere Hunderttausend. Im Herbst 1915 aber war die Zahl der Freiwilligen schon längst wieder zurückgegangen. Wer sich zu diesem Zeitpunkt noch freiwillig meldete, war ganz besonders motiviert, an die Front zu kommen. Einer von diesen unbeirrbaren Jugendlichen und Männern, die sich selbst von den massenhaften Todesnachrichten nicht abschrecken ließen, war der junge Theodor Habicht. Beim Kriegsausbruch 1914 hatte er gerade seine Mittlere Reife an einer Schule in Berlin-Mitte erlangt – und der 2. November 1915 war der Tag, an dem er sich freiwillig zum Kriegsdienst meldete, im Alter von siebzehn Jahren. Mit diesem Tag begann alles, was danach folgte.

Die simple Voraussetzung dafür war Habichts Geburt im Jahr 1898, die ihn zu einem Angehörigen der Frontgeneration des Ersten Weltkriegs machte – die generationelle Lagerung ist der erste Faktor in dem

Ursachenbündel für die narzisstische Kultur der Nationalsozialisten. Männer wie Habicht waren alt genug, um am Ersten Weltkrieg teilnehmen zu können, und nach dem Krieg waren sie im richtigen Alter, um zu führenden Aktivisten im völkischen Lager zu werden: Das Durchschnittsalter der Parteimitglieder in Habichts Wiesbadener NSDAP-Ortsgruppe betrug im Jahr 1931 rund vierunddreißig Jahre, es lag also fast exakt bei Habichts Alter.[7] Die Identität als ehemalige Kriegsfreiwillige und Weltkriegsveteranen war der Grundstock für das Lebensgefühl der frühen Nationalsozialisten, eine Avantgarde darzustellen.

Dieses Bewusstsein wurde durch die Intensität der Kriegserfahrung nur noch verstärkt, denn die Veteranen meinten, deshalb umso mehr Respekt zu verdienen – Habicht fühlte sich deshalb auch anderen Veteranen überlegen, die kürzer im Weltkrieg gedient hatten.[8] Habicht erlebte den Krieg als Angehöriger von verschiedenen Artillerieeinheiten an der Westfront und an der Front am Isonzo im heutigen Slowenien. Dabei war er auch an Brennpunkten eingesetzt. Durch einen Zufall hat sich Habichts Militärpass aus dem Ersten Weltkrieg erhalten. Die darin enthaltene Liste der »mitgemachte[n] Gefechte« zeigt, was es hieß, von 1916 bis 1918 fast drei Jahre lang am Ersten Weltkrieg teilzunehmen:[9]

25.3.16–23.6.16	Stellungskämpfe in franz. Flandern
24.6.16–11.7.16	Erkundigungs- und Demonstrationsgefechte der 6. Armee
14.7.16–10.8.16	Kämpfe an der Somme
12.8.16–30.9.16	Stellungskämpfe im Artois
2.10.16–22.10.16	Kämpfe an der Somme (…)
25.10.16–27.3.17	Stellungskämpfe in franz. Flandern (…)
5.5.–27.5.17	Doppelschlacht Aisne-Champagne
28.5.–16.8.17	Stellungsk[ämpfe]. am Chemin des Dames
19.7.–24.7.17	Sturm auf den Nordhang des Winterberges und Kämpfe auf den Chraonner Höhen
23.9.–27.9.17	Aufmarsch hinter der Isonzofront
18.9.–23.10.17	Stellungsk.[ämpfe] am Isonzo
24.10.–27.10.17	Durchbruch durch die Julischen Alpen (…)
18.2.–20.3.18	Stellungsk.[ämpfe] bei St. Quentin und an der Oise
21.3.–6.4.18	Große Schlacht in Frankreich (…)
7.4.–8.6.18	Kämpfe an der Avre, bei Montdidier und Noyon

9.6.–13.6.18	Schlacht bei Noyon
14.6.–20.6.18	Kämpfe bei Montdidier
8.7.–14.7.18	Stellungskämpfe in der Champagne
15.7.–17.7.	Angriffsschlacht an der Marne u. in der Champagne
30.8.–2.9.18	Schlacht bei Monchy-Bapaume
3.9.–7.9.18	Kämpfe vor der Siegfried-Front 1918 (…)
12.9.–14.9.18	Ausweichkämpfe Mihiel-Bogen
15.9.–10.10.18	Stellungskämpfe in d. Woevre-Ebene u. westl. der Maas
11.10.–11.11.18	Stellungskämpfe in der Woevre-Ebene
Ab 12.11.18	Rückmarsch durch Lothringen, Rheinprovinz und Pfalz während des Waffenstillstandes. Am 4.1.19 nach Berlin entlassen

Bei diesen Kämpfen wurden Millionen getötet oder verstümmelt, doch Habicht bejahte diese Kriegserlebnisse – sie waren für ihn das Fundament seiner Identität. Zum einen ergab sich diese positive Kriegsdeutung aus dem Sozialisationseffekt, den das Militär auf die Männer hatte, die sich im Krieg als Soldaten bewährten. Dass er das geschafft hatte, konnte Habicht in seinem Militärpass selbst nachlesen: Seine Vorgesetzten lobten seine »Führung« sowohl »dienstlich« als auch »moralisch« als »sehr gut«.[10] Nach zwei Jahren Krieg erhielt er dafür nicht nur das Eiserne Kreuz II. Klasse, sondern wurde auch zum Unteroffizier befördert – für einen Neunzehnjährigen wie Habicht war das eine enorme Aufwertung. In der Männerwelt des Militärs Anerkennung zu finden bedeutete alles für solche jungen Soldaten – viele von ihnen entdeckten dadurch ihr »Selbstbewusstsein«.[11] Und je länger sie an der Front kämpften und Bestätigung erhielten, desto mehr identifizierten sie sich mit ihrer Rolle.[12] Diesen Effekt spüren sogar heutige Soldaten noch.[13] Die Abrichtung durch das Militär war indes kein rein passiver Vorgang, auch bei Habicht nicht – schließlich brachte er als Kriegsfreiwilliger zweifellos genügend Enthusiasmus mit. Die Sozialisation im Krieg führte dazu, dass er sich während seines gesamten weiteren Lebens für das Militär und den Kampf begeisterte. Veteran des Weltkriegs zu sein trug er wie ein Schild vor sich her, auch noch in seinem Tagebuch aus dem Zweiten Weltkrieg.

Die zweite Quelle dieser verklärenden Kriegsdeutung war das rechtsextreme Lager im Deutschland der Nachkriegszeit. Die Offenheit dafür war bei Habicht zweifellos schon vorhanden, denn er kam aus einer Familie, die dem rechten Spektrum nicht fernstand.[14] Am deutlichsten zeigte sich das an Theodor Habichts jüngerem Bruder, dem 1899 geborenen Alfred Habicht: Auch er fand in den 1920er Jahren den Weg zur NSDAP.[15] Alfred Habicht brachte es in der Partei zwar nicht zu so hohen Ämtern wie sein bekannter Bruder, doch sagt es etwas aus, dass sich gleich beide Söhne der Habichts in der NSDAP engagierten. Vor 1918 dachten die Habichts wahrscheinlich deutschnational und radikalisierten sich dann unter dem Eindruck der Niederlage und der Revolution von 1918/19 – so wie viele andere in diesem Spektrum des Bürgertums, das in der Folgezeit zur völkischen Speerspitze des radikalen Revisionismus im Deutschland der Zwischenkriegszeit werden sollte.[16]

Habichts Geschichte zeigt ein weiteres Mal, wie 1918/19 zum Dreh- und Angelpunkt der deutschen Geschichte im 20. Jahrhundert wurde. Vor dieser Zäsur war sogar Habicht noch kein Rechtsextremer gewesen, das behauptete er auch selbst nicht von sich. Das bekannte er in seiner Kampfschrift »Wider den Unstaat« von 1928: Er war 1918 aus dem Krieg noch als derselbe Nationalist zurückgekehrt, als der er sich 1915 freiwillig gemeldet hatte.[17] Den entscheidenden Schritt ins Lager der Rechtsextremen machte er im Januar 1919, als er sich bei seiner Demobilisierung in Berlin als »Zeitfreiwilliger« meldete – und damit Mitglied eines Freikorps wurde. In den Freikorps sammelten sich monarchistische und rechtskonservative Kräfte, die gegen den Untergang ihrer Welt kämpften. Dafür waren sie zu allem bereit. Habicht machte mit dem »Schutzregiment Groß-Berlin« die eruptivsten Phasen des Bürgerkrieges mit: die brutale Niederschlagung des »Spartakus-Aufstands« in Berlin im Januar 1919, die blutigen Kämpfe in Berlin in Folge des kommunistischen Generalstreiks im März 1919 und die Kämpfe im Zuge des Kapp-Putsches und des Ruhraufstands im März 1920.[18]

Die Hochzeit der revolutionären Gewalt war die entscheidende Phase der politischen Radikalisierung in Deutschland, in der sich Radikalnationalismus, Antikommunismus und Antisemitismus in der Gesellschaft sprunghaft verschärften.[19] Angetrieben wurde diese Entwicklung von der extremen Rechten, die auch die Freikorps dominierte. Die Freikorps wirkten wie eine weitere Sozialisationsinstanz, in der sich politische Gewalt und völkische Gesinnung gegenseitig bedingten. Es war im Grunde so wie bei Hitler, dessen völkische Weltanschauung sich in seinem militärischen Umfeld im revolutionären München von 1919/20 herausbildete.[20] Das Freikorps vollendete zweifellos auch Habichts Radikalisierung zum Rechtsextremen. Selbst als er 1920 wieder nach Wiesbaden zurückzog, blieb er seinem Freikorps verbunden, das als getarnte Organisation weiterexistierte.[21] In Wiesbaden trat er außerdem der deutschnationalen »Bismarck-Jugend« bei, die zu einer der Vorläuferorganisationen der örtlichen NSDAP werden sollte.[22] Ein zentraler Bestandteil der rechtsextremen Kultur in diesem Umfeld war die Mythisierung des Krieges. Habicht arbeitete bald sogar selbst daran mit, das anonyme Massenschlachten aus der Rückschau zu einem heroischen »Fronterlebnis« zu verklären. In seinen Reden und Publikationen als Parteiaktivist zelebrierte Habicht das »Heldentum«, den »Ruhm« und das »Deutschtum« der Soldaten – und verspottete den »›Nie-wieder-Krieg‹-Schwindel« der Pazifisten.[23] Damit feierte er jedes Mal auch sich selbst.

Wenn Nationalsozialisten wie Habicht hervorhoben, wie prägend die Zeit von 1918/19 für sie war, gehörte das auch zu den Mythen, die sie über sich und ihre Partei verbreiteten. Noch aus der Rückschau von der Ostfront des Zweiten Weltkriegs bezeichnete Habicht die »Novemberrevolte« von 1918 und den Kampf gegen den »Spartakistenspuk« von 1919 als »Ursprung, Voraussetzung und Grundlage alles Heutigen«.[24] Diese Lesart war schon in den 1920er Jahren Teil der rechtsextremen Selbstdarstellung. Die völkische Bewegung, die mit den ehemaligen Freikorps verbunden war, inszenierte sich als Retter des Vaterlandes vor den Kommunisten. Damit schmückten sie sich auch in ihren individuellen Lebenserzählungen. Habicht vergaß in keinem Lebenslauf, seine Mitgliedschaft in den Freikorps zu erwähnen.[25] Gleichzeitig schrieb er selbst am Mythos der Freikorps mit. In seiner Kampfschrift »Wider den Unstaat« verbreitete er die Version, dass die Soldaten im Ersten Weltkrieg »um die Freiheit« Deutschlands gekämpft und anschließend »Vaterland und Volk« beschützt hätten, als sich 1919 »die Fratze des Bolschewismus drohend über Deutschland erhob«. Für ihn waren diese Kämpfer für alle Zeiten »leuchtende Denkmäler deutschen Geistes und deutscher Ehre«.[26] Mit solchen Schriften setzte sich Habicht immer auch selbst ein Denkmal.

Solche biographischen Narrative erfüllten für die Nationalsozialisten eine wichtige Funktion, denn sie verliehen ihnen Autorität – und die war essentiell, um in der NS-Bewegung über Gefolgschaft zu verfügen.

Dabei ging es ihnen um einen Nimbus von Authentizität, der sie vor den eigenen Anhängern und potentiellen Wählern echter und glaubwürdiger erscheinen ließ.[27] Diese Authentizität bestand in der Behauptung einer stringenten Lebensgeschichte mit konsequentem Denken und Handeln im Sinne der eigenen Weltanschauung. Um diesem unrealistischen Ideal zu entsprechen, fälschten und glätteten die Nationalsozialisten ihre Biographien. Hitler selbst legte in »Mein Kampf« seine eigene Politisierung weit in seine Wiener Zeit zurück und machte seinen Werdegang dadurch viel gradliniger, als er in Wirklichkeit war. Er stilisierte seine Lebensgeschichte zu einem schweren »Lern-, Reife- und Erkenntnisprozess«, der konsequent auf ein bestimmtes Ziel zulief – damit imitierte er mehr oder weniger bewusst das literarische Genre des bürgerlichen Bildungs- und Entwicklungsromans.[28] Demselben Muster entsprach Habichts Selbstdarstellung. Als entscheidenden Wendepunkt bezeichnete er die Revolutionsphase von 1918/19: Seither hätten er und seine Kameraden den Kampf aufgenommen und »mit eiserner Konsequenz« fortgeführt. Es war genau dieselbe Geschichte von schwerer, aber konsequenter Entwicklung wie bei Hitler: »Wir haben einen langen und bitteren Weg zurückgelegt, bis wir zur Erkenntnis des wahren Gesichts der Dinge kamen. Wir sind durch Arbeit, Opfer, Kampf, Not und Entbehrung gegangen und haben schließlich aus der Summe dieses Erlebens unsere Folgerungen gezogen.«[29]

So wie Hitler glättete Habicht seine Lebensgeschichte – in Wirklichkeit war auch seine Biographie nicht so gradlinig, wie er vorgab. Im Jahr 1920 wurde er zunächst wieder kaufmännischer Angestellter und blieb es bis 1927. Bis zu diesem Zeitpunkt war er nur »nebenberuflich« Nationalsozialist und arbeitete im Hauptberuf als Kaufhausangestellter. In Wiesbaden erhielt er eine Beschäftigung als Leiter einer Kaufhausabteilung im Warenhaus Blumenthal – dessen jüdische Eigentümer später in Auschwitz und Sobibor dem Holocaust zum Opfer fallen sollten.[30] Im Kaufhaus Blumenthal arbeitete Habicht bis 1927, während er sich bereits mit vollem Einsatz in der NSDAP engagierte. Diese widersprüchliche Konstellation endete erst, als Habicht im März 1927 als nationalsozialistischer Rädelsführer bei politischen Krawallen in dem kleinen Ort Nastätten auffiel, für die er sich später vor Gericht verantworten musste. Jetzt verlor Habicht seine Anstellung, und erst das war der Beginn seiner hauptamtlichen Tätigkeit in der NSDAP.[31] Das passte allerdings kaum in das Narrativ von der »eisernen Konsequenz« – deshalb klang dies auch in seinen Lebensläufen anders.[32] Das heißt nicht, dass Habichts ideologischer Eifer unecht war, zeigt aber, wie man in der NSDAP an seinem Image als großer Mann arbeitete.

Die Selbstdarstellung als konsequente Vorkämpfer diente den Nationalsozialisten als politische Ressource, um ihre Position in der Partei zu zementieren. Sie begründeten damit ihren Führungsanspruch, nicht zuletzt gegenüber den jüngeren Parteigenossen, die zu spät geboren waren, um im Weltkrieg kämpfen zu können. Das waren die Nationalsozialisten aus der sogenannten Kriegsjugendgeneration der Jahrgänge nach 1900 – jener »Generation des Unbedingten«, aus der im »Dritten Reich« später einige der radikalsten Parteifunktionäre hervorgehen sollten.[33] Bevor sie aber selbst in Machtpositionen gelangten, wurden sie von ihren Vorbildern und Anführern aus der Weltkriegsgeneration an den Nationalsozialismus herangeführt. Die Weltkriegsveteranen übernahmen allein schon wegen ihres Alters die Führung in der frühen NSDAP. Sie stellten in allen Regionen des Reiches während der 1920er Jahre die große Mehrheit der leitenden NS-Funktionäre.[34]

Die Verkörperung der Rechtsextremen aus der Kriegsjugendgeneration war der 1909 geborene Fritz Steinert aus dem Wiesbadener Arbeitervorort Biebrich, der von Habicht zu einem vollendeten Nationalsozialisten herangezogen wurde. Die beiden lernten sich Ende der 1920er Jahre kennen, als Steinert in Wiesbaden eine Parteiveranstaltung der örtlichen NSDAP besuchte, bei der Habicht ihn prompt rekrutierte. Steinert wurde Habichts Sekundant in Wiesbaden, und als dieser 1931 den Posten als Landesinspekteur der österreichischen Nationalsozialisten übernahm, folgte Steinert ihm auch hierhin. Als Oberbürgermeister von Wittenberg bot Habicht ihm sogar den Posten als Polizeichef der Stadt an – in dieser Rolle hätte Steinert auch an der Judenverfolgung mitgewirkt, so wie seine Altersgenossen aus dem Reichssicherheitshauptamt. Um die Karriere seines Günstlings zu fördern, arrangierte Habicht im Mai 1938 sogar ein Treffen zwischen Steinert und dem SS-Chef Heinrich Himmler, der es allerdings »fast eine Sünde« fand, einen jungen Fanatiker wie Steinert als »Polizeiverwalter« in einer Stadtbürokratie zu verwenden. Bei dem Treffen machte Steinert auf den SS-Reichsführer »einen so guten Eindruck«, dass Himmler entschied, ihn als »Führer« in eine Formation der Waffen-SS aufzunehmen – um ihm die »Möglichkeit« zu geben, »bis

2. Die beiden Aufbaugenerationen des NS-Staates – Habicht und Steinert, ca. 1931–34

zu den höchsten Führerstellen der SS emporzusteigen«.[35] Das war ein Beispiel, wie die Nationalsozialisten der Weltkriegsgeneration dem Nachwuchs aus der Kriegsjugendgeneration zu ihren Positionen verhalfen. Steinerts Laufbahn endete allerdings schon im Herbst 1942, als er im Rang eines SS-Bataillonskommandeurs in Südrussland umkam.[36]

Wie viele Gleichgesinnte in seinem Alter empfand Steinert seine Nichtteilnahme am Ersten Weltkrieg als schweren biographischen Makel und brannte darauf, dies wettzumachen – ihn plagte deswegen sogar ein regelrechter »Minderwertigkeitskomplex«. Das vertraute er rückblickend im Jahre 1934 seinem Tagebuch an, wenige Tage vor dem Juliputsch in Österreich, den er mit Habicht zusammen organisiert hatte: »Jahrelang habe ich mich nach einem Putsch gesehnt. Unter einem doppelten Minderwertigkeitskomplex litt ich: dass ich nicht gedient und noch nie mitgeputscht habe.«[37] Dieses Denken war typisch für die Nationalsozialisten aus der Kriegsjugendgeneration. Sie sahen zu ihren älteren Parteigenossen auf, die ihnen so viel vorauszuhaben schienen, und die Veteranen der Frontgeneration fühlten sich umso überlegener und bedeutsamer. Habicht brachte das in seinem Tagebuch zum Ausdruck, als er sich an der Ostfront im April 1942 mit einem fünfundzwanzigjährigen Offizier unterhielt, der vor dem Krieg als HJ-Führer gedient hatte:[38]

> »Wenn ich als Offizier zu Offizier zu ihm spreche, vom Dienst, von unserer Lage, von der Beurteilung der Menschen und Verhältnisse unseres Lebenskreises *jetzt*, ist kein Altersunterschied zwischen uns zu merken, ausser dem in der Haltung des Jüngeren an Jahren und Dienstgrad gegenüber dem Älteren. Sobald wir aber auf eine weitere Ebene geraten – wie z. B. in dieser Unterhaltung, die ausgeht von den ›Geächteten‹ von E. v. Salomon, das die Putsch- u. Femejahre 1918–24 behandelt – klafft eine unüberbrückbare Lücke auf, und ich muss erkennen, dass alles das, was meiner Generation sich unverlöschlich eingeprägt hat, an dem wir mitgekämpft und mitgearbeitet und mitgelitten haben, das uns so nahe ist, als sei es gestern gewesen – der Weltkrieg, die Novemberrevolte, der Spartakistenspuk, Baltikum, Oberschlesien, die Separatisten, die Kampfzeit der Bewegung – dass alles das, was Ursprung, Voraussetzung und Grundlage alles Heutigen darstellt, diesen Jungen – *nichts* ist! Sie haben gehört davon, sie lesen diese Bücher wie eine spannende Abenteuerliteratur, sie finden dieses fabelhaft und jenes gemein, sie lassen sich Einzelheiten erzählen und Zusammenhänge erklären, begreifen auf einmal, dass die ersten jener Schüsse, die da eben im Tal zerkrachen, vor 28 Jahren abgefeuert wurden, und dann sieht er mich auf einmal von einem plötzlichen Einfall betroffen an und sagt: ›Und da waren Sie überall dabei – – und immer noch? …‹ Tja – – und immer noch. Als er geboren wurde, war ich schon seit Monaten im Feld. Zum *ersten*mal. Und seitdem hat es eigentlich nie mehr aufgehört.«

Nationalsozialisten wie Habicht lebten in dem Gefühl, dass sie Geschichte gemacht hatten – und meinten, sich darin von den meisten anderen zu unterscheiden. Sie sahen sich als Auslese, und auf diesen fixen Gedanken versteiften sie sich immer weiter. Durch die Erfahrungen der »Kampfzeit« wurden sie in dieser Selbstrepräsentation nur noch bestärkt. Das ergab sich während der 1920er Jahre vor allem durch den fast sektenhaften Charakter der kleinen und isolierten Organisationen und Splitterparteien des völkischen Lagers. Nach den krisenhaften und gewaltdurchtränkten Jahren von 1918/19 bis 1923 stabilisierte sich die politische Lage in der Weimarer Republik ab 1924, so dass sich die Rechtsextremen zunächst an den Rand gedrängt sahen. Der Stimmenanteil der völkischen Radikalen in der NSDAP und ihren Vorläufern fiel 1924 von 6,5 auf 3 Prozent, in der Reichstagswahl von 1928 sank er sogar auf 2,6 Prozent.

An der Basis der Partei in den Kommunen des Reiches übersetzte sich das in verschwindend geringe Mitgliederzahlen und Wählerstimmen. In Habichts Heimatstadt Wiesbaden wurde der örtliche NSDAP-Ableger im März 1926 durch den Zusammenschluss von Aktivisten aus mehreren kleineren völkischen Gruppierungen gegründet – die Zahl der Gründungsmitglieder betrug nur 26.[39] Zu den Parteiveranstaltungen erschienen zu dieser Zeit meistens nicht mehr als »40–60« Anhänger, und bei den Kommunalwahlen in Wiesbaden von 1927 erhielt die Partei nur einige Hundert Stimmen.[40] Bevor ab 1928/29 die Wahlerfolge der NSDAP einsetzten, war die Partei also eine marginale Gruppierung von Extremisten, die sich einer Übermacht von politischen Gegnern gegenübersahen. Das erlebten sie auch immer wieder in den politischen Auseinandersetzungen dieser Zeit. So zum Beispiel am 1. Mai 1929, als Sozialdemokraten und Kommunisten Habicht und seine Parteigenossen vor sich her trieben.[41] Die Nationalsozialisten planten für diesen Abend auf einem Platz im Wiesbadener Westend eine Kundgebung, doch etwa dreihundert linke Aktivisten verhinderten das. Die Nationalsozialisten reagierten, indem sie ihre Versammlung in Parteilokale in der Altstadt verlegten – die ihre Feinde daraufhin zu stürmen versuchten. Verhindert wurde dies nur durch den Einsatz der Polizei, die Habicht und seine Nationalsozialisten praktisch beschützen musste. Solche Erfahrungen zeigten, wie schwach die frühe NSDAP war, doch die Nationalsozialisten verkehrten das ins Positive und strickten daraus ihren eigenen Mythos. In der offiziellen Parteihistorie der Wiesbadener NSDAP-Ortsgruppe waren sie die einsamen Helden, die den kometenhaften Aufstieg der Partei in der Stadt gegen alle Widerstände durchgesetzt hatten:[42]

> »Als im Jahre 1925 unser Führer Adolf Hitler in ungeminderter Überzeugungskraft den Kampf um die Seele des Deutschen Volkes wieder aufnahm, da waren es in Wiesbaden nur wenige Männer, die sich offen zu ihm bekannten. Sie waren damals Mitglieder der Ortsgruppe Mainz,

da ihre Zahl zur Selbständigkeit zu gering war; es fehlte ihnen auch der örtliche Führer. Dann kam Pg. Kurt Pfeil zur Partei und wurde bald darauf mit der Organisation und Propaganda in Wiesbaden betraut. In jener Zeit war es eine sehr schwere Aufgabe, ein scheinbar aussichtsloser Kleinkampf, ein zähes Ringen um den Einzelnen, und an dem späteren unerhörten Aufstieg gemessen ging es anfangs nur langsam vorwärts; aber die Werbung jedes einzelnen neuen Mitgliedes galt damals mehr und ist heute höher zu bewerten als in den späteren Jahren das Hinzustoßen von Tausenden. Auch als Pg. Pfeil den Auftrag bekam, die Gründung der Ortsgruppe Wiesbaden herbeizuführen, war die Zahl der Mitglieder noch klein, doch ein zäher Kampfeswille beseelte die winzige Schar.«

Die Selbststilisierung als Avantgarde erreichte eine neue Stufe, als die NSDAP in Wiesbaden den Durchbruch schaffte und zur Massenpartei wurde. Jetzt werteten sich die frühesten Nationalsozialisten ein weiteres Mal selbst auf, indem sie sich als Parteigarde inszenierten, um sich von den zahlreichen neuen Mitgliedern abzugrenzen. In Wiesbaden übernahm Habicht die Führung der Partei im Jahr 1927, und gleich im nächsten Jahr begannen die Erfolge, die das nach sich zogen – denn bei den Wahlen von 1928 und 1929 erreichte er den Durchbruch.[43] Bei den Reichstagswahlen von 1928 gewann die Wiesbadener NSDAP 8,8 Prozent der Stimmen und bei der Erdrutschwahl vom September 1930 sogar 27,4 Prozent. Beide Ergebnisse lagen weit über dem Reichsdurchschnitt und machten Habicht zu einem der erfolgreichsten lokalen NSDAP-Führer Deutschlands. Die Stimmengewinne gingen Hand in Hand mit dem Zulauf von neuen Parteimitgliedern. Ende Mai 1928 hatte die Partei erst einhundertdreißig Mitglieder, aber Ende 1929 waren es schon über siebenhundert.[44]

Die schicksalhafte Septemberwahl von 1930 machte Hitlers Partei mit einem Schlag zu einer politischen Macht, und der Massenzulauf veränderte ihr Gesicht. In Wiesbaden fühlte sich Habicht sogar schon früher veranlasst, darauf zu reagieren und die Hierarchie in der Partei klarzustellen. Ein Instrument dafür war seine Parteizeitung, der von ihm gegründete *Nassauer Beobachter*, den er seit Juni 1927 halbmonatlich und bald auch wöchentlich herausgab – und in dem er die meisten Artikel lange selbst schrieb. Im Mai 1930 erklärte er in einem Leitartikel unter dem Titel »Weizen und Spreu«, dass die Mitglieder für ihn keineswegs alle gleich seien.[45] Er teilte sie nach Phasen, Lebensalter, Herkunft und Hingabe ein. Die neuen Mitglieder, die nach dem ersten Wahlerfolg von 1928 in die Partei eintraten, bezeichnete er als »das zweite Aufgebot«. Hierunter sei »ein kleiner Prozentsatz junger Kerle unseren Schlages« gewesen und »ein großer Prozentsatz von Älteren«, die sich nicht mehr »mit ihrer ganzen Person und Existenz in den Kampf« werfen konnten. Nach dem nächsten Wahlerfolg 1929 sei der Partei dann »in hellen Scharen das Volk« zugeströmt, das sogar noch größerer »Siebung bedurfte«. Wie Habicht betonte, war »unter dem Weizen« »viel Spreu«, so dass die neuen Mitglieder streng »sortiert« und »geprüft« werden mussten – alle »betriebsstörende[n] Fremdkörper« seien »mit maschinenmäßiger Präzision« ausgeschlossen worden.

Je stärker Habicht die Qualitätsunterschiede unter den neuen Mitgliedern hervorhob, umso heller erstrahlte die Riege der frühesten Nationalsozialisten und nicht zuletzt er selbst. Sich und seine Mitstreiter der ersten Stunde bezeichnete er als die »alte Horde« – und ließ keinen Zweifel, dass diese das Maß aller Dinge in der Partei war. Sie war die kleinste, elitärste und höchste Klasse von allen in der Partei. In seinem vielsagenden Vergleich mit dem Ersten Weltkrieg entsprach die »alte Horde« den »kämpfenden Heeren« in der vordersten Linie – und der Großteil der neuen Parteimitglieder entsprach den Etappeneinheiten und der Heimat »im Rücken« der Front. So inszenierte Habicht sich und seine Gefolgsleute auch innerhalb der Partei als Avantgarde:

> »Ach nein – es war nicht immer so wie heute. Es war nicht immer so, dass man sein Hakenkreuz an die Rockklappe stecken und so unbehelligt damit durchs Gelände flanieren konnte, als wär's eine Kegelklubnadel. Es war nicht immer so, dass man zu einer Frage unbesorgt nicken und bestätigen konnte: Natürlich bin ich Nationalsozialist! Oh nein – durchaus nicht. Es gab im Gegenteil mal eine Zeit, da wirkte das Hakenkreuz am Rockaufschlag wie eine leuchtende Blume auf einen Bienenschwarm, nur dass die Bienen nicht summten, sondern wie das liebe Vieh brüllten, und nicht stachen, sondern mit Gummiknüppeln und Totschlägern schlugen. D. h. stechen taten sie auch, aber mit Dolchen. (…) In dieser Zeit kam man nicht in Riesensälen zu Massenversammlungen zusammen, sondern man tagte im kleinsten Kreise in verborgenen

Hinterzimmern kleiner Kneipen, und wenn man um Mittenacht unter Gottes freien Sternenhimmel trat, dann gellten auf einmal aus dunklen Torwegen schrille Pfiffe, preschten Radfahrer mit roten Wimpeln vorbei, hingen sich schattengleich finstere Gestalten an die Fersen eines jeden, konnte man an der ersten düsteren Straßenecke sich seiner Haut wehren und der Satan mochte wissen, wer unsere Zusammenkunft wieder einmal verraten hatte. (…) Es war eine schöne Zeit und den Pestkranken ging man im Mittelalter sicher nicht in größerem Bogen aus dem Wege als die wackeren Zeitgenossen. Wenn wir nicht so jung und zäh gewesen wären, nicht in jeder Beziehung so dicke Schädel gehabt und nicht jenen verbissenen Fanatismus besessen hätten, der dem biederen Bürger immer noch als eine besondere Spielart von Geisteskrankheit erscheint, dann hätten wir damals die Sache schleunigst aufgesteckt und unsern Kopf und unsere Stellung in Sicherheit gebracht. Aber das taten wir eben nicht.«

Die lokale NSDAP kämpfte in der Weimarer Republik lange auf verlorenem Posten – das war eine reale Erfahrung, doch die Nationalsozialisten machten einen Mythos daraus. Das sollte nicht nur die Strahlkraft der Partei erhöhen, sondern diente den führenden Aktivisten auch zu ihrer eigenen Imagepflege. Sie redeten zwar ständig davon, dass sie sich ganz in den Dienst der »Bewegung« stellten, doch dabei stellten sie sich ständig selbst heraus: als Kriegsfreiwillige, Frontsoldaten, Freikorpsmitglieder, Vorkämpfer der NS-Bewegung und als Parteigarde. Mit ihrem Selbstverständnis als Auslese verband sich ein Elitebewusstsein, das ihnen das Gefühl gab, außergewöhnlich zu sein. Wenn Männer wie Habicht von ihrer eigenen Biographie erzählten, hörten sie sich oft so an, als erschauderten sie fast in Ehrfurcht vor sich selbst. Und weil sie sich wie eine Elite vorkamen, obwohl der Großteil von ihnen aus bescheidenen Verhältnissen stammte, traten sie häufig entsprechend auf.

Die NS-Elite aus dem Kleinbürgertum: Anspruchsdenken und Statusgehabe

Am 7. Juli 1939, kurz vor Mittag, erschien Theodor Habicht zur Wohnungsbesichtigung in Koblenz an der Ecke zwischen Schumannstraße und Rheinau.[46] Habicht war zu diesem Zeitpunkt als neuer Oberbürgermeister designiert, und am selben Tag sollte seine Amtseinführung stattfinden. Deshalb war Habicht jetzt auf Wohnungssuche, und der Stadtkämmerer hatte ihm das dortige Anwesen als Option vorgeschlagen. Die Adresse war nobel, das herrschaftliche Haus lag malerisch direkt am Rheinufer. Die Unterlagen der Stadtverwaltung zeigen, was die Immobilie alles zu bieten hatte. Das Grundstück erstreckte sich auf 2300 Quadratmeter, die Wohnfläche umfasste dabei rund dreihundert Quadratmeter. Der Außenbereich bestand aus einem Vorgarten zum Rhein hin und einem weitläufigen Hintergarten, daneben gab es eine Garage mit »Platz für zwei Wagen und für eine Wohnung«. Das Haus selbst war »in ganz vorzüglicher Verfassung« und »im Innern aufs Beste ausgestattet«, mit »erstklassigem Material«, von »Marmor« bis »Eichenholz«. Im Souterrain befanden sich die »Küche mit Speiseaufzug«, eine Waschküche, der Vorratskeller, ein Weinkeller und ein Luftschutzraum. Im Erdgeschoss gingen von der großzügigen Diele ein Salon, das Esszimmer und das Herrenzimmer ab. Außerdem auf dieser Etage: ein »Wintergarten ganz in Marmor« und »eine große offene Terrasse« zum Garten hin. Durch das »volleichene Treppenhaus« gelangte man im ersten Stock zu fünf weiteren Zimmern und einer zusätzlichen Terrasse.

So wohnte man als führender Funktionär im NS-Staat. Für Habicht waren solche Standards zu diesem Zeitpunkt schon selbstverständlich geworden, seine Ansprüche waren merklich gestiegen. Die Wohnungsbesichtigung war deshalb notwendig geworden, weil Habicht die »bisherige Oberbürgermeisterwohnung«, in der seine Amtsvorgänger residierten, kategorisch abgelehnt hatte – sie war ihm offenkundig nicht gut genug. Daher ließ Habicht seine Stadtverwaltung eine ganze Reihe von in Frage kommenden Immobilien prüfen. Unter anderem hatte die Stadtverwaltung auch verschiedene »jüdische Anwesen« im Angebot, bei denen es sich offensichtlich um »arisierte« Grundstücke handelte, deren Eigentümer aus ihren Häusern vertrieben worden waren. Die Immobiliensuche der Koblenzer Stadtverwaltung verrät die hohen materiellen Erwartungen, die NS-Funktionäre wie Habicht hatten: Bei den geprüften Immobilien handelte es sich durchweg um herrschaftliche Villen mit bis zu dreizehn Zimmern.[47] Letztlich entschied sich Habicht für die Villa am Rhein – in die er aber nie einziehen sollte, weil er vorher einen noch attraktiveren Posten im Auswärtigen Amt in Berlin annahm.

Die Villa am Rhein war ein Symbol für die ungeahnten Aufstiegsmöglichkeiten, die im »Dritten Reich« vor allem den Parteifunktionären offenstanden. Das begann bereits mit Habichts Beförderung zum Landesinspekteur der österreichischen Nationalsozialisten im Sommer 1931. Als Gauleiter und faktischer NS-Chef des Landes residierte er in Linz im Stadtteil Froschberg, einer der vornehmsten Gegenden der Stadt.[48] Als Oberbürgermeister in Wittenberg bewohnte er ab 1937 eine Villa, die ähnlich großzügig war wie das Herrenhaus an der Koblenzer Rheinau. An ihrer letzten Station in Berlin lebten die Habichts seit 1939 nicht weniger herrschaftlich im großbürgerlichen Grunewald. Seit Habicht zum Gauleiter aufgestiegen war, fühlte er sich nur noch in Villengebieten zu Hause, nachdem er in engen Mietshäusern aufgewachsen war und jahrelang in kleinen Verhältnissen gelebt hatte. Als er geboren wurde, wohnte die Familie im stark bevölkerten Westend von Wiesbaden, in der Roonstraße 19 – das war auch dreißig Jahre später immer noch keine noble Adresse.[49] Diesem Umfeld blieb Habicht auch als Erwachsener verhaftet. Bis Mitte der 1920er Jahre wohnte er im Kaiser-Friedrich-Ring 3, nur wenige hundert Meter entfernt von seinem Elternhaus in der Roonstraße, im selben Sozialmilieu. Im Laufe des Jahres 1927 bezog Habicht dann eine Bleibe in der Wiesbadener Fasaneriestraße 23, ganz am Stadtrand.

Habichts sozialer Aufstieg schlug sich auch auf seinem Bankkonto nieder – er strich so viel Geld ein, wie er es sich als Kaufhausangestellter niemals hätte träumen lassen. Insbesondere nach 1933 musste er sich als »alter Kämpfer« keine Sorgen mehr um sein Auskommen machen. Die NSDAP zahlte sogar seine Bezüge weiter, nachdem er im Juli 1934 infolge des gescheiterten Putschversuchs in Österreich sein Amt verlor und aufs Abstellgleis kam: Die nächsten zweieinhalb Jahre stand er als »Gauleiter z. b. V.« auf der Gehaltsliste der Partei, ohne dass er irgendeiner Tätigkeit nachging.[50] Als seine Karriere im Februar 1937 dann als Oberbürgermeister in Wittenberg weiterging, machte er enorme Gehaltssprünge. Anfang 1939 stieg sein monatliches Grundgehalt auf 979,24 Reichsmark.[51] Sein Jahresgehalt betrug damit fast das Zehnfache des durchschnittlichen Arbeitereinkommens zu dieser Zeit – und mehr als viermal so viel wie ein typischer Angestellter verdiente, der er selbst früher einmal gewesen war.[52] Dabei war das nur das Grundgehalt. Habicht nutzte alle sich bietenden Möglichkeiten, sein Gehalt durch Zulagen aufzubessern, jedes Mal bis zum Maximum.[53] Als Habicht dann Unterstaatssekretär im Auswärtigen Amt wurde, verdoppelte sich sein Gehalt noch einmal: Jetzt verdiente er fast 1900 Reichsmark pro Monat.[54] Für jemanden, der eine solche Schul- und Berufsausbildung wie Habicht genossen hatte, war das ein astronomisches Phantasiegehalt.

Nationalsozialisten wie Habicht glaubten, dass sie das alles verdient hätten, weil sie sich als Avantgarde des Vaterlands sahen und meinten, dass sie im Weltkrieg und in der »Kampfzeit« so viel für Deutschland riskiert hatten wie niemand anderes. Nach 1933 verlangten die »alten Kämpfer« ihren Lohn – dieses Denken war die Grundlage für die weitverbreitete Korruption im »Dritten Reich«.[55] Die Erwartungen der NS-Funktionäre waren auch deshalb besonders groß, weil die Mehrheit von ihnen aus relativ bescheidenen Verhältnissen kam.[56] Nach dem Ersten Weltkrieg hatten sie kaum Aussicht auf soziale Mobilität gehabt, und als der Nationalsozialismus ihnen die Chance dazu bot, konnten sie ihre neue Geltung nicht oft genug betonen. Sie zeigten das typische Statusgehabe des Homo novus – sie waren Emporkömmlinge, die ihren Aufstieg umso mehr auskosteten. In Verbindung mit ihrem Avantgardegefühl konstituierte ihre soziale Herkunft, die ihr Anspruchsdenken und Statusgehabe potenzierte, den zweiten Faktor in dem Ursachenbündel der narzisstischen Kultur der Nationalsozialisten.

Theodor Habicht kam aus dem Wiesbadener Kleinbürgertum und besaß als junger Mann keine realistische Perspektive, es jemals nach oben zu schaffen. Seine Mutter Sophie Elise Luise arbeitete als Damenschneiderin, sein Vater Karl Philipp Theodor war Schriftsetzer – von ihm konnte Habicht höchstens die Affinität zur Schriftlichkeit erben.[57] Es war freilich noch gar nicht lange her, dass die Familie überhaupt im

Kleinbürgertum angekommen war. Noch eine Generation zuvor sahen die familiären Verhältnisse ganz anders aus. In ihrem Heimatort an der Lahn waren Habichts Vater und Großvater noch auf karikative Fürsorge angewiesen gewesen.[58] Inzwischen hoffte die Familie darauf, dass es ihr Nachwuchs einmal zu mehr bringen würde: Habichts Eltern schickten Theodor nach der Volksschule auf das Wiesbadener Realgymnasium. Diese Erwartungen konnte er allerdings kaum erfüllen. In seinem Abgangszeugnis nach der Quarta schnitt der Zwölfjährige in keinem Fach besser als »genügend« ab und kassierte sogar in zwei Fächern die Note »mangelhaft«.[59] Als die Familie 1910 nach Berlin umzog, machte Theodor Habicht folglich wieder einen Schritt zurück: In der neuen Heimat besuchte er nur noch die Realschule. Die Aussicht auf Aufstieg durch höhere Schulbildung war nun dahin. Im Jahr 1914 schloss Habicht die Schule in Berlin-Mitte im Alter von sechzehn Jahren mit dem Einjährigen-Freiwilligen-Zeugnis ab und begann eine kaufmännische Lehre.[60] Anfang der 1920er Jahre schien das seine Zukunft zu sein – eine Perspektive, die ihm zu wenig war.[61]

Das Engagement in der NS-Bewegung verlieh Habicht eine Relevanz, die er sonst niemals gehabt hätte – durch seine spektakuläre Karriere in der NSDAP war er plötzlich jemand. Schon während der »Kampfzeit« in Wiesbaden redete er teilweise vor großen Versammlungen und stand im Licht der Öffentlichkeit. Er wurde jetzt auch von den prominentesten NS-Führern wahrgenommen. Im April 1928 gewann er Joseph Goebbels für einen Auftritt in Wiesbaden – auf den Habicht gleich einen positiven, aber auch einen sehr selbstbewussten Eindruck machte. Goebbels notierte in seinem Tagebuch: »Nach Wiesbaden. Lerne Habicht kennen. Ein brauchbarer Kopf. Redet nur viel und von oben.«[62] Spätestens sein Wirken als NS-Führer von Österreich machte Habicht mit einem Schlag überall bekannt, durch die Berichterstattung der internationalen Presse sogar weit über Deutschland und Österreich hinaus. In Großbritannien berichteten die *Times* und der *Guardian*, und selbst die *New York Times* schrieb über Habicht.[63] In seiner Heimatstadt Wiesbaden wurden schon zu dieser Zeit bei Parteiveranstaltungen Autogrammkarten von Habicht verkauft.[64] In der NSDAP rückte Habicht durch seine Berufung zum Landesinspekteur der österreichischen Nationalsozialisten in die Elite der Partei auf: Seit November 1931 zählte er offiziell zur »Reichsleitung« der NSDAP und erhielt den Titel eines Gauleiters.[65] Innerhalb von fünf Jah-

3. Oberbürgermeister Habicht spricht vor dem Rathaus Wittenberg, 1. Mai 1939

ren hatte er es vom einfachen Parteimitglied zum Gauleiter gebracht: Habicht konnte sich als Shootingstar der Partei fühlen.

Selbst sein Sturz nach dem gescheiterten Putschversuch vom Juli 1934 tat seiner Reputation kaum einen Abbruch. Überall, wo er hinkam, nahm er Huldigungen entgegen. Bei seiner Amtseinführung als Oberbürgermeister in Koblenz im Juli 1939 begrüßte ihn der Regierungspräsident »als alten Kämpfer der Führers, der durch seine Tätigkeit an hervorragenden Stellen der Partei allen alten Kämpfern ein Begriff sei«.[66] Als Oberbürgermeister trat er bei Aufmärschen und Paraden auf und stand im Mittelpunkt. Er erlebte, wie ihm die Massen lauschten. Ein Fotoalbum, das ihm die Stadt Wittenberg bei seiner Verabschiedung im November 1939 zur Erinnerung an seine Amtstätigkeit als Oberbürgermeister überreichte, zeigt Habicht bei mehreren Großveranstaltungen. Auf einem der Fotos steht Habicht am Mikrophon vor dem Rathaus und spricht zum Volk – in gewohnter soldatischer Pose mit selbstbewusster Körpersprache.[67] Als Habicht im Herbst 1939 dann auch noch Unterstaatssekretär im Auswärtigen Amt wurde, hatte er eine weitere Stufe erklommen, die für einen Mann mit seiner Bildung und Herkunft unter normalen Verhältnissen vollkommen undenkbar gewesen wäre. Dass er hoch hinaus gekommen war, konnte er sogar nachlesen, denn als prominenter Parteiführer wurde sein Werdegang im NS-Staat in biographischen Nachschlagewerken gewürdigt.[68]

Habicht gehörte zur Prominenz des NS-Staates, und er trat entsprechend auf. Wie sehr er seinen gesellschaftlichen Status genoss, zeigte sich selbst an der Front. In seinem Tagebuch breitete er jede Situation aus, in der er auf seinen hohen Rang im NS-Staat angesprochen wurde.[69] Sein Drang, sich wichtigzumachen, war stärker als alle Vernunft. Denn eigentlich war ihm bewusst, dass man als NS-Funktionär in der Wehrmacht eher zurückhaltend auftreten musste. Doch das vergaß er fast jedes Mal, wenn ihn jemand wie einen Prominenten behandelte. Als er Ende 1942 mit seiner Einheit vorübergehend einem anderen Verband unterstellt wurde, registrierte er befriedigt, dass auch dort jeder wusste, wer er war. Am 2. Dezember 1942 notierte er: »Dass ich ›Staatssekretär‹ bin, ist nun glücklich auch in der neuen Division rund.«[70] Dabei war das noch nicht einmal korrekt, denn Habicht hatte sein Amt als Unterstaatssekretär im August 1940 hingeschmissen, und er wusste genau, dass es für ihn keinen Weg zurück in die Wilhelmstraße gab. Trotzdem korrigierte er niemanden, der ihn dafür bewunderte, dass er »nebenbei auch noch Staatssekretär« sei.[71] Habichts Geltungssucht ging so weit, dass er seine Gesprächspartner manchmal mehr oder weniger direkt darauf aufmerksam machte, wen sie vor sich hatten, wenn sie ihn nicht gleich erkannten – vor allem bei Begegnungen mit früheren Anhängern aus Österreich. So traf er Ende Mai 1942 an der Südfront des Kessels von Demjansk einen österreichischen Feldwebel, dessen Glückseligkeit über das Treffen er genüsslich in seinem Tagebuch schilderte:[72]

> »Am Schluss des Rundgangs sitzen wir noch eine Zigarettenpause lang in Lüth's Bunker und ich frage ihn ein bis[s]chen aus. Ja, er sei 45 Jahre, habe schon den Weltkrieg mitgemacht und sei von Beruf Fleischer und Gastwirt. ›Bayer?‹ – ›Aber noa, Herr Oberleutnant, i bin a Ostmärker, a Oberdonauer.‹ – ›Nanu, woher denn da?‹ – ›Seit dem 38er Jahr hob' i a Wirtschaft in Aischach, aber dahoam bin i von Linz.‹ – ›Da müssten Sie mich doch eigentlich kennen?‹ – Er sieht mich an und zögert: ›Ja mei, denkt' hob i mir glei, wie dem der Herr Oberleutnant gleichschaut, aber das gibt's jo net ….‹ – ›Was denn?‹ – ›A, dös mag i garnet sag'n, weil's zu bleed is!‹ – ›Na, trotzdem …?‹ – Er lacht, ›Der Herr Oberleutnant schaun

> unserem alten Landesinspekteur halt schon zum Verwechseln gleich, aber wie käm' der grad hier in die Scheiss'n ein …‹ – ›Er *ist* aber in der Scheiss'n!‹ – Er starrt mich einen Augenblick fassungslos an, dann springt er auf, dass die Feldbecher auf dem Tisch umfallen, fasst mit beiden Händen nach meiner Hand und reisst mir bald den Arm aus. Er ist ganz aus dem Häuschen und sprudelt nur so über in einer so komisch-erheiternden Freude und Begeisterung, dass die Männer im Bunker sich fast totlachen wollen. ›Also sowas! So a Freid! Unser Landesinspekteur, dahier in dem Russland, und i sitz bei ihm im Bunker! Also dös, wenn i hoamschreib, dös glaubt mir jo koa Mensch net! Is denn dös die Möglichkeit! …‹ Er kann sich garnicht beruhigen und die Männer lachen immer mehr. Der Unteroffizier hat die ganze Zeit dabeigestanden und nichts gesagt, aber über das ganze Gesicht gelacht. Nun wendet sich der Feldwebel, noch ganz aufgeregt, zu ihm: ›Sepp, hätt'sch dös Du geglaubt?‹ Der nickt vergnügt: ›I hab'n glei verkannt, dass er's is!‹ – ›Und nix g'sagt, Du Depp?‹ – ›Ah, i hätt' schon noch …‹ (…) Und dann muss er unbedingt noch eine Aufnahme haben: Wir zwei vor meinem Kompanie Gef.Std. Der Wiener macht sie. ›Dös wird mei schönste Kriegserinnerung bleib'n! Die kriegt an Extraehrenplatz bei mir d'hoam!‹ Endlich verabschiedet er sich, und die beiden hauen eine Ehrenbezeugung hin, an der kein kommandierender General etwas hätte aussetzen können. Er ist längst hinter der Wegebiegung verschwunden, da höre ich immer noch seine aufgeregte Stimme.«

Zu solchem Statusgehabe fühlten sich Nationalsozialisten wie Habicht umso mehr berechtigt, weil sie für die Partei alles aufs Spiel gesetzt hatten. Habicht tauschte im Jahr 1927 seine Beschäftigung als Kaufhausangestellter in Wiesbaden gegen eine ungewisse Zukunft als hauptamtlicher Funktionär in einer Partei ein, die so klein und unbedeutend war, dass sich wohl niemand ernsthaft vorstellen konnte, dass sie nur wenige Jahre später die Macht im Land übernehmen würde. Zudem war die Tätigkeit als Parteifunktionär zu dieser Zeit alles andere als lukrativ. Zwar versuchten Habichts politische Gegner in Wiesbaden, ihn mit der Unterstellung zu diskreditieren, dass er sich durch die Tätigkeit in der Partei bereichern wolle – und dass er seine Parteizeitung nur betrieb, um »seine eigene soziale Frage zu lösen«.[73] Davon konnte aber in Wirklichkeit keine Rede sein. Wie aus den Parteiakten hervorgeht, trug ihm das Zeitungsunternehmen am Ende sogar hohe Privatschulden ein.[74] Auch deshalb schanzte ihm der NSDAP-Reichsorganisationsleiter, Gregor Strasser, Ende 1931 ein Reichstagsmandat zu – damit Habicht durch die Diäten »in die Lage versetzt wird, seine Gläubiger nach und nach zu befriedigen«.[75]

Das Geld war knapp bei Habicht, das zeigte sich allenthalben. Die NSDAP konnte ihren Funktionären in dieser Zeit noch keine hohen Gehälter bieten. Im Herbst 1929 versuchte Habicht, einen Parteigenossen als hauptamtlichen Bezirksleiter zu gewinnen, konnte ihm aber nur 120 Reichsmark pro Monat in Aussicht stellen – der umworbene Parteigenosse lehnte höflich ab, weil er seinen Beruf nicht aufgeben wollte, der ihm deutlich mehr Einkommen und Zukunftssicherheit zu versprechen schien.[76] Wer zu dieser Zeit hauptamtlicher NSDAP-Funktionär wurde, setzte alles auf eine Karte – und das gehörte schon in der damaligen Situation zur Selbststilisierung der Nationalsozialisten als unbeugsame Avantgarde. So formulierte Habicht dies bei dem erwähnten Werbungsversuch im Herbst 1929:[77]

> »Seien Sie nicht mehr nur Revolutionär im Nebenberuf, sondern ganz. Geben Sie dem Gedanken an ein bürgerlich geordnetes Dasein den Abschied und stellen Sie sich ganz und vorbehaltlos in den Dienst der Bewegung. (…) Ich weiss und verstehe es, dass es Ihnen nicht leicht fallen wird, sich zur Annahme dieses Vorschlages zu entschliessen. Er bedeutet fraglos einen Verzicht, jemals wieder in Ihren alten Beruf zurückzukehren weil ja wohl kein Arbeitgeber Sie wieder einstellen wird, wenn Sie ihm eröffnen, dass Sie soundsolange nationalsozialistischer Unterführer im Hauptamt gewesen seien. Diesen Rubikon aber haben wir alle einmal überschreiten müssen, die wir heute mitten in der Bewegung stehen und ihr dienen. Es ist das Abbrechen aller Brücken hinter uns um des Zieles willen, oder – wie ich es eingangs nannte – das ›die praktische Konsequenz ziehen aus den gewonnenen Erkenntnissen‹.«

Männer wie Habicht hefteten es sich an die Fahne, dass sie für die »Bewegung« ihre Existenz aufs Spiel gesetzt hatten. Darauf basierte ihr maßloses Anspruchsdenken, das sie nach 1933 an den Tag legten. Auch Habicht bereicherte sich, wo er konnte, und das teilweise illegal – trotzdem fühlte er sich vollkommen im Recht. Als Oberbürgermeister von Wittenberg war er im Februar 1937 kaum im Amt, da beantragte er für sich schon eine gigantische Verbesserung seines Besoldungsdienstalters, das die Berechnungsgrundlage für seine Bezüge war. Hierfür wollte er sich seine gesamte Parteilaufbahn in der NSDAP als »Vordienstzeit« anrechnen lassen:[78] Er hatte noch nicht einmal zwei Wochen als Oberbürgermeister amtiert, reklamierte aber schon »fast 11 Jahre« Dienstzeit als Beamter![79] Wie dreist das war, zeigte die Reaktion des vorgesetzten Regierungspräsidiums in Merseburg, das Habichts Antrag direkt ablehnte.[80] Das ließ sich Habicht allerdings nicht gefallen: Er ließ seine Beziehungen ins preußische Innenministerium spielen, wo mit dem Staatssekretär Wilhelm Stuckart einer seiner engsten Weggefährten aus der »Kampfzeit« an den Schalthebeln der Macht saß.[81] Prompt wurde er in die nächsthöhere Besoldungsstufe befördert und erhielt ein verbessertes Besoldungsdienstalter.[82]

Das reichte Habicht allerdings noch nicht – bald darauf unternahm er einen ähnlichen Vorstoß, um seine Pensionsansprüche drastisch zu erhöhen.[83] Auch das war so überzogen, dass der Antrag erneut von der Staatsbürokratie zurückgewiesen wurde. Am Ende behielt Habicht aber wieder die Oberhand: Dieses Mal griff sogar der »Stellvertreter des Führers«, Rudolf Hess, höchstpersönlich ein und verfügte, dass Habichts »Amt in der Partei« über den gesamten Zeitraum von 1926 bis 1937 »anrechnungsfähig« sei.[84] Dadurch wurden Habicht zehn Jahre und 196 Tage auf seine Beamtenrente angerechnet, selbst die beschäftigungslose Auszeit nach seinem Sturz in Österreich zählte mit. Die Nationalsozialisten taten so, als ob die Agitation als Parteifunktionär der NSDAP ein Dienst am Staat im Interesse der Allgemeinheit gewesen wäre, für die man öffentliche Versorgungsansprüche erworben hätte – das klingt zynisch, aber genau so sahen es Habicht und seine Parteigenossen.

Habicht musste aber nicht erst auf den Ruhestand warten, bis sich dieser korrupte Winkelzug in barer Münze für ihn auszahlte. Denn durch eine weitere Rechtsbeugung sprach man ihm nach seinem Ausscheiden aus dem Auswärtigen Amt das sogenannte Wartegeld zu, das auf der Grundlage seiner Rentenansprüche bemessen wurde.[85] Rechtlich hatte Habicht hierauf überhaupt keinen Anspruch, doch Hitler verfügte dies einfach – damit wurden alle juristischen Zweifel »gegenstandslos«.[86] Für Habicht war das der goldene Handschlag, denn das Deutsche Reich verpflichtete sich damit zu sofortigen Zahlungen – sie begannen kurz nach Habichts Ausscheiden aus dem Amt. Die Höhe der Leistung: sagenhafte

1365,69 Reichsmark pro Monat.[87] Die Habichts hatten damit weitgehend ausgesorgt. Das viele Geld und der luxuriöse Lebensstandard hatten überdies großen symbolischen Wert. Habicht musste sich nur in seiner Villa umsehen, um sich darin bestätigt zu fühlen, dass er zu einer herausragenden Persönlichkeit des öffentlichen Lebens im NS-Staat geworden war.

Die niedrige soziale Herkunft vieler Nationalsozialisten verstärkte ihr narzisstisches Gehabe – das war nur auf den ersten Blick paradox. Manche von ihnen hatten wegen ihres familiären Hintergrunds Minderwertigkeitsgefühle – eine typische Konstellation, denn bekanntlich kann auch ein geringes Selbstbewusstsein narzisstisches Verhalten auslösen. Ein Beispiel dafür war Hitler selbst: Es gibt Anzeichen, dass er noch in den 1920er Jahren oft unsicher war und versuchte, dies durch umso dominanteres Verhalten zu überspielen.[88] Weil er ein Parvenü war, strengte er sich außerdem übermäßig an, seine fehlende Bildung durch Lektüre wettzumachen. Die kleinbürgerliche Herkunft führte bei vielen Nationalsozialisten nach 1933 zur Überkompensation. Viele von ihnen imitierten jetzt den Lebensstil des Großbürgertums, obwohl sie sich offiziell als antibürgerliche Bewegung stilisierten.[89] Habicht hatte in seinen Kampfschriften aus den 1920er Jahren noch massiv gegen das Bürgertum gewettert. In einem seiner Artikel hatte er einen fiktiven Bürger in sarkastischem Ton vor einem Parteibeitritt bei den Nationalsozialisten gewarnt – von denen er nicht erwarten könne, dass sie ihm »mit allem Komfort der Neuzeit eingerichtete Villen aus dem Boden stampften« und ihn »mit Ämtern und Würden überhäuften«.[90] Genau diesen Lebensstandard pflegte er nach 1933 jedoch selbst – und fühlte sich umso mehr als Angehöriger der Elite. Die Grundlage für das alles war das Avantgardebewusstsein, das die Nationalsozialisten aus ihrer Lebensgeschichte ableiteten.

»Das System Habicht«: Die Dominanz von Personen im NS-System

Am 6. März 1927 brauste ein Lastwagen durch Wiesbaden. An Bord befanden sich einundzwanzig Nationalsozialisten unter Führung des Ortsgruppenleiters Theodor Habicht. Ihr Ziel: der kleine Ort Nastätten auf halbem Weg nach Koblenz. Dort fand an diesem Tag eine Veranstaltung des Jüdischen Centralvereins statt, in der »das wahre Gesicht des Nationalsozialismus« angeprangert werden sollte – deshalb suchte Habicht mit seinen Männern jetzt die Konfrontation. Auf dem Weg nach Nastätten ließ er mehrfach halten, um weitere Anhänger aus der Region mitzunehmen, in die seine Wiesbadener Partei bereits ausstrahlte. Andere NSDAP-Aktivisten kamen direkt nach Nastätten, allen voran die Nationalsozialisten aus Koblenz und der prominente Parteiführer Robert Ley, der als Hauptredner für die Propagandaaktion vorgesehen war. Gegen 16 Uhr sammelten sich die NS-Aktivisten in Nastätten. Zunächst lief alles gewaltlos ab. Die Nationalsozialisten begaben sich geordnet in das Veranstaltungslokal, das jedoch kurz darauf wegen Überfüllung von der Polizei geräumt wurde. Auf der Straße begannen dann die Tumulte. Es entwickelte sich eine Massenschlägerei, in der kaum noch jemand durchblickte – bis ein Schuss krachte. Einer der örtlichen Polizeibeamten war im Handgemenge in Panik geraten und hatte seine Pistole gezogen, sein Schuss traf den achtzehnjährigen Nationalsozialisten Wilhelm Wilhelmi aus Singhofen direkt in den Kopf. Der junge Mann brach tot zusammen, und damit endete die »Propagandafahrt« der Wiesbadener Nazis abrupt – sie zogen ab. Später stilisierten sie die chaotische Aktion zur »Schlacht von Nastätten« und verklärten den zufällig getöteten »Kameraden« als Märtyrer. All das entsprach dem bekannten Schema der lokalen Nationalsozialisten während der »Kampfzeit« und war insofern nichts Besonderes in der Frühgeschichte der Partei.

Was den Vorfall aus heutiger Sicht interessant macht, ist etwas anderes, das sich erst zeigte, als die örtliche Polizei den Lastwagen der Nationalsozialisten auf dem Rückweg abfing. Als die Polizisten die Personalien der Parteiaktivisten an Bord des Fahrzeugs aufnahmen, hielten sie etwas fest, dem sie selbst keine weitere Beachtung schenkten: Von den einundzwanzig Wiesbadenern auf dem Lastwagen wohnten allein sieben in derselben Straße, nämlich in der Adlerstraße am Rande der Altstadt.[91] Einer von ihnen war der neunzehnjährige Bäckergehilfe Karl Neuschwander, der am darauffolgenden Tag von der Polizei in Wiesbaden verhört wurde. Bei der Vernehmung kam heraus, dass Neuschwander neu in der Partei war – und auch nicht von sich aus auf die Idee gekommen war, die »Propagandafahrt« mit Habichts Nationalsozialisten nach Nastätten mitzumachen. Wie Neuschwander zu Protokoll gab, hatte er sich den Parteiaktivisten nur deshalb angeschlossen, weil er am Vortag von einem Nachbarn dazu überredet worden war, nämlich von dem neunundzwanzigjährigen Kaufmann Otto Kölb, der NSDAP-Mitglied war und in der Adlerstraße nur einige Häuser entfernt wohnte.[92]

Man könnte annehmen, dass die Häufung der Nationalsozialisten in der Wiesbadener Adlerstraße reiner Zufall war, doch tatsächlich folgte sie einem typischen Muster, das prägend für den Aufstieg der NSDAP in der Endphase der Weimarer Republik war: Viele der frühen Parteianhänger waren Nachbarn oder kannten sich aus ihrem Stadtviertel. Manche von ihnen fanden nur deshalb den Weg zur NSDAP, weil sie zufällig in der Nähe von jemandem wohnten, der bereits in der Partei war. Zwar kannte sich der harte Kern der Partei häufig schon aus den Vorläuferorganisationen der NSDAP; manche Gründungsmitglieder waren sogar zusammen zur Schule gegangen.[93] Darüber hinaus aber machten es die Nationalsozialisten zu ihrer Methode, neue Mitglieder in ihrem Wohnumfeld und im Bekanntenkreis zu rekrutieren. Oder in der eigenen Familie: Vier der sieben Nationalsozialisten aus der Adlerstraße, die an jenem Tag mit nach Nastätten fuhren, waren verwandt miteinander, zwei von ihnen waren Vater und Sohn. Letztere bezahlten teuer für ihr Engagement bei den Rechtsextremen. Der zwanzigjährige Karl Ludwig, der an diesem Tag mit seinem Vater nach Nastätten gefahren war, sollte nur wenige Wochen später zum zweiten »Märtyrer« der Wiesbadener NSDAP werden: Am 10. April 1927 wurde er in Wiesbaden auf offener Straße von politischen Gegnern getötet.

Die NS-Bewegung als Personenverband

Von Anfang an bestimmten persönliche Beziehungen die Parteikultur der NSDAP, während deren institutionelle Strukturen eher zweitrangig waren. Schon in der »Kampfzeit« war die NS-Bewegung in erster Linie ein Personenverband, und das übertrug sich nach 1933 auch auf den NS-Staat. In dieser personalisierten Sozialkultur bildeten individuelle Parteiführer die Machtzentren – hierin lag der Keim der NS-Polykratie, die das »Dritte Reich« bis zuletzt prägen sollte. Das politische Geschehen hing mehr von den maßgeblichen NS-Fürsten und ihren Seilschaften ab als von Ämtern oder Dienstwegen. Diese Mechanismen zementierten den hierarchischen Charakter der Partei und werteten diejenigen weiter auf, die oben standen. Dadurch fielen individuelle Parteiführer im NS-System umso mehr ins Gewicht, und das war ihnen zweifellos bewusst. Die personalisierte Praxis der Partei verstärkte ihre eitle Selbstgewissheit, dass sie herausragende Persönlichkeiten darstellten – dies konstituierte den dritten Faktor in der narzisstischen Kultur der Nationalsozialisten.

Der Keim der Personalisierung der NSDAP lag in ihrer Entstehungszeit – und die räumliche Nähe der frühen Parteimitglieder war grundlegend dafür. In der historischen Forschung sind die räumlichen Zusammenhänge zwischen den frühen Parteianhängern bislang noch kaum sichtbar geworden.[94] In den klassischen Studien über die Sozialgeschichte der Hitler-Partei wurde die Zusammensetzung der Anhängerschaft vor allem anhand von Zufallsstichproben aus der NSDAP-Zentralkartei analysiert – die Wohnorte der Parteimitglieder waren also kein Kriterium. Die Geschichte von Habichts Wiesbadener NSDAP erlaubt neue Einblicke in die räumliche Dimension der Entwicklung der Partei. In den Akten von Habichts Ortsgruppe sind die Wohnadressen von mehr als fünfhundert Mitgliedern belegt. Wenn man die Wohnorte der Wiesbadener Nationalsozialisten auf den Stadtplan projiziert, entsteht ein Bild vom nachbarschaftlichen Charakter der frühen NS-Bewegung.[95]

Die Heatmap zeigt, wie nahe viele Nationalsozialisten beieinanderwohnten – und dass die Ursprünge der Partei eben auch eine geographische Dimension besaßen. Wie die Karte veranschaulicht, befand sich die Keimzelle der NSDAP in der Stadt im Wiesbadener Westend. In diesem gründerzeitlichen Stadtteil und den angrenzenden Straßenzügen war die relative Mehrheit der frühen Parteianhänger zu Hause. Dies kam nicht

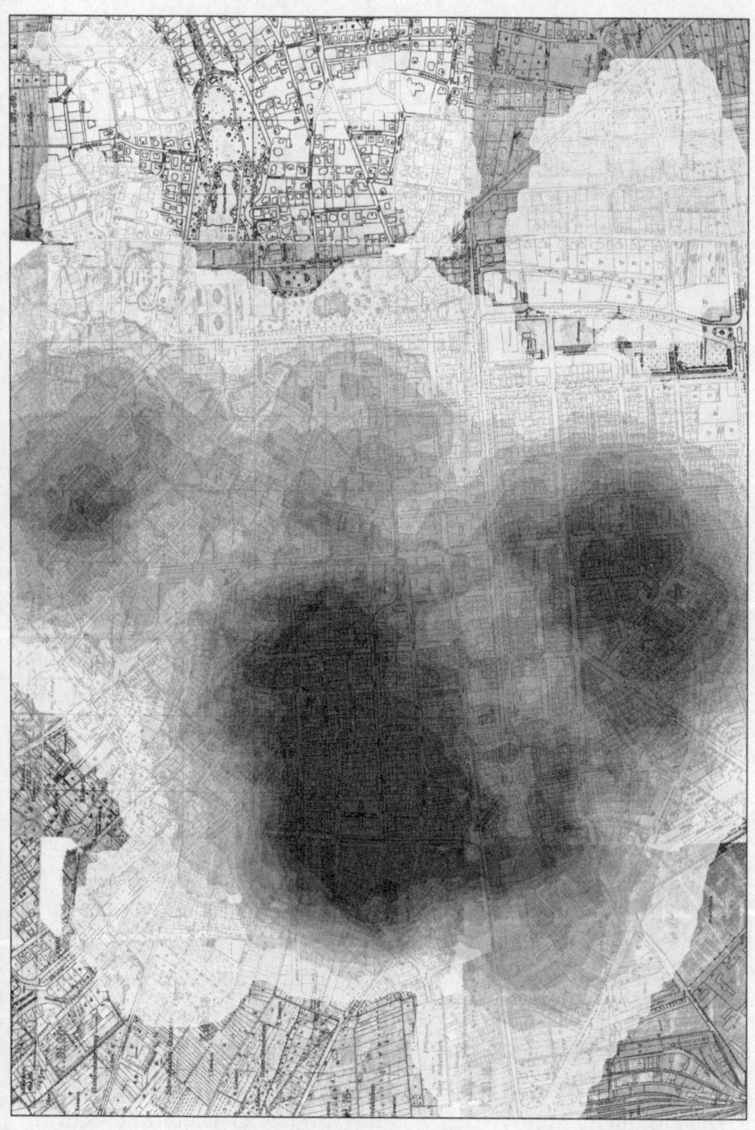

4. Heatmap: Die Wohnorte der Mitglieder der NSDAP in Wiesbaden, ca. 1930/31

von ungefähr, denn das Westend war von jenem kleinbürgerlich-proletarischen Milieu geprägt, in dem die NSDAP ihre soziale Basis hatte.[96] Hier lebten Arbeiter, Handwerker und kleine Angestellte – und das auf engstem Raum. In den licht besiedelten Villengebieten im Norden und Osten von Wiesbaden dagegen wohnten die vereinzelten Nationalsozialisten weit verstreut. Im Westend, in der Altstadt und in den übrigen, gemischteren Vierteln waren sie am stärksten in der Fläche vertreten – hier konnte man sich immer über den Weg laufen.

Das war einer der Gründe, warum Face-to-Face-Beziehungen für die NSDAP so prägend wurden: Die meisten städtischen Mitglieder lebten in einem überschaubaren Umkreis mit hoher Wohndichte und kamen deshalb auch außerhalb der Partei vielfach in Kontakt miteinander. Häufig kannten sie sich vom Sehen, denn in vielen Fällen waren sie Nachbarn. Um nur ein Beispiel zu nennen: In der Goebenstraße wohnten allein in dem kurzen Abschnitt zwischen den Hausnummern 22 und 29 auf beiden Straßenseiten acht NSDAP-Mitglieder; in der ganzen Straße waren es vierzehn. Auf die Einwohnerschaft der Straße gerechnet, war das freilich nicht viel, zumal es in den fünfstöckigen Häusern auf jeder Etage bis zu vier Wohnungen gab.[97] Das eingangs beschriebene Beispiel der Nationalsozialisten aus der Adlerstraße im selben Sozialmilieu zeigt jedoch, dass sich die Nachbarn trotzdem kennen konnten.

Die räumliche Nähe der frühen NSDAP-Mitglieder führte dazu, dass man sich im Alltag begegnen konnte – in Hausfluren, auf dem Weg zur Arbeit oder beim Einkaufen. Nicht zufällig befand sich auch der Großteil der Geschäfte, die in Habichts Parteipresse mit Annoncen um nationalsozialistische Kunden warben, im Westend, wo die meisten Parteimitglieder wohnten.[98] Zugleich ermöglichte der persönliche Kontakt den Mitgliedern in der Stadt, direkt »von Mund zu Mund« zu kommunizieren – das beobachtete die Wiesbadener Polizei bei den oben geschilderten Unruhen vom 1. Mai 1929, als die Nationalsozialisten so schnell auf die Kampfansage ihrer politischen Gegner reagierten.[99]

Die räumliche Nähe zwischen den Nationalsozialisten war nicht einfach eine Begleiterscheinung des Mitgliederzuwachses der Partei, sondern gehörte zu den Voraussetzungen dafür. Denn die NS-Aktivisten verstanden es als ihre Aufgabe, in ihrem persönlichen Umfeld neue Mitglieder zu werben – sie wirkten dadurch wie Multiplikatoren der NS-Bewegung in ihrem Stadtteil. Dass dies funktionierte, legt in vielen Fällen die Abfolge der Parteibeitritte nahe. Denn häufig traten benachbarte Parteimitglieder gleichzeitig oder kurz nacheinander in die Partei ein. So wie in der Wiesbadener Moritzstraße unterhalb der Altstadt im Frühjahr 1930: Mit wenigen Wochen Abstand traten gleich vier junge Handwerker aus den Häusern Nummer 22 und 23 in die NSDAP ein – während drei Häuser weiter der NSDAP-Sektionsleiter dieses Stadtteils wohnte, Alfred Fritz, im Hauptberuf Oberlehrer an der Gewerbeschule im Westend.[100] Dass Nachbarn gemeinsam in die Partei eintraten, war keine Seltenheit. Das zeigt zum Beispiel eine Liste von Neumitgliedern vom September 1930: Von zweiundzwanzig neu eingetretenen Parteimitgliedern wohnten fünfzehn jeweils zu zweien oder dreien in derselben Straße, teils nur wenige Häuser voneinander entfernt oder sogar Tür an Tür.[101]

Durch die räumliche Nähe wurde zugleich der politische Konflikt mit dem gegnerischen Lager persönlicher: Denn so wie aus manchen Nachbarn Parteigenossen wurden, wurden andere Nachbarn auf einmal zu Feinden. Der Blick auf die Stadtgeographie macht die Vergiftung des politischen Klimas in der Weimarer Republik nachvollziehbar: Die kleinbürgerlich-proletarischen Stadtviertel, in denen die NSDAP ihre meisten Anhänger fand, waren auch von zahlreichen Anhängern der SPD und der KPD bevölkert. Das Wiesbadener Westend war eine Hochburg der Linken, bevor die NSDAP das Viertel eroberte. Wie sich das politische Klima hier veränderte, zeigt das Beispiel der Goebenstraße: Bei den Reichstagswahlen von 1928 stimmten von 776 Anwohnern der Straße allein 328 für SPD oder KPD und nur 76 für die NSDAP.[102] Zwei Jahre später war die Straße bereits tief gespalten: Bei der Reichstagswahl vom September 1930 gewann die NSDAP mit 281 von 788 Stimmen schon die relative Mehrheit in der Goebenstraße. Die Straße wurde damit zu einem der braunsten Wahlbezirke der ganzen Stadt, doch sie blieb auch in der Endphase der Republik weiterhin umkämpft, so wie der öffentliche Raum in vielen anderen Stadtteilen.

Im aufgeheizten politischen Klima dieser Zeit war die Polarisierung im Alltag allenthalben zu spüren. Häufig wusste man, wo die Nachbarn politisch standen, denn viele bekannten sich durch Symbole oder Gesten zu ihren Gesinnungen. An zahlreichen Wohnhäusern waren sowohl Hakenkreuzflaggen als auch Fahnen mit Hammer und Sichel zu sehen.[103] Schon mit dem Einkauf in bestimmten Geschäften konnte man sich positionieren.[104] Noch mehr galt dies für den Besuch von Kneipen, die mit einer der Parteien assoziiert waren.[105] Das sichtbarste Statement war natürlich das Tragen von Parteiabzeichen und Uniformen. Die NSDAP-Anhänger zeigten sich bewusst im »Braunhemd«, um ihre Gesinnung zur Schau zu tragen.[106] Der politische Konflikt der ausgehenden Weimarer Republik bekam dadurch ein konkretes Gesicht – in Gestalt der Nachbarn, die man mit den verfeindeten Parteien assoziierte.

Die nachbarschaftlichen Beziehungen im Alltag der deutschen Städte und Gemeinden dieser Zeit sind ein Schlüssel für das Verständnis der politischen Kultur in der Weimarer Republik – das legen auch Studien nahe, die auf Oral-History-Interviews mit Zeitzeugen basieren.[107] Sie zeigen, dass die Bürger unterschiedlich auf die Verschärfung des politischen Klimas reagierten. Im Alltag versuchten sie aber häufig, durch Gesten wie das Grüßen die Polarisierung zu überspielen, um eine gewisse Normalität in ihrem Lebensumfeld aufrechtzuerhalten: Sie sagten auch Nazis »guten Tag«, selbst wenn sie anders dachten als diese. Gleichzeitig bestätigen solche Interviews erneut, dass die Stadtbewohner wussten, wer in ihrer Nachbarschaft zu welchem Lager gehörte. Die Nationalsozialisten machten sich das zunutze. Dies könnte helfen zu erklären, wie es die NSDAP schaffte, über die ursprünglichen Zirkel von Freunden und Bekannten hinaus zur Massenpartei zu werden.[108]

In dichtbevölkerten Vierteln wie dem Wiesbadener Westend waren natürlich nicht nur die Nationalsozialisten eng miteinander vernetzt: Auch zwischen Sozialdemokraten und Kommunisten bestanden zweifellos viele persönliche Kontakte. Die etablierten Parteien waren allerdings nicht in gleichem Maße wie die entstehende NSDAP darauf angewiesen, auf Nachbarschaften und Bekanntenkreisen aufzubauen. Parteien wie die SPD verfügten schließlich schon seit langem über ausgeprägte Organisationsstrukturen mit festen Regeln und gewachsenen Hierarchien.[109] Die SPD konnte sich außerdem auf ein existierendes Milieu mit Vereinen und Organisationen stützen. Bei der jungen NSDAP war all das nicht vorhanden, denn sie musste institutionell von Grund auf neu aufgebaut werden – nicht von ungefähr orientierte sich die Münchener NSDAP-Führung bei ihren organisatorischen Reformen am Vorbild der SPD.[110] Es war im Grunde ähnlich wie heute, wenn es zu Neugründungen von populistischen Parteien kommt, die von Personen dominiert werden – das ist wohl auch der Grund, warum in solchen Parteien so häufig Rivalitäten, Intrigen und Machtkämpfe entstehen. Es geht hier aber gar nicht darum festzustellen, inwieweit dies in der Weimarer Republik unbedingt ein Alleinstellungsmerkmal der NSDAP war. Entscheidend war die Langzeitwirkung dieser Sozialkultur, die den Charakter des NS-Systems als Personenverband begründete.

In Wiesbaden wurde das Prinzip der Personalisierung von Theodor Habicht verkörpert, der zur alles beherrschenden Figur der örtlichen NS-Bewegung wurde.[111] Seit 1927 dominierte er die Wiesbadener Partei in einem Maße, dass seine politischen Feinde in der Lokalpresse bald von einem »System Habicht« sprachen.[112] Die Parteistrukturen blieben dagegen lange rudimentär und wurden erst nach und nach ausgebaut. Bei der Gründung der Partei im März 1926 gab es nur einen Vorstand mit vier Mitgliedern.[113] Die Wiesbadener SA bestand 1927 aus lediglich zwanzig Mann – für Wahlkampfveranstaltungen musste man Verstärkung aus anderen Städten anfordern.[114] Selbst in der offiziellen Parteigeschichte wurde nicht geleugnet, dass die NSDAP lange nur eine »einfache Organisation« hatte.[115] Erst im Jahr 1929 gab es die erste Reform, die von der Münchener Parteizentrale angeordnet wurde, weil die organisatorischen Defizite unübersehbar waren.[116] Die Ortsgruppe wurde jetzt zu einem Kreis erhoben und in »Sektionen« unterteilt.[117] Erst 1931 wurde mit den »Straßenzellen« auch eine dritte Ebene geschaffen. Die Etablierung von Parteigliederungen wie der HJ oder dem BDM ließ ebenfalls bis Ende der 1920er Jahre auf sich warten. Die offizielle Parteigeschichte datiert die Anfänge der »Kampforganisationen« sogar auf das Jahr 1931.[118] Den Durchbruch von 1928/1929 schaffte Habicht also mit Hilfe von Personen und nicht mit Organisationen. Das war typisch für die Entwicklung der NSDAP in Deutschland am Ende der 1920er Jahre, die allerdings sehr uneinheitlich verlief – in Wiesbaden ging die Bürokratisierung langsamer voran als an anderen Orten.[119] Auch das hatte wieder etwas mit Habicht zu tun, denn der Ausbau der Organisationen hing in der Regel von den Ortsgruppenleitern ab.[120]

Die nationalsozialistischen Organisationen waren auch in sich zu dieser Zeit längst nicht so stark institutionalisiert wie nach 1933. Sie bildeten zwar schon einen gewissen Rahmen, aber der bestand in erster Linie aus den anwesenden Personen.[121] Die Aktivitäten der verschiedenen Parteigliederungen bestanden vor allem in den Treffen in den Parteilokalen – sie wurden von den Funktionären geleitet und dominiert, die in den Organisationen das Sagen hatten. Außerhalb dieser Versammlungen, die wegen der Berufstätigkeit der meisten Nationalsozialisten oft abends stattfinden mussten, war der institutionelle Zugriff der Partei auf ihre Mitglieder begrenzt. Sie konnte sie höchstens noch durch die Parteizeitung *Nassauer Beobachter* erreichen. Ansonsten war sie darauf angewiesen, dass die Mitglieder zu den Treffen erschienen. Die folgende Übersicht über das Veranstaltungsprogramm der Wiesbadener NSDAP während einer typischen Woche im Sommer 1929 zeigt, dass in der Partei fast alles über persönliche Zusammenkünfte lief – und wie viel Wert die Partei entsprechend auf die Anwesenheit der Mitglieder legte:[122]

> »*SA und SS.* Kameradschaftsabend jeden Montag abend 8½ Uhr in der ›Mainzer Bierhalle‹, Mauergasse 4. Pünktliches Erscheinen für SA- und SS-Leute Pflicht. Interessenten (nur Mitglieder) für die SA willkommen. Anmeldungen zur SA nur dort. *HJ.* Kameradschaftsabende: Jeden Samstag 8½ Uhr in der ›Mainzer Bierhalle‹, Mauergasse 4. Aufnahmeberechtigt: Jungens im Alter von 14–18 Jahren. Anmeldungen dort oder in der Geschäftsstelle, Schulberg 5. *Deutscher Frauenorden.* Frauenabende: Jeden Dienstagabend 8½ Uhr Zusammenkunft in der ›Mainzer Bierhalle‹, Mauergasse 4. Alle Parteigenossinnen und Anhängerinnen werden gebeten, regelmäßig zu erscheinen. *Mädchengruppe.* Arbeitsabende: Jeden Freitagabend 8 Uhr in der ›Mainzer Bierhalle‹, Mauergasse 4. Aufnahmeberechtigt: Mädels im Alter von 14–22 Jahren. Anmeldung dort und in der Geschäftsstelle, Schulberg 5. *Sektionsabende.* Donnerstag: Süd, Westend, Mitte, Nord, Zelle Waldstraße. Samstag: Sonnenberg-Rambach. Dienstag: Sektion West, Zelle Schierstein. Mittwoch: Sektion Biebrich. *Versammlungen.* Erbenheim: Donnerstag, 25. Juli.«

Das engmaschige Gefüge, das den Alltag in den NS-Organisationen nach 1933 bestimmte, war gegen Ende der 1920er Jahre noch in der Entwicklung begriffen. Die Institutionalisierung war in den Anfängen, für Integration durch Hilfsleistungen fehlten die Mittel und für Mobilisierung und Kontrolle der staatliche Zugriff auf die Mitglieder.[123] Die Wiesbadener Parteiführung bekam nicht einmal das Problem in den Griff, dass Parteigenossen immer wieder in jüdischen Geschäften einkauften.[124] Integration funktionierte in der frühen NSDAP vor allem durch direkte Interaktion in der Gruppenkultur der Partei, durch die Erziehung durch die Anführer und die gemeinsam ausgeübte Gewalt. Man erlebte die

Zugehörigkeit zur NSDAP geradezu körperlich bei Aktionen wie Aufmärschen, Fahrten, Versammlungen oder bei Zusammenstößen mit politischen Gegnern. Insbesondere bei der Gewaltausübung glaubten die Männer, echte »Kameradschaft« zu spüren, und jede Schlägerei mit politischen Feinden verstärkte die Gruppenidentität.[125] Nicht von ungefähr zelebrierte Habicht solche »Schlachten« in seiner Parteipresse.[126]

Um Zusammenhalt zu schaffen, ahmten die Nationalsozialisten die Praxis des Militärs nach, die sie aus dem Weltkrieg kannten. Der militärische Charakter der NS-Bewegung war so offensichtlich und ihr Auftreten so aggressiv, dass dies sogar die Alliierte Rheinlandkommission auf den Plan rief.[127] Ein wesentlicher Teil der Aktivitäten der Nationalsozialisten bestand darin, am Wochenende in Uniform und mit versteckten Waffen auf Lastwagen durch die Gegend zu fahren, so wie bei der Fahrt nach Nastätten.[128] Bei solchen »Propagandafahrten« ging es allerdings auch darum, in den Ortschaften der Umgebung neue NSDAP-Ableger zu gründen – bezeichnenderweise sollte das dadurch gelingen, dass man geeignete »Vertrauensmänner« fand, also wie immer in der NSDAP durch persönliche Kontakte.

Das rudimentäre Organisationsgefüge der frühen NSDAP war noch dazu fast vollständig auf den örtlichen Parteichef ausgerichtet. Viele Funktionen waren ohnehin in seiner Person vereint. Habicht war nicht nur Parteivorsitzender, sondern führte auch die Wiesbadener SA in Personalunion, zumindest bis Mitte 1929.[129] Seit 1928 saß er als Fraktionsführer in der Wiesbadener Stadtverordnetenversammlung und seit 1930 im Nassauischen Provinziallandtag sowie im Evangelischen Landeskirchentag. Alle Fäden liefen bei Habicht zusammen. Wenn man die erhaltenen Akten der Wiesbadener NSDAP liest, ist es schwer auszumachen, ob es überhaupt definierte Verantwortungsbereiche in der frühen NSDAP von Wiesbaden gab, denn Habicht regierte fast überall hinein. Im Grunde führte er die Partei wie ein Ein-Mann-Unternehmen – er fühlte sich für fast alles zuständig und betrieb Mikromanagement.[130] Er beherrschte die Wiesbadener NSDAP mit so großem Machtwillen, dass unter den Mitgliedern schon bald von einer »Diktatur« die Rede war. Habicht sprach das selbst an, als er im April 1928 dem Frankfurter Gauleiter Jakob Sprenger den Vorschlag machte, dass er sich durch eine »Mitgliederversammlung« akklamieren lassen sollte: »Ich halte es für zweckmässig, wenn Sie als Gauleiter eine vorhergehende oder nachfolgende Mitgliederversammlung leiten und die Wahl des Ortsgruppenführers vornehmen lassen, und zwar im Hinblick auf den sonst vielleicht wieder zu erwartenden Vorwurf einer Diktatur meinerseits.«[131] Die formalen Parteistrukturen missachtete Habicht indes so oft, dass ihm bald auch der Frankfurter Gauleiter »Eigenmächtigkeit« vorwarf und sich bei der obersten NSDAP-Führung über ihn beschwerte.[132]

In der NSDAP standen die Personen über den Strukturen – dieses Prinzip übertrug sich nach 1933 auf fast alle Bereiche des NS-Staates. Es durchzog auch Theodor Habichts weitere Karriere wie ein roter Faden. Im Juli 1931 übernahm Habicht einen führenden Posten bei den Nationalsozialisten in Österreich und lieferte gleich den nächsten Beweis dafür. Formal hatte er den Titel eines Landesgeschäftsführers und ab August 1932 auch den des Landesinspekteurs – in dieser Funktion war er eigentlich dem Landesleiter unterstellt, dem österreichischen Nationalsozialisten Alfred Proksch.[133] Doch Habicht drängte Proksch schnell beiseite, in Österreich hatte er bald das alleinige Sagen.[134] Proksch blieb bis 1933 offiziell Habichts Vorgesetzter, doch das war nur noch Schein.[135] Im Juni 1933 wurden die Nationalsozialisten in Österreich verboten und Habicht des Landes verwiesen – er führte die »Bewegung« jetzt von München aus, und hier hatte Proksch sogar noch weniger zu sagen. Einer der Mitbegründer der österreichischen NSDAP, Richard Suchenwirth, erschien Anfang Juli 1934 im Münchner Hauptquartier und bemerkte, dass Proksch nur noch »Schatzmeister« spielen durfte. Später erinnerte er sich, wie Proksch und Habicht übereinander sprachen:[136]

> »Dann aber setzte er fort, indem er mit der Hand nach der rechten Seite, dem Zimmer Habichts, hinwies: ›Ich werde Ihnen etwas sagen. Der Habicht hätte mich längst beseitigen lassen, wenn ich nicht die Stütze bei Hitler hätte!‹ Wie erschrak ich! Soweit also war es in der Partei gekommen, dass ein legaler Parteiführer ›beseitigt‹ werden konnte. Es war an dem Sinn, den Proksch im Auge hatte, nicht zu zweifeln. Von Proksch war ich zu Habicht gegangen, der am ersten Tage nicht anwesend war. Dieser sprach in aller Entschiedenheit: ›Den Mann daneben hätte ich schon längst verhaften lassen, wenn mir nicht die Außenpolitik Zurückhaltung auferlegte. Er funkt fortwährend nach Österreich hinein. Einen seiner Sendlinge habe ich schon nach Dachau gebracht.‹ Dass mich schauderte, als ich dies alles vernahm, darf man mir nach-

fühlen. Was war aus der alten Partei geworden! Wie wegwerfend sprach Steinert von Proksch, und er sagte mir, ich sollte mir doch von Habicht Geld geben lassen, der habe seine eigene Kasse.«

Habicht war im Sommer 1931 mit dem Auftrag entsandt worden, »die Reorganisation der Nationalsozialistischen Partei in Österreich durchzuführen«, was auch eine Reaktion der NSDAP-Führung auf die Führungsschwäche von Proksch gewesen war.[137] Doch dass Habicht den »Landesleiter« dann so stark übertrumpfte, war keineswegs von vornherein ausgemacht – Habicht musste sich gegen Proksch erst durchsetzen. Wie konflikthaft diese Konstellation war, zeigte sich auch an einem sarkastischen Begriff, den Habicht dafür prägte: Er sprach von einer »Prokschiade«, wenn ein anderer das Kommando hatte, er aber der starke Mann war.[138] Nachdem Habicht die Oberhand gewonnen hatte, wurden die Hierarchien klarer geregelt. Im Jahr 1933 wurde Habicht von Hitler zu seinem »Bevollmächtigten« für Österreich gemacht – fortan galt er ganz offiziell als »Führer der österreichischen Nationalsozialisten«.[139] Als Sonderbevollmächtigter hatte Habicht zum ersten Mal in seiner Karriere jenen Status erhalten, der zum Inbegriff der Personalisierung der Politik im NS-Staat werden sollte. Wie ein Vasall gegenüber dem Lehnsherrn waren die Sonderbevollmächtigten und Sonderkommissare nur noch dem »Führer« persönlich verantwortlich, sie konnten in ihren Machtbereichen dadurch nach Gutdünken schalten und walten.[140] Habichts Rolle in Österreich zeigte, was das bedeutete.

An seiner nächsten Station als Oberbürgermeister von Wittenberg ab Februar 1937 verkörperte Habicht die Personalisierung der Macht im NS-Staat auch in der Kommunalpolitik. In der lokalen und regionalen Staatsbürokratie waren die Dinge freilich noch etwas komplizierter. Im Prinzip wurde die Trennung von Staat und Partei in der Verwaltung der Länder, Städte und Kreise bis zuletzt beibehalten, auch wenn die Gauleiter vor allem in der Kriegszeit immer mehr Macht an sich rissen.[141] Neben den Gauleitern, Kreisleitern und den Funktionären der diversen NS-Organisationen existierten also auch weiterhin Regierungspräsidenten, Minister, Bürgermeister und Landräte – und beide Gruppen arbeiteten zusammen. Das zeugte davon, wie eng die bisherigen Verwaltungseliten in Deutschland bei der Administration des »Dritten Reichs« mit den Nationalsozialisten kooperierten. Teilweise waren Staat und Partei freilich in Personalunionen miteinander verquickt, das war aber keineswegs überall so. In der Stadt Wittenberg gab es keine derartige Personalunion mehr, nachdem Habichts Amtsvorgänger, der spätere SS-Einsatzgruppenführer und Massenmörder Otto Rasch, wegen Amtsverfehlungen abgesetzt worden war.[142] Als Habicht kam, amtierte er nur noch als Oberbürgermeister und übte nebenher kein Parteiamt mehr aus. Die Personalisierung der Macht war in diesem Fall nicht Folge einer Verquickung von Strukturen, sondern lag an Habicht selbst – vor allem in seiner Ideologie und seinem Einfluss, den er ins Amt einbrachte.

Als Habicht dann im November 1940 seinen neuen Posten als Unterstaatssekretär im Auswärtigen Amt antrat, lieferte er ein Musterbeispiel für die Strukturveränderungen durch die NS-Polykratie – er verkörperte die Personalisierung der Diplomatie im »Dritten Reich«. Habicht erscheint als lebendiger Gegenbeweis gegen die These, das Auswärtige Amt habe unter dem nationalsozialistischen Außenminister Joachim von Ribbentrop keinen grundlegenden Strukturwandel erlebt, weil sich die Ziele des NS-Regimes auch mit dem bisherigen Personal verfolgen ließen.[143] Denn Habicht war einer jener nationalsozialistischen Quereinsteiger, die Ribbentrop ins Haus holte, um die Nazifizierung des Amts voranzutreiben.[144] Er war der erste Sonderbeauftragte, den Ribbentrop zu diesem Zweck einstellte und mit besonderen Befugnissen ausstattete.[145] Es ist bezeichnend, dass für Habichts Aufgabe im Amt gar kein planmäßiger Dienstposten existierte. Stattdessen nahm Habicht eine Sonderstellung ein, die »nur für seine Person« geschaffen worden war, und das auf Weisung des Reichsaußenministers höchstpersönlich.[146]

Habicht sollte dem Reichsaußenminister als Propagandaexperte dienen und erhielt hierfür gleich ein ganzes Bündel von Zuständigkeiten. Er besaß Kompetenzen in vier verschiedenen Dienststellen, die kreuz und quer durch die Gliederung des Amts verliefen – ein typischer Fall des institutionellen Wirrwarrs, den die Nationalsozialisten auch in die Diplomatie hineintrugen.[147] Habicht setzte dem Ganzen die Krone auf, indem er sich eine eigene Dienststelle schuf, die als »Büro Unterstaatssekretär Habicht« firmierte. Habicht benutzte diesen Titel in seinen offiziellen Briefköpfen, als ob es sich um eine etatisierte Einrichtung handelte – dabei existierte eine solche Dienststelle im Organigramm des Auswärtigen Amts gar nicht.[148] Die Veränderungen in der Struktur des Amts waren nicht nur vorübergehender Natur: Nach Habichts Weggang aus der Wilhelmstraße wurden seine Kompetenzen dem NS-Diplomaten Martin Luther übertragen, einem weiteren Quereinsteiger, der zur »braunen Hausmacht« von Ribbentrop im Amt gehörte.[149] Habicht stand für den Umbruch im Auswärtigen Amt, und das registrierten schon die Zeitgenossen.[150]

Die Personalisierung der Außenpolitik veränderte nicht nur das Auswärtige Amt im Inneren, sondern auch die internationale Diplomatie des Reiches in der Welt. Auch hierbei mischte Habicht mit. In den Tagen nach der deutschen Invasion Norwegens vom 9. April 1940 wurde Habicht als Sonderbevollmächtigter in das besetzte Oslo entsandt – ein typischer Vorgang im NS-Staat. Außenpolitik mit Sonderemissären zu betreiben gehörte zur »Feudalisierung« der deutschen Diplomatie unter Hitler, die von Personalisierung und Entbürokratisierung gekennzeichnet war.[151] Die Verwendung von persönlich verpflichteten Emissären machte es möglich, dass Außenpolitik direkt zwischen den Sondergesandten und Hitler oder seiner Entourage ausgemacht werden konnte, ohne dass die Staatsbürokratie oder gar die zuständigen Regionalreferate des Auswärtigen Amts dafür konsultiert werden mussten. Und Habichts Mission in Oslo blieb kein Einzelfall. Er sollte bald darauf für einen ähnlichen Auftrag wiederverwendet werden, obwohl er in Oslo im April 1940 an seiner Aufgabe so gründlich gescheitert war, dass Hitler ihn nach 48 Stunden wieder abberufen ließ. Als das Auswärtige Amt im Sommer 1940 einen energischen Emissär brauchte, um in der Slowakei zu intervenieren, wurde Habicht wieder ins Gespräch gebracht.[152]

Seilschaften und Beziehungen

Weil in der NSDAP die Personen über den Strukturen standen, bildeten die Nationalsozialisten von Anfang an Seilschaften, um in der Partei bestehen zu können. In der NS-Ideologie entsprach dies dem Prinzip von »Führer« und »Gefolgschaft«, doch in der Sozialkultur der NSDAP gab es auch funktionale Gründe dafür. Wer in der NSDAP erfolgreich sein wollte, war nicht nur auf das Wohlwollen des »Führers« angewiesen, sondern musste selbst über Gefolgschaften verfügen. Die Gefolgschaftsverhältnisse beruhten ausschließlich auf persönlicher Loyalität, und dieses Prinzip setzte sich über die gesamte Parteihierarchie fort: Vom Ortsgruppenleiter bis zum Reichsleiter verwendeten die Nationalsozialisten viel Zeit und Energie auf ihre Netzwerke. Nachdem die Nationalsozialisten an die Macht kamen, übertrugen sie diese Prinzipien auch auf den Staat. Selbst ein ranghoher Nationalsozialist wie Alfred Rosenberg beklagte Mitte 1943, dass das »Dritte Reich« nur noch aus »diadochen-artige[n] Gruppen« bestehe.[153] Dass es hierzu kam, lag an den Erfahrungen aus der »Kampfzeit«, in der die Nationalsozialisten lernten, dass in der Partei alles von persönlichen Beziehungen abhing.

Selbst die lokalen NS-Führer in den Ortsgruppen an der Basis der Partei waren schon während der 1920er Jahre auf solche Seilschaften angewiesen. Theodor Habicht etablierte sich in Wiesbaden auch deshalb so erfolgreich, weil er sich eine starke Hausmacht aufbaute.[154] Ein politischer Gegner aus dem rechten Lager kritisierte ihn dafür in der Lokalpresse: Habicht dominiere die Partei mit Hilfe einer »Führerclique« beinahe nach Belieben.[155] Das war keineswegs aus der Luft gegriffen: Auch bei der NSDAP-Gauleitung von Frankfurt war die Rede davon, dass es in Wiesbaden eine »Habicht-Gruppe« gab, die das Parteileben in der Stadt beherrschte.[156] Ohne das Wohlwollen von Theodor Habicht konnte niemand in der Wiesbadener NSDAP Karriere machen, und wer es schaffte, war Theodor Habicht zur Loyalität verpflichtet.[157] Diese »Führerclique« war Habichts wichtigstes Machtinstrument. Er legte so viel Wert auf seine persönliche Entourage, dass er bestimmte Gefolgsleute aus seiner Wiesbadener »Habicht-Gruppe« zu seinen nächsten Karrierestationen mitnahm, um auch dort wieder über eine Hausmacht zu verfügen.[158]

Habichts Auftrag in Österreich bestand darin, aus den rivalisierenden Rechtsextremen des Landes eine geschlossene NS-Bewegung zu formen – es war typisch für die Parteikultur der NSDAP, dass er dieses Ziel durch die Bildung von persönlichen Allianzen und Loyalitätsverhältnissen zu erreichen versuchte. Er bemühte sich zwar auch um eine straffere Organisation und die Neugründung von Stützpunkten, doch alles stand und fiel mit seinen Bündnissen. Gleich nach Amtsantritt suchte er den Schulterschluss mit den Führern der deutschnationalen Wehrverbände in Österreich.[159] Einen schweren Rückschlag erlitt er dadurch, dass es ihm nicht gelang, die einflussreiche Heimwehrbewegung auf seine Seite zu ziehen – das trug später dazu bei, dass seine Position in Österreich prekär blieb.[160] Doch es gelang ihm, sich mit einer Reihe von einflussreichen Figuren zu verbünden, unter anderem mit dem Wiener Gauleiter Alfred Frauenfeld und dem Strippenzieher Rudolf Weydenhammer – mit beiden blieb Habicht bis zu seinem Tod im Januar 1944 in Kontakt.

Daneben baute Habicht gezielt eigene Stützen in die österreichische NS-Bewegung mit ein.[161] Habicht arbeitete in Österreich erkennbar daran, sich auch hier eine Gefolgschaft zu schaffen. Seine politischen Gegner versuchten ihn genau hiermit zu diskreditieren, so in einem Propagandapamphlet der österreichischen Regierung von 1933:[162]

> »Vorerst suchte er sich, aus seiner letzten Wirkungsstätte, die er eilig und nicht ganz freiwillig verlassen hatte, ein ihm unbedingt ergebenes Werkzeug in der Person des zwanzigjährigen verkrachten Gymnasiasten Fritz Steinert nachzuziehen, den er sogleich zum Landesorganisationsleiter ernannte. Mit Hilfe dieser ihm völlig ergebenen Kreatur richtete nun Theo Habicht sein Hauptaugenmerk darauf, systematisch die für seine Absichten zweifellos ›zu schlappen‹ Österreicher in den wichtigsten Stellen der Parteiorganisation durch verlässliche Wiesbadner Freunde mit mehr oder weniger dunkler Vergangenheit zu ersetzen und schuf sich so eine auf Biegen und Brechen ihm wie Pech und Schwefel anhängende ›Gefolgschaft‹. Den diesen neuen Methoden nicht gewachsenen Landesleiter Proksch hatte Habicht bald kaltgestellt, indem er unter den einzelnen Gauleitern nicht ohne Erfolg gegen Proksch intrigierte.«

Mit der Personalisierung der Macht stieß Habicht allerdings bald an Grenzen, denn Mitte Juni 1933 wurde er wegen seiner Agitation aus Österreich ausgewiesen. Ab diesem Zeitpunkt konnte Habicht die NS-Bewegung nur noch aus der Ferne von München aus steuern – deshalb entdeckte er jetzt ein neues Medium von revolutionärer Reichweite für sich, den Rundfunk. Nur wenige Wochen später, Anfang Juli 1933, begann Habicht, den bayerischen Rundfunk zu nutzen, um Reden an seine Gefolgsleute in Österreich zu richten. Er konnte zwar nicht mehr von Angesicht zu Angesicht mit seinen Anhängern kommunizieren, dennoch ermöglichte der Rundfunk eine persönliche Ansprache. Einen Eindruck davon vermittelt die letzte erhaltene Tonaufnahme von Habichts Radioansprachen, die im Wiener Rundfunkarchiv überliefert ist.[163] In der Rede von Ende 1933 feierte Habicht die »gewaltige Einheit der deutschen Nation« und hetzte gegen die Regierung Dollfuß. Seinen Anhängern in Österreich versicherte er, dass »spätere Geschlechter und die Geschichte« ihrer »einmal in Dankbarkeit, Treue und höchster Achtung« gedenken würden. Man hört Habicht mit leichtem hessischen Dialekt sprechen, unaufgeregt und wenig alternierend, mit harter Stimme im typischen soldatischen Stakkato der Nationalsozialisten. Seine Anhänger sprach er direkt an: »Haltet aus, meine Kameraden in Österreich, um der deutschen Zukunft willen. Mit euch ist Deutschland, und Deutschland wird siegen!« Habichts Botschaften kamen an. Ein Widerhall davon zeigte sich später sogar noch in Habichts Tagebuch von der Ostfront. Hier traf Habicht immer wieder auf frühere Anhänger, die seine Radioansprachen gehört hatten – und ihre Zugehörigkeit zur österreichischen NS-Bewegung sofort damit assoziierten.[164]

Persönliche Verbindungen waren in einem Personenverbandsstaat wie dem NS-System nicht nur ein Machtinstrument, sie waren die Voraussetzung dafür, dass man überhaupt in Machtpositionen gelangte. Den Posten als Landesgeschäftsführer von Österreich erhielt Habicht, weil er die oberste NSDAP-Führung auf sich aufmerksam gemacht hatte. Gewiss waren es in erster Linie seine Wahlerfolge in Wiesbaden, die ihn aus Sicht der Parteiführung für weitere Aufgaben qualifizierten. Daneben half es jedoch zweifellos, dass sich Habicht unablässig bemühte, Kontakte zur NSDAP-Spitze herzustellen. Er versuchte nicht nur durch Briefe, diverse NS-Größen zu Redeauftritten nach Wiesbaden zu holen. Er nutzte auch die Parteitage der NSDAP in Nürnberg dazu, um seine Netzwerke zu pflegen und den direkten Zugang zu den höchsten NS-Führern zu suchen. Auf dem Parteitag von 1927 gelang es Habicht, mit Joseph Goebbels ins Gespräch zu kommen.[165] Danach bedrängte er Goebbels so lange mit Briefen, bis dieser zusagte, zu einem Auftritt nach Wiesbaden zu kommen – und Habicht nahm ihn direkt für sich ein. Goebbels fand, Habicht sei ein »brauchbarer Kopf«, ein »intelligenter Bursche« und ein »netter, kluger Junge«.[166] Habicht war freilich nicht der einzige Provinzaktivist, der um die Gunst von Goebbels buhlte. Als er auf dem Parteitag von 1929 erneut an Goebbels herantreten wollte, blitzte Habicht ab. Für die »kurze Abfertigung« entschuldigte sich Goebbels' Büro später schriftlich bei ihm – mit der Erklärung, »dass in Nürnberg nicht eine Viertelstunde verging, in der nicht mindestens 1 Ortsgruppenführer aus dem Reich Herrn Dr. Goebbels für eine Veranstaltung zu interpretieren versuchte«.[167] Auf ähnliche Weise knüpfte Habicht Kontakte zu weiteren Spitzenfunktionären.[168] Inbesondere der Kontakt zu Gregor Strasser, dem Reichsorganisationsleiter der NSDAP, erwies sich als fruchtbar, denn er war es schließlich, der Habicht im Juli 1931 als Landesgeschäftsführer von Österreich berief.

Die Fäden im NS-Staat liefen in letzter Instanz natürlich bei Hitler zusammen. Nur mit der Zustimmung des »Führers« konnte man hohe Ämter erhalten – sie aber ebenso wieder verlieren. Habichts Geschichte zeigt einmal mehr, welchen Wert Hitler auf das persönliche Loyalitätsverhältnis zu seinen »alten Kämpfern« legte.[169] Als NS-Chef von Österreich beging Habicht ab 1933/34 eine Reihe von folgenschweren Fehlern, die den Erfolg der gesamten Österreich-Politik des »Dritten Reichs« gefährdeten – doch Hitler hielt trotzdem an ihm fest. Dagegen hatte Habicht bei Goebbels spätestens im Frühjahr 1934 jeden Kredit verspielt. Goebbels hielt ihn inzwischen nicht nur für »ungeeignet«, sondern auch für einen »Holzkopf«.[170] Von Hitler wurde Habicht in dieser Phase schon einmal am Telefon angeschrien, dennoch durfte er weitermachen. Selbst als sich das Scheitern des Putschversuchs vom 25. Juli 1934 schon am ersten Tag abzeichnete, ließ Hitler ihn nicht gleich fallen – erst am 29. Juli, als auch die allerletzten Hoffnungen auf einen Erfolg des Putsches zerstoben waren, war es mit »Habicht endgültig aus bei Hitler«, wie Goebbels notierte.[171] Hitler fand allerdings noch tröstende Worte für Habicht. Er erklärte ihm, dass es »außenpolitische Gründe« gewesen seien, die ihn zu den diplomatischen Schritten nach dem gescheiterten Coup gezwungen hätten – das war auch die Version, die Habicht seither in seinen Lebensläufen angab.[172] Mit seiner Amtsenthebung war Habicht »z. b. V. gestellt«, also auf dem Abstellgleis – zwei Jahre später war es dann wiederum Hitler, der die Genehmigung dafür gab, dass Habicht seine Laufbahn wiederaufnehmen konnte.[173]

Im Herbst 1936 wurde Habicht vom »Führer« höchstpersönlich »zugesichert«, dass er »in einer angemessenen Stelle des öffentlichen Dienstes untergebracht werde«.[174] Nach dieser Entscheidung kümmerte sich der Reichsinnenminister Wilhelm Frick um Habichts »Unterbringung«. Dass dessen Comeback auf Vermittlung des Reichsinnenministeriums erfolgte, war gewiss kein Zufall, denn im Reichsinnenministerium verfügte Habicht über einen mächtigen Freund, den Staatssekretär Wilhelm Stuckart. Stuckart war die rechte Hand von Innenminister Frick und zählte zu den einflussreichsten Figuren in der Staatsbürokratie des »Dritten Reichs«; er vertrat das Innenministerium auch bei der berüchtigten Wannseekonferenz vom Januar 1942.[175] Stuckart und Habicht waren langjährige Parteifreunde, sie kannten sich schon seit den 1920er Jahren aus der NS-Bewegung in Wiesbaden, wo Stuckart als inoffizieller

Rechtsberater von Habichts NSDAP-Ortsgruppe fungiert hatte.[176] Seither halfen sie sich gegenseitig bei ihren Karrieren. Wahrscheinlich war schon Hitlers Entscheidung zur Wiederzulassung von Habicht auf Vermittlung von Stuckart erfolgt. Es wäre nicht das einzige Mal gewesen, dass er sich für Habicht eingesetzt hätte. Im Juni 1938 beantragte Stuckart direkt beim »Führer« eine »angemessene Wiederverwendung« von Habicht und schlug ihn als Oberbürgermeister von Leipzig vor – auf beides reagierte Hitler sofort zustimmend.[177]

Mit solchen Kungeleien war aber noch nichts entschieden, denn die Beziehungsgeflechte im NS-System waren komplex: Wenn wichtige Posten zur Disposition standen, rief das oft gleich mehrere NS-Paladine und Gauleiter auf den Plan. Alle wachten eifersüchtig über ihre Interessen und Imperien – sie wollten ihre persönlichen Machtbereiche unbedingt mit eigenen Gefolgsleuten ausstaffieren. Das erklärt auch, warum Habicht sein Comeback in Wittenberg schaffte und nicht in Wiesbaden, wo er ebenfalls eine Chance gewittert hatte. Doch schon kurz nach dem ersten Anlauf wurde Habicht darüber unterrichtet, dass sich das »als nicht durchführbar erwiesen« hatte.[178] Der Grund lag zweifellos in Habichts Feindschaft mit dem Gauleiter von Hessen-Nassau, Jakob Sprenger, mit dem er sich in seiner Zeit als Wiesbadener Parteichef überworfen hatte. Es gab Hinweise, dass Sprenger nach Habichts Weggang versuchte, die Wiesbadener Partei von dessen früheren Gefolgsleuten zu säubern.[179] Sprenger wollte noch nicht einmal mehr dulden, dass bei Parteiveranstaltungen Autogrammkarten von Habicht verkauft wurden. Das gehörte zur Hausmachtpolitik eines Gauleiters – und dagegen konnte sich in diesem Fall noch nicht einmal das Innenministerium unter Frick und Stuckart durchsetzen.

Die Hausmachtpolitik durchzog das ganze NS-System. Aus ähnlichen Gründen wie in Wiesbaden scheiterte auch Habichts Versuch, Oberbürgermeister von Leipzig zu werden, denn der Gauleiter von Sachsen, Martin Mutschmann, bestand auf seinem eigenen Kandidaten.[180] Dasselbe Problem gab es sogar in Wittenberg, wo der Gauleiter Rudolf Jordan ebenfalls einen Gefolgsmann auf den Posten des Oberbürgermeisters hieven wollte. Doch dieses Mal intervenierte der Stellvertreter des Führers, Rudolf Hess – der dem Gauleiter Jordan die Berufung von Habicht mehr oder weniger befahl.[181] Wenn man einen mächtigen Gauleiter auf seiner Seite hatte, gelangte man leichter auf begehrte Posten.

Das erlebte Habicht, als er 1939 Oberbürgermeister von Koblenz wurde: Der Gauleiter Gustav Simon hatte schon seit 1936 um ihn geworben und andere Kandidaten teils »brüsk abgelehnt«.[182]

War man im NS-System in eine einflussreiche Stellung gelangt, saß man schließlich selbst an Schalthebeln, um eigene Parteifreunde und Gefolgsleute mit Posten zu belohnen – auch das gehörte zur Personalisierung der Macht im NS-System. Diese Art von Personalpolitik spielte an allen Karrierestationen von Habicht eine zentrale Rolle für ihn. Als Oberbürgermeister von Wittenberg kümmerte er sich sogar um kleinste Details, um NSDAP-Anhänger mit Stellen im öffentlichen Dienst auszustatten.[183] Im Auswärtigen Amt nutzte Habicht seine Stellung als Unterstaatssekretär dazu, früheren Weggefährten neue Posten zu verschaffen. Ein besonders anschauliches Beispiel dafür lieferte er, als ihm im Herbst 1939 die Zuständigkeit für die Vertreter des Auswärtigen Amts bei den Armeeoberkommandos der Wehrmacht übertragen wurde.[184] Eine von Habichts ersten Amtshandlungen bestand darin, sich den Stellenbesetzungsplan für die VAAs vorlegen zu lassen – und auf die offenen Stellen alte Mitstreiter aus der österreichischen NS-Bewegung zu befördern, unter anderem seinen Parteifreund Alfred Frauenfeld, der davon später in seinen Memoiren berichtete:[185]

> »Habicht versuchte mich nun für einen solchen Einsatz zu gewinnen, mit einem Argument, das ich nicht von der Hand weisen konnte, er sagte: ›Sollen Sie irgendwo im Krieg als Kommandant eines Flugplatzes herumsitzen und anderen, die von ihren Flügen zurückkehren, im höheren Auftrag Ritterkreuze um den Hals hängen, das ist doch sicher nicht der Einsatz, den Sie sich gewünscht haben. Kommen Sie zu uns, ich habe mit Ribbentrop gesprochen, Sie waren im ersten Weltkrieg bereits Offizier, wir können Ihnen daher anbieten, dass wir Sie zum Generalkonsul ernennen und als Vertreter des AA bei dem Armeestab einsetzen.‹«

So traf Habicht die Auswahl der VAAs für die zwölf Armeen und Panzergruppen, die für den Krieg an der Ostfront vorgesehen waren – allein drei von ihnen kamen aus Habichts österreichischen Parteinetzwerken.[186] Gewiss verfügten die VAAs nur über geringen Einfluss, und ihre Berichte von der Ostfront blieben weitgehend folgenlos. Doch die Episode zeigt, wie die Seilschaften im NS-System funktionierten – zumal sich den VAAs dadurch neue Karrieremöglichkeiten eröffneten.[187]

Als Habicht im November 1940 das Auswärtige Amt verließ und in die Wehrmacht eintrat, kam er in ein Umfeld, das noch nicht im gleichen Maße von der NS-Polykratie durchdrungen war. Trotzdem zeigte sich hier erneut, wie sehr er durch das Leben im Personenverband des NS-Systems geprägt war. Nachdem Habicht seine ganze politische Laufbahn auf persönlichen Beziehungen, Gefolgschaften und Netzwerken aufgebaut hatte, bewies er auch in der Wehrmacht ein besonderes Augenmerk für Personen. Das offenbart sein privates Tagebuch von der Ostfront, in dem die Nebenleute aus seinem Regiment eine überragende Rolle spielen. In seinen Aufzeichnungen stößt man ständig auf Namen – die Nennungen von individuellen Regimentsangehörigen gehen in die Hunderte. Schon die Erwähnungen von einzelnen Offizieren bewegen sich teilweise im dreistelligen Bereich. Allein das macht Habichts Tagebücher zu einem Unikum. Denn in den Briefen und Aufzeichnungen von vielen gewöhnlichen Wehrmachtssoldaten kamen die Namen ihrer Kameraden nur auffallend selten vor.[188]

Zugleich versuchte Habicht auch hier, Personalpolitik zu betreiben. Ähnlich wie er früher darüber gewacht hatte, wer in seinen Parteigliederungen aufsteigen durfte und wer nicht, formte er jetzt seine Kompanie, soweit die Personallage dies erlaubte. Gewiss gehörte die Personalauswahl zu den wichtigsten Aufgaben eines jeden Einheitsführers in der Wehrmacht, insofern waren Habichts Maßnahmen auf diesem Gebiet nichts Besonderes. Habicht legte jedoch so viel Wert darauf, sein Unterführerkorps selbst zu »züchten«, dass manche Vorgesetzte anfingen, Bemerkungen darüber zu machen.[189] Bei der Auswahl seiner Unterführer entschied Habicht zwar in erster Linie nach militärischem Können, nicht nach politischer Gesinnung. Habicht bevorzugte draufgängerische Typen, die beim Töten im Kampf »kaltblütig« und »ruhig« waren.[190] Linientreue war jedoch sicherlich ein Pluspunkt.[191]

Zudem blieb Habicht selbst während des Krieges weiterhin in der Heimat vernetzt. Er pflegte seine Kontakte auch von der Front aus, vor allem durch zahlreiche Briefwechsel. Er wandte dafür viel Zeit und Energie auf: Es kam schon einmal vor, dass Habicht innerhalb von zwei Tagen neunzehn Briefe verfasste.[192] Die meisten Briefe tauschte Habicht mit alten Weggefährten aus der Partei aus: Zu seinen häufigsten Briefpartnern gehörten sein früherer Adjutant Fritz Steinert, sein Wittenberger Mitarbeiter, der Bürgermeister Herbert Ranze, und seine Mitverschwörer aus Österreich, Alfred Frauenfeld und Rudolf Weydenhammer. Daneben befanden sich unter seinen Kontakten hochgestellte Persönlichkeiten aus Staat und Partei, unter anderem der nationalsozialistische General Walter Model, der Staatssekretär Wilhelm Stuckart und ein weiterer Bekannter aus der »Kampfzeit«, Leopold Gutterer, der vom Propagandaleiter der Frankfurter Gauleitung zum Staatssekretär im Reichspropagandaministerium aufgestiegen war.

Die Verbindung zu solchen einflussreichen Parteifunktionären hielt Habicht nicht nur aus Freundschaft aufrecht – er nutzte diese Kontakte auch, um bei Bedarf seine Beziehungen spielen zu lassen. Dabei zeigte sich erneut, wie selbstverständlich es für Habicht war, seine Anliegen auf diese Weise zu regeln.[193] Im Herbst 1942 etwa schrieb Habicht direkt an Gutterer im Propagandaministerium, um ihn zu bitten, die Übersendung von Grabenspiegeln zu veranlassen, da in seiner Einheit zu dieser Zeit des Stellungskrieges zahlreiche Todesfälle durch feindliche Scharfschützen eingetreten seien. Natürlich war das Propagandaministerium dafür überhaupt nicht zuständig, doch die Seilschaften funktionierten schneller als die Bürokratie der Wehrmacht. Schon wenig später erhielt Habicht »2 Riesenpakete von Gutterer mit den Grabenspiegeln« – die übersandten »100 Stück« reichten sogar noch für die Ausstattung der Nachbareinheit. Der Vorgang war relativ banal, aber gerade deswegen sehr typisch für das Selbstverständnis der Nationalsozialisten: Die »Umgehung des Dienstweges« war für sie vollkommen normal, weil sie sich als herausragende Persönlichkeiten über die institutionellen Regeln und Strukturen erhaben fühlten.

Machtkämpfe und Streitigkeiten

Weil sich in der NSDAP alles um Personen drehte, gab es umso größere Reibungsflächen. Die Gründe dafür lagen nicht nur in der sozialdarwinistischen Ideologie der Nationalsozialisten, die das Recht des Stärkeren hochhielt. Sie lagen auch in ihrer Sozialkultur: Das narzisstische Gehabe der Parteiführer und die anfänglich nur schwachen Parteistrukturen führten zu umso mehr Gerangel um Posten und Macht. Die Kehrseite der Loyalitätsverhältnisse und Seilschaften waren Feindschaften zwischen Personen und Fraktionen, die miteinander um Einfluss rangen. Die Machtkonkurrenz der NS-Fürsten produzierte ständige Querelen und polykratische Strukturen, die wiederum neue Konflikte hervorriefen.[194] Das heißt nicht unbedingt, dass sich das NS-System dadurch selbst lähmte. Diese Form von Staatlichkeit ließ sich auch zum Vorteil der Mächtigen nutzen: Wenn die rivalisierenden Funktionäre ein Mindestmaß an Kompromissbereitschaft aufbrachten, konnten sie durch informelle Absprachen die Staatsbürokratie einfach umgehen und Entscheidungsprozesse stark beschleunigen.[195] Für diese Art von »kooperativer Konkurrenz« war Habicht allerdings ein schlechtes Beispiel.

Bereits während der »Kampfzeit« begannen die Positionskämpfe und gegenseitigen Verdrängungsversuche, die für die Hitler-Partei so charakteristisch werden sollten. Selbst in den lokalen Parteigliederungen an der Basis stritten sich die Aktivisten schnell darum, wer das Sagen hatte. Das zeigte sich schon in Hitlers NSDAP-Ortsgruppe in München, wo die hitzigen parteiinternen Auseinandersetzungen seit 1925 nicht abrissen.[196] Die dauernden Machtkämpfe waren typisch für die NSDAP in ganz Deutschland.[197] Wie stark die Reibungen waren, lässt sich an der hohen Fluktuation unter den Mitgliedern und Funktionären der Partei ablesen.[198] Wie schnelllebig es auch in der Wiesbadener NSDAP zuging, zeigen die Wahllisten der NSDAP-Ortsgruppe vom Ende der 1920er Jahre, die rasch wechselten.[199] Manche der Aktivisten wandten sich aus eigenem Entschluss von der Partei ab. Viele andere aber verschwanden von den Listen, weil sie dem Machtgerangel in den eigenen Reihen zum Opfer gefallen waren. Das entsprach Hitlers sozialdarwinistischen Maximen: Aus dem ungebremsten Konkurrenzkampf der Parteifunktionäre sollte sich die Auslese der fähigsten Ortsgruppenleiter ergeben.[200]

Die führenden Nationalsozialisten in den lokalen Parteigliederungen wussten, wie schnell eine Karriere in der NSDAP zu Ende gehen konnte – schließlich hatten sie oft schon selbst »Kameraden« abserviert. Das war auch in der Wiesbadener NSDAP an der Tagesordnung. Theodor Habicht prahlte sogar in seiner Parteizeitung damit, dass er rücksichtslos von seinem Recht Gebrauch machte, »alle betriebsstörende[n] Fremdkörper« aus der Partei zu entfernen.[201] Er schreckte nicht davor zurück, selbst Mitstreiter der ersten Stunde auszuschalten, wenn sie ihm missliebig wurden. Wie rücksichtslos er dabei vorging, zeigt der Sturz des Wiesbadener Beamten Hans Körner, der bereits auf der allerersten Wahlliste der NSDAP-Ortsgruppe von 1927 gestanden hatte und zuletzt als Sektionsleiter amtierte – bis Habicht ihn im Herbst 1929 abrupt fallenließ. Er degradierte Körner in demütigender Weise, indem er den »Parteigenossen« kurzerhand ganz ans Ende der Wahlliste setzte – und dies vor versammelter Mannschaft verkündete.[202] Körner interpretierte die Aktion wohl völlig zu Recht als einen Versuch Habichts, »einen alten Pg. zu erledigen«. Er protestierte gleich am nächsten Tag schriftlich bei Habicht:

> »Wie ihnen ja bekannt bin ich mit eines der ältesten Mitglieder der N.S.D.A.P. Bereits 1927 bei unserer ersten Wahlbeteiligung stand ich als 5. oder 6. auf der Kandidatenliste. (…) Nach dem vorerwähnten darf ich wohl annehmen, dass ich stets getan habe, was ich tun konnte, von den für die angegebenen Zwecke verausgabten geldlichen Mitteln ganz zu schweigen. Umso größer war denn auch gestern mein Erstaunen, als ich die ersten 10 Kandidatennamen hörte. Gewiss es sind Pg. dabei, welche tatsächlich für die Partei viel getan haben. Also lassen wir mal 1–4 weg. Doch dann Pg. Fritz. Ich habe noch nicht gehört, dass er für die Bewegung mit Ausnahme der Tätigkeit für seine Sektion etwas besonderes geleistet hätte. Ganz davon abgesehen, dass er bei der vorjährigen Wahl noch nicht mal Mitglied war. So auch die unter 8–10 aufgeführten Kandidaten. Keiner von ihnen hat etwas besonderes geleistet. Auch sind alle noch gar nicht so lange in der Partei. Pg. Hollenders hat uns (Wald u. mich) so lange er noch nicht Mitglied war bezw. einer anderen Partei angehörte, beschimpft so oft er nur die Möglichkeit hatte. (…) Ich bitte Sie hiermit nur noch um eins, teilen Sie mir bitte schriftlich mit, was gegen mich für Gründe vorliegen, dass ich in keiner Weise berücksichtigt wurde.«

So schnell war die vielbeschworene »Kameradschaft« in der frühen NSDAP vergessen, wenn es um Posten und Prestige ging. Mit Körners Protestbrief fing das Intrigenspiel erst richtig an. Habicht reagierte, indem er Körner ein weiteres Mal bloßstellte: Er ließ den Inhalt des Briefes in der Partei durchsickern – so dass jeder wusste, wie Körner über seine »Kameraden« gelästert hatte. Schon einen Tag später war Körners Brief »allen Beteiligten bekannt« und machte sogar in der Stammkneipe der Nationalsozialisten in der Wiesbadener Altstadt die Runde. Körner wusste sich jetzt nur noch dadurch zu helfen, dass er sich unter Missachtung von Habicht direkt an die Frankfurter Gauleitung wandte. Damit lieferte er Habicht nur einen weiteren Vorwand, ihn »mit sofortiger Wirkung« aus der Parteiführung zu entfernen.

Das war kein Einzelfall: Tatsächlich gab es in der Wiesbadener NSDAP so viele Querelen, dass das Parteileben der Nationalsozialisten in der Stadt als ein einziger »Intrigenkampf« in Erinnerung blieb.[203] Zwar verfügte die Wiesbadener Ortsgruppe spätestens seit 1929 über einen eigenen Untersuchungs- und Schlichtungsausschuss, doch das verhinderte nicht, dass es immer wieder zu Konflikten kam.[204] Großen Anteil daran hatte der Parteichef selbst: Theodor Habicht reagierte gereizt auf jede vermeintliche Herausforderung seiner Machtposition.[205] Mit Habicht konnte jede Art von Meinungsverschiedenheit schnell eskalieren, selbst bei banalen Angelegenheiten. So etwa, als ihn im Herbst 1927 der Vermieter seiner Wiesbadener Geschäftsstelle anschrieb, um ihn zum Abschluss einer gesonderten Hausversicherung zu bewegen, weil er Schäden durch Anschläge von politischen Gegnern befürchtete. Das war eine sachliche Anfrage, doch Habicht reagierte sofort in schärfstem Ton: Er polterte, dass ihm das Schreiben »unverständlich« sei, und kanzelte den Vermieter ab – die Sache war für ihn »ein so vollendeter Unsinn, dass er einer Wiederlegung überhaupt nicht lohnt«.[206] Als der Vermieter diese brüske Antwort erhielt, war er entsprechend »sehr befremdet«.

Noch heftiger reagierte Habicht, wenn er sich angegriffen fühlte. Einer seiner Widersacher war der rechtsgerichtete Schreiberling Roderich Boettner, der in Wiesbaden ein eigenes Blatt betrieb. Im Sommer 1930 klagte er darin über »das System Habicht«, in dem der Parteichef mit Hilfe seiner »Führerklique« jede Regung von »Opposition in der Partei« geradezu »mit Gewalt« unterdrücke.[207] Wer gegen »Herrn Habicht und seine Klique« aufbegehre, werde »ausgeschlossen« und anschließend mit »Schmähartikeln von Herrn Habicht in seinem ›Nassauer Beobachter‹« überzogen. Boettner kannte das alles aus eigener Erfahrung. Die Fehde hatte ursprünglich damit begonnen, dass er es »einmal gewagt hat[te], an den Habichtschen Versammlungen Kritik zu üben«.[208] Seitdem habe Habicht jede Gelegenheit wahrgenommen, ihn »in der öffentlichen Meinung lächerlich oder verächtlich zu machen und meine Ehre so gut oder schlecht es eben ging herabzusetzen, mich zu bedrohen und andere gegen mich aufzuhetzen«.[209] Diese Angaben machte Boettner übrigens vor dem Wiesbadener Amtsgericht, denn kurz nach Erscheinen seiner kritischen Artikel wurde er von Habicht wegen Beleidigung verklagt.

Habichts Klage zeigt, welche große Rolle die Suggestion von Glaubwürdigkeit und Gradlinigkeit in den politischen Machtkämpfen der Zeit spielte – die Nationalsozialisten zogen dafür sogar vor Gericht, und das notfalls auch gegen bisherige Gefolgsleute. Um ihre Autorität in der Partei zu wahren und für Wähler attraktiv zu bleiben, wollten sie als idealistische und aufrechte Männer erscheinen – und verteidigten diesen Ruf um jeden Preis. Vor Gericht entwarfen sie ein ganz bestimmtes Bild von sich und ihrer Identität, und dabei orientierten sie sich erneut an jenem bürgerlichen Konzept von Authentizität, das Hitler und die Nationalsozialisten schon in ihren autobiographischen Mythen zugrunde legten.[210] Sogar die Justiz legte es als Maßstab an. Das Wiesbadener Amtsgericht verurteilte Habichts Kritiker Boettner im Januar 1931 mit folgender Begründung zu einer Geldstrafe wegen Beleidigung:[211]

> »Der Angeklagte behauptet von dem Privatkläger, dass er grosse Worte vom ›Dienen und Opfern‹ schreibe, im übrigen aber von guten Zeitungsverdiensten lebe und schon jetzt seine politische Tätigkeit in blanke Münze umzusetzen verstehe. Er macht also dem Privatkläger den für einen politischen Führer schwersten Vorwurf, dass er aus eigennützigen, selbstsüchtigen Beweggründen seine politische Tätigkeit ausübe. Über Wert oder Unwert einer politischen Parteiansicht oder der von ihr ergriffenen Massnahme, ein Urteil zu fällen, ist nicht Sache des Gerichts. Ihm obliegt es, den Schutz der Person jedes in der Politik stehenden Mannes vor unberechtigten persönlichen Angriffen zu gewährleisten. Für die Richtigkeit seiner Behauptungen, die dem Privatkläger jede Achtung von Person und Tätigkeit nehmen würde, hat der Angeklagte den Beweis nicht angetreten.«

Habichts Prozesswut rührte jedoch zweifellos auch von seiner narzisstischen Empfindlichkeit her. Wenn Habicht kritisiert wurde, reagierte er allergisch und schlug zurück. In seiner Parteizeitung und seinen Reden hetzte er ständig gegen das »System« von Weimar, aber das hielt ihn nicht davon ab, das Rechtswesen der Republik in Anspruch zu nehmen, wenn er sich in seiner Ehre gekränkt fühlte. Er zog wiederholt mit Privatklagen vor das Amtsgericht Wiesbaden, um Kritiker wegen Beleidigung zu belangen.[212] Mit den Gerichtsprozessen bot er seinen Widersachern allerdings auch ein Forum dafür, ihre Vorwürfe gegen ihn öffentlich zu wiederholen. In einer Beleidigungsklage, die Habicht im Frühjahr 1930 gegen ein ehemaliges Parteimitglied anstrengte, präsentierte der Beklagte mehr belastendes Material gegen Habicht, als Habicht gegen ihn vorbringen konnte. Dabei kam erneut zur Sprache, wie Habicht alle Kritiker aus den eigenen Reihen »mundtot« zu machen versuchte:[213]

> »Die Nationalsozialistische Deutsche Arbeiterpartei vertritt in ihren Satzungen und in der Öffentlichkeit stets den Standpunkt, dass sie die einzige Gruppe innerhalb der deutschen Parteien sei, die auf Reinheit der Gesinnung, Reinheit der Lebensführung und Makellosigkeit im politischen Kampf halte. (...) Im Gegenteil geschah es, dass vielfach Mitglieder, gegen deren Lebensführung die schwersten Bedenken vorzubringen waren, von den Instanzen gedeckt wurden, während man die Beschwerdeführer ausschloss, mundtot machte und in dem Organ der Wiesbadener Gruppe, dem ›Nassauer Beobachter‹ in der skrupellosesten Weise beschimpfte und beleidigte.«

Insbesondere Habichts Hetzkampagnen waren vielfach belegt und sogar gerichtlich erwiesen: Habichts Parteizeitung war voller Diffamierungen. Es war typisch, dass sich diese oft gegen einzelne Personen richteten, gegen politische Gegner, gegen jüdische Mitbürger und gegen jeden, der etwas gegen Habicht gesagt oder geschrieben hatte. Dabei ging er oft mit übergroßem Eifer ans Werk – vor allem immer dann, wenn jemand seine »persönliche Ehrenhaftigkeit« in Zweifel zu ziehen schien. Im Mai 1931 veröffentlichte die *Wiesbadener Zeitung* einen anonymen Artikel über »Habichts Charakterbild«, der für Habicht voller »Gemeinheiten« war. So etwas ließ ihn nicht los: In den folgenden Tagen startete er einen regelrechten Kreuzzug gegen die *Wiesbadener Zeitung* und schrieb dazu in seiner eigenen Zeitung nicht weniger als sieben Artikel.[214] Diese kreisten fast nur um ihn selbst, kaum noch um die Partei oder Politik. Dabei versuchte er, die Redaktion der *Wiesbadener Zeitung* durch offene Beschimpfungen zu einer Beleidigungsklage zu provozieren, um dadurch ans Licht zu bringen, wer den ursprünglichen Artikel über ihn geschrieben hatte. Als die *Wiesbadener Zeitung* nicht auf seine Provokation einging, schoss er sich einfach auf den Eigentümer ein.

Habichts Attacken gingen so häufig in offene Beleidigungen über, dass er auch selbst mit zahlreichen Privatklagen überzogen wurde. Den

Großteil dieser Prozesse verlor Habicht, schließlich standen seine Beschimpfungen schwarz auf weiß in der Presse und waren häufig mehr als eindeutig. Bis zu seinem Weggang aus Wiesbaden im Sommer 1931 sammelte er ganze neun Verurteilungen wegen Beleidigungen, Verstößen gegen das Republikschutzgesetz und anderer Vergehen an.[215] Die Verurteilungen wurden zunehmend auch zu einem finanziellen Problem. Als Habicht im August 1930 erneut wegen Beleidigung verurteilt wurde, weil er den Kläger in seiner Parteizeitung als »jüdische[s] Ungeziefer« beschimpft hatte, musste er das Amtsgericht um Ratenzahlung bitten – weil er bereits mehrere andere Geldstrafen »aus verschiedenen Presseprozessen« zu bezahlen hatte.[216] Die Verurteilungen änderten jedoch nichts an seinem aggressiven Stil. Habicht teilte kräftig aus, konnte aber nicht einstecken. Bei einer der Beleidigungsklagen gegen ihn brachte die Anklage das so auf den Punkt: »Die Art, wie der Beschuldigte den politischen Kampf führt, steht in einem merkwürdigen Missverhältnis zu seiner eigenen Empfindlichkeit, wenn er einmal selbst in Abwehr dieses Tones scharf angepackt wird.«[217]

Habicht geriet – wie bereits erwähnt – sogar mit dem vorgesetzten Gauleiter von Hessen-Nassau, Jakob Sprenger, in Konflikt. Die Streitigkeiten begannen damit, dass Habichts Wiesbadener NSDAP-Ortsgruppe ihre Beiträge an die Frankfurter Gauleitung verschleppte – die Gauleitung war empört und sprach von »Unterschlagung«.[218] Bei einer unangekündigten Kassenprüfung im Mai 1930 stellte die Gauleitung außerdem fest, dass sich die Wiesbadener Ortsgruppe durch die Ausgabe von »Anteilsscheinen« an Anhänger Geld verschaffte, obwohl dies von der NSDAP-Führung verboten worden war. Sprenger forderte die Wiesbadener Parteiführung auf, »derartige Sachen nicht mehr selbständig vorzunehmen«. Habicht fiel aber weiterhin durch Insubordinationen auf. Schon im Sommer 1930 hatte sich das Verhältnis so verschlechtert, dass man kaum noch miteinander kommunizieren konnte.[219]

Bald darauf begann Sprenger, an höchster Stelle bei der NSDAP-Führung gegen Habicht zu intrigieren, um ihn zu disziplinieren. Im April 1931 sandte er einen schriftlichen Bericht an den Reichsorganisationsleiter Gregor Strasser, in dem er über Habichts »Eigenmächtigkeit« klagte und ein düsteres Bild von den Zuständen in der Wiesbadener NSDAP zeichnete. Sprenger machte Strasser darauf aufmerksam, dass es in Wiesbaden allein im Jahr 1930 fast fünfhundert Parteiaustritte gegeben hatte – von denen zumindest »ein Teil« direkt »auf das Konto der Zwistigkeiten« innerhalb der Partei gegangen sei.[220] Bald darauf erhielt Strasser außerdem mehrere Beschwerdebriefe über Habicht – das Material ließ »die Verhältnisse in Wiesbaden« sogar noch »viel schlimmer erscheinen«. Strasser wies den Frankfurter Gauleiter deshalb an, »dort rücksichtslos nach dem Rechten zu sehen«. Doch Habicht rechtfertigte sich mit einer Gegendarstellung bei Strasser, in der er über die Beschwerdeführer herzog, und blieb im Amt.[221]

Der Konflikt mit Sprenger eskalierte erst nach Habichts Weggang aus Wiesbaden im Juli 1931 vollends. Nachdem Habicht seinen neuen Posten in Österreich angetreten hatte, weigerte er sich, einen Kredit von 2000 Reichsmark zurückzuzahlen, den er von der Frankfurter Gauleitung zur Finanzierung seiner unrentablen Parteizeitung erhalten hatte. Als die Gauleitung die Rückzahlung anmahnte, entwickelte sich ein Briefwechsel, in dem Habicht sich wieder einmal in Rage schrieb. In seinem letzten Brief bezeichnete er bestimmte Aussagen von Sprenger »als eine unerhörte Unverschämtheit« und warf dem Gauleiter sogar »jüdisches Geschäftsgebahren« vor.[222] Damit hatte Habicht eine Grenze überschritten. Sprenger war so erbost, dass er ihn »wegen parteischädigenden Verhaltens« beim obersten Parteigericht anzeigte – er stellte einen förmlichen Antrag auf den Ausschluss Habichts aus der NSDAP.[223] Habicht spielte inzwischen allerdings als Landesgeschäftsführer der Nationalsozialisten von Österreich in den Plänen der NSDAP-Führung eine wichtige Rolle. Ansonsten wäre seine Parteikarriere vielleicht schon an diesem Punkt aufgrund seiner narzisstischen Reizbarkeit vorzeitig gescheitert.

Habicht ging in Wiesbaden zwar als erfolgreicher Parteiführer in die Geschichte der örtlichen NSDAP ein, doch sein Politikstil war so aggressiv und teilweise geradezu irrational, dass er dabei war, sich selbst ins Aus zu manövrieren.[224] Seine Parteizeitung schrieb seit langem rote Zahlen, und nur die Frankfurter Gauleitung besaß die Mittel, um ihm zu helfen.[225] Doch Habicht stieß ausgerechnet den Frankfurter Gauleiter immer wieder vor den Kopf. Gleichzeitig übertrat er mit der Hetze in der Presse so oft die Gesetze, dass seine Zeitungen 1930/31 wiederholt mit wochenlangen Verboten belegt wurden.[226] Das war fatal, denn durch die Verbote verschärfte sich die ohnehin prekäre Finanzlage der Zeitung zusätzlich. Im Juni 1931 provozierte Habicht ein erneutes Verbot, durch das seine Zeitung schließlich bankrottging und eingestellt werden musste. Und weil Habicht seine Hetze nicht lassen konnte, geriet er so ernsthaft mit der Justiz in Konflikt, dass seit März 1931 eine achtmonatige Gefängnisstrafe gegen ihn schwebte.[227] Habichts letzter großer Wahlsieg in Wiesbaden in der Septemberwahl von 1930 war zwar nur ein paar Monate her, doch seine Situation als Parteichef war verfahren. Deshalb gab er in Wiesbaden auf: Im Frühjahr 1931 wandte sich Habicht direkt an den NSDAP-Reichsorganisationsleiter, Gregor Strasser, und bat um »anderweitige Verwendung«.[228] Als Habicht sich dann Mitte Juli 1931 zur Abreise nach Österreich bereitmachte, versuchte er, »möglichst ohne Aufenthalt über die Grenze zu kommen«, weil er befürchtete, dass der Staatsanwalt »sofort Haftbefehl wegen meiner drei und fünf Monate Gefängnis erlassen würde«, sobald sein »Weggang von Wiesbaden« bekanntwerden sollte.[229] Wenn seine Beziehungen zu Strasser ihm nicht die Chance in Österreich eröffnet hätten, wäre Habicht vielleicht schon an diesem Punkt wieder in der Versenkung verschwunden, so wie viele andere unbekannte Funktionäre der NSDAP vor 1933.

In der NS-Bewegung von Österreich setzten sich die Konflikte und Machtkämpfe direkt fort. Unter den österreichischen Nationalsozialisten war die Zerklüftung in Gruppen, Fraktionen und Seilschaften besonders stark ausgeprägt – auch deshalb war Habicht schließlich im Sommer 1931 zur »Reorganisation« der Partei entsandt worden. Wie in Wiesbaden bekämpfte und verdrängte er jeden, der ihm dabei in die Quere kam. Habicht entfernte selbst namhafte Parteiführer, wenn sie ihm missliebig wurden.[230] Mit anderen Parteimitgliedern ging Habicht noch schonungsloser um. Das zeigte ein Fall aus München, wo Habicht residierte, seit er im Juni 1933 aus Österreich ausgewiesen worden war. Nach dem Verbot der österreichischen NS-Bewegung waren viele Anhänger nach Bayern geflohen, wo es unter ihnen zunehmend rumorte. Im November 1933 ließen sich zwei einfache Parteigenossen im Münchener Wirtshaus Spatenbräu »beim Kartenspiel« zu Lästereien über Habicht hinreißen und wurden prompt von einem dritten Parteimitglied denunziert. Jetzt statuierte Habicht ein Exempel: Er ließ die »Gerüchtemacher« wegen der »üble[n] Verleumdungen« sofort von österreichischen SA-Männern verhaften.[231] Sie wurden umgehend ins »Konzentrationslager Lechhausen« eingeliefert – für ihre Worte mussten sie über ein halbes Jahr verbüßen. Einer der beiden beschwerte sich hinterher beim obersten Parteigericht der NSDAP, dass Habicht nur aus persönlicher »Rachsucht« gehandelt habe. Das Parteigericht gab Habicht jedoch recht:

> »Krackowitzer gab nun an, aus dem Grunde auf Veranlassung Habichts eingesperrt worden zu sein, weil er dem Habicht in Wien einmal seine falsche Politik vorgehalten habe, also um sich über frühere Auseinandersetzungen zu rächen. Habicht bestreitet, den Krackowitzer vor seiner Münchner Zeit überhaupt gesehen zu haben. (…) Mit Recht sagt der Pg. Habicht, er hätte es für seine Pflicht gehalten, die Klatschereien und Stänkereien, die unter den aus Österreich geflüchteten Parteigenossen kein Ende nehmen wollten, endlich durch eine exemplarische Bestrafung zu unterbinden, denn diese Gerüchtemacher zerstörten bei den durch ihre gebrachten Opfer in Not befindlichen anderen Parteigenossen den Glauben an die nationalsozialistische Bewegung. Es mag dahingestellt sein, ob andere Maßnahmen hierfür ausreichend gewesen wären und ob eine so lange Haftzeit berechtigt war. Darüber zu entscheiden ist aber nicht Gegenstand der Anfrage. Auf jeden Fall ist das Verhalten des Krackowitzers in einer politisch so bewegten Zeit wie Ende 1933/Anfang 1934 unbedingt zu verurteilen. Damit entfällt aber auch der Verdacht, dass Habicht aus persönlichen Gründen gegen Krackowitzer vorgegangen sei.«

Habicht gelang es nur bis zu einem gewissen Grad, die Kontrolle über die heterogene NS-Bewegung von Österreich zu erlangen – unter der Oberfläche schwelten die Rivalitäten weiter.[232] Unter Habichts Führung wurden die österreichischen Nationalsozialisten zu einer schlagkräftigeren Organisation, doch seine Politik wirkte auch unter den eigenen Anhängern polarisierend. Für das Parteiverbot vom Juni 1933 machten viele Habicht verantwortlich – es spaltete die Partei und schwächte sie spürbar. Nach einem misslungenen Propagandacoup im Februar 1934 wurde Habicht noch mehr in Frage gestellt. An der Basis der NS-Bewegung in Österreich brodelte es. Gerüchten zufolge kursierten unter den österreichischen Nationalsozialisten zu dieser Zeit sogar Überlegungen zu einem »Ausschluss von Habicht«.[233] Erneut hatte sich Habicht durch seinen aggressiven Stil in eine schwierige Lage manövriert – er stand jetzt offensichtlich stark unter Druck.

Das Machtgerangel unter den österreichischen Nationalsozialisten trug möglicherweise sogar zum Scheitern des Putschversuchs vom Juli 1934 bei – das sahen zumindest manche Zeitgenossen und spätere Historiker so.[234] Selbst die Parteiführung zerfiel in zwei Lager: auf der einen Seite Habichts Landesleitung und die SS, auf der anderen Seite die österreichische SA unter der Gesamtführung von Hermann Reschny. Es kam zu starken Spannungen. Als die SA beim Juliputsch die Befehle zum Aufstand nur zögerlich zu befolgen schien, stand für Habicht der SA-Führer Reschny als Hauptschuldiger für das Scheitern des Coups fest. Darauf kam Habicht sogar noch Ende 1943 in seinem Tagebuch an der Ostfront zu sprechen: Aus seiner Sicht war der Putsch deshalb misslungen, »weil Reschny den Erfolg überhaupt nicht wollte«.[235] Es war typisch für die personalisierte Kultur der Nationalsozialisten, dass Habicht die Ursache für das Scheitern reflexartig in der »Sabotage« eines Parteirivalen erblickte. Tatsächlich lagen die Gründe zumindest teilweise in den internen Problemen und den Konkurrenzkämpfen innerhalb der SA.[236] Das waren aber nicht die eigentlichen Ursachen. Entscheidend war, dass die Aktion in Wien fehlschlug und dass man nicht mit dem Eingreifen des Bundesheeres gerechnet hatte. Diese Fehleinschätzung ging auch auf Habicht zurück, doch es war kennzeichnend für seine Selbstgewissheit, dass er die ganze Schuld bei einem anderen suchte. Das war ein typisch narzisstischer Zug: Misserfolg wird auf die Umstände zurückgeführt und Erfolg auf die eigenen Fähigkeiten.[237]

Neben den innerparteilichen Machtkämpfen in Österreich verwickelte sich Habicht auch in die polykratischen Konflikte im Deutschen Reich. In der Österreich-Politik galt Habicht als »absoluter Vertrauensmann« des »Führers« – und nutzte das weidlich aus.[238] Habicht trat derart selbstherrlich auf, dass er bald zahlreiche andere Akteure gegen sich aufbrachte. Habichts Alleingänge führten dazu, dass das Auswärtige Amt wiederholt bei Hitler intervenierte, und auch Goebbels verlor zunehmend die Geduld mit ihm.[239] Die Quittung für sein eigenmächtiges Vorgehen erhielt Habicht im Frühjahr 1934, als Hitler seine Machtbefugnisse wieder einschränkte.[240] Habichts Zurücksetzung sprach sich sogar bis in die USA herum. Die *New York Times* berichtete, dass sich Habicht weitere Eigenmächtigkeiten wohl kaum mehr erlauben könne.[241] Im Negativen lieferte Habicht in Österreich damit einen weiteren Beleg für die Machttechnik der »kooperativen Konkurrenz«.[242] Demnach konnte man in der NS-Polykratie nur dann erfolgreich sein, wenn man eine gewisse Bereitschaft zur Zusammenarbeit und ein Mindestmaß an Kompromissfähigkeit aufbrachte, statt ohne jede Rücksicht auf die Interessen seiner Rivalen zu agieren. Das war Teil der »neuen Staatlichkeit« und gehörte zur Personalisierung der politischen Kultur im NS-System.

Als Habicht im Februar 1937 Oberbürgermeister in Wittenberg wurde, zeigte sich allerdings, dass es mit der »kooperativen Konkurrenz« nicht weit her war. Das bewies Habicht bei seinem wichtigsten politischen Projekt während seiner Amtszeit in Wittenberg – dem Plan zur Eingemeindung mehrerer angrenzender Dörfer und Gebiete. Daraus entwickelte sich ein typischer polykratischer Konflikt. Als Habicht das Vorhaben anging, traten entsprechend viele Behörden und Parteistellen auf den Plan, vom Landrat über den Gauleiter bis zum Innenminister. Der Streit um die Eingemeindungen wurde langwierig und heftig. Der NSDAP-Kreisleiter von Wittenberg sprach von einem »Kampf«, der »immer weitere Kreise« gezogen habe und geradezu den »allgemeine[n] Frieden« in der Stadt gefährdete.[243] Selbst die amtlichen Sitzungsprotokolle verzeichneten »recht starke Meinungsverschiedenheiten« und zum Teil »lebhaften Widerspruch« unter den Beteiligten. Die Hauptkontrahenten maßen der Sache große Bedeutung bei. Der Landrat behauptete, das »Bestehen« des ganzen Landkreises stehe auf dem Spiel.[244] Die Agrarromantiker vom NS-Reichsnährstand wollten die Ausdehnung der Stadt schon aus Prinzip verhindern – um den »bäuerlichen Charakter« der betroffenen Gemeinden zu erhalten.[245] Habicht wiederum präsentierte sich als urbaner Modernisierer. Um seinen »Gestaltungswillen« zu betonen, zitierte Habicht, was der Münchener Oberbürgermeister bei der gerade erfolgten Eingemeindung von Pasing gesagt hatte: Die Stadt habe eine »Verpflichtung, ihre herrliche Umgebung durch einen einheitlichen ordnenden Willen an sich zu schließen«.[246] Der Gauleiter Joachim Eggeling hegte allerdings den Verdacht, dass Habicht die Eingemeindungspläne nur aus persönlicher Geltungssucht betrieb. In einem Protestschreiben an das Innenministerium schimpfte er, dass sich Habichts Absichten »in keiner Weise mit den Wünschen des Gaues und seiner politischen Führung« deckten: Es gehe »nicht an, dass unter solchen Umständen eine Stadt meines Gaues zum Versuchskaninchen für die Betätigungswut eines Einzelnen gemacht wird«.[247]

Es waren freilich durchaus Ansätze einer »kooperativen Konkurrenz« vorhanden. Habicht versuchte, den Konflikt durch Gespräche zu lösen, und bei den Verhandlungen gab es die Erwartung einer gewissen Kompromissbereitschaft.[248] Selbst Habicht machte Konzessionen – wie er betonte, hatte er seine Forderungen im Laufe der Beratungen »immer stärker eingeschränkt«.[249] Welch großer Wert auf Einigkeit gelegt wurde, zeigte schließlich auch der Bescheid des Innenministeriums, mit dem der Streit im Juli 1938 beigelegt wurde.[250] Das hielt Frick gleich im ersten Satz fest: »[Ich] begrüße es insbesondere, dass es gelungen ist, für die sehr umstrittene und schwierige Grenzführung an der westlichen Stadtgrenze eine Lösung zu finden, der sämtliche Beteiligten zugestimmt haben.« In Wirklichkeit handelte es sich jedoch lediglich um eine Fiktion von Konsens, die Harmonie im Sinne der »Volksgemeinschaft« nur vorspiegelte. Denn tatsächlich konnte überhaupt keine Rede davon sein, dass »alle Beteiligten« der Lösung »zugestimmt« hatten, im Gegenteil. Als Habichts Kontrahenten den Bescheid mit den Details der neuen Grenzziehung sahen, trauten sie ihren Augen nicht: Wie sie feststellen mussten, waren in Fricks Beschluss plötzlich viel weitreichendere Eingemeindungen hineingeschrieben worden, als bei den vorangegangenen Schlichtungsgesprächen vereinbart worden war. Habichts Gegenspieler legten sofort Protest ein – die angeblich so einvernehmliche »Lösung« bezeichneten sie als »größtes Unrecht«.[251]

Bei der Frage, was hinter Fricks Entscheidung stand, kam sofort ein Verdacht auf, der typisch war für die personalisierte Kultur des NS-Systems: Man war sich sicher, dass Habicht seine Beziehungen ins Innenministerium hatte spielen lassen. Dieser machte seinerseits daraus gar keinen Hehl. In einer der letzten Beratungen vor der Entscheidung hatte er ausposaunt, dass er Rückendeckung von Frick hatte.[252] Einer seiner Gegenspieler bemerkte dann auch bei einer Besprechung im Berliner Innenministerium, »dass Oberbürgermeister Habicht« auf den zuständigen Beamten inzwischen »so starken Einfluss gewonnen hatte«, dass der bereits ausgehandelte Schlichtungsvorschlag wieder umgestoßen worden sei.[253] So funktionierte die NS-Polykratie. Die rivalisierenden Akteure orientierten sich durchaus am Leitbild der »kooperativen Konkurrenz«, doch sobald sie damit nicht weiterkamen, suchten sie Protektion bei höheren Stellen. Das handhabten Habichts Gegner in der Eingemeindungsfrage übrigens nicht anders.[254]

Die NS-Polykratie führte keineswegs automatisch zu mehr Effizienz, nur weil es prinzipiell möglich war, Entscheidungen an der Staatsbürokratie vorbei zu beschleunigen, indem man sich informell mit seinen

Konkurrenten arrangierte. Sonst hätte schon Habichts Amtsvorgänger Rasch das Eingemeindungsvorhaben durchsetzen können, doch er kam damit nicht weit. Jeder wusste, wie man solche Initiativen blockieren konnte. Habicht kritisierte das während der Verhandlungen: Wenn man beabsichtige, eine »Entscheidung noch weiter aufzuschieben«, brauche man nur neue »Anträge« und Gegenvorschläge einzubringen.[255] Die Wittenberger Kommunalpolitik zeugte somit vor allem von den Selbstblockaden und der Langsamkeit der NS-Polykratie: Von Raschs erstem Vorstoß von 1935 bis zur Realisierung im Herbst 1938 brauchte man mehrere Jahre, um rund fünf Quadratkilometer Wald, Flur und Dorflandschaft umzuwidmen. Effizient war die NS-Polykratie nur, wenn gemeinsame Interessen und mächtige Personen zusammentrafen. Habicht setzte sich durch, weil er über die richtigen Kontakte verfügte.

An Habichts nächster Karrierestation im Auswärtigen Amt wurde ihm sein politischer Stil schließlich zum Verhängnis. Von seinem Amtsantritt im November 1939 bis zu seinem Ausscheiden im August 1940 war er nur 314 Tage lang Diplomat, doch schon diese kurze Zeit reichte aus, um so viele Konflikte zu produzieren, dass Habicht am Ende entnervt aufgab.[256] Die Konflikte entwickelten sich freilich anders, als Habicht das erwartet hatte. Mit Schwierigkeiten hatte er vor allem bei der Zusammenarbeit mit den Berufsdiplomaten gerechnet, die für das Auswärtige Amt konservativer Prägung standen.[257] Tatsächlich legte er sich dann aber vor allem mit anderen nationalsozialistischen Quereinsteigern an, die vom selben Schlag waren wie er. Einer der Karrierebeamten des Amtes erinnerte sich später daran, dass Habicht sich selbst entsprechend geäußert hatte: »Bei der Verabschiedung eines Herrn seines Büros, des Gesandten Altenburg, bekannte er uns, dass ihm bei seinem Eintritt ins Amt gesagt worden sei, die alten Beamten seien sämtlich Trottel; er müsse dem Scheidenden im Gegenteil erklären, dass er nur mit den alten Beamten habe sachlich arbeiten können.«[258]

Die Konflikte ergaben sich wie von selbst aus Habichts Position im Amt, die ihn zu einer Art Schnittstellenmanager machte. In der historischen Forschung gelten solche »Schnittstellenmanager« als besonderes Kennzeichen der »neuen Staatlichkeit« im NS-System – sie sollten zwischen konkurrierenden Instanzen vermitteln und dadurch aus dem selbstgeschaffenen Ämterwirrwarr ein effizienteres System machen.[259] Habichts Tätigkeit im Auswärtigen Amt führt jedoch vor Augen, dass es hierbei keine Erfolgsgarantien gab, im Gegenteil. Die Aufgabe von Habichts »Informationsstelle« bestand darin, die »Zusammenarbeit mit dem Propagandaministerium auf dem Gebiet der Außenpropaganda« zu koordinieren. Das bedeutete, dass Habicht zwischen Ribbentrops Amt und Goebbels' Ministerium vermitteln musste – das waren zwei Behörden und Rivalen, zwischen denen es ständige Streitereien gab.

Habichts Vermittlungsbemühungen führten am Ende nur zu mehr Problemen. Am Anfang hatte Goebbels noch Hoffnung, dass man durch Habicht besser zusammenarbeiten könne.[260] Innerhalb weniger Monate war dieser Optimismus komplett ins Gegenteil umgeschlagen. Im Juni 1940 konnte Goebbels seine Verärgerung über das Amt kaum im Zaum halten: »Es ist unbeschreiblich, was das A. A. uns für Schwierigkeiten macht. Ich schimpfe mich manchmal heiser. Sage Habicht meine Meinung. Dort herrscht ein steriler Dilettantismus. (…) Ewige Streitigkeiten mit dem A. A., mit dem man kaum noch arbeiten kann.«[261] Für Goebbels war Habicht lange ein »wendiger Vertreter unserer Außenpolitik«, doch genau das legte man Habicht wiederum in der Wilhelmstraße zur Last.[262] Im Auswärtigen Amt verdächtigte man ihn zunehmend, mehr für Goebbels als für Ribbentrop zu arbeiten.

Habicht trug seinen Teil dazu bei, die Konflikte weiter anzufachen. Er wachte eifersüchtig über seine Kompetenzen, provozierte seine Gegenspieler aber gleichzeitig durch eigene Kompetenzüberschreitungen.[263] Bei einer Gelegenheit im November 1939 wurde einer von Habichts Mitarbeitern von Ribbentrops Vertrautem Martin Luther so laut am Telefon angeschrien, dass andere Anwesende im Raum mithören konnten – weil er sich in einer bestimmten Angelegenheit »direkt an das Propagandaministerium« wenden wollte, ohne den Dienstweg über Luthers Referat zu beschreiten.[264] Der nationalsozialistische Quereinsteiger Rudolf Likus, der ebenfalls zu Ribbentrops Hausmacht im Auswärtigen Amt gehörte, verfasste zu ähnlichen Vorfällen sogar einen »vertraulichen Bericht«, um Habichts Kungeln mit dem Propagandaministerium zu belegen:[265]

> »Bei einer Abendveranstaltung äußerte Ministerialrat Dr. Böhmer [sic] vom Reichspropagandaministerium in vorgerückter Stunde zu Herrn Dr. Rasche das Folgende: ›Herr Rasche, ich habe immer furchtbar auf die Herren des Auswärtigen Amtes geschimpft, weil sie meinem Ministe-

> rium gegenüber so feindselig eingestellt sind. Ich weiß jetzt aber, dass Sie ja so handeln müssen, weil von Ihrer höheren Stelle das so gewünscht wird. *Herr Habicht hat uns ja immer über die Schwierigkeiten unterrichtet und dass er auf einen Druck von oben her handeln müsse.*‹ Es ist ferner aufgefallen, dass anlässlich vom Reichspressechef Dr. Dietrich im ›Tusculum‹ gegebenen Essens für elf spanische Journalisten neben dem Pressechef des Auswärtigen Amtes, Herrn Dr. Schmidt, als einziger Gast des Auswärtigen Amtes Unterstaatssekretär Habicht eingeladen war, obwohl er mit dem Besuch der Spanier nichts zu tun hatte. In der Begrüßungsansprache des Staatssekretärs Dr. Dietrich wurde *lediglich Herr Habicht mit herzlichen Worten begrüßt,* während Herr Dr. Schmidt von Dietrich völlig übergangen wurde. Später ließ sich Dietrich auch mit Herrn Habicht fotografieren. Aus dem letzten Vorfall muss geschlossen werden, dass Herr Habicht über Ministerialrat Dr. Böhmer auch den Weg zu Herrn Dr. Dietrich gefunden hat, da Dietrichs Handlungsweise sonst unverständlich wäre.«

Eigentlich waren solche geselligen Anlässe wie geschaffen dafür, die Konkurrenten an einen Tisch zu bringen – informelle Kommunikationsforen hatten für das Funktionieren der NS-Polykratie große Bedeutung.[266] Tatsächlich aber gab es hier geradezu den gegenteiligen Effekt. Ribbentrops Mitarbeiter argwöhnten umso mehr, dass Goebbels' Ministerium über Habicht versucht hatte, das Amt zu unterlaufen. Schon in kleinen Formfehlern, Gesten und beiläufigen Äußerungen sah man sofort einen Affront gegenüber der eigenen Dienststelle. Ironischerweise erwies sich also gerade der informelle Charakter des Anlasses als Quelle neuer Spannungen. Nationalsozialisten wie Likus oder Habicht waren dafür besonders sensibel, obwohl sie ihrerseits ständig Dienstwege umgingen und formale Strukturen missachteten. Gerade weil ihnen aus eigener Erfahrung bewusst war, dass dies zu den Techniken der Macht im NS-System gehörte, fühlten sie sich umso schneller persönlich angegriffen, wenn sie selbst einmal übergangen wurden. Die Funktion eines »Schnittstellenmanagers« war ein Drahtseilakt und kein Selbstläufer. Es hing wie immer alles von den Personen ab.

Habicht richtete mehr Schaden an, als dass er zur Vermittlung beitrug – letztlich geriet er sogar mit dem Reichsaußenminister persönlich aneinander, der ihn ins Amt geholt hatte. Zwischen Habicht und Ribbentrop kam es immer häufiger zu »Streitgesprächen« und »persönlichen Auseinandersetzungen« – das blieb kaum jemandem im Amt verborgen.[267] Habicht nahm den Konflikt mit Ribbentrop am Ende so persönlich, dass er von sich aus hinschmiss. Ende August 1940 verließ er das Amt abrupt. Ribbentrops Rivale Goebbels registrierte dies mit Genugtuung: »Habicht ist mit Krach von Ribbentrop abgebraust. Das ist richtig.«[268] Wie groß Habichts Verbitterung war, zeigte sich später in seinem Tagebuch von der Ostfront, wo er keine Gelegenheit ungenutzt ließ, über Ribbentrop und das Auswärtige Amt herzuziehen.[269] Selbst als er im Dezember 1942 ein Weihnachtspaket vom Auswärtigen Amt erhielt, wollte er sich die Geschenke nur deshalb »gefallen lassen«, weil die Grußkarte von den »Gefolgschaftsmitgliedern« kam und »R. einwandfrei nichts damit zu tun« hatte.[270] Der Stachel saß tief. Schließlich bedeutete Habichts Ausscheiden aus dem Amt das Ende seiner politischen Laufbahn im NS-Staat – danach trat er umgehend in die Wehrmacht ein. Er stürzte ironischerweise über ebenjene nationalsozialistischen Machtpraktiken, die er selbst seit der »Kampfzeit« mit kultiviert hatte. Fast am erstaunlichsten ist dabei, dass dies nicht schon früher passierte. In der historischen Forschung geht man davon aus, dass sich NS-Funktionäre, die sich nicht im Sinne der »kooperativen Konkurrenz« verhielten, nicht lange halten konnten.[271] Habichts Geschichte zeigt dagegen, dass man auch mit solchem Machtgebaren sehr weit kommen und sehr viel bewegen konnte, wenn man über persönliche Beziehungen verfügte und ein gewisses Standing besaß.

Im Rückblick von der Ostfront zeigte sich noch einmal jene persönliche Empfindlichkeit, die Habicht so oft überreagieren ließ, wenn er auf Widerstand stieß. Immer wenn er an die politischen Verhältnisse in der Heimat dachte, kehrte das Gefühl der Verbitterung zurück. Seit er in der Wehrmacht war, fand er alles schlecht, bei dem er vorher selbst mitgewirkt hatte. Als einer der Offiziere beim Ritt durch die besetzte Sowjetunion meinte, Habicht könne nach dem Sieg im Krieg »doch Generalgouverneur von Nord-Russland« werden, wurde der sarkastisch: »Aber ich bedanke mich schön dafür, denn wie *sowas* aussieht und was *damit* zusammenhängt an Ärger, Dreck und Intrigen, das weiss ich besser wie dieser Parzival. Aber ich sage ihm das nicht – was soll ich ihm seine idealen Vorstellungen rauben, die er noch früh genug loswerden wird«.[272] Ähnlich reagierte Habicht, als er an der Front einen Truppenteil der

Luftwaffen-Felddivisionen sah, mit denen sich Göring eine eigene Landstreitmacht schuf – reflexartig interpretierte Habicht das als »Hausmacht- u. Prestigepolitik« und fand das »unverantwortlich«.[273] Noch gekränkter hörte er sich an, wenn es um die Machtkämpfe in der Partei ging, denen er schließlich selbst zum Opfer gefallen war. Bei einem Gespräch mit einem Offizier, der »in Zivil« als NSDAP-Gauamtsleiter tätig gewesen war, kamen ihm vernichtende Gedanken über die Parteigenossen in der Heimat:[274]

> »U.a. erzählt er – langsam gesprächiger werdend – dass sich sein Gauleiter und seine Parteidienststellen während der ganzen 3 Jahre Krieg überhaupt nicht mehr um ihn gekümmert hätten. Sein Gehalt sei geschäftsmässig überwiesen worden, und damit Schluss. Kein Brief, keine Sendung, kein gutes Wort – nichts! Wenn er auf Urlaub nachhause gekommen sei, habe man ihn gleichgültig und frostig empfangen, und hinter all dem sei fast unverhüllt die Einstellung der Heimkrieger zum Frontsoldaten sichtbar geworden, die schlicht und einfach in der Frage gipfelte: Was wird aus uns (und unsern Posten!), wenn ›die‹ wieder nachhause kommen. Er sagt bitter: ›Wenn's mich morgen erwischt, dann werden die mir einen rührenden Nachruf schreiben und im Übrigen heilsfroh sein, dass wieder einer weniger ist!‹ Er hat – trotz seines Alters – noch zu wenig erlebt, um achselzuckend darüber hinweg gehen zu können. Ich gebe mich darüber garkeinen Illusionen hin. Für die meisten Papageien, die des Führers ehrliches und herzliches Bekenntnis zum Frontsoldaten in öffentlichen Reden schwungvoll und wortreich variieren, sind wir im Tiefsten doch sehr unbequeme und verdächtige Gestalten, und per saldo sehen sie uns lieber tot als lebendig.«

Wenn er an die Parteifunktionäre der NSDAP in der Heimat dachte, wurde Habicht besonders grob. Bei einer Gelegenheit im Frühjahr 1943 verurteilte er sie in Bausch und Bogen: »Fette, wabbelige, phrasendreschende Würste maßen sich an, *dieses* Deutschland vor der Welt von heute zu ›repräsentieren‹ – es wird einem übel, wenn man daran denkt.«[275] Seine Kritik behielt Habicht nicht immer für sich. Ein Offizierskamerad erinnerte sich noch mehrere Jahrzehnte später daran, wie Habicht über die Partei schimpfte und auch die Korruption in der NSDAP beklagte – als hätte er selbst nie etwas damit zu tun gehabt.[276] Das bedeutete keineswegs, dass Habicht mit dem Nationalsozialismus gebrochen hätte, im

Gegenteil. Er hielt sich immer noch für einen besseren Nationalsozialisten als die meisten anderen, und sein Weltbild war dasselbe wie eh und je.[277] Habichts Emotionen hatten offensichtlich etwas mit der Frustration über seinen Sturz im NS-System zu tun. In seiner Verbitterung hörte er sich ähnlich an wie Alfred Rosenberg, der in seinem Tagebuch ebenfalls das NS-System zu kritisieren begann – und zwar ab dem Zeitpunkt, da er seinen Zugang zu Hitler verloren hatte und seine zunehmende Bedeutungslosigkeit immer mehr zu spüren bekam.[278] So klang die verletzte Eitelkeit eines Narzissten.

Sein Scheitern im Auswärtigen Amt tat Habichts Selbstbewusstsein aber keinen Abbruch. In seinem Tagebuch von der Ostfront zeigte er sich wieder von seiner besten Seite. In seinen Aufzeichnungen erscheint er als ein absoluter Profi, als ob er noch nie etwas anderes gemacht habe, als eine Kampfeinheit einer erstklassigen Infanteriedivision zu führen. Es kam sogar vor, dass er glaubte, taktische Fragen besser beurteilen zu können als die aktiven Berufsoffiziere in seinem Regiment: Nach einem misslungenen Angriff im August 1941 hielt er in seinem Tagebuch rechthaberisch fest, er habe es doch schon vorher gesagt, dass man es anders machen müsse.[279] Seine Selbststilisierung zum tadellosen Frontoffizier bezeugt einmal mehr, wie sehr er von sich eingenommen war. Seine Nebenleute in seinem Bataillon hatten ein etwas anderes Bild von ihm. So beschrieb einer der Kompaniechefs später, wie er Habicht sah:[280]

> »Der erste Eindruck war dann auch schwach, eine wenig soldatische Erscheinung, eher kleingewachsen, Brille mit dicken Gläsern, zu Pferde keine beeindruckende Figur, sonst eifrig, schrieb viel, was wussten wir nicht, interessierte uns auch nicht. Der Oberlt. der Res. Habicht wurde toleriert, wir halfen ihm, wo er Probleme mit seiner Kp. hatte, mit selbstverständlicher Kameradschaft, aber viel mehr dürfte es auch nicht gewesen sein. Er brauchte Wochen, um in seine Aufgabe hineinzuwachsen.«

»Große Männer«: Der Tatendrang einer selbsternannten Persönlichkeit

Während seiner Propagandakampagnen als NS-Chef von Österreich griff Theodor Habicht Ende 1933 in einer seiner Radioansprachen die deutsche Reichstagswahl vom 12. November 1933 auf, bei der Hitlers Regierung eine Zustimmung von 92,1 Prozent erhalten hatte. Habicht zitierte dieses Ergebnis, um die nationalsozialistische »Volksgemeinschaft« zu feiern:[281]

> »Meine deutschen Volksgenossen und Kameraden in Österreich! Am 12. November 1933 hat das deutsche Volk im Reich in einer überwältigenden Kundgebung dem nationalsozialistischen Staat und seinem Führer Adolf Hitler sein volles und uneingeschränktes Vertrauen ausgesprochen. Die vieltausendjährige Geschichte der Völker und Staaten der Erde kennt kein Beispiel einer gleich gewaltigen, einmütigen Erhebung eines Volkes, einer gleichen unerschütterlichen und unlösbaren Verbundenheit von Volk und Regierung, wie dieser geschichtliche Tag sie im Deutschen Reiche geschaffen hat. Was tausend Jahre hindurch Traum und Sehnsucht der Besten unseres Volkes war, das wurde an diesem Tage verwirklicht. Das deutsche Schwert fuhr der deutschen Zwietracht mitten ins Herz. Aus dem Hader der Konfessionen, aus dem Hader der Fürsten, der Parteien, Stände, Stämme und Klassen erhob sich die gewaltige Einheit der deutschen Nation, die Einheit von Führer, Volk und Staat im Zeichen der nationalsozialistischen Bewegung.«

Habicht huldigte der »Einheit der deutschen Nation«, die angeblich alle Konfessionen, Parteien und Klassen umfasste – doch deswegen hielt er keineswegs alle »Volksgenossen« für gleich, wie selbst dieser kurze Ausschnitt verrät. Er brachte das mit einer beiläufigen und selbstverständlichen Reverenz an die »Besten unseres Volkes« zum Ausdruck: Für ihn gab es auch in der »Volksgemeinschaft« eine Elite, die über der Masse des Volkes stand. Dieser Gedanke war für Habicht so selbstverständlich, weil er ihn schon seit Jahren verinnerlicht und gepredigt hatte. Sein elitäres Bild von der Gesellschaft hatte er bereits 1928 in seiner Kampfschrift »Wider den Unstaat« erklärt, bezeichnenderweise in einem Kapitel über die »Volksgemeinschaft«:[282]

> »Die Masse eines Volkes gleicht unmündigen Kindern, die dem Tag leben und der Befriedigung seiner Bedürfnisse, der Staat aber soll aus dem Massenmenschen den Staatsbürger formen, der sich bewusst ist, Teil eines lebendigen Ganzen zu sein, Träger der Zukunft des Staates. Der Staat, der das vermag, wird leben und sich behaupten im ewigen Kampf ums Dasein, wie der untergehen wird, der das nicht vermag. (…) Ein Volk in Form bringen heißt, den Egoismus des einzelnen zurückschrauben und die freiwerdende Kraft dem Ganzen dienstbar machen. Erziehung ist undenkbar ohne Zwang. Der Staat, der aus dem Massenmenschen den Staatsbürger formen will, verlangt von ihm die Aufgabe eines Teiles seiner persönlichen Freiheit um der Freiheit des gesamten Volkes willen. Dazu werden die Besten freiwillig bereit sein, die Masse nie. Darum wird der Staat sie zwingen müssen.«

In Habichts Ideenwelt konnte die »Volksgemeinschaft« also nur dadurch entstehen, dass die »Massenmenschen« von der Elite der »Besten« unter Zwang zu einem Volk geformt wurden. Damit endete die Ungleichheit zwischen den »Besten« und den »Massen« aber nicht. Wie Habicht in einem weiteren Kapitel zum Thema Führertum darlegte, war es für ihn ein ehernes Gesetz, dass die »Massen« immer nur ein Instrument in den Händen von wenigen herausragenden Männern sein konnten:[283]

> »Seit aus dem Dämmergrau der Vorzeit die ersten Menschen und Völker in den Gesichtskreis von uns Heutigen traten, haben zu allen Zeiten einige Wenige emporgeragt über die wimmelnden Millionen von Namenlosen, und nur die Namen dieser Wenigen sind auf uns überkommen, weil in ihnen das Schicksal der Millionen enthalten war, weil sie die Gestalter und Former ihrer Zeit und deren Menschen waren. (…) Männer waren es zu allen Zeiten, die Geschichte machten, niemals Massen. Die waren ewig nur Instrument eines gewaltigen Willens, eingesetzt zu einem Ziel, dessen ganze ungeheure Größe sie fast nie begriffen.«

Diese Ideen stammten nicht von Habicht, er übernahm sie aus dem Ideenvorrat der NS-Bewegung. Sie waren schon von Hitler selbst zur Doktrin erhoben worden. Er hatte diese Gedanken in »Mein Kampf« formuliert, und er betonte auch in seinen späteren Schriften immer wieder, dass es für ihn nicht auf die »Masse« ankam, sondern vor allem auf »große Männer«.[284] In »Mein Kampf« sagte er klipp und klar, dass der Nationalsozialismus für dieses »Persönlichkeitsprinzip« stehe.[285] Wie dies mit der Verabsolutierung der Gemeinschaft im Nationalsozialismus zu vereinbaren war, dachte Hitler allerdings nicht zu Ende. Einerseits beklagte er den »Überindividualismus« als Krankheit der Zeit und forderte die Unterordnung alles Individuellen unter die Gemeinschaft.[286] Andererseits erklärte er pathetisch, dass sich große Kulturen, Völker und Nationen nur durch die Leistungen herausragender Einzelpersonen voranbringen ließen. Zwar sollte dies immer unter dem Vorzeichen der Gemeinschaft stehen, doch damit ließ sich kaum die Tatsache aus der Welt schaffen, dass Leistung und Aufstiegsstreben seit jeher zutiefst individuelle Angelegenheiten waren – und es wohl auch im Nationalsozialismus blieben.[287]

Die Figur der herausragenden Persönlichkeit war seit dem 19. Jahrhundert tief in der Ideenwelt des deutschen Bürgertums verwurzelt – in dieser gedanklichen Tradition standen auch die Nationalsozialisten. Sie gaben zwar vor, eine neue Moral an die Stelle der bisherigen bürgerlichen Moral setzen zu wollen, aber in Wirklichkeit behielten sie viele bürgerliche Werte, Sekundärtugenden und Denkfiguren bei.[288] Schon im Kaiserreich hatten völkische und konservative Publizisten die Bedeutung großer »Persönlichkeiten« herausgestellt und die »Masse« herabgewürdigt.[289] Die »Masse« wurde geradezu als Konstrukt zur Selbstaufwertung benutzt, durch das sich privilegierte Bürgerliche überhaupt erst als einzigartige Persönlichkeiten sehen konnten.[290] Im späten 19. Jahrhundert steigerte sich die Abgrenzung von den Massen im Bürgertum zu einer regelrechten Hysterie. Historiker gingen lange davon aus, dass sich dies nach dem Ersten Weltkrieg wieder legte, als sich ein Trend zum Kollektivismus weg vom Individualismus abzeichnete.[291] Inzwischen wurde jedoch gezeigt, dass das Persönlichkeitskonzept des 19. Jahrhunderts weiterhin Konjunktur hatte.[292] Die Nationalsozialisten belebten den Kult der Persönlichkeit dann endgültig wieder.[293]

Aus dem bürgerlichen Begriff machten sie ihre eigene, nationalsozialistische Variante. Bei den Nationalsozialisten war die »Persönlichkeit« rassistisch überhöht und nicht mehr mit dem Bürgertum als Sozialformation verbunden – laut NS-Ideologie konnten Persönlichkeiten theoretisch auch aus der Masse hervorgehen. Auch die humanistische Sittlichkeit und das selbstreflexive Element der bürgerlichen Persönlichkeit passten nicht zu den Vorstellungen der Nationalsozialisten: An die Stelle der Introspektion setzten sie den Dezisionismus der »Tatmenschen«.[294] Selbst solche antibürgerlichen Wendungen kamen indes aus der bürgerlichen Selbstkritik.[295] Zudem sollte sich schon im Bürgertum des 19. Jahrhunderts die Persönlichkeit immer am Gemeinwohl orientieren – zur Unterordnung des Individuums unter die »Volksgemeinschaft« war es von hier aus kein weiter Weg mehr.[296] Die Nationalsozialisten übernahmen nicht zuletzt auch den elitären Zug des bürgerlichen Konzepts – den Anspruch, sich als einzigartige »Persönlichkeit« von der »Masse« abzuheben.[297]

Das Reden von der Persönlichkeit bei den Nationalsozialisten war keine bloße Rhetorik – es war ein wichtiger Bestandteil ihres Selbstverständnisses. Wenn Theodor Habicht in seinen Radioansprachen von den »Besten des Volkes« schwärmte, zählte er sich zweifellos auch selbst mit dazu. Er und andere Nationalsozialisten sahen sich als herausragende »Persönlichkeiten«, die dabei waren, Geschichte zu machen. Wie sehr Habicht von sich selbst eingenommen war, bewies er an seinem vierundvierzigsten Geburtstag Anfang April 1942, als er in seinem Quartier an der Ostfront über sein bisheriges Leben sinnierte und dafür eine Europakarte ausbreitete, um all die Orte zu bestaunen, an denen er bereits gewirkt hatte. Bedeutungsschwanger sprach er von seinem Leben als einer »44jährigen Reise«, die für ihn »bald einen 30jährigen Krieg« einschloss:[298]

> »Wenn ich um ihren Ausgangspunkt einen Kreis schlage (auf der Karte), dessen Peripherie durch ihre entferntesten Punkte läuft, dann sitze ich jetzt auf dem östlichsten, 2500 km von dem Mittelpunkt entfernt. Und die andern peripheren Punkte? Oslo – Mont St.Michel im Atlantik – Rotterdam – Zürich – Rom – Budapest … Es gibt viele Leute, die weiter gekommen sind als bis dorthin, und mehr gesehen haben von der Welt als ich, *aber* – an allen diesen Orten und hundert anderen innerhalb des grossen Kreises war ich immer dann, wenn dort gerade Geschichte ge-

> macht wurde, und nicht als Zuschauer, sondern als Mit-Handelnder, mal als grosser, mal als kleiner Mann, aber immer – mit dem Kopf in der Schlinge. Im Weltkrieg – im Nach-Weltkrieg – in der Kampfzeit der Bewegung – in Österreich – in Polen – in Norwegen – jetzt hier ... eigentlich ein Wunder, dass der Kopf noch immer auf dem Halse sitzt und über sich selber nachdenken kann. Und wie wird das nun weitergehen? Vermutlich genau so, wie bisher. Ich werde wohl – und mit Vergnügen – lebenslang mich immer da herumtreiben, wo jeweils gerade ›vorne‹ ist, und wenn dann die Arbeit getan ist und der Apfel reif am Baume hängt, dann wird mir von hinten einer mit freundlichem ›Gestatten Sie! ...‹ über die Schulter langen, den Apfel abnehmen und in *seine* Tasche stecken. Ein Glück, dass ich mir aus Äpfeln nicht viel mache und nicht ihretwegen ausgezogen bin. Nur – ob die Apfeldiebe auch wirklich *mehr* können als nur stehlen, das ist mir etwas zweifelhaft. Und darauf käme es aber eigentlich an. Sonst, von mir aus – guten Appetit!«

Es war typisch für die Nationalsozialisten, dass die Selbstbeweihräucherung gewisse Grenzen hatte, schließlich mussten sie ihr Selbstbild mit der Gemeinschaftsideologie des NS-Staates vereinbaren. Einerseits feierte sich Habicht selbst als großen Mann, der Geschichte gemacht hatte, und zeigte sich ein weiteres Mal pikiert darüber, dass ihm dafür nicht immer der verdiente Respekt erwiesen wurde. Gleichzeitig fühlte er sich offensichtlich genötigt zu betonen, dass es ihm nicht um persönlichen Ehrgeiz gegangen sei. Nationalsozialisten wie Habicht sahen sich als Teil einer großen Bewegung und Gemeinschaft, doch das schmälerte ihre Überzeugung von der eigenen Bedeutsamkeit nur unwesentlich. Der Kult um die Persönlichkeit bildete den vierten Faktor in dem Bündel der Ursachen für die narzisstische Kultur der Nationalsozialisten.

Der narzisstische Glaube an die eigene Berufung verband sich mit zwei weiteren treibenden Elementen im Habitus der Nationalsozialisten, ihrem Dezisionismus und Voluntarismus. Dies kennzeichnete auch das Denken der radikalen Führungskader des SS-Reichssicherheitshauptamts.[299] Schon als Studenten vor 1933 sahen sie sich als Avantgarde und grenzten sich eitel vom »Mitläufertum« der Masse ab. Sie empfanden sich als auserwählte Elite, und das bestimmte ihr Selbstbild als Einzelne. Führerschaft und Ideen erfüllten sich aus ihrer Sicht aber nicht im Reden oder Schreiben, sondern allein in der Tat. Die Praxis war für sie das eigentliche Schlachtfeld, auf dem sie sich beweisen mussten, und zwar mit einer »Unbedingtheit« des Einsatzes, des Willens und der Tat. Es hing direkt mit diesem Selbstbild als tatkräftige Persönlichkeiten zusammen, dass Nationalsozialisten wie Habicht so forsch auftraten und so häufig eigenmächtig vorpreschten.

Der Wille, durch Taten Geschichte zu machen, durchzog Habichts Karriere von Anfang bis Ende. Das begann damit, dass Habicht seine Heimatstadt Wiesbaden zu einer nationalsozialistischen Hochburg machte – es gab kaum eine andere Stadt dieser Größenordnung in Deutschland, in der sich der Aufstieg der NSDAP durchschlagender vollzog.[300] Das war natürlich nicht allein Habichts Werk, sondern hing auch vom Kontext in der Stadt ab. Denn die Voraussetzungen für Habichts Erfolge waren günstig. Wiesbaden war stark bürgerlich und protestantisch geprägt. Als »Weltkurstadt« hatte es kaum Industrie, dafür lebten hier umso mehr Beamte und Pensionäre. In Wiesbaden wurde traditionell konservativ gewählt, hier war das soziale und konfessionelle Milieu zu Hause, das sich als besonders anfällig für den Nationalsozialismus erweisen sollte.[301] Hinzu kam die Erfahrung der Rheinlandbesetzung durch französische und britische Truppen, die bis 1930 andauerte. Die Spannungen klangen zwar in der zweiten Hälfte der 1920er Jahre zunehmend ab, dennoch registrierte der britische Geheimdienst weiterhin Aufwallungen nationalistischen Trotzes in Wiesbaden.[302] Die Nationalsozialisten machten den Kampf gegen Versailles und die Besatzung zum Dauerthema ihrer Propaganda und sprachen damit vielen aus der Seele. Entscheidend für ihren Aufstieg in Wiesbaden war das jedoch nicht – noch bis 1927 blieb die NSDAP in der Stadt eine Splitterpartei, auf die bloß einige Hundert Wählerstimmen entfielen. Entscheidend war letztlich – wie überall in Deutschland – der wirtschaftliche und soziale Niedergang, der in Wiesbaden schon seit Mitte der 1920er Jahre immer spürbarer wurde.[303]

Ausschlaggebend war aber auch, dass NS-Funktionäre wie Habicht die Krise durch ihren Aktivismus auszunutzen verstanden – und dies weit über ihr kleinbürgerliches Kernmilieu hinaus. Wie überall im Reich entwickelte sich die NSDAP in Wiesbaden zu einer Volkspartei mit schichtenübergreifender Anziehungskraft, auch wenn sie in dieser bürgerlichen Stadt einen besonders stark ausgeprägten »Mittelstandsbauch« behielt.[304] Den Durchbruch schafften die Nationalsozialisten in den

Wahlen von 1928 bis 1930 – hier zeigte sich, wie es ihnen gelang, auch in anderen Sozialmilieus Stimmen zu gewinnen.[305] Erwartungsgemäß erreichten sie die höchsten Stimmenanteile in jenen kleinbürgerlich-proletarischen Vierteln, aus denen sie selbst hervorgegangen waren: Die größten Erfolge verbuchten sie in ihrem Kernmilieu im Wiesbadener Westend, wo auch die Mitgliederdichte der NSDAP in der Stadt am höchsten war. Ähnlichen Anklang fand die Partei im sogenannten historischen Fünfeck, das die Altstadt umfasste und eine ähnliche Sozialstruktur aufwies. Die Geschichte von Wiesbaden bestätigt damit einerseits, dass Mitgliederentwicklung und Stimmenzuwächse der NSDAP Hand in Hand gingen: Mitglieder förderten die Wahlerfolge, und Wahlerfolge zogen neue Mitglieder an.[306] Gleichzeitig macht die Wiesbadener Geschichte aber auch deutlich, dass die Mitgliederbasis nicht alles entscheidend war.

Die Nationalsozialisten gewannen auch in den gutbürgerlichen Vierteln im Norden und Osten der Stadt seit 1928 immer mehr Stimmen, obwohl sie dort kaum über eine Parteibasis verfügten. Noch 1930 gab es in diesen Villengebieten nur vereinzelte NSDAP-Mitglieder – trotzdem stieg der Stimmenanteil hier von unterdurchschnittlichen 6,8 Prozent im Mai 1928 auf immerhin 23,7 Prozent im September 1930. Ähnliches galt für das bürgerliche Dichterviertel im Südwesten der Stadt: Bis Ende 1928 lässt sich in diesem Stadtteil lediglich eine einstellige Anzahl von NSDAP-Mitgliedern nachweisen, die Zahl nahm auch danach nicht mehr übermäßig zu. Trotzdem holte die NSDAP hier bei den Reichstagswahlen vom September 1930 überdurchschnittliche 28,9 Prozent. An der Präsenz von Parteimitgliedern konnten diese Wahlerfolge also kaum liegen. Ein Faktor war sicherlich, dass die NSDAP in den bürgerlichen Vierteln kaum Stimmen an die Konkurrenz von der KPD verlor, aber das konnte nicht der einzige Grund sein. Letztlich lässt sich dies nur mit der Agitation und der Propaganda der Partei erklären, die von der örtlichen Parteiführung zentral organisiert wurde – das ist ein starker Beleg für die Wirkung, die lokale NSDAP-Führer wie Habicht entfalteten.

Habichts Wirkung beschränkte sich nicht nur auf das Wiesbadener Stadtgebiet – er strahlte schon frühzeitig auch in die weitere Region aus. Gleich in den ersten Jahren bemühten sich die Nationalsozialisten, Ableger in den Ortschaften der Umgebung zu gründen. Neben den regelmäßigen »Propagandafahrten« in die Region nutzte Habicht seine Parteizeitung, den *Nassauer Beobachter*, als Sprachrohr im gesamten Gau. Habicht ging auch auf diesem Feld rasch zur Expansion über, obwohl man ihn wegen der finanziellen Risiken schon frühzeitig vor einem Ausbau der Zeitung gewarnt hatte – und das zu Recht, wie sich später zeigte.[307] Habicht startete das Blatt zunächst als halbmonatliches Mitteilungsorgan, wandelte es nach mehreren Monaten in eine Wochenzeitung um und entwickelte es im Herbst 1930 zu einer Tageszeitung mit dem neuen Titel *Rheinwacht* weiter. Das war typisch für die Parteipresse der frühen NSDAP und entsprach dem üblichen Schema. Im Gau Hessen-Nassau war Habicht allerdings ein Pionier, denn sein *Nassauer Beobachter* war die erste Parteizeitung in dieser Region und blieb es auch für lange Zeit.

Habicht gründete bald mehrere regionale Nebenausgaben, den *Pfälzer Beobachter*, den *Mainzer Beobachter* und den *Frankfurter Beobachter*. Dabei zeigte sich ein weiteres Mal, wie aggressiv er vorging. Denn mit dem *Mainzer Beobachter* drang er auf das Territorium des benachbarten Gaus Hessen vor und machte der dortigen NSDAP-Zeitung *Hessenhammer* die Leserschaft streitig. Das brachte ihn sofort mit dem Gauleiter von Hessen Friedrich Ringshausen in Konflikt, der trotz Hitlers Devise vom freien Konkurrenzkampf der Zeitungen erfolgreich bei der Münchener NSDAP-Führung intervenierte – Habicht musste seinen *Mainzer Beobachter* deshalb gleich wieder einstellen.[308] In Hessen-Nassau schaffte er es dagegen, seine Zeitung im gesamten Gau zu etablieren. Schon im Sommer 1927 vereinbarte er mit Gauleiter Jakob Sprenger, sein Blatt auch als *Frankfurter Beobachter* herauszugeben – die Zeitung sollte »den Charakter eines offiziellen Gauorgans« erhalten.[309] Die Frankfurter Gauleitung unterstützte Habicht dafür mit Geldmitteln und mit dem Propagandaapparat. Inhaltlich steuerte die Gauleitung allerdings nur die Lokalseite bei – der Hauptteil wurde direkt von Habicht geliefert.[310] So war es bei sämtlichen regionalen Nebenausgaben von Habichts Zeitung: Alle diese Blätter waren »im Hauptteil völlig gleich«, entsprachen also eins zu eins dem *Nassauer Beobachter* – sie unterschieden sich nur in der Lokalseite voneinander.[311] Mit anderen Worten: Fast die gesamte Parteipresse im Gau, einschließlich der offiziellen Zeitung des Gauleiters, wurde vom Kreisleiter in Wiesbaden geschrieben.

Die Historiographie konzentriert sich bei der Erforschung der regionalen Varianten des Nationalsozialismus und der NS-Ideologie vor allem auf die Gauleiter und ihre Stäbe.[312] Habichts Geschichte zeigt jedoch, dass auch die lokalen Funktionäre erheblichen Einfluss darauf haben konnten, welche Spielart der NS-Weltanschauung in der Provinz propagiert wurde. Bei der Gestaltung der regionalen NSDAP-Zeitungen waren »Schriftleiter« wie Habicht natürlich nicht autonom, sondern mussten sich nach den Vorgaben der Münchener NSDAP-Führung richten. Die Zentralorgane der NSDAP-Führung, der *Völkische Beobachter* und der *Illustrierte Beobachter*, sollten den regionalen und lokalen Parteiablegern zur Orientierung dienen und eine gewisse Einheitlichkeit gewährleisten.[313] Es blieben jedoch beträchtliche Gestaltungsspielräume, selbst bei der Auslegung der NS-Ideologie. Anders als Stalins Regime in der Sowjetunion versuchten die Nationalsozialisten von vornherein nicht, eine rigide Orthodoxie durchzusetzen. Zwar gab es gewisse weltanschauliche Eckpfeiler, Grenzen und rote Linien, doch ansonsten handelte es sich um ein relativ weites ideologisches Feld, auf dem Raum für unterschiedliche Interpretationen blieb – dadurch ließen sich umso mehr Strömungen einfangen.[314]

Habicht nutzte diese Gestaltungsspielräume, um eigene Akzente zu setzen. Seine Parteizeitungen waren eigenständige Presseprodukte mit eigenen Positionen – sie reproduzierten nicht etwa nur die Zentralorgane der NSDAP.[315] Habicht wählte seine Themen selbst, vor allem in seinen Leitartikeln, die in jeder Ausgabe auf der ersten Seite erschienen. Und er entschied, wie er die Propagandabotschaften der NSDAP-Führung in seiner Zeitung aufgriff. Manche Elemente der NS-Propaganda bekamen bei ihm dadurch einen besonderen Dreh. Ein anschauliches Beispiel dafür war Habichts Variante der antisemitischen Propaganda. Auf diesem Gebiet hatte es nach der Neuformierung der NSDAP Mitte der 1920er Jahre eine taktische Wende gegeben, die von ganz oben ausging: Hitler hatte entschieden, den »Radauantisemitismus« zu reduzieren, um für weitere Bevölkerungskreise wählbar zu werden.[316] Das hieß nicht, dass die Zentralorgane der NSDAP jetzt die Hetze komplett einstellten, im Gegenteil. *Völkischer* und *Illustrierter Beobachter* ereiferten sich auch weiterhin regelmäßig über das »jüdische Problem« und geiferten gegen die angebliche Allianz von Marxismus und Judentum.[317]

Doch diese Themen erhielten in dieser Phase nicht denselben Raum wie zu anderen Zeiten. Das zeigte sich insbesondere an dem nationalsozialistischen Feindbild vom »jüdischen Bolschewismus«, das ursprünglich mit auf den NS-Chefideologen Alfred Rosenberg zurückging und eine von Hitlers fatalsten Hassfiguren werden sollte. Gegen Ende der 1920er Jahre wurde es in der NS-Propaganda aber eher zurückhaltend benutzt. Die Botschaften waren gemischt: Manche Artikel Hitlers richteten sich ausschließlich gegen den Marxismus, ohne antisemitische Beiklänge.[318] Gleichzeitig erschienen aber auch Artikel, die Marxisten und Juden wieder gleichsetzten. Diese scheinbare Widersprüchlichkeit war indes kein Versehen, sondern typisch für die taktische Vagheit und relative Offenheit der NS-Ideologie.

Lokale NS-Redakteure konstruierten aus diesen Deutungsangeboten ihre eigene Lesart der NS-Ideologie – und Habicht tat das wie immer mit großem Selbstbewusstsein. Auch er vollzog die taktische Wende mit, die antisemitische Hetze tendenziell zu reduzieren, doch er ging dabei weiter als die Zentralorgane. Vom Feindbild des »jüdischen Bolschewismus« rückte er konsequent ab. Noch im Jahr 1928 hatte er in seiner Zeitung gegen den »jüdischen Bolschewismus« gehetzt, doch 1930 war in seinen Blättern davon nichts mehr zu lesen.[319] Stattdessen stellte Habicht das Judentum und den Marxismus jetzt als zwei getrennte politische Kräfte dar – und setzte sie nicht mehr gleich, so wie das bisher bei den Nationalsozialisten üblich gewesen war.[320] Das heißt nicht, dass Habicht gar nicht mehr gegen die Juden hetzte, doch seine Propaganda wurde jetzt stärker antikommunistisch und weniger antisemitisch. Wohlgemerkt: Diese Lesart der NS-Ideologie erschien im gesamten Gau – im Machtbereich Jakob Sprengers, eines der glühendsten Antisemiten unter den nationalsozialistischen Gauleitern.[321]

Habichts Machtwille bei der Gestaltung der Zeitungspropaganda fachte letztlich auch die Rivalität mit dem Frankfurter Gauleiter weiter an – schließlich konnte Sprenger nicht entgehen, dass eines der zentralen Propagandainstrumente des Gaus nicht von ihm kontrolliert wurde, zumal sich Habicht bezüglich seiner Propagandabotschaften kaum etwas sagen ließ.[322] Habichts Selbstherrlichkeit bei der Verbreitung seiner Lesart der NS-Ideologie fiel sogar der NSDAP-Reichsleitung auf und trug ihm Rügen ein – ein weiterer Beleg dafür, wie selbstbewusst Habicht auftrat. Die eigenwillige Politik, die Habicht mit seiner Parteipresse betrieb, war ein Spiegelbild seines egozentrischen Aktivismus, den er auch in allen anderen Bereichen seiner Tätigkeit als Lokalfunktionär der NSDAP an den Tag legte. Kaum ein Dokument fasste das so deutlich zusammen wie der Beschwerdebrief, den der Frankfurter Gauleiter Jakob Sprenger im Frühjahr 1931 deswegen an die NSDAP-Reichsleitung schrieb:[323]

> »Er neigt stark zu Eigenmächtigkeit und ist ja auch seinerzeit, weil er den Beweis der Fähigkeit unbedingter Ein- und Unterordnung noch nicht voll erbracht hatte, auf der Reichstagsliste zurückgesetzt worden. Er hat wiederholt die Anordnungen der Reichsleitung als Hauptschriftleiter der Zeitung nicht befolgt. Bei gleichen Anlässen innerhalb des Gaues entzog er sich der Verantwortung durch Ausreden. Ich habe ein besonderes Augenmerk auf ihn und hoffe, ihn durch planmäßige Einwirkung dahin zu bringen, dass er als reibungsloses Glied der Organisation angesehen werden kann.«

Habichts Selbstgefühl als große Persönlichkeit hatte Folgen – das zeigte sich eben auch beim Juliputsch in Österreich. Das heißt nicht, dass der Coup ohne Hitlers Wissen eigenmächtig von Habicht ausgeführt wurde, wie in der Historiographie teilweise vermutet wurde.[324] Mittlerweile gibt es kaum noch Zweifel, dass der Putsch auf Hitlers Befehl erfolgte.[325] Die nationalsozialistische Österreich-Politik dieser Zeit folgte jedoch keinem Masterplan des »Führers«. Stattdessen ließ dieser seinen Österreich-Beauftragten Habicht gewähren – der dem Geschehen seinen eigenen Stempel aufdrückte und damit großen Anteil an der Zuspitzung der Krise in Österreich haben sollte.

Als Habicht im Juli 1931 sein Amt als Landesgeschäftsführer in Linz antrat, entfaltete er umgehend eine intensive Agitation, die im Laufe der nächsten drei Jahre immer aggressiver wurde. Dabei propagierte er radikale Ziele. Bei einer Rede an der Universität Graz im Mai 1933 etwa forderte Habicht in markigen Worten die »Vereinigung Österreichs mit dem Reich zu einem neuen Großdeutschland«.[326] Damit ging er weit über die Forderungen Hitlers hinaus – dem bewusst war, dass ein Anschluss Österreichs zu dieser Zeit noch nicht durchsetzbar war. Hitler hatte daher etwas anderes im Sinn. Durch eine Beteiligung von Nationalsozialisten an der Regierung und einen NS-freundlichen Kanzler wollte er Österreich zunächst zu einer Art Satellitenstaat machen.[327] Hitler unternahm im Februar 1933 sogar eine Annäherung an den österreichischen Bundeskanzler Dollfuß, um auf einen Kompromiss in dieser Richtung hinzuarbeiten. Dazu passte es kaum, dass Habicht gleichzeitig mit seiner aggressiven Propaganda fortfuhr: Er beschimpfte Dollfuß' Regierung weiterhin dafür, dass sie sich »dem gewaltigen Gedanken der deutschen Einheit« entgegenstellte.[328]

Mit seiner kompromisslosen Art torpedierte Habicht alle sich bietenden Chancen auf eine politische Lösung. Dabei waren die Nationalsozialisten in Österreich im Aufschwung und hätten wie in Deutschland früher oder später wohl kaum noch übergangen werden können. Beflügelt von den Erfolgen der NSDAP im Deutschen Reich, gewannen sie seit 1931 immer mehr Stimmen und Mandate.[329] Die wachsende Bedeutung der Nationalsozialisten veranlasste im Frühjahr 1933 schließlich den Bundeskanzler Dollfuß, in Verhandlungen mit Habicht einzutreten.[330] Doch Habicht ließ die Verhandlungen platzen, indem er Maximalforderungen stellte – er war sich seiner Sache so sicher, dass er glaubte, mit der aktuellen Regierung keine Kompromisse eingehen zu müssen.[331]

Statt auf Gespräche setzte Habicht auf Konfrontation, und das zunehmend gewalttätiger.[332] Nach Hitlers »Machtergreifung« in Deutschland glaubten die Nationalsozialisten in Österreich, die Regierung in Wien mit Terror zur Kapitulation zwingen zu können: Anfang 1933 begannen sie mit einer Welle von blutigen Anschlägen. Habichts Landesleitung rief ihre Anhänger zur Gewalt auf. Zudem setzte Habicht die Gewalt als Drohung in Gesprächen mit Regierungsvertretern ein, zum Beispiel wenn er erklärte, dass er in bestimmten Fällen »nicht mehr für Ruhe und Ordnung in Österreich garantieren« könne.[333] Der Terror führte allerdings nur zu dem Rückschlag des Parteiverbots. Habicht glaubte trotzdem weiterhin, dass es nur eine Frage der Zeit sei, bis man seinen Forderungen nachgeben würde. Als die Dollfuß-Regierung im Oktober 1933 einen neuen Anlauf zu Verhandlungen unternahm, stellte Habicht abermals unannehmbare Forderungen: Unter anderem forderte er für sich selbst den Posten »eines mit erweiterten Rechten ausgestatteten Vizekanzlers«.[334] Entsprechend führten die Gespräche zu nichts – doch Habicht war immer noch davon überzeugt, dass Dollfuß »in Bälde wieder auf ihn zurückgreifen« müsse und er »in Ruhe abwarten« könne.[335] Habicht hatte an der Richtigkeit seines Kurses offensichtlich keinerlei Zweifel.

Seine Chance sah Habicht dann zum Jahreswechsel 1933/34 kommen, doch stattdessen erlebte er eine seiner demütigendsten Niederlagen. Als Dollfuß sich zu direkten Verhandlungen mit Habicht bereit erklärte, wenn dieser als Bevollmächtigter des deutschen Reichskanzlers nach

Wien käme, sah sich Habicht wieder einmal auf einer großen Mission.[336] Und er lieferte einen neuen Beweis für seine narzisstische Geltungssucht. Eigentlich waren sich beide Seiten einig, dass Habichts Reise nach Wien geheim gehalten werden sollte – doch der verlangte allen Ernstes eine offizielle Begrüßung auf dem Zielflughafen mit allem protokollarischen Pomp. Dem Auswärtigen Amt gelang es gerade noch, ihm das auszureden.[337] Dann kam alles ganz anders. Am Morgen des geplanten Flugs ließ Dollfuß das Treffen absagen, damit war die Mission für das Auswärtige Amt »erledigt«. Doch Habicht flog trotzdem los – und tat so, als sei er vor dem Abflug nicht mehr erreichbar gewesen. Jetzt schaltete das Auswärtige Amt den »Führer« ein – der Habicht per Funk die Rückkehr befehlen ließ, als sich sein Flugzeug bereits im Anflug auf Wien befand. Am nächsten Tag machte Habicht seinem Ärger im Auswärtigen Amt Luft:

> »Wie menschlich verständlich, war er vom Ausgang der Sache aufs äußerste erregt und tief enttäuscht. Er vertrat die Ansicht, dass, wenn er hätte landen können, es ihm geglückt wäre, trotz aller Widerstände bis zu Dollfuß vorzudringen. Bei der durch die Heimwehren bedrohten Position des Bundeskanzlers, der gewissermaßen jetzt der Gefangene der Heimwehren sei, wäre Dollfuß wahrscheinlich ein derartiger Schritt vielleicht sogar willkommen gewesen. Jedenfalls war Herr Habicht überzeugt davon, dass er bestimmt zu einer Einigung mit Dollfuß gelangt sein würde. Dass der Versuch, die Einigung gewissermaßen zu erzwingen, ernste Risiken einschloss und zu erheblichen Komplikationen oder zu einer Gefährdung des großen Zieles hätte führen können, schien Herr Habicht nicht zu sehen. (…) Nach den Bemerkungen, die Herr Habicht machte, müssen wir, wenn seine Pläne genehmigt werden, mit einer Verschärfung des Kampfes gegen Dollfuß rechnen und mit einer zunehmenden Aktivität der Nationalsozialisten in Österreich.«

Das war eine groteske Selbstüberschätzung, und auf die Enttäuschung reagierte Habicht mit der üblichen Aggressivität. Jetzt wurde nicht mehr verhandelt, sondern wieder gebombt. Im Januar 1934 registrierte die österreichische Regierung eine solche Zunahme der »terroristische[n] Aktivität« der Nationalsozialisten im Lande, dass sie offiziell in Berlin protestierte. Allein im Frühsommer 1934 zählte die Wiener Polizei innerhalb von rund zwei Monaten 155 Anschläge.[338]

Wie stark die Eskalation in Österreich von Habicht persönlich vorangetrieben wurde, zeigte sich zudem an seinen Radioansprachen über den bayerischen Rundfunk. Die Wirkung war enorm – Habicht griff mit seiner Radiopropaganda direkt in den Kurs der deutschen Außenpolitik in Europa ein. Seine Ansprachen führten zu schweren diplomatischen Komplikationen mit Österreich, Frankreich, Großbritannien und auch mit dem faschistischen Italien.[339] Mussolini sah durch die deutschen Aktivitäten in Österreich seine Interessen in der Region bedroht – und geriet wegen Habicht in höchste Erregung.[340] Im Februar 1934 trieb Habicht die Propaganda auf die Spitze, als er der österreichischen Regierung per Radio ein Ultimatum stellte. Der Propagandacoup löste in Rom »größte Verstimmung« aus.[341] Im Gespräch mit dem deutschen Botschafter in Rom, Ulrich von Hassell, äußerte Mussolini sein Unverständnis darüber, »wie man einen Mann wie Habicht überhaupt weiter in dieser Weise tätig sein lassen könne. Habicht richte gerade vom deutschen Standpunkt aus solchen Schaden an, dass es s. E. das einzig richtige sein würde, ihn in ein Manicomio zu sperren«, also in eine psychiatrische Anstalt.[342]

Hitler hatte eigentlich eine Annäherung an Italien im Sinn, doch Habicht bewirkte mit seiner Propaganda das Gegenteil. Der deutsche Botschafter in Rom berichtete im Februar 1934, dass insbesondere »das Habichtsche ›Ultimatum‹ einen immer schärfer hervortretenden Umschwung der Stimmung maßgebender Kreise und der öffentlichen Meinung zu unseren Ungunsten herbeigeführt« habe.[343] In internationalen Diplomatenkreisen stellte man außerdem fest, dass durch Habichts Propaganda die Chancen »einer deutsch-österreichischen Verständigung« zunehmend gegen null gingen – und dass die Möglichkeit einer Verhandlungslösung durch Habicht, »wenn nicht ganz zunichte gemacht, so doch aufs stärkste erschüttert worden« sei.

Kaum etwas zeigte Habichts Handlungsmacht als Hitlers Bevollmächtigter so dramatisch wie sein Propagandakrieg – denn seine Radioansprachen musste Habicht mit niemandem abstimmen, nicht einmal mit dem Propagandaministerium oder dem Auswärtigen Amt.[344] Das Auswärtige Amt versuchte wegen der »Unzweckmäßigkeit der übersteigerten Propaganda« zwar einzuschreiten, doch Habicht lenkte nicht ein.[345] Der Reichsaußenminister intervenierte deshalb sogar bei Hitler, damit dieser seinem Bevollmächtigten »Mäßigung in der Rundfunkpropaganda«

auferlegte.[346] Auch Goebbels ließ wiederholt die Weiterverbreitung von Habichts Reden per Presseanweisung verbieten, bezeichnenderweise aber immer erst im Nachhinein.[347] Doch Habicht behielt freie Hand. Wie das Auswärtige Amt frustriert feststellen musste, war »ohne ein Machtwort des Herrn Reichskanzlers« nichts zu machen.[348] Noch nicht einmal die Verstimmung in Italien konnte den »Führer« dazu bewegen, Habicht zu zügeln.[349]

Habichts Freiräume waren so groß, dass er mit seiner Propaganda schließlich sogar Hitlers Strategie durchkreuzte. Denn bei seinem Ultimatum an die österreichische Regierung vom 19. Februar 1934 ging der Schuss nach hinten los: Das scheinheilige Angebot eines vorübergehenden »Waffenstillstandes« – verbunden mit der Drohung, diesen wieder aufzukündigen – führte der ganzen Welt vor Augen, dass die Nationalsozialisten in Österreich von Deutschland aus gesteuert wurden.[350] Genau diesen Eindruck aber hatte Hitler immer vermeiden wollen – die dortige NS-Bewegung sollte vielmehr wie eine innerösterreichische Angelegenheit aussehen. Nur zwei Tage vor Habichts Rede hatte Hitler einem britischen Journalisten der *Daily Mail* gegenüber bei einem Interview beteuert, dass die deutschen Nationalsozialisten mit den bürgerkriegsähnlichen Zuständen in Österreich nichts zu tun hätten.[351] Habicht hatte in seinem Aktivismus wieder einmal eine Linie überschritten, und jetzt bekam er die Konsequenzen zu spüren.[352] Seine Allmacht wurde abermals beschnitten, und Hitler ordnete einen Kurswechsel an, der eine Ohrfeige für Habicht bedeutete.[353] Dessen Position war offenkundig geschwächt.[354]

In dieser Situation begann Habicht im Frühjahr 1934 damit, den Staatsstreich zu planen. Er organisierte den Putsch bei konspirativen Treffen in Zürich, Breslau und München. Die »letzte und grundlegende Besprechung« vor dem Coup fand am 16. Juli 1934 »unter Leitung des Landesinspekteurs Th. Habicht in dessen Wohnung« in der Münchener Kunigundenstraße statt, wie ein Teilnehmer später bestätigte.[355] Habicht hatte die Federführung bei der Planung des Putsches, und er handelte mit Zustimmung von Hitler.[356] Das bestätigt ein bislang unbekanntes Tagebuchfragment aus dem direkten Umfeld der Putschisten. Habichts Vertrauter Fritz Steinert notierte zwei Tage vor dem Coup in seinen persönlichen Aufzeichnungen, wie der Mitverschwörer Franz Pfeffer von Salomon über Hitlers Befehl zum Staatsstreich gesprochen hatte:[357]

»Beim Frühstück will er wissen, was ich denn so von den Bundesheeroffizieren halte, insbesondere wie ich die Generäle und von diesen Geng beurteile. Schon will ich mit meinen Erfahrungen loslegen und den Typ des Bundesheer-Majors etwas skizzieren, ich habe die Brüder ja kennengelernt, als ich mit Bäuerl den Deutschen Soldatenbund aufzog und mit dem Führer des DÖ Offiziersbundes wegen Gleichschaltung verhandelte, als mir dämmert, dass Pfeffer ja sicher nicht nur so ohnehin fragt. (…) Erst später im Verlauf der Unterhaltung mit Pfeffer erfahre ich, dass beim Putsch wesentlich auf die Neutralität des Bundesheeres spekuliert wird und bei mir entstehen Bedenken. Nun schwenkte Pfeffer ins Dienstliche über und sagte mit knappen Worten: Der Führer habe auf die Mitteilung Habichts und Re[s]chnys, dass in Österreich einer Machtübernahme politisch nichts Wesentliches mehr entgegenstehe, außenpolitisch seit Stra auch nichts mehr zu befürchten sei, längeres Warten jedoch zur Apathie führen würde, einem ihm vorgelegten Putschplan zugestimmt.«

Das Dokument beweist die treibende Rolle Habichts: Einerseits bestätigt es, dass der Coup tatsächlich auf Hitlers Anordnung erfolgte, doch diese beruhte wiederum auf dem »Putschplan« von Habicht. Und der war mehr als optimistisch: Habicht und Reschny hatten dem »Führer« die Lage so geschildert, als würde dem Erfolg des Staatsstreichs »nichts Wesentliches mehr« entgegenstehen. Das schloss auch die Spekulation auf die Neutralität des österreichischen Bundesheeres mit ein – die sich im Nachhinein als fatal erweisen sollte.[358] An dieser Stelle waren schon Fritz Steinert »Bedenken« gekommen, als Pfeffer ihn darüber informierte: Selbst dem engsten Vertrauten von Habicht war also bewusst, wie riskant der Plan war. Man kann heute nur noch darüber spekulieren, warum Habicht und seine Mitverschwörer dem »Führer« trotzdem den Putschversuch nahelegten. Vielleicht war es eine Flucht nach vorn – weil Habicht zu dieser Zeit immer mehr die Kontrolle über die NS-Bewegung in Österreich zu entgleiten drohte.[359] Angesichts seiner Situation im Frühjahr 1934 ist das nicht unwahrscheinlich: Habicht hatte weder durch Verhandlungen noch durch Gewalt vorzeigbare Erfolge erzielt, und sein Rückhalt in der Partei und bei Hitler war am Schwinden.[360] Vielleicht war es aber auch seine narzisstische Selbstgewissheit, die ihn zu den hyperoptimistischen Putschplanungen verleitete – und die schon während seiner gesamten vorherigen Österreich-Politik seine Haltung bestimmt hatte.

Als Habicht im November 1939 ins Auswärtige Amt eintrat, war ihm sein Appetit auf Staatsstreiche jedenfalls nicht vergangen. Kurz nach seinem Amtsantritt war er mittendrin in Planungen für einen Putsch in Afghanistan! Der riskante Plan sah vor, in Zusammenarbeit mit der Sowjetunion die aktuelle Regierung in Afghanistan »durch Aufstände zu beseitigen« und anschließend den mit NS-Deutschland sympathisierenden König »Amanullah wieder auf den Thron zu setzen«. Der Zweck des Coups sollte darin bestehen, die britische Position in Indien ins Wanken zu bringen.[361] Der Plan war nicht neu – ähnliche Ideen reichten bis in die Phase des Hochimperialismus und in den Ersten Weltkrieg zurück.[362] Schon damals waren sie zu nichts gekommen, trotzdem unternahmen die Nationalsozialisten jetzt einen neuen Anlauf. Der deutsche Militärnachrichtendienst, die Abwehr, initiierte die Planungen 1938/39 zusammen mit der Wilhelmstraße.[363] Als Habicht im November 1939 ins Auswärtige Amt eintrat, griff er sie sofort auf. Einer der Diplomaten beschrieb Habicht später als einen »Revolutionierungsspezialisten«, der sofort loslegte, als er ins Amt kam.[364] Auch Alfred Rosenberg bemerkte, dass Habicht »recht schnell bei der Hand« war, sich den Umsturzplan zu eigen zu machen.[365]

Rosenberg betrachtete die Afghanistan-Politik jedoch als seine Domäne und schritt ein – allerdings wohl wieder einmal nur aus Eitelkeit. Denn noch kurz zuvor hatte Rosenberg selbst dem »Führer« gegenüber die Möglichkeit eines Putsches in Afghanistan erläutert und schien offen dafür zu sein. Doch als die Konkurrenz vom Auswärtigen Amt das Vorhaben anging, war er plötzlich komplett dagegen. Mitte Dezember 1939 ließ er Habicht zu sich kommen, um ihn davon abzubringen. Er hielt Habicht einen Vortrag über seine eigenen Leistungen auf diesem Gebiet und versuchte, ihn davon zu überzeugen, dass ihm durch seine Mitarbeiter Informationen vorenthalten worden seien:

> »Ich ließ H. kommen u. erzählte ihm, dass *mein* Amt diese ganze Süd-Ostarbeit ja in diesen Jahren, meist *gegen* das AA eingeleitet hatte. Dass ich alle afgh. Größen zu Gast hiergehabt u. dass die Durchdringung (Polizei, Gewerbe, Schulen, Wegebau usw.) durch uns gegangen sei. Ehe man so aktiv Amanullah unterstütze, müsse erst genau ausgemacht werden,

ob es mit den jetzigen Männer[n] nicht ginge (Abdul Medjid). Sie alle als englandhörig abzutun, ginge nicht an. – H. erklärte mit rotem Kopf, von allen diesen Dingen sei ihm auch nicht *ein* Wort gesagt worden. Schimpfte entsetzlich. Versprach ter Madden und Schnell, die er garnicht gehört hatte, vorzuladen. Das alles sind wieder Zeichen für die vollkommene Planlosigkeit, z. T. aber auch dumme Sabotage (Gesandter v. Hentig), die im AA herrscht. Die Dinge seien auch mit Ribbentrop besprochen; nur versteht dieser vom Süd-Osten schon absolut nichts.«

Habicht gab sich einsichtsvoll, doch in Wirklichkeit ließ er sich nicht beirren. Kurz darauf verhandelte Habichts Gesandter in Moskau den Plan schon mit dem sowjetischen Außenminister Molotow! Nur vier Tage nach dem Treffen mit Rosenberg meldete Habichts Unterhändler, dass die sowjetische Regierung grundsätzlich bereit sei, mit dem Deutschen Reich in Afghanistan gemeinsame Sache zu machen.[366] Das Unternehmen schien auf Hochtouren zu laufen, und Habicht machte keinerlei Anstalten, die Pläne zu ändern, trotz Rosenbergs Warnungen. Dieser intervenierte jetzt allerdings bei Hitler, der die Aktion stoppen ließ. Rosenberg notierte befriedigt: »Habicht kann seine Leute also wieder aus Moskau zurückholen.«[367] Der befürchtete »Bürgerkrieg« in Afghanistan war damit »in letzter Minute« abgewendet, wie Rosenberg in dramatischer Überspitzung schrieb.[368]

Habicht musste seine Umsturzpläne zu den Akten legen – dennoch zeigen die Vorgänge, wie viel ein einzelner Funktionär im NS-Staat bewegen konnte. Die Putschpläne in Afghanistan waren in kürzester Zeit erschreckend weit gediehen, und Habicht hatte dazu einzig die Zustimmung des Reichsaußenministers Ribbentrop benötigt. Man muss sich den zeitlichen Ablauf vergegenwärtigen: Habicht trat in der vorletzten Novemberwoche 1939 ins Amt ein, und schon in der zweiten oder dritten Woche in seinem neuen Job hatte er einen Staatsstreich in einem fernen Land beschlossen – nach einer weiteren guten Woche hatte er sogar eine zweite Großmacht dafür ins Boot geholt.

Nach dem abgebrochenen Putsch in Afghanistan dauerte es nur wenige Monate, bis Habicht erneut über die Geschicke eines Landes verhandelte. Dieses Mal ging es um Norwegen, in das am 9. April 1940 deutsche Truppen eingefallen waren.[369] Um das Land schnellstmöglich unter Kontrolle zu bringen, befahl Hitler, ein Kollaborationsregime zu installieren: Er wollte eine Lösung wie in Dänemark, wo sich die Regierung den Deutschen gefügt hatte. Mit diesem Auftrag flog am 14. April 1940 Unterstaatssekretär Habicht mit einer Maschine der Luftwaffe in Oslo ein – als »Sonderbeauftragter« des deutschen Reichsaußenministers. Es sah so aus, als sei Habicht »plötzlich aufgetaucht, um wieder einmal ›in revolutionärer Sache‹ mitzuwirken« – so kommentierte es jedenfalls sein Parteirivale Alfred Rosenberg.[370]

Habicht war mit dem Auftrag gekommen, den norwegischen Rechtsextremen Vidkun Quisling als Chef eines Kollaborationsregimes einzusetzen – doch schon nach wenigen Stunden begann er, seine eigene Politik zu machen.[371] Quisling war seit Ende 1939 als Vasall des nationalsozialistischen Deutschlands vorgesehen, auserkoren auch von Alfred Rosenberg.[372] Im eigenen Land besaß Quisling allerdings kaum Rückhalt, zumal er sich nach dem deutschen Einmarsch als neuer Regierungschef ausrief und vielen Norwegern deshalb als Verräter galt.[373] Daher kam auch Habicht gleich in den ersten Stunden in Oslo zu dem Schluss, dass »mit ihm nichts zu machen« sei.[374] Habicht überzeugte Hitler und Ribbentrop, Quisling fallenzulassen. Er erhielt allerdings die Anweisung, Quisling behutsam zu behandeln, damit man wieder auf ihn zurückgreifen könne. Doch daran hielt sich Habicht nicht – er setzte Quisling massiv unter Druck, zusammen mit dem deutschen Gesandten in Oslo, Curt Bräuer. Quislings Proteste beantwortete er mit der Drohung, dass man »eben über ihn hinweggehen« müsse, wenn er sich weigere zurückzutreten.[375] Habicht bemühte sogar seinen eigenen Sturz nach dem Juliputsch als Parallele:[376]

> »Herr Unterstaatssekretär Habicht erwähnte darauf, dass es Situationen gebe, wo größere Gesichtspunkte es rechtfertigen, sich auch von politischen Partnern zu trennen. Er führte dabei an, dass auch die Ereignisse in Österreich 1936 [!], unter denen er selbst gelitten habe, ein ähnliches Schicksal darstellten. Dabei verwies er darauf, dass der Führer Parteigenossen fallen ließ, die später gehenkt wurden.«

Statt Quisling installierten Habicht und Bräuer ein Verwaltungsgremium aus Fachleuten – eine »Interimslösung«, für die sie Hitler später als »Idioten« bezeichnen sollte.[377] Wie Hitler klarstellte, hatte er »keinen ›Administrationsrat‹« gewollt, sondern eine veritable »norwegische Regierung«.[378] Zudem beschwerte sich Quisling jetzt bitterlich über seine Behandlung. Gleich am nächsten Tag, dem 15. April, wurden Habicht und Bräuer deshalb nach Berlin zurückbeordert und mussten sich rechtfertigen.[379] Habicht war sich freilich seiner Sache wieder einmal so sicher, dass er noch nicht einmal sein Hotelzimmer in Oslo aufgab.[380] Doch dann kam erneut Alfred Rosenberg ins Spiel, der Habicht mit einem eigenen Bericht bei Hitler anschwärzte.[381] Später brüstete sich Rosenberg damit, dass er durch die »von mir übermittelten Warnungen« die gesamte Lage in Norwegen gerettet habe, die »vielleicht kriegsentscheidend« sei – aus seiner narzisstischen Sicht war das eine weitere »Bestätigung«, dass er »eine geschichtliche Aufgabe erfüllt« hatte. Gleichzeitig erregte sich Rosenberg darüber, dass man in der Partei wegen seiner Unterstützung für Quisling Witze über ihn machte – er fühlte sich wie so oft in seiner Eitelkeit verletzt.[382]

Nach Rosenbergs Bericht ließ Hitler sowohl Habicht als auch Bräuer fallen. Er stellte unmissverständlich klar: »Die Karriere dieser Herren ist endgültig beendet.«[383] Für Bräuer bedeutete dies das sofortige Aus. Noch nicht einmal drei Wochen später musste er zum Kriegsdienst in der Wehrmacht antreten.[384] Habicht behielt zwar seinen Posten, hatte aber wohl alle weiteren Aufstiegschancen verspielt. Zudem lästerte jetzt die ganze NS-Führungsriege über ihn. Sogar die Intimfeinde Alfred Rosenberg und Joseph Goebbels waren sich einig:[385]

»Dr. G.: Wissen Sie, wie Habicht Q. behandelt hat?! Er hat ihm gesagt, es sei schon so in der Politik: wenn jemand eine Aufgabe erfüllt habe, so müsse er eben gehen …
Ich: Dieser Herr sollte seine Finger von fremden Völkern lassen. – In Afghanistan wollte er auch eine Revolution machen ohne Ahnung von jahrelanger Arbeit. *Das* hab ich ihm verdorben.
Als ich Hess am 26. gratulierte, erzählte ich ihm den ganzen Hergang der Norwegen-Sache: Vom Juni 1939 seit den ersten Warnungen bis auf heute. Auch die Rolle Habichts. Hess: Das wird hoffentlich seine letzte Eskapade sein. Ich: Hoffentlich, solche wildgewordenen Schulmeister sollte man im Büro behalten, aber nicht auf andere Völker loslassen.«

Einerseits lag Habicht mit seiner Entscheidung gegen den unpopulären Quisling wohl ausnahmsweise einmal richtig, andererseits verstärkte er damit das politische Vakuum in Norwegen.[386] Der neue Reichskommissar Josef Terboven setzte Quisling Anfang 1942 als Regierungschef ein, doch der war bei der Bevölkerung längst verhasst. Das schlechte Management des politischen Übergangs im April 1940 trug dazu bei, dass der Widerstand gegen die Deutschen und die Spannungen innerhalb des Landes bis zuletzt stark blieben. Habicht verbuchte Oslo dennoch unter seinen historischen Leistungen. In seinen oben zitierten Reflexionen an seinem vierundvierzigsten Geburtstag zählte er schließlich »Oslo« als ruhmvolle Erinnerung mit auf. Er brüstete sich auch in Gesprächen mit anderen Offizieren damit. Bei politischen Unterhaltungen ließ er in »Nebenbemerkungen« gerne einfließen, »dass ich den Führer, Göring, Ribbentrop, Dollfuss, Quisling, usw. usw. persönlich kenne« – und das, obwohl er mit allen Genannten in teilweise heftige Konflikte geraten war.[387] Habicht benahm sich ähnlich wie Rosenberg, der in seinem Tagebuch fast krankhaft nach Bestätigungen für seine »geschichtliche« Bedeutung suchte – und jeden Misserfolg irgendwie ins Positive wendete oder anderen ankreidete.

Diese narzisstische Selbstgewissheit machte viel von der persönlichen Energie der Nationalsozialisten aus. Die psychologische Forschung hat das in zahlreichen Studien auch in der Gegenwart nachgewiesen: Narzissmus kann eine emotionale Ressource sein, die Kräfte mobilisiert. Individuen mit narzisstischen Zügen sind oft führungsstärker, überzeugender und erfolgreicher, zumindest wirken sie so.[388] Das erklärt vielleicht auch die verblüffende Tatsache, dass Nationalsozialisten wie Habicht in der Lage waren, gleich eine ganze Reihe von hochrangigen Posten auszufüllen, obwohl sie überhaupt keine Qualifikationen dafür besaßen. Habicht verfügte nur über einen Realschulabschluss, und trotzdem behauptete er sich als Bürgermeister, Diplomat und Truppenkommandeur – das waren alles anspruchsvolle Berufe, die jahrelange Ausbildungsgänge, hohe Eignung und große Erfahrung voraussetzten. Doch in jedem dieser Berufe gelang es Habicht, sein Umfeld zu beeindrucken. In Wittenberg galt er als fähiger Oberbürgermeister. Bei seinem Weggang attestierte man ihm, dass er »in verhältnismäßig kurzer Zeit beachtliche Erfolge auf allen Gebieten« erreicht habe.[389] Im Auswärtigen Amt machte Habicht immerhin so viel Eindruck, dass ihm einer der Karrierediplomaten sogar nach 1945 noch bescheinigte, dass er »kein unanständiger Mann und ein selbständiger Kopf« gewesen sei.[390] Im Militär überzeugte Habicht seine Vorgesetzten von sich und stieg bis zum Rang eines Bataillonskommandeurs auf, was keine Selbstverständlichkeit war. Das alles gelang Habicht zweifellos nicht zuletzt durch sein überaus selbstbewusstes Auftreten, das von den Zeitgenossen als charismatische Führungsstärke wahrgenommen wurde. Das sprach auch aus dem pathetischen Nachruf, den der *Völkische Beobachter* nach Habichts Tod an der Front veröffentlichte:[391]

> »Mit Habicht ging eine Persönlichkeit von uns, die in allen Stürmen des Lebens fest in sich selber ruhte und so jeder Prüfung und Anfechtung gewachsen war. Zähe Energie, Entschlossenheit, Herzensstärke und -güte, Humor, Ironie und glühender Idealismus, das waren die Antworten, die seine kraftvolle Persönlichkeit den harten Fragen gab, die das Schicksal so oft in jähem Wechsel an ihn stellte. Die vielen Kameraden, die ihn aus der Bewegung oder von der Front her kannten, mussten ihr Herz fest in den Händen halten, als sie die Nachricht von seinem Heldentod erreichte. Denn in ihm fiel einer, der, wo immer er stand, die Gewissheit gab, dass hier Treue, Kühnheit und Pflichterfüllung bis zum Äußersten die Wache halten und sicheren Erfolg verbürgen. Er stand und fiel für den so heiß geliebten Führer und für Deutschland.«

Der Nachruf zeigt exemplarisch, dass eine »kraftvolle Persönlichkeit« und Führungsstärke zu den Eigenschaften und Werten gehörten, für die man im NS-Staat gefeiert wurde. Nationalsozialisten wie Habicht sahen sich also nicht nur im Stillen als große Persönlichkeiten an, sondern wurden auch in der Öffentlichkeit entsprechend herausgestellt. Das bestärkte sie in ihrem grandiosen Selbstbewusstsein und machte viel von der narzisstischen Kultur der NSDAP aus. Solche Huldigungen offenbarten den großen Stellenwert, den man in der »Volksgemeinschaft« auch als Einzelner haben konnte. Wie der Kult um die Persönlichkeit und der Individualismus der NS-Führer in die Gesellschaftsordnung der »Volksgemeinschaft« passten, ist eine andere Frage.

III

Volksgemeinschaft

Borok, im Kessel von Demjansk, am 22. August 1942: Theodor Habicht steht am offenen Grab des Leutnants Dietrich Walter. Unter der rot leuchtenden Reichskriegsflagge, in die Walters Leichnam gehüllt war, schauten noch die hohen Reitstiefel mit dem Dreck aus dem Kampfgraben hervor, in dem er zwei Tage zuvor sein junges Leben verloren hatte.[1] Habicht hatte den gefallenen Leutnant als äußerst fähigen Offizier geschätzt, als einen »unbekümmerten Draufgänger«, der »lachend die schwersten Kämpfe« überstand – bei der Nachricht von seinem Tod war selbst Habicht »ziemlich elend zumute«. Die militärische Zeremonie auf dem schnell wachsenden Friedhof in Borok, die Habicht in seinem Tagebuch ausführlich beschrieb, zeigt eindrucksvoll, wie man an der Ostfront mit dem täglichen Sterben umging. Am Grab des Toten war eine Ehrenformation angetreten, und statt eines Pfarrers sprach der Bataillonskommandeur, Hauptmann Hinsch. Während Hinsch seine Ansprache hielt, begann Habicht, sich seine eigenen Gedanken zu machen. Als der Hauptmann am Ende das Vaterunser sprach, ergänzte Habicht im Stillen die Gebetsformeln mit seiner nationalsozialistischen Interpretation: »›Unser täglich Brot gib uns heute‹ – – ja, eben darum stehen wir ja hier und fiel der da unten, – – – – ›denn Dein ist das Reich, und die Kraft, und die Herrlichkeit‹ – – *unseres* Reiches Kraft und Herrlichkeit – –, – – in Ewigkeit.‹ Ja, und ›Amen!‹« Was er damit meinte, konnte er im Anschluss auch laut aussprechen, denn jetzt erhielt Habicht das Wort. Hauptmann Hinsch hatte noch traditionelle Sinngebungen bemüht, doch von Habicht hörten die angetretenen Soldaten nun eine nationalsozialistische Predigt in Reinform:

> »Der Leutnant Dietrich Walter, den wir hier begraben, 22 Jahre alt, Student, ein junger Mensch und alter Soldat, scheint mir über das Persönliche hinaus Typ und Symbol der neuen Jugend unseres Volkes zu sein.

Er wurde geboren, als das alte Reich zusammenbrach, seine Kindheit verbrachte er unter den Wirren des Zwischenreiches, in dem sich jede Ordnung auflöste, und das neue Reich brach an, als er eben erst zum Bewusstsein seiner selbst kam. Aber in ihm und mit ihm wurde er dann reif, und als die Stunde der grossen Not und Bewährung kam, da war er sein Soldat und Waffenträger und war es mit Freude, Hingabe und voller Begeisterung. Vier Jahre lang hat er den grauen Rock getragen, davon fast zwei Jahre als Offizier, und wie er ihn trug, das wisst Ihr alle selbst. Nun bringen wir ihn hier zur letzten Ruhe, und vor seinem offenen Grab wird die gleiche Frage wach, wie vor allen den vielen Gräbern junger Soldaten, vor denen wir in diesen letzten Jahren gestanden haben, deren Leben der Krieg beendet hatte, ehe es eigentlich angefangen hatte: Welchen Sinn hat dieser Tod? Welchen Sinn hat dieses Leben gehabt? Denn wiederum: Dieser Tote hier ist ja ein Symbol, er steht für viele Tausende da, die lebten und starben wie er. Eine Mutter, deren einziges Kind er ist, bringt ihn mit Schmerzen zur Welt, zieht ihn mit Sorgen und Opfern auf, er wächst heran, arbeitet, lernt, entwickelt sich, wird freier, reifer, ein kluger, energischer Mensch, ein treuer Kamerad, ein anständiger Charakter, er steht an der Schwelle eines fruchtbaren, reichen, nützlichen Lebens – und dann ist mit einem Schlag alles zu Ende. Wozu hatte er also überhaupt gelebt, wo ist dabei überhaupt noch ein Sinn? Ich kann Euch darauf nur eine Antwort geben: Wer das Leben eines Menschen nur vom engen Standpunkt des eigenen Ich aus betrachtet, wird nie einen Sinn dabei finden. Finden kann er ihn nur, wenn er ihn von der grossen Gemeinschaft des Volkes aus sucht. Seht Euch um von diesem Platz aus, wo wir unsere Toten begraben, dann wird Euch der Sinn offenbar werden. Ihr Tod ist der Preis, den wir zahlen, um dieses unendliche Land zu erwerben, das wir brauchen, um unserem Volk jetzt und für ewige Zeiten das tägliche Brot und damit die Freiheit zu erringen. Dafür, dass hier wachsend von Generation zu Generation die Kinder unseres Volkes in Freiheit und Sicherheit säen und ernten, leben und blühen, wachsen und gedeihen können, ist *er* gestorben und sind alle die andern gefallen. Damit aber hat ihr Leben den höchsten Sinn und die letzte Vollendung erfahren – wie jung es auch geendet haben mag – denn mehr kann auch das erfüllteste und längste Mannesleben nicht geben, als seinem Volk Freiheit und Leben zu sichern.«

Die Szene symbolisiert den überragenden Stellenwert der nationalsozialistische Vision von der »Volksgemeinschaft«. Paradoxerweise zeigt sie allerdings gleichzeitig, dass diese Utopie in der NS-Gesellschaft noch längst nicht verwirklicht war – schließlich sprachen manche Offiziere bei solchen symbolischen Anlässen immer noch das Vaterunser, anstatt die »Volksgemeinschaft« anzubeten. Das lag zum einen an den Beharrungskräften in der Gesellschaft – die nicht ausbleiben konnten, da die Nationalsozialisten ihre Herrschaft auch auf die konservativen Eliten stützten, nicht zuletzt im Militär. Zum anderen lag dies aber auch an den inneren Widersprüchen der »Volksgemeinschafts«-Politik. Zwar predigten die Nationalsozialisten, dass jeder Einzelne sich für die Gemeinschaft aufzuopfern habe, doch mit dem Versprechen auf Aufstieg durch Leistung appellierten sie gleichzeitig an zutiefst individuelle Ambitionen. Zudem konterkarierte sogar ein NS-Führer wie Habicht das Ideal von der klassenlosen Gesellschaft mit seinem elitären Gehabe. Mit den konservativen Eliten teilten die Nationalsozialisten die Anhimmelung von Persönlichkeiten und die Geringschätzung der Massen – das übersetzte sich in autoritäre Sozialbeziehungen, die kaum der Idee der »Volksgemeinschaft« entsprachen.

Konsens über den »Persönlichkeitswert«: Das Bündnis mit den alten Eliten

Am 12. Juli 1937 schrieb der Ortsbauernführer einer kleinen Gemeinde im Norden von Wittenberg eine markige Stellungnahme gegen die Eingemeindungspläne des Oberbürgermeisters Habicht.[2] Als Hauptargument bemühte er die »Volksgemeinschaft« in seinem Dorf, die durch Habichts Vorhaben bedroht sei: »Es bildet sich hier eine Volksgemeinschaft zwischen Bauern und Arbeiter[n] heraus, wie sie in einer Stadt, die ja die bäuerlichen Betriebe doch schließlich verschwinden lässt, niemals möglich ist.« Ein Szenenwechsel zur Ostfront im Zweiten Weltkrieg mehr als sechs Jahre später zeigt die Verwendung dieses Schlagworts in einem ganz anderen Zusammenhang. Am 6. November 1943 gab der Kommandeur der 83. Infanteriedivision, in der Habicht zu diesem Zeitpunkt ein Bataillon befehligte, einen Tagesbefehl zum 9. November weiter – der als Gedenktag für alle Gefallenen der »Volksgemeinschaft« zelebriert werden sollte: »Ihr Opfertod ist ein Beweis für die Stärke einer Idee, an die man glaubt. Dieser Glaube ist unsere neue Weltanschauung, in deren Mittelpunkt das Volk und die Volksgemeinschaft steht. Das Volk steht im Mittelpunkt unseres Kampfes, die Volksgemeinschaft gibt uns Rückhalt und Zuversicht und lässt uns stets vorwärts schauen.«[3]

Die beiden Dokumente spiegeln die Allgegenwart der Parole von der »Volksgemeinschaft« im NS-Staat. Das Regime benutzte sie als propagandistische Beschwörungsformel zur Mobilisierung der Deutschen, daneben setzten ihn Funktionäre, Amtsträger und einfache »Volksgenossen« aber auch strategisch ein, um ihren Interessen Geltung zu verschaffen. In der Geschichtsforschung wird argumentiert, dass schon diese diskursive Praxis eine bestimmte soziale Realität schuf und den Anschein von Konsens erweckte.[4] Das darf aber nicht über die sozialen, mentalen und weltanschaulichen Unterschiede hinwegtäuschen, die hinter der Fassade der Propaganda in der Gesellschaft fortbestanden.[5] Ein besonders offenkundiges Beispiel dafür bot die Wehrmacht, die in der

Forschungsdebatte um die »Volksgemeinschaft« weitgehend unbeachtet blieb.[6] Weil Hitlers Herrschaft auf dem Bündnis mit der Militärelite aufbaute, behielt die Wehrmacht im NS-Staat weitreichende Autonomie – deshalb vollzog sich auch ihre Transformation in eine »nationalsozialistische Volksarmee« nur allmählich. Die Wehrmacht wurde noch lange von eher konservativen Offizieren dominiert, mit denen die Nationalsozialisten allerdings erstaunlich viel gemein hatten, unter anderem den elitären Wertbegriff von der Persönlichkeit. Trotzdem hielt sich Habicht mit seinem Narzissmus in diesem Umfeld merklich zurück.

Das Bündnis mit den bisherigen Eliten funktionierte auch in Habichts Einheit. Im Offizierskorps herrschte große Kontinuität, weil die Nationalsozialisten es lange nicht antasteten. Als Fernziel schwebte ihnen die Herausbildung eines nationalsozialistischen »Volksoffizierskorps« vor, das der egalitären Idee von der »Volksgemeinschaft« entsprechen sollte, doch bis Kriegsbeginn unternahm das Regime keinen Versuch, dies zu forcieren.[7] Der personelle Aufwuchs der Wehrmacht seit 1935 führte freilich zu einer sozialen Öffnung des Offiziersstandes, die nach Kriegsbeginn immer mehr Fortschritte machte, auch wegen des steigenden Offiziersbedarfs infolge der zunehmenden Verluste: Ende 1942 kamen bereits 20 Prozent der Offiziersbewerber aus den unteren Schichten. Ab Herbst 1942 versuchte die NS-Führung den Wandel des Offizierskorps zu beschleunigen, jetzt auch in Hinblick auf die herrschenden Werte und Leitbilder. Man wünschte sich nationalsozialistische »Führerpersönlichkeiten« als Offiziere, die draufgängerische Kämpfer und echte Männer zu sein hatten. Bei Beförderungen sollte es nicht mehr nach Seniorität gehen, sondern nur noch nach dem nationalsozialistischen Leistungsprinzip der »Volksgemeinschaft«. Auch in Habichts Infanterieregiment 27 wurden dadurch spektakuläre Karrieren möglich. Vor allem sein Offizierskamerad Heinz-Georg Lemm stieg so rasant auf, dass er zu einem der jüngsten Kommandeure und am höchsten dekorierten Offiziere der ganzen Wehrmacht wurde. In den niedrigeren Rängen kam es ebenfalls zu Laufbahnen, die vorher nicht möglich gewesen wären. Trotzdem blieben die Unterschichten im Offizierskorps bis zuletzt deutlich unterrepräsentiert. Auch in den Truppenteilen, in denen Habicht diente, dominierten weiterhin die Mittelschichten.[8] Unter den fünf Offizieren in seinem Bataillon waren Ende 1943: ein Stadtbeamter, ein Student, ein Zahnarzt, ein Zollinspektor und ein Lehrer.[9]

Bei Kriegsbeginn und lange darüber hinaus kamen die meisten Offiziere also noch aus dem Bürgertum und hatten die übliche Laufbahn absolviert. Die Kommandeure und Kompaniechefs in Habichts Infanterieregiment 27 waren die Söhne von Pfarrern, Professoren, Lehrern und Verwaltungsbeamten.[10] Offiziere wie Heinz-Georg Lemm hatten eine geradezu klassische bürgerliche Erziehung genossen. Ihre Bildungsbeflissenheit fiel auch Habicht an Lemm und seinen Kameraden auf. Habicht sah »kluge, kultivierte und ernsthafte Menschen« in ihnen, »die sich für alles interessieren und von allem etwas verstehen: Politik, Literatur, Kunst, Musik, Theater, und die auch in militärischen Dingen über den reinen Kommisshorizont hinausdenken können«.[11] So präsentierte sich Lemm auch selbst: Er staffierte sein Quartier an der Ostfront mit Bücherregalen aus und ließ sich bei der Lektüre in seiner Leseecke fotografieren.[12] In sein Fotoalbum klebte er Porträtserien von sich selbst mit ein, die seine Individualität betonten.[13] Schon während der Offiziersausbildung hatte man außerdem typische Bildungsreisen unternommen, unter anderem nach Italien. Bürgerlichkeit blieb selbst in der »Volksgemeinschaft« ein soziales Distinktionsmerkmal, trotz aller antibürgerlichen Rhetorik.[14] Lemms Hintergrund wurde sogar in der Lokalzeitung in der Heimatgarnison in Güstrow hervorgehoben, als über sein »Ritterkreuz« berichtet wurde: »Wie wir im politischen Teil unserer heutigen Ausgabe melden können, wurde Hauptmann Heinz Georg Lemm, Sohn des Leiters unseres Finanzamtes, des Oberregierungsrates Fritz Lemm, vom Führer das Ritterkreuz des Eisernen Kreuzes verliehen.«[15]

Der bürgerliche Hintergrund schloss freilich nicht aus, dass sich die Offiziere mit dem Nationalsozialismus identifizieren konnten, im Gegenteil. Im Infanterieregiment 27 registrierte Habicht immer wieder entsprechende Äußerungen: Respektsbekundungen für den »Führer«, positive Reaktionen auf Radioansprachen von NS-Größen wie Goebbels und Göring oder auch beiläufige ideologische Phrasen und antisemitische Bemerkungen.[16] So zum Beispiel bei einem Wortwechsel während einer Offiziersbesprechung in einer besetzten Ortschaft im Juli 1941, bei der sich die Kompaniechefs des Bataillons auf den Gräbern »eines Judenfriedhofs« niederließen:[17]

> »Unter dem stattlichen Gewicht des Oblt. Lüdemann sinkt langsam das Grab ein, auf dem er sitzt. Mürrisch knurrt er zu seiner Sitzgelegenheit

hinunter: ›Halt' Ruh, Saujud!‹ Trocken meint Lemm: ›Da soll sich so'n alter Jude *nicht* im Grabe umdrehen, wenn ihm ein preussischer Oberleutnant mit dem Lederarsch im Gesicht sitzt ...‹«

Die Nähe zum Nationalsozialismus war sowohl bei den jüngeren als auch bei den älteren Offizieren greifbar. Der erste Regimentskommandeur an der Ostfront war laut Habicht ein »überzeugter Nationalsozialist«.[18] Sein Nachfolger war sogar eingetragenes Mitglied der SS.[19] Auch der Kommandeur des I. Bataillons, in dem Habicht als Kompaniechef diente, war schon vor 1933 in die NSDAP und die SA eingetreten.[20] Das waren nicht die einzigen eingetragenen Nationalsozialisten unter den Offizieren des Regiments.[21] Den jungen Berufsoffizieren war die Parteimitgliedschaft per Gesetz untersagt, aber viele von ihnen hatten bereits in der HJ gedient.[22] Auch der bereits erwähnte Heinz-Georg Lemm war vor seinem Eintritt in die Wehrmacht HJ-Führer gewesen. Er verstand den Krieg gegen die Sowjetunion in nationalsozialistischem Sinne als »Auseinandersetzung mit dem Bolschewismus«, und seinen Gefechtsstand im Feld schmückte eine überdimensionale Hakenkreuzflagge.[23] Die Sozialisation in den NS-Organisationen ging an den jungen Männern nicht spurlos vorüber, und in einer typischen Infanterieeinheit hatten in der Regel mehr als 40 Prozent der Offiziere solche Mitgliedschaften vorzuweisen.[24]

Die Nazifizierung der Wehrmacht schritt immer weiter voran, dennoch gab es bei Kriegsbeginn zweifellos weit mehr Deutschnationale oder Nationalkonservative als glühende Nationalsozialisten im Offizierskorps, insbesondere unter den älteren Jahrgängen.[25] Auch unter diesen überwogen freilich die Übereinstimmungen mit dem NS-Regime. Wenn man die Tagebücher von solchen Offizieren liest, wird klar, dass die Übergänge zwischen traditionellen Nationalisten und radikalen Rechten fließend waren.[26] Das bestätigt sich, wenn man die Tagebücher von Theodor Habicht mit den Aufzeichnungen eines Nationalkonservativen wie General Gotthard Heinrici vergleicht: Die größten Abweichungen im Vokabular ergaben sich schlicht aus den unterschiedlichen Einsatzkontexten an der Ostfront und nicht aus anderem Denken.[27] Bei allen Gemeinsamkeiten gab es dennoch gewisse Unterschiede. Habichts Rassismus war wesentlich stärker ausgeprägt und seine Germanentümelei sowie die Idee vom Kampf um »Lebensraum« kamen bei Heinrici überhaupt nicht vor.[28] Auch das Kriegerethos war ein anderes. Es gab

's 14.00 16.00 18.00 auf auftrag Benzin bunker d.h da
danach dann das den deshalb dienstag diestelhoehe
Domaschi donnerstag drei ehe ein einem einen er erst faellt
freitag ganzen gehe genau gesicht Herr hinterher Hptm ich Iwan junge
Karlchen kerl Komp. Kompanie Kp kriegt
landser lasse linken links Lt. maenner major
Max meine meiner MG mich mir mittag Mittwoch
montag mp mulde n na nachmittags nacht Oberleutnant Oblt
obwohl offenbar post Posten Priebe regiment ruhig S schiesst
schuss Schweinerei sehen seinem selber sodass sofort
sonnabend sonne Sonntag sowas stunde und usw usw.
vorne waehrend was weg weitere ziehen zug zwei

5. Gemeinsame Sprache: Habicht vs. Heinrici/Heinrici vs. Habicht (größer gedruckte Begriffe kommen im Vergleich zum anderen Text häufiger vor)

zwar eine starke gemeinsame Basis, insbesondere bei Werten wie »Tapferkeit«, »Härte, Energie und Entschlusskraft«.[29] Doch Habichts Soldatenethos war stark rassistisch und mythisch aufgeladen und von typisch nationalsozialistischen Normen beseelt, vor allem von gesteigerter »Härte«, »Draufgängertum« und »Opfer« – das waren Normen, die bei vielen konservativen Offizieren nicht unbedingt verfingen.[30]

Diese Unterschiede im Denken beeinträchtigten das Funktionieren der Wehrmacht nicht, doch in ihrer Sozialkultur machten sie sich durchaus bemerkbar. Als führender NS-Funktionär war Habicht für solche weltanschaulichen Fragen besonders sensibilisiert, daher lassen

131 17 1941 1942 1943 296 82 abtlg angriff armee artl
aufs berthold Damals dezember dies dinge div.
divisionen Erfolge erhalten es februar feind
Feinde Feldmarschall front gehn generaloberst gesehn Gott guderian hartmut
Hause Heeresgruppe heute I.R im januar Juchnow Juli_1941
Kaelte kaempfe kaempfen kaempft kampf kaput km
korps kraefte Lage leute Leuten maerz man
moskau neuem neulich nicht niemand
November_1941 offensive oft Oktober Partisanen Pz Rollbahn russe
russische russischen Russland sagte schlacht sehn seit
September_1941 sicher sind so stehn storch Truppe
Truppen Tula u u. Ukraine uns unsere unserer verbaende
verflossenen wagen waren werden winter wir z zerstoert Zustand

seine Beobachtungen über das Innenleben seines Regiments tief blicken. In erster Linie sind sie ein eindrucksvolles Dokument für den weitreichenden weltanschaulichen Konsens im Offizierskorps der Wehrmacht. An keiner Stelle in seinem Tagebuch machte Habicht seinen Offizierskameraden ernsthafte Vorhaltungen über mangelnde ideologische Zuverlässigkeit – er war offensichtlich weitgehend zufrieden mit ihrer Haltung. Auf der anderen Seite registrierte Habicht aber auch die weltanschaulichen Abstufungen im Offizierskorps. Ein Beispiel für die »reaktionären« Offiziere, die Habicht in der Wehrmacht auffielen, war der Divisionskommandeur Kurt-Jürgen Freiherr von Lützow, dem Habicht im Mai 1943 bei einem Offiziersessen gegenübersaß:[31]

»Es ist doch etwas dran an diesem alten preussischen Offiziersadel. Er ist ein fabelhafter Rassetyp mit seiner grossen, schlanken Gestalt, dem schmalen Kopf und den grossen blauen Augen. Im Übrigen ist er das, was man ›reaktionär bis auf die Knochen‹ nennt. Nicht im platten Sinn, sondern es ist ganz einfach so, dass es für ihn im Letzten doch nur *eine* Weltordnung gibt, die er für möglich hält, nämlich die altpreussische, wie sie in ihrer besten und grössten Zeit einmal *war*. Dass sie nicht wiederkommen kann, ist ihm völlig klar, aber dass die neue besser sei, wird ihm keiner mehr beibringen können. Mit seiner Treue zum Führer und seinem persönlichen Verhältnis zu den einzelnen Menschen – gleichviel welcher Einstellung der ist – hat das indes nichts zu tun. Ich muss gestehen, dass er mir sympathischer ist als Herr Bormann oder Parteigenosse Christian Weber.«

So gut verstanden sich die Nationalsozialisten mit den alten Eliten: Habicht registrierte die weltanschaulichen Differenzen zwar, hielt sie aber offensichtlich nicht für bedenklich, sondern hegte sogar eine gewisse Bewunderung für die Offiziere des traditionellen Typs. Habichts Beobachtungen zeigen aber noch etwas anderes, was über die einzelne Person wie in diesem Fall weit hinausweist – nämlich die vielsagende Tatsache, dass man derartige konservative Haltungen in der Wehrmacht offensichtlich nicht verbergen musste. Selbst bei halböffentlichen Anlässen wie einem Offiziersessen oder bei militärischen Zeremonien war es nicht zwingend, auf nationalsozialistische Rhetorik umzuschalten. Im Gegenteil: In der Sozialkultur der Wehrmacht waren auch Dinge sagbar, die eher dem konservativen Diskurs entsprachen als der nationalsozialistischen Ideologie, so wie in der eingangs geschilderten Szene auf dem Friedhof in Borok. Und das war noch nicht einmal die erste Begräbniszeremonie gewesen, bei der Habicht solche Erfahrungen gemacht hatte. Anfang März 1942 hatte er schon einmal einem Begräbnis beigewohnt, bei dem gleich zwei verschiedene Redner in aller Öffentlichkeit auf traditionelle Sinngebungen zurückgriffen anstatt auf die NS-Ideologie:[32]

»Der Zugführer meldet, dann tritt der Pfarrer an die Gräber. ›Im Namen des Vaters, des Sohnes und des Heiligen Geistes!‹ Erst jetzt erkenne ich sein Gesicht unter der Russenmütze: Das ist ja der gute alte Roettig! Immer *noch*. Er ist ein guter Kerl, mutig, tapfer, immer vorne, ein prächtiger Kamerad und netter Gesellschaftler – er wäre ein besserer Offizier geworden, als er nun ein Pfarrer ist. Was er redet, sind Phrasen. Was haben wir mit Gottvater, Sohn und Heiliger[!] Geist zu tun? Wieso sind die Toten ›in Christo‹ gestorben? Was für Sünden sollen ihnen noch vergeben werden, nachdem sie ihr Leben gaben? Warum redet er nicht zu ihnen in der einfachen, klaren, phrasenlosen Sprache der Front, die sie verstehen? Warum weist er nicht hinaus in das weite, abendschöne Land und sagt: *Dafür* sind sie gestorben! Dass ihre Kinder und Kindeskinder nie mehr hungern müssen, dass unser Volk Brot und Raum und Leben habe, nicht nur heute und morgen, sondern noch in 100 und 1000 Jahren. Und die Gefreiten Kleinmann und Weinert sind gefallen, weil sie ihre verwundeten Kameraden retten wollten. Aber dann müsste er freilich auch sagen, warum Gottvater das verhindert hat und *alle* sterben liess. Die Männer stehen da mit starren, unbeteiligten Gesichtern. Welche starren vor sich in den Schnee, andere hinaus in die Weite, alle sind offensichtlich mit ihren Gedanken weit weg. Oder ganz nahe bei den Toten. Näher, als der Geistliche. Endlich kommt er zum Schluss, zum Segen. Greift in den hohen Schnee und streut ihn dreimal über die Gräber: ›Erde zu Erde, Asche zu Asche, Staub zu Staub.‹ Dann spricht der Oberst. Auch hier nur Phrasen. Ehre, Vaterland, Tradition … Auch er ist ein prachtvoller Soldat, aber warum findet nur keiner die einfachen, schlichten Worte ohne Phrase, die so naheliegen? Warum kommt keiner von dem hohlen Pathos los? Ich möchte sie beiseiteschieben und selber reden, aber das wäre gegen jedes Reglement und ein entsetzliches Vergehen.«

Der soziale Rahmen in der Wehrmacht war weiterhin konservativ geprägt. Das zeigte sich auch daran, wie sich NS-Funktionäre vom Schlage Theodor Habichts als reguläre Soldaten in die Wehrmacht einreihten. Die an sie gestellten Erwartungen waren hoch. Für Hitler und die NSDAP-Führung war es eine Ehrensache, dass so viele Parteifunktionäre wie möglich als Soldaten dienten. Damit wollte man dem Anspruch der »Volksgemeinschaft« genügen, die Belastungen des Krieges gleichmäßig zu verteilen, zumal es im »Dritten Reich« populäre Vorurteile gegen die NS-Funktionäre und ihre Privilegien gab. Der Kriegsdienst galt deshalb auch als Voraussetzung für die weitere Parteikarriere.[33] An der Front sollten die Funktionäre Vorkämpfer sein und zur Erziehung der Truppe beitragen. Das war ihnen vollauf bewusst: Ein Leutnant in Habichts Regiment, bei dem es sich um einen »kleinen Parteibeamten« handelte, erwähnte dies in einem Gespräch – dass »die Partei mit Recht gefordert« habe, »dass gerade wir uns besonders auszeichnen«.[34]

Diesem Anspruch wurden viele NSDAP-Funktionäre durchaus gerecht. Das belegt eine parteiinterne Erhebung über den Kriegseinsatz von rund 6,5 Millionen NSDAP-Mitgliedern und Parteifunktionären, die Hitler höchstpersönlich in Auftrag gab: Die Statistik zeigt, dass bis zum Stichtag am 1. Mai 1943 insgesamt 652 448 Parteifunktionäre aller Ränge Kriegsdienst geleistet hatten.[35] Das war ein beträchtlicher Teil des NSDAP-Personals.[36] Die Parteierhebung enthielt detaillierte Statistiken über Orden, Todesquoten und Verwundungen – sie bewiesen, dass sich die Parteifunktionäre nicht schonten. Die NSDAP-Funktionäre fielen in ähnlichen Raten und wurden kaum seltener verwundet als ihre gleichaltrigen Kameraden aus dem Millionenheer der einfachen Parteimitglieder.[37]

Im Hinblick auf die Indoktrinationsarbeit der Funktionäre in der Truppe wurde die Partei allerdings enttäuscht. Eine seltene Bestandsaufnahme ihrer Rolle in der Wehrmacht lieferte im Januar 1941 eine Denkschrift des Nationalsozialisten Heinrich Härtle, der sich als Sonderführer einer Propagandakompanie während des Feldzugs in Frankreich im Sommer 1940 ein umfassendes Bild von der »inneren Verfassung der neuen Wehrmacht« verschafft hatte. Seine Denkschrift gelangte bis in die Partei-Kanzlei der NSDAP. Darin zog Härtle eine ernüchternde Bilanz. Seinen Beobachtungen zufolge passten sich die meisten NSDAP-Funktionäre in der Wehrmacht so sehr an, dass sie kaum noch als solche zu erkennen waren:[38]

> »Wenn innerhalb der Wehrmacht alles Wesentliche geblieben ist wie es im kaiserlichen Deutschland war, dann beweist dies nur zu deutlich, dass der Einfluss der Partei auf die Armee bis heute ziemlich gering ist. (...) Ebensowenig gelang eine innere Durchdringung des Offizierkorps mit Männern aus der Partei. Nur ein Bruchteil der führenden Parteigenossen nahm sich während der letzten Jahre Zeit für Übungen in der Armee, und nur ein Teil davon wurde Offizier. Manche alten Parteigenossen, welche früher Offizier waren und jetzt wieder Offizier wurden, vergaßen mit dem Augenblick, da sie wieder die alten Achselstücke trugen, die Revolution und verfielen der Tradition. Manche suchten gerade

darin ihren Ehrgeiz, sich durch nichts vom traditionellen Offiziertypus zu unterscheiden. Bei vielen erwies sich die Macht der Tradition stärker als ihre ganze bisherige, noch ungeformte revolutionäre Entwicklung. Darüber hinaus hat das Vorbild des Offiziers im Allgemeinen auf die Partei ungleich stärker gewirkt als etwa der Politische Leiter auf die Wehrmacht.«

So stark waren die konservativen Beharrungskräfte in der Wehrmacht: Demnach orientierten sich sogar viele NSDAP-Funktionäre in der Wehrmacht eher am traditionellen Wertekodex des Militärs als an der Ideologie der Partei. Einerseits war die Kritik gewiss überzogen, denn in Wirklichkeit hatte die Indoktrination der Wehrmacht schon zu diesem Zeitpunkt beträchtliche Fortschritte gemacht. Andererseits lässt sich ein Teil der Kritik aber verifizieren, und zwar anhand von Habichts Verhalten und dessen Beobachtungen in seiner Truppe an der Ostfront.

Ein wichtiger Faktor dabei waren die Vorbehalte gegenüber den NSDAP-Funktionären in der Wehrmacht, die Habicht auch in seiner 12. Infanteriedivision bemerkte. Weil die Wehrmacht auf ihrer Selbständigkeit beharrte, war sie für Einmischungen der Partei besonders empfindlich. Vom Divisionskommandeur, General Freiherr von Lützow, war angeblich allgemein bekannt, »dass er die Politiker – und gar schon die Parteileute – nicht riechen« konnte.[39] Daneben bestanden in der Division die üblichen Vorurteile gegenüber den Parteifunktionären: Man sagte ihnen nach, dass sie sich vor dem Kriegsdienst drückten oder ihn nur kurz ableisteten, um sich Auszeichnungen zu verschaffen. Habicht hörte dieses Stereotyp aus dem Mund seines Regimentskommandeurs, als er nach einer Besprechung im Sommer 1942 ein Gespräch mithörte:[40]

»Als ich im Vorraum des Bunkers mein Koppel umschnalle, höre ich – unfreiwillig – die Stimme des Obersten, der mich offenbar schon draussen vermutet, zu seinem Adjutanten: ›Is'n sehr ordentlicher Kerl, der Lt., dabei wollt' ich ihn erst garnicht haben, weil ich immer schon 'ne Wut kriege, wenn so'n grosses Tier sich zu uns kleenen Leuten herablässt, blos[s] weil's noch'n Orden haben will. Aber der is anders!‹ Ich mache ebenso schleunig wie lautlos, dass ich hinauskomme. Der gute Oberst braucht nicht zu wissen, dass er mir eben unfreiwillig *doch* einen Orden verliehen hat.«

Aus diesen Stereotypen, Leitbildern und Erwartungen entstand der Anpassungsdruck, den auch Habicht in der Wehrmacht spürte. Sogar ein selbstbewusster Parteiführer wie er blieb davon nicht unbeeindruckt – Habicht bemühte sich deshalb erkennbar, dem Rollenbild des Offiziers in der Wehrmacht zu entsprechen. Von seinem narzisstischen Statusgehabe war in der Wehrmacht viel weniger zu spüren als an seinen früheren Karrierestationen im NS-System. In seinen Tagebüchern betonte er immer wieder, dass er in seinem Infanterieregiment nur als Offizier wahrgenommen werden wollte und nicht als Parteifunktionär. Gegenüber einem Vorgesetzten, der seine »Beziehungen« als »Staatssekretär« nutzen wollte, stellte er ausdrücklich klar, dass er »keineswegs als solcher, sondern nur als Hauptmann aufzutreten gedächte«.[41] Auch gegenüber einem Regimentskommandeur, der gleichzeitig SA-Obergruppenführer war, ließ sich Habicht nicht darauf ein, Wehrmacht und Partei miteinander zu vermengen. Bei einer Meinungsverschiedenheit über eine taktische Maßnahme im Herbst 1943 versuchte der Oberst, Habicht als »Parteigenosse« anzusprechen: »›Ich finde es wenig kameradschaftlich, dass ausgerechnet Sie – von Parteigenosse zu Parteigenosse! – mir solche Schwierigkeiten machen!‹ *Das* hat mir noch gefehlt. ›Verzeihung, Herr Oberst, ich vertrete hier als Soldat eine militärisch-taktische Meinung und nicht eine parteipolitische!‹«[42] Habichts Bemühen, sich zu integrieren, kam in seinem Umfeld gut an. Sein Regimentskamerad Heinz-Georg Lemm erinnerte sich noch mehrere Jahrzehnte später daran, dass er in Habicht spätestens seit den Schlachten von 1943 nur noch »den Soldaten gesehen« habe.[43] Schon vorher aber registrierte Lemm, wie sich Habicht einreihte: »Bescheiden, sehr pflichtbewusst, sich niemals schonend, fürsorglich um seine Soldaten kümmernd, anspruchslos, wenn er etwas nicht wusste oft fragend, dankbar für jede kameradschaftliche Hilfe.«

Ein besonders sichtbares Zeichen dafür, dass sich Habicht in der Wehrmacht anpasste, konnte jeder an seiner Uniform erkennen, nämlich an einer leeren Stelle auf der linken Brusttasche: Hier durfte nach den geltenden Vorschriften das goldene Parteiehrenabzeichen der NSDAP getragen werden, das natürlich auch Theodor Habicht besaß. Doch er legte es nicht an, während er an der Front war. Das belegen Fotografien vom April 1943, die Habicht mit seinen Kameraden bei einer militärischen Zeremonie im Feld zeigen.[44] Der Verzicht war eine Verbeugung

6. Theodor Habicht an der Ostfront, April 1943

vor der Wehrmacht. Das war umso deutlicher, als andere nationalsozialistische Offiziere sich nicht scheuten, das Abzeichen zu tragen. So zum Beispiel der oben erwähnte Regimentskommandeur, dessen »zur Schau getragener ›Nationalsozialismus‹« auf Habicht deplatziert wirkte. So reagierte Habicht, als er bei einer Besprechung im November 1943 das Parteiabzeichen auf dessen Uniform erblickte: »Bei dieser Gelegenheit sah ich, da er seinen guten Rock trug – dass er das goldene Parteiehrenzeichen hat. Auch das noch.«[45] Auch Habicht selbst hatte das Parteiehrenabzeichen freilich schon an seiner Wehrmachtsuniform getragen, jedoch in einem ganz anderen Kontext. Eine dieser Gelegenheiten war seine Verabschiedung als Oberbürgermeister von Wittenberg im November 1939. Weil Krieg war und er offensichtlich zeigen wollte, dass er daran teilnahm, trug er Wehrmachtsuniform – und weil es eine politische Veranstaltung war, heftete er sich das Parteiehrenabzeichen auf die linke Brust.[46] Die Abbildungen 6 und 7 (auf Letzterer trägt Habicht, wenn auch hier kaum erkennbar, das Abzeichen) versinnbildlichen die Unterschiede zwischen den Teilsystemen des NS-Staates – und die konservativere Atmosphäre in der Wehrmacht.

7. Theodor Habicht (3. v. r.) bei seiner Verabschiedung als Wittenberger Oberbürgermeister, November 1939

Habicht versuchte trotzdem im Rahmen des Möglichen, die Offiziere und Soldaten in seinem Regiment in nationalsozialistischem Sinne zu beeinflussen. Er tat das bei Ansprachen wie bei dem eingangs beschriebenen Begräbnis oder auch bei informellen Gesprächen mit anderen Offizieren, die immer wieder um »Politik und Kriegsführung« kreisten und oft auch »ins Weltanschauliche« übergingen.[47] Bei wichtigen Themen wie der Frage nach der Kriegsdauer, über die im Regiment zeitweise »überall« gesprochen wurde, gab Habicht natürlich Antworten im nationalsozialistischen Sinne.[48] Manchmal kamen auch Offiziere seines Regiments von sich aus zu Habicht, um ihn nach seinen Ansichten über die Lage zu fragen – bei solchen Unterhaltungen verbreitete Habicht seine Interpretation des Krieges im Regiment.[49] Im Offizierskorps versuchte er Überzeugungsarbeit zu leisten, insbesondere nach dem Rückschlag von Stalingrad Anfang 1943.[50] Er wirkte dabei fast wie ein Sprachrohr der NS-Propaganda – darauf wurde er vom Regimentskommandeur von Wedel bei einer der Offiziersrunden im Januar 1943 hingewiesen, als wieder ein Besucher Habichts Meinung über die Lage hören wollte:[51]

»Er will – wie alle, die mich jetzt am laufenden Band besuchen und sich noch angesagt haben – von mir, das ›Neueste über die Lage‹ wissen, und meine ganze Aufgabe besteht darin, den Herren – mit Erfolg – klarzumachen und zu beweisen, dass nicht der mindeste Anlass zur Besorgnis besteht (im Grossen gesehen), trotz Stalingrad und Tripolis. Nur der alte Wedel bleibt skeptisch. ›Sie reden wie Goebbels‹, sagt er, ›wenn man euch zuhört, kann's gar nich anders sein und man kann auch nix mehr dagegen vorbringen, aber ich weiss nich ... Geben Sie mir noch'n Schnaps!‹«

Andere NSDAP-Funktionäre in der Wehrmacht passten sich so weitgehend an, dass sie ganz in ihrer Rolle als Soldaten aufgingen. Selbst Habicht entging deshalb, dass manche seiner Regimentskameraden Ämter in der Partei oder ihren Gliederungen innehatten, obwohl er sich durchaus für seine Nebenleute interessierte. Von einer Reihe von Offizieren war ihm bekannt, dass sie HJ-Führer waren oder andere Parteifunktionen ausübten.[52] Von anderen erfuhr er es aber erst im Nachhinein – oder auch gar nicht.[53] Ein bemerkenswertes Beispiel dafür war der Hauptmann Wilhelm Troitzsch, der die Stabskompanie in Habichts Regiment führte. Der fast gleichaltrige Troitzsch war Reserveoffizier und im Zivilberuf Professor für Recht an der Universität Rostock.[54] Gleichzeitig war er aber auch ehemaliger Freikorpskämpfer und seit den 1920er Jahren ein Aktivist in der völkischen Bewegung und der NSDAP. Von all dem bemerkte Habicht allerdings nichts – für ihn war Troitzsch nur der »Rostocker Universitätsprofessor« und »ein kluger und interessanter Mensch«.[55] Das war kein Einzelfall. Habicht sah auch in zwei seiner Regimentskommandeure eher traditionelle Offizierstypen – er wusste nicht, dass beide schon vor 1933 in die NSDAP oder die SS eingetreten waren.[56] Als Offizier posaunte man es in der Wehrmacht offenbar nicht heraus, wenn man Ämter oder Mitgliedschaften in der NSDAP hatte.

Die Organisationskultur der Wehrmacht war in mancherlei Hinsicht erstaunlich wenig vom Nationalsozialismus korrumpiert. Als NSDAP-Funktionär erhielt man im Militär keinerlei Vergünstigungen oder Protektion bei der Karriere – die Seilschaften und Kungeleien, von denen Habicht im NS-System profitiert hatte, funktionierten in der Wehrmacht kaum. Habicht verdächtigte zwar schon einmal einen anderen Offizier, dass dieser sein Kommando »nur auf Grund seiner Beziehungen« in der Partei erhalten habe.[57] Doch Habicht hätte es besser wissen müssen, denn er war selbst das beste Beispiel dafür, dass ein hoher Rang in der NSDAP nicht bedeutete, dass man bevorzugt befördert oder ausgezeichnet wurde. Eher war das Gegenteil der Fall: Habicht musste länger als manche andere Offiziere in seinem Regiment darauf warten, die nächste Rangstufe zu erreichen und mit Auszeichnungen bedacht zu werden. Er musste sich seine Orden und Beförderungen wie alle anderen auf dem Schlachtfeld erkämpfen.

Die Vergabe von Orden war schon für die Zeitgenossen ein wichtiger Maßstab für Gerechtigkeit in der Wehrmacht. Deshalb sagt es viel aus, dass Habicht von den Kompaniechefs in seinem Bataillon als Letzter mit dem Eisernen Kreuz erster Klasse ausgezeichnet wurde. Er erhielt es erst im September 1941 für ein Gefecht, bei dem er schwer verwundet wurde – die übrigen drei Kompaniechefs, alles junge Berufsoffiziere, waren bereits in den ersten Kriegswochen mit dem EK I ausgezeichnet worden.[58] Das lag zwar auch daran, dass Habicht als Chef der Maschinengewehrkompanie weniger Gelegenheit hatte, sich auszuzeichnen, als die Chefs der Schützenkompanien. Doch das Muster setzte sich fort. Habicht wurde erst im Frühjahr 1943 mit dem begehrten Infanterie-Sturmabzeichen ausgezeichnet, obwohl er die Verleihungsbedingungen dafür schon fast ein Jahr vorher erfüllt hatte.[59] Als Parteifunktionär bekam man in der Wehrmacht nichts geschenkt. Das bestätigte auch die großangelegte Erhebung über den Kriegsdienst in der NSDAP von 1943: Die Parteifunktionäre wurden bei der Ordensvergabe nicht anders behandelt als das Millionenheer der einfachen Parteimitglieder.[60]

Das galt wie gesagt auch für Beförderungen in der Wehrmacht. Nachdem Habicht Anfang 1941 zum Oberleutnant befördert worden war, wartete er mehr als zwei Jahre lang auf seine Ernennung zum Hauptmann. Irritiert registrierte er, wie andere Offiziere ihn in Rang und Dienststellung überholten. Selbst Kameraden, die denselben Status als Reserveoffizier hatten wie er und fast gleichaltrig waren, schafften den Sprung zum Hauptmann lange vor ihm.[61] Seine Zurücksetzung konnte sich Habicht nur damit erklären, dass der Regimentskommandeur Vorbehalte gegen ihn hatte.[62]

Das wichtigste Kriterium in der Karriere eines Wehrmachtsoffiziers waren Truppenkommandos – als NSDAP-Funktionär musste man sich hierbei genauso hinten anstellen wie alle anderen Offiziere.[63] Den

Schritt vom Kompaniechef zum Bataillonskommandeur schaffte Habicht erst nach langem Anlauf – in diesem Selektionsprozess erhielt er keine Vorzugsbehandlung.[64] Im Juni 1942 wurde ihm erstmals die Führung eines Bataillons übertragen, doch das nur vertretungsweise und temporär. Er behielt den Posten nur gute drei Monate, bis er wegen einer Umgruppierung einem anderen Offizier weichen musste und wieder ins zweite Glied zurückbeordert wurde.[65] Es gehörte zur Personalpolitik in der Wehrmacht, aussichtsreichen Kompaniechefs zunächst nur »probeweise [einen] Btl.-Abschnitt« zu übertragen, damit sich in der Praxis erweisen konnte, ob sie »genug Format« als Bataillonskommandeure hätten – Habicht wurde also genauso behandelt wie jeder andere auch.[66] Im Herbst 1942 hatte er kurzzeitig die Hoffnung, bald »wieder ein Bataillon [zu] kriegen«, doch er wurde enttäuscht.[67] Habichts Karriere schien zu stagnieren.

Nur in einer Hinsicht erhielt Habicht offenbar eine Vorzugsbehandlung, nämlich beim Urlaub – letztlich war er als hochgestellte NSDAP-Persönlichkeit dann doch noch etwas gleicher als seine Kameraden im Heer. Im Jahr 1942 war Habicht nur rund neun Monate an der Front, während viele andere Soldaten seines Regiments schon seit zwanzig Monaten ununterbrochen im Feld standen.[68] Habicht selbst fand das wegen seiner herausragenden Biographie vollkommen gerechtfertigt: Aus seiner Sicht hatte er mehr Anspruch auf Urlaub als andere, weil er schon »27 Jahre Krieg« hinter sich hatte. Auch im Jahr 1943 war Habicht zwischen Ende Juni und Anfang November für rund fünf Monate nicht an der Front.[69]

Mangelnden Einsatzwillen konnte man Habicht allerdings kaum vorwerfen, im Gegenteil: Er brannte für den Krieg, und das schon seit 1914/15. Seit seiner Rückkehr aus dem Ersten Weltkrieg brüstete er sich mit seiner Begeisterung für das Kämpfen. Das gehörte zu seiner Selbstinszenierung als Vorkämpfer der Nation, aber es war viel mehr als Rhetorik. Das stellte er schon in den 1930er Jahren unter Beweis, als er begann, Reserveübungen in der Wehrmacht abzuleisten, um Reserveoffizier zu werden. Das war bemerkenswerter, als man vermuten könnte. In der NSDAP wurde intern darüber geklagt, dass sich zu wenige NS-Funktionäre als Reservisten im Militär engagierten: Die bereits zitierte Denkschrift vom Januar 1941 bemängelte, dass sich »nur ein Bruchteil der führenden Parteigenossen« in den vergangenen Jahren »Zeit für Übungen in der Armee« genommen habe.[70] Bei Habicht war das anders: Er arbeitete sich durch mehrmonatige Reserveübungen bei einem Infanterieregiment bis 1938 zum Leutnant der Reserve hoch.[71]

Wie ernst es Habicht meinte, zeigte sich, als der Zweite Weltkrieg begann. Als sich Ende August 1939 der Kriegsausbruch abzeichnete, war er Oberbürgermeister in Wittenberg und Koblenz – ließ aber alles stehen und liegen, um den Feldzug gegen Polen mitzumachen. Den Krieg wollte er sich auf keinen Fall entgehen lassen. Das hatte er in Wittenberg jedem gesagt, wie man sich noch später erinnerte: »›Beim ersten Kanonenschuss verschwinde ich aus Wittenberg‹, so hat er sich wiederholt geäußert.«[72] Die Koblenzer Stadtverwaltung hatte zwar einen Antrag auf Unabkömmlichkeit für Habicht durchgesetzt, der bereits genehmigt worden war – aber dann von Habicht abgelehnt wurde.[73] Habicht hätte sich leicht vom Kriegsdienst freistellen lassen können, doch genau das wollte er partout nicht. Als Antwort auf die Versuche, ihn aus der Wehrmacht zurückzuholen, ließ er seine Frau ausrichten: »Solange in Polen noch ein Schuss fällt, würde mein Mann sich auf keinen Fall reklamieren lassen.«[74]

Die Feldzüge in Polen und in der Sowjetunion machte Habicht als Frontoffizier in Infanterieregimentern mit – solche Truppen waren dafür vorgesehen, in vorderster Linie zu kämpfen. Auch das war bemerkenswert, denn Habicht hätte sich bei seinem Alter leicht einen gefahrloseren Dienstposten in einer rückwärtigen Stelle besorgen können. Das zeigen die Biographien von anderen NSDAP-Funktionären seiner Alterskohorte, die ebenfalls in der Wehrmacht dienten – allerdings oft in Funktionen im Hinterland, die es ihnen erlaubten zu überleben. Manche von ihnen fanden sich später als Kriegsgefangene im US-amerikanischen Verhörlager Fort Hunt wieder, wo sie ihre Geschichten erzählten. Darunter waren »Blutordensträger« und NSDAP-Kreisleiter, die in Habichts Alter waren – und die deshalb auch nicht in vorderster Linie gekämpft hatten, im Gegensatz zu Habicht.[75] Von den NSDAP-Funktionären aus seiner Altersgruppe fielen bis Mai 1943 nur etwas mehr als ein Prozent.[76]

Noch während des Krieges boten sich Habicht immer wieder Gelegenheiten, um sich aus der vordersten Linie zurückzuziehen. Als Unterstaatssekretär im Auswärtigen Amt hätte er sich 1940 leicht eine bequeme Stelle als Vertreter des Amts bei einem Armeeoberkommando verschaffen können. An der Ostfront selbst hatte er auch später noch die Möglichkeit, sein Kommando in der vordersten Linie gegen einen ruhigeren Stabsposten einzutauschen.[77] Habicht standen viele Optionen offen, durch die er den Krieg hätte überleben können. Doch seine Begeisterung für das Militär und den Krieg ging so weit, dass er unbedingt an vorderster Front mitkämpfen wollte. Für seine Kampfeslust wurde er nach seinem Tod auf dem Schlachtfeld sogar noch posthum zum Major befördert.

Seine große Einsatzbereitschaft verhalf ihm letztlich auch zum Durchbruch in seiner stockenden Offizierskarriere. Die Gelegenheit dazu erhielt er im Frühjahr 1943 in schweren Abwehrkämpfen bei der Stadt Staraja Russa in Nordrussland. Bei der Ortschaft Penna wehrte Habichts Bataillon in einer dramatischen Schlacht einen sowjetischen Durchbruchsversuch mit ab.[78] Der Bataillonskommandeur, Heinz-Georg Lemm, erhielt dafür das »Ritterkreuz«, und auch Habichts Leistung als Kompaniechef wurde gewürdigt – jetzt platzte der Knoten in seiner Laufbahn. Zum einen wurde Habicht »wegen Tapferkeit vor dem Feind« nun endlich zum Hauptmann befördert.[79] Einige Wochen später wurde Habicht außerdem im Ehrenblatt des Heeres genannt – für Habicht war das eine »Sensation«, denn die Nennung stellte eine der höchsten Auszeichnungen dar, die im Regiment bis dahin vergeben worden waren.[80] Bald darauf erhielt Habicht noch eine weitere Belohnung, als er von der Division für den Bataillonsführer-Lehrgang ausgewählt wurde.[81] Habicht absolvierte den Kurs im Sommer in Antwerpen und erhielt im November 1943 schließlich das Kommando über ein Bataillon in der 83. Infanteriedivision in derselben Region. All das geschah nur wegen der zehntägigen Schlacht von Penna. Habichts Geschichte zeigt, dass in der Wehrmacht nur Waffentaten zählten.

Die Leistung auf dem Schlachtfeld war gleichzeitig die höchste Währung für soziales Ansehen in der Wehrmacht – das galt für einen NSDAP-Funktionär genauso wie für alle anderen. Das eine Gefecht steigerte Habichts Prestige in seinem militärischen Umfeld schlagartig. Sein Regimentskommandeur wirkte ihm gegenüber plötzlich »völlig verwandelt«[82]. Selbst beim Divisionskommandeur, General von Lützow, meinte Habicht nun eine ganz andere Aufgeschlossenheit zu beobachten: Lützow hatte sich »bis Penna« angeblich »nie« um ihn »gekümmert«, interessierte sich jetzt aber für seine »weitere militärische Laufbahn« – und bestimmte ihn höchstpersönlich für den Bataillonsführer-Lehrgang.[83]

Habichts damaliger Bataillonskommandeur, Heinz-Georg Lemm, erinnerte sich noch fast fünfzig Jahre später daran, wie sehr ihm Habichts Einsatz im Kampf imponiert hatte. Nach der Schlacht hatte ihm Lemm sogar einen Platz in seinem Erinnerungsalbum eingeräumt: Lemm klebte mehrere Fotos ein, die Habicht und seine Kameraden während der Zeremonie zu ihrer Auszeichnung zeigten, und hielt auch deren Namen fest. Daneben schrieb er: »Die Löwen von Penna.«[84]

In der Wehrmacht bestand also weiterhin ein konservatives Klima, doch insbesondere beim Leistungsgedanken waren sich alle einig. Leistung war ein zentraler Begriff in der »Volksgemeinschaft«, und er hing untrennbar mit dem elitären Konzept von der Persönlichkeit zusammen. So klang das in den 1938 erlassenen Richtlinien des Oberbefehlshabers des Heeres über das Idealbild des Offiziers in der Wehrmacht: »In der wiedererstandenen Zeit der Führerautorität und des Persönlichkeitswertes gilt es, im Offizierkorps Kämpfer heranzuziehen mit Charakter, mit Herz und Vertrauen, überzeugte Tatmenschen mit großer Gläubigkeit, frische, stahlharte Persönlichkeiten (...). Der Wert einer Persönlichkeit wird durch Charakterstärke, Wissen und Können bestimmt. Charakter und Leistung stehen über einseitigem theoretischem Wissen.«[85] Die mit den Nationalsozialisten verbündeten Führungseliten waren offenbar sehr erfreut darüber, dass Persönlichkeit, Autorität und Leistung wieder zählten. Das verschaffte der Idee der »Volksgemeinschaft« zweifellos noch mehr Anhänger, gleichzeitig waren in diesen Ideen aber auch individualistische und hierarchische Elemente enthalten, die ihr tendenziell zuwiderliefen.

Die Verwirklichung der Leistungsgesellschaft und Habichts Ressentiments

Als Habicht am 21. Januar 1943 davon hörte, dass einer seiner ehemaligen Untergebenen durch bevorzugte Beförderung mit einem Male zu seinem Vorgesetzten geworden war, kamen ihm Fragen über seine Karriere und die Gerechtigkeit des Systems in der Wehrmacht:[86]

> »In diesem Zusammenhang stehe ich im Übrigen wieder – einmal mehr – vor der Frage: Bin ich nun eigentlich dumm – oder? Denn die Sache ist ja so: Als ich am 8. Jan. 36 wieder Soldat wurde, um den kommenden Krieg mitmachen zu können, verzichtete ich auf meinen Weltkriegsdienstgrad und begann – nun ein richtiger und vollwertiger Soldat zu werden und nicht nur ein ›Dienstgrad‹ – mit 38 Jahren, als M.d.R., Gauleiter, Weltkriegsteilnehmer erneut als einfacher Soldat. So vergingen über alle Zwischenstufen hinweg 2 Jahre, ehe ich – 1938 – Leutnant wurde. Die anderen, denen es nur auf die Schulterstücke und den ›Reserveoffizier‹ zur Komplettierung ihrer gesellschaftlichen und Untermauerung ihrer beruflichen Stellung ankam, wurden es noch im gleichen Jahre 1936, waren 1940 bereits Hauptleute u. sind heute Majore. Ende 1941 – nach meiner Verwundung – soll ich als ›Chef mit Osterfahrung‹ beim Ersatzbataillon zurückgehalten werden und muss fast Gewalt und Drohungen anwenden, um wieder an die Front zu kommen. Wäre ich zuhause geblieben, so wäre ich 2 Monate später aufgrund der neuen ›Kann‹-Beförderungsbestimmungen für Weltkriegsteilnehmer Hauptmann. An der Front hingegen werde ich es *nicht* (vor 1. 6. 43), weil Herr Stuppi es ablehnt, da ich ›nicht im Regimentsverband eingesetzt‹ bin und deshalb ›nicht beurteilen kann, ob H. zum Btl.Führer qualifiziert ist‹, obwohl ich ein halbes Jahr lang mit Anerkennung aller *anderen* Regts.Kdre. eines führe. Also: Wer aus Gewissenhaftigkeit – meinetwegen ›Idealismus‹ – sich nichts schenkt, sondern mehr tut als die Durchschnittsfiguren, wird beförderungsmässig um 2 Jahre zurückgesetzt, und dasselbe geschieht dem, der – statt zuhause zu bleiben –

> wieder an die Front geht. Daher die Frage: Bin ich nun dumm, oder …? Ich *wäre* es, wenn ich Soldat geworden und an die Front gegangen wäre, um ›etwas zu werden‹. Da mir das aber völlig Wurst ist, fällt die Frage von selbst in sich zusammen.«

Habicht behauptete wie immer, nur aus Idealismus zu kämpfen, also ausschließlich für die »Volksgemeinschaft«. Doch in Wirklichkeit ging es ihm auch um das eigene Prestige – das verrät schon seine schlecht verhehlte Verstimmtheit in diesem Tagebucheintrag. Sie übertrug sich sogar auf seine Entourage: Habichts Offiziersbursche und sein Hauptfeldwebel fühlten »sich fast persönlich gekränkt« wegen dieser Zurücksetzung. Habicht definierte sich über seine Leistungen und sah sich deshalb als eine Persönlichkeit an, die besser war als die »Durchschnittsfiguren«. Das brachte er in zahllosen Episoden in seinem Tagebuch zum Ausdruck: dass er besonders fähig war und es keine Situation gab, die er nicht meisterte; dass er fast jedes Mal recht behielt und es doch schon immer gesagt habe; dass er mehr tat und konnte als andere. Habichts narzisstisches Selbstlob offenbart, dass der Leistungsgedanke in der »Volksgemeinschaft« eben auch eine individualistische Seite hatte.

Den Hintergrund dafür bildete die ausgeprägte Aufstiegsdynamik in der Wehrmacht, die sowohl die Identifikation mit dem NS-System als auch das Konkurrenzdenken förderte: Die Politik der »Volksgemeinschaft« wurde in keinem anderen Gesellschaftsbereich so weitgehend verwirklicht wie im Militär. Die Verheißung einer klassenlosen Leistungsgesellschaft gehörte zu den wichtigsten Gründen, warum sich die Deutschen überhaupt für die »Volksgemeinschaft« begeistern konnten – doch in der Zivilgesellschaft des »Dritten Reichs« blieb sie nur ein leeres Zukunftsversprechen. Schließlich erhöhte sich die soziale Mobilität unter Hitler nur unwesentlich.[87] Die »Volksgemeinschaft« beruhte daher in erster Linie auf einer »gefühlten Gleichheit«, aber nicht auf einer wirklichen Veränderung der Gesellschaftsstrukturen.[88] In der Wehrmacht war das anders.[89] Im »Dritten Reich« konnte sogar ein Arbeitersohn in das Offizierskorps aufsteigen, das seit jeher den höheren Schichten vorbehalten gewesen war. Zwar blieben die Unterschichten bis zuletzt unterrepräsentiert, doch schon die erreichten Quoten waren außerordentlich fortschrittlich, zumal im internationalen Vergleich. In Großbritannien kamen bei Kriegsbeginn fast alle Offiziere aus wohlhabenden Familien, und die Kritik am Klassencharakter der britischen Armee riss bis 1945 nicht ab.[90] In Italien bildeten die Offiziere eine abgeschlossene Kaste – die soziale Kluft zu den Unteroffizieren und Mannschaften war groß.[91] Dieselben Klassenunterschiede gab es in der spanischen Armee, deren Soldaten erstaunt darüber waren, wie egalitär es in der Wehrmacht zuzugehen schien.[92] Entsprechend viel bedeutete die Öffnung der Wehrmacht für die Deutschen.

Die Wehrmacht war für Aufstieg durch Leistung besonders offen: Verkörpert wurde dies vor allem durch die sogenannten Kriegsoffiziere – das waren ehemalige Unteroffiziere, die den Sprung ins Offizierskorps schafften.[93] Auch das war in anderen europäischen Streitkräften vollkommen ausgeschlossen. Noch im Ersten Weltkrieg war es auch in Deutschland so gut wie unmöglich, aus den Unteroffiziersrängen zum Offizier aufzusteigen – und viele empfanden das als Ungerechtigkeit.[94] Das war ein Problem von hoher gesellschaftlicher Relevanz, denn in der populären Wahrnehmung assoziierte man die Kluft zwischen Offizieren und Soldaten im Militär mit dem Klassenkonflikt zwischen Eliten und Arbeitern in der Heimatgesellschaft. Es gehörte zu den Lehren aus dem Ersten Weltkrieg, diese Barrieren abzubauen, und für die Zeitgenossen war das eine Neuerung von großer Symbolkraft. Die Einrichtung der Kriegsoffiziere war ursprünglich gar nicht als Instrument für egalitaristische Politik gedacht, nahm diese Bedeutung während des Krieges aber zunehmend an.[95] Als die Verluste der Wehrmacht immer weiter stiegen, griff man verstärkt auf Unteroffiziere zurück, um den Bedarf an Offizieren zu decken. Besonders gefördert wurde dies von Hitler persönlich: Die besten »Führerpersönlichkeiten« sollten nach seinem ausdrücklichen Willen auch unter den Unteroffizieren gesucht werden.[96]

Dadurch eröffneten sich vielen Tausenden von Unteroffizieren während des Zweiten Weltkrieges Offizierskarrieren, auf die sie vorher kaum Aussicht gehabt hätten. Ihre Zahl war so groß, dass sie aus den Einheiten an der Front nicht mehr wegzudenken waren.[97] Ende 1941 war schon etwa jeder vierte aktive Leutnant oder Oberleutnant im Heer ein Kriegsoffizier.[98] Das verdeutlicht, welche große Rolle sie für die »Volksgemeinschaft« in der Wehrmacht spielten. Noch konkreter zeigt sich dies anhand von Habichts Einheit. In der 12. Infanteriedivision gab es schon nach dem ersten Kriegsjahr an der Ostfront kaum noch erfahrene Unteroffiziere, die noch nicht zu Offizieren gemacht worden waren.[99] Auch in

Habichts Bataillon wurden Kriegsoffiziere zu einer üblichen Erscheinung. Manche von ihnen stiegen sogar zu Bataillonskommandeuren auf und erwarben das »Ritterkreuz«.[100] Es wurde normal, dass Berufsoffiziere neben Reservisten und Aufsteigern aus den Unterschichten dienten. Zudem setzte sich die Aufstiegsdynamik auf den unteren Stufen fort.[101] Die Männer, die davon profitierten, liefen schon einmal »rot an vor Freude« und gingen danach sogar noch motivierter zu Werke, wie Habicht an einem von ihnen beobachtete.[102]

Der Aufstieg im Militär bedeutete echte soziale Mobilität, denn die Kriegsoffiziere standen dadurch auch in der Gesellschaft ganz anders da – mit höherem Sozialprestige, höheren Positionen und höheren Bezügen. Damit trugen ihre Karrieren direkt dazu bei, den Versprechungen der »Volksgemeinschaft« Glaubwürdigkeit zu verleihen. Die Kriegsoffiziere spürten die Effekte davon sogar noch lange über 1945 hinaus. Sie hatten die Erfahrung gemacht, dass es möglich war, Klassengrenzen zu überwinden.[103] Bei der Familie, Bekannten und Freunden genossen sie weiterhin das Ansehen eines Offiziers, und in der Wirtschaft zählte die Kriegszeit als Führungserfahrung.[104] Das erlebte auch Habichts Kompaniefeldwebel, der 1943/44 zum Kriegsoffizier aufgestiegen war. Er profitierte sein ganzes Leben lang davon, wie sich sein Sohn noch heute erinnert: »Alles, was aus ihm geworden ist, hat er der Wehrmacht zu verdanken.«

Bei den Aufstiegsmöglichkeiten dachten die Männer allerdings keineswegs nur an die »Volksgemeinschaft«, sondern nicht zuletzt auch an den eigenen Vorteil. Sogar die einfachen Soldaten rechneten durch, wie sie aus dem Krieg »Gewinn« für ihr Fortkommen in der Nachkriegszeit ziehen könnten. In Habichts Einheit meldeten sich deshalb im Herbst 1942 reihenweise Mannschaftssoldaten, um sich für eine aktive Laufbahn als Unteroffizier zu verpflichten. Wie Habicht beobachtete, beruhte dies auf ganz nüchternen Kalkulationen:[105]

> »Ihr Entschluss entspringt einer nüchtern-materiellen Berechnung, die etwa folgendermassen aussieht: Ich diene jetzt im 4. bezw. 5. Jahr und werde (darüber geben sie sich garkeinen Illusionen hin) mindestens noch 2 Jahre dienen müssen. Dann sind mehr als die Hälfte der 12 Jahre schon herum. Von meinem Zivilberuf her gesehen, sind diese Jahre ein Verlust, bleibe ich Soldat, so sind sie ein Gewinn. Ich diene dann noch

4–6 Jahre länger, werde dabei Feldwebel und Oberfeldwebel, und habe anschliessend Anspruch auf Zivilversorgung als Beamter usw., wobei ich mich mindestens so gut stehe[!], wie ich es bis dahin bestenfalls in meinem alten Beruf (Landarbeiter, Handwerker usw.) erreichen könnte. – Da es sich durchweg um gute Soldaten handelt und das OKH ohnedies die Komp.Chefs dauernd ermahnt, für Nachwuchs an aktiven Uffz. für das kommende Friedensheer zu sorgen, ist also allen Teilen geholfen.«

Besonders großen Ehrgeiz legten häufig die Offiziere an den Tag. Um ihre Karrieren voranzutreiben, versuchten sie immer wieder, persönliche Beziehungen spielen zu lassen. Das belegen die Bittschreiben, die sie zu diesem Zweck an höhere Offiziere richteten. Besonders tief blicken lässt die Korrespondenz des Obersten Detlev Rudelsdorff, der im Frühjahr 1943 für rund einen Monat als Kommandeur in Habichts Regiment einsprang, bevor er ins OKW wechselte: Er erhielt ständig Briefe von ehemaligen Untergebenen, die ihn um Hilfe in ihren Personalangelegenheiten baten, zum Beispiel um Empfehlungsschreiben für außerplanmäßige Beförderungen.[106] Ihn persönlich trieb in dieser Zeit vor allem die Hoffnung um, einmal das Kommando über die 12. Infanteriedivision zu erhalten – auch nach Stalingrad dachten die Offiziere weiterhin vor allem an ihre Karriere.[107] Die Ambitionen der Offiziere waren so groß, dass sie dabei die Regeln verletzten. Denn viele der Anfragen bedeuteten eine mehr oder weniger offene Aufforderung zur Umgehung des vorgeschriebenen Dienstweges. Einen von Habichts Regimentskameraden etwa trieb die »Sehnsucht, durch die Generalstabs-Ausbildung beruflich weiterzukommen«: Prompt wandte er sich »in vertrauensvoller Weise« an Rudelsdorff, der für ihn den Heeresadjutanten bei Hitler einschaltete, Gerhard Engel.[108] Dabei war den Bittstellern vollkommen klar, dass sie sich damit unerlaubte Vorteile gegenüber anderen Mitbewerbern verschafften – doch das gehörte zum Patronagesystem in der Wehrmacht und erschien allen Beteiligten völlig normal.[109] Es hatte überhaupt keinen negativen Beiklang, wenn sie davon sprachen, »besondere Beziehungen« nutzen zu wollen. Dabei ging es keineswegs immer nur um das Wohl des ganzen Regiments, sondern häufig schlicht um persönliche Karrierewünsche.

Der Ehrgeiz der Männer wurde durch die Anbetung von »Führerpersönlichkeiten« im NS-Staat weiter angestachelt. Die NS-Propaganda wollte damit die Einsatzbereitschaft des ganzen Volkes erhöhen, doch die öffentlichen Belobigungen ließen auch Raum für individuelle Distinktion. Das begann bereits auf der niedrigsten Ebene in der Sozialkultur der Regimenter an ihren Heimatstandorten. Die Regimenter unterhielten hierzu eigene Kameradschaftsverbände in den Garnisonen, die sich unter anderem der Förderung der Kampfmoral und des Leistungsethos verschrieben.[110] In Veranstaltungen und Rundschreiben pries man das »Heldentum«, die »Leistungen« und die »Waffentaten« der Regimentsangehörigen im »Freiheitskrieg« an der Ostfront. Dazu gehörte es, dass man regelmäßig die Namen der Regimentsangehörigen veröffentlichte, die befördert oder ausgezeichnet wurden.[111] Das war ein zusätzlicher Ansporn für die Soldaten, die wussten, dass ihre Taten in der Heimat bekanntgemacht wurden. Genauso war den Soldaten bewusst, dass sie in die Historie des Regiments eingehen konnten, für die der Traditionsverband bereits während des Krieges Material sammelte.[112] Auch in diesen Geschichten setzte man einzelnen Kämpfern ein Denkmal, indem man sie namentlich nannte. Schon während des Krieges zeigten die heroischen Gefechtsberichte der Kameradschaftsverbände, wie man als Held gefeiert wurde, wenn man nach den geltenden Maßstäben etwas geleistet hatte.

Noch größere Öffentlichkeitswirkung hatte die Lokalpresse in der Heimatgarnison, die ebenfalls die Heldentaten der Soldaten zelebrierte. Die Lokalzeitungen berichteten regelmäßig über die Einsätze des städtischen Regiments und hoben dabei immer auch einzelne Regimentsangehörige heraus. Besonders viel Stoff für diese Heldengeschichten lieferte der größte Überflieger in Habichts Regiment, der spätere Bundeswehrgeneral Heinz-Georg Lemm. Als Lemm im April 1943 das »Ritterkreuz« erhielt und im Juli 1944 sogar mit dem »Eichenlaub« ausgezeichnet wurde, brachten die Tageszeitungen an den Heimatstandorten in Güstrow und Rostock jeweils ausführliche Artikel mit Porträts von Lemm.[113] Dabei erzählten sie nicht nur seine Waffentaten, sondern auch seine Lebensgeschichte – als »Führerpersönlichkeit« hatte man im »Dritten Reich« eben Anrecht auf eine gewisse Individualität. Lemm war ein Beispiel dafür, wie die Lokalpresse herausragende Offiziere wie ihn zu Heldenikonen aufbaute.

Die NS-Propaganda tat dasselbe, nur in größerem Maßstab. Sogar Hitler höchstpersönlich beteiligte sich an dem Heldenkult. Selbst wenn die

Offiziere dabei nur als Gruppe gefeiert wurden, konnte man sich als Einzelner davon angesprochen fühlen. Habicht hörte im Herbst 1942 eine solche Rede Hitlers im Radio im Beisein des Hauptmanns Otto Benzin, der »Ritterkreuzträger« war – und Kriegsoffizier von geringer Herkunft. Habicht bemerkte, wie Benzin die Aussagen von Hitler über die Aufstiegsmöglichkeiten in der »Volksgemeinschaft« direkt auf sich selbst bezog:[114]

> »Als der Führer einmal auf die wahre Leistung der Ritterkreuzträger hinweist und ein andermal davon spricht, dass es keine Grenzen mehr gebe, die durch Besitz, Herkommen, Stand und Vermögen gezogen seien, sondern dass allein der innere Wert und die bewiesene Leistung Voraussetzung zum Führertum sei, kriegt Benzin jedesmal einen roten Kopf und rückt verlegen auf seinem Stuhl hin und her. Denn das alles trifft so haargenau auf ihn zu, als habe er Modell zu diesem Bild gestanden, und er ist ein so echt bescheidener Mensch, dass er das jetzt fast als peinliches Hervorzerren ins Rampenlicht empfindet, was er garnicht mag.«

Das war eine typische Bescheidenheitsgeste, zu der man sich offensichtlich in der »Volksgemeinschaft« verpflichtet fühlte. Ganz ähnlich hatte Heinz-Georg Lemm reagiert, als er von den oben erwähnten Zeitungsberichten in der Lokalpresse erfuhr, in denen man ihm für sein »Ritterkreuz« huldigte. Habicht gegenüber tat Lemm so, als sei ihm das furchtbar unangenehm. Er lief sogar rot an, als er das sagte: »Ich schäme mich wie noch nie in meinem Leben bei dem Gedanken, es könne jemand annehmen, ich steckte selbst hinter dieser Hudelei.«[115] So prägte die Ideologie der »Volksgemeinschaft« die soziale Praxis bis hin zu kleinsten Gesten – wegen der antiindividualistischen Rhetorik des Regimes glaubten die Männer offenbar, sich fast dafür entschuldigen zu müssen, wenn sie als Einzelne herausgehoben wurden.[116] Insgeheim empfanden Männer wie Lemm die öffentliche Belobigung aber wohl anders: Lemm bewahrte die gute Presse über ihn bis an sein Lebensende auf. Außerdem klebte er Fotos von seiner Auszeichnung mit dem »Ritterkreuz« in sein persönliches Erinnerungsalbum ein. Für einen jungen, hochmotivierten Berufsoffizier wie Lemm bedeuteten solche Ehrungen die Welt. Zudem traten in der »Volksgemeinschaft« längst nicht alle derart bescheiden auf. Habicht war sich sicher, dass das »Angeben« immer noch weit verbreitet war, nicht zuletzt bei Offizieren, die in der Heimat mit ihren Orden prahlten und von ihren »Heldentaten« erzählten.[117]

Weil individuelle Ambitionen, Ehrgeiz und Prestigedenken im Spiel waren, schufen die neuen Aufstiegsmöglichkeiten in der Wehrmacht nicht unbedingt ein erhöhtes Gemeinschaftsgefühl. Wenn die einen ausgezeichnet und befördert wurden, fühlten sich die anderen nicht selten übergangen, so wie Habicht in der eingangs beschriebenen Szene. Auch Habicht schaffte letztlich einen Karrieresprung, um den ihn andere beneideten. Einer seiner Offizierskameraden, Karl Büsing, diente im Regiment als Ordonnanzoffizier, träumte aber davon, ebenfalls Bataillonskommandeur zu werden – die Personalabteilung der Division eröffnete ihm jedoch, dass er dafür aus gesundheitlichen Gründen »nicht geeignet sei«.[118] Während Habicht für die Laufbahn eines Bataillonskommandeurs nominiert wurde, realisierte Büsing, dass man ihn noch nicht einmal als Kompaniechef haben wollte. Habicht bemerkte, wie dies Büsing die Motivation raubte: »Karlchen ist böse und will nicht mehr mitspielen. Alle seine Versuche, seinen derzeitigen Posten loszuwerden und eine Kompanie zu bekommen, sind gescheitert, nun hat er überhaupt keine Lust mehr. ›Wenn ich schon nichts als Großhändler und Warenverteiler sein soll, dann verzichte ich auch auf den Rock.‹«[119] Noch verbitterter hörte sich Habichts Kompaniefeldwebel Hans Breese an: Selbst nach mehreren Jahren an der Front war er noch immer nicht zum Kriegsoffizier aufgestiegen. Bei einem Gespräch mit Habicht von Ende Mai 1943 platzte aus dem Hauptfeldwebel der aufgestaute Frust heraus:[120]

> »Als ich mit Breese langsam am Flussufer dahinschlendernd, an dem Punkt angelangt bin, wo alles Dienstliche besprochen ist und ich ihn verabschieden will, kommt plötzlich heraus, was ihm fehlt. Er will weg von der Kompanie, weg vom Regiment, von beiden ›nichts mehr sehen und nichts mehr hören!‹ Das kommt, einmal angefangen, nun wie ein Strom aus ihm heraus. Er ist bis an den Hals voll von Enttäuschung, Verbitterung und Resignation. Ich kann ihn zunächst nur völlig entgeistert ansehen. ›Sagen Sie, Breese, bin jetzt ich verrückt oder sind Sie es?‹ Oh nein, *er* ist es nicht. Und die Sache ist auch sehr einfach: In Holland hatte er schon nicht mehr Hauptfeldwebel sein, sondern einen Zug füh-

ren wollen, aber das Bataillon und das Regiment hatten es nicht erlaubt. Er hatte Hauptfeldwebel bleiben müssen mit dem Resultat, dass seine Jahrgangskameraden in vielen Fällen Offiziere wurden und heute Oberleutnante und Kp.Chef sind. ›Sogar in unserem Regiment, Herr Hauptmann!‹ Er hatte sich wohl oder übel damit abgefunden, aber was traf er jetzt an, als er nach 4 Monaten Lazarett wieder zur Kompanie zurückkam? Der letzte der alten Hauptfeldwebel des Regt. war nun auch Offizier geworden, die jungen Feldwebel, seine einstigen Rekruten und Schüler, waren Oberfeldwebel, also ranggleich mit ihm und hatten fast ausnahmslos das EK I, und er – wie stand er nun da? Als Trottel, als der einzige Hauptfeldwebel, der zu nichts anderem zu brauchen sei, als … als … also nur weg, nichts wie weg! Wenn schon Hauptfeldwebel, dann überall in der Welt, nur nicht mehr hier! Der gute Breese! Ich kann in sein Inneres sehen wie durch Glas. Alles, was er vorbringt, ist richtig und doch wieder falsch, seine Verbitterung ist wirklich echt, aber ihre letzte Ursache verrät mir ein einziges unterbewusstes Wort von ihm: Seine Frau! Deren Eitelkeit und Geltungsbedürfnis es offenbar nicht mehr erträgt, dass sie als Einzige vom ganzen Kasernenblock in Güstrow Frau Hauptfeldwebel bleiben soll, während die anderen ›gnädige Frau‹ wurden und ins Offizierskasino eingeladen werden. Und die deshalb – ich kann mir vorstellen, welch angenehmen Urlaub der gute Breese verlebt hat. Und dann kommt er zur Kompanie zurück und findet gewissermassen als Paukenschlag – als Kompanieoffizier den Lt. Walther vor, der als junger Rekrut gekommen war, da Breese schon alter Feldwebel war, und auch nur als aktiver *Unter*offizier angefangen hatte. Soll er vielleicht gar noch warten, bis der – wer weiss wie bald – auch noch sein Chef wird, wenn Herr Hauptmann mal wegkommen? – Ich bin mir klar darüber, dass der Fall hoffnungslos ist. Breese ist für mich verloren.«

So beäugten sich die Männer gegenseitig, wenn es um die Karriere ging.[121] Das war die Kehrseite der sozialen Mobilität in der Wehrmacht – sie schuf auch Wettbewerb und Konkurrenzdenken. Das wirkte freilich trotzdem mobilisierend: Auch Hans Breese fühlte sich offensichtlich angespornt, sich anzustrengen, um doch noch Offizier zu werden. Als er es geschafft hatte, ging er zu einem Fotografen, um ein Porträtfoto von sich aufnehmen zu lassen – der Stolz über seinen neuen Rang stand ihm dabei förmlich ins Gesicht geschrieben. Seine Geschichte führt vor Augen, dass die Einbindung der Deutschen in die »Volksgemeinschaft«

8. Hans Breese nach seiner Beförderung zum Oberleutnant, April 1944

keineswegs nur durch ideologische Zustimmung erfolgte, sondern auch durch die rationale Verfolgung individueller Interessen. Selbst auf diese Weise gelang freilich die Integration der »Volksgenossen«, weil sie sich dafür im NS-System engagierten und sich für die Ziele des Regimes einsetzten.[122] Das war allerdings eine weniger emotionale und eher selbstbezogene Form der Vergesellschaftung – durch die eben auch Enttäuschungen entstehen konnten, wenn die Erwartungen nicht erfüllt wurden.[123] Diese Haltung war in der gesamten NS-Gesellschaft verbreitet. Denn das permanente Streben nach Distinktion, Bevorzugungen und Vergünstigungen aller Art kennzeichnete das Verhalten vieler Deutscher im Alltag der »Volksgemeinschaft« bis zuletzt.[124] Die Kehrseite davon war die Empörung über die Bevorzugung anderer – und nicht von ungefähr bezogen sich besonders viele Klagen dieser Art auf die Privilegien der NSDAP-Funktionäre.

Die egalitaristische Idee der »Volksgemeinschaft« war noch nicht einmal in den Köpfen mancher Nationalsozialisten richtig angekommen. Für die klassenübergreifende Aufstiegsdynamik gab es in Habichts Regiment viele Beispiele in Gestalt von Kriegsoffizieren, die aus den Unterschichten stammten. Nach seinen Propagandaschriften aus den 1920er Jahren hätte man denken können, dass Habicht den Aufstieg dieser Männer enthusiastisch begrüßen würde – doch Habicht verlor keine großen Worte darüber. Nur im Hinblick auf den Hauptmann Otto Benzin, den er für einen idealen Krieger hielt, äußerte er sich grundsätzlich positiv dazu:[125]

> »Dieser ehemalige Hauptfeldwebel mit dem Ritterkreuz ist ein prachtvoller Soldat und äusserlich und innerlich eine so voller Echtheit feine und vornehme Erscheinung, dass ihm niemand seine Abstammung aus kleinsten Verhältnissen zu glauben geneigt ist. Er ist ein lebendiges Zeichen dafür, was für wertvollste Kräfte noch in der breiten Masse des Volkes verborgen liegen.«

Doch aus dieser Erkenntnis folgte bei Habicht erstaunlich wenig. Man hätte erwarten können, dass gerade ein Nationalsozialist wie er ein besonderes Augenmerk auf die Förderung dieser »wertvollsten Kräfte« gelegt hätte. Zudem hatte es die Heeresführung allen Einheitsführern zur Pflicht gemacht, »kommende Führerpersönlichkeiten« frühzeitig zu erkennen und auf sie hinzuweisen.[126] Doch Habicht schenkte der Talentsuche in der »breiten Masse« keine besondere Aufmerksamkeit. Während des gesamten Krieges kam es nicht ein einziges Mal vor, dass er einen Unteroffizier aus seiner Kompanie von sich aus zum Kriegsoffizier vorschlug – obwohl es ihm die Vorschriften erlaubt hätten, bewährte Feldwebel direkt zur Beförderung zum Leutnant einzureichen.[127] Eine mögliche Erklärung für diese Zurückhaltung liegt in der NS-Ideologie: Hitler wollte die Klassengrenzen abbauen, damit das ganze Potential des Volkes zur Geltung kommen könne, doch die Auslese der »Besten« sollte sich im freien Wettbewerb durchsetzen.[128] Eine aktive Förderung von Talenten aus den Unterschichten hätte also dem sozialdarwinistischen »Kampfgedanken« in der NS-Weltanschauung widersprochen – das war auch der Grund dafür, warum es im NS-Staat generell keinen Masterplan für Chancengleichheit gab.[129] Der tatsächliche Grund für Habichts Haltung war aber wohl banaler: Er traute Unteroffizieren einfach nicht viel mehr zu, als Unteroffiziere zu sein. Im Hinblick auf seinen Kompaniefeldwebel Hans Breese etwa stand für ihn zwar »außer Zweifel, dass er einen prächtigen Zugführer abgäbe und auch noch einen sehr guten Kompaniechef. Zu mehr würde es dann allerdings wohl nicht mehr reichen.«[130]

Die Kriegsoffiziere waren eigentlich die perfekten Aushängeschilder für die »Volksgemeinschaft« – doch viele konservative Offiziere und sogar Nationalsozialisten rümpften ihretwegen die Nase. In der Luftwaffe konnte sich noch nicht einmal der Oberbefehlshaber, Hermann Göring, dazu durchringen, den Kriegsoffizieren den Status von aktiven Offizieren zuzugestehen, während dies im Heer schon im Herbst 1942 auf Befehl Hitlers erfolgt war.[131] Damit wollte man offenbar eine allzu weitgehende »Umschichtung« verhindern – Görings Offiziere stießen sich also ausgerechnet an der sozialen Mobilität, die mit dem Aufstieg der Kriegsoffiziere verbunden war.[132] Selbst ein ranghoher Nationalsozialist wie Habicht hatte Vorurteile. Das offenbarte er, als er das Schicksal des vorherigen Bataillonskommandeurs im Grenadierregiment 547 kommentierte, der wegen des Verlusts der Stadt Newel im Oktober 1943 kriegsgerichtlich belangt wurde:[133]

> »Dieser – der jetzt wegen Newel vor dem Kriegsgericht steht – sei zwar ein persönlich tapferer Mann gewesen, der sich selbst nicht geschont habe, aber ohne jede Linie, der heute so, morgen so befohlen und am Ende völlig den Kopf verloren habe. Das alte Thema: Als Hauptfeldwebel hervorragend gewesen, als Kompanieführer eben noch brauchbar, als Btl.Kdr. unmöglich, weil das eben seinen Horizont überstieg. Ergebnis: Das Btl. zerschlagen, er selbst erledigt. Wann wird man daraus endlich einmal lernen, und wann wird man endlich einmal anfangen, die Leute zur Rechenschaft zu ziehen, die solche unmöglichen Figuren von Stufe zu Stufe befördern, bis sie in den Abgrund stürzen und alles mit sich reissen?«

So abschätzig dachte Habicht in Wirklichkeit also über die Kriegsoffiziere: Er hielt ihren »Horizont« für begrenzt und fand sie als Kommandeure »unmöglich«. Die erfolgreichsten von ihnen erkannte er auf Grund ihrer Leistungen vollauf an. Doch offensichtlich irritierte es ihn, dass manche dieser Männer aus den Unterschichten mit ihm auf gleicher Stufe rangierten oder sogar noch höher.[134] Das war ein weiterer Beleg für seine narzisstische Überheblichkeit – schließlich stammte Habicht selbst aus kleinen Verhältnissen und war ursprünglich aus dem Unteroffiziersstand aufgestiegen. Sogar bei einem Nationalsozialisten wie Habicht war Dünkel vorhanden, der sich offenkundig aus seinem elitären Denken speiste. Mit dem Egalitarismus der Nationalsozialisten war es nicht sehr weit her, und das äußerte sich auch in den Sozialbeziehungen in der Wehrmacht.

Von oben herab: Paternalismus statt Kameradschaft

Als Habicht im Jahr 1928 eine Auswahl von Aufsätzen für sein Bekenntnisbuch »Wider den Unstaat« zusammenstellte, wählte er auch ein kurzes Kapitel über die »Volksgemeinschaft« dafür aus. Es handelte ausschließlich von der »Volksgemeinschaft« im Militär an der Front. Habichts Lehre aus dem Ersten Weltkrieg war, dass der Weg zu einer wahren »Volksgemeinschaft« nur über den gemeinsamen Kampf im Krieg führte:[135]

> »Da kamen die zusammen, die sonst nie zueinander gefunden hätten, die sich ewig fremd geblieben wären – der Arbeiter zum Bürger, der Städter zum Bauern, der Arbeiter der Faust zum Arbeiter der Stirn, und sie alle wurden zum Teil der großen Einheit, lernten sich kennen und verstehen und empfanden über alle Klassenunterschiede hinweg, dass sie Kinder eines Volkes waren: Deutsche! (…) Das alte Heer, das jeden gesunden Mann in seine Reihen zwang, war die demokratischste Institution, die Deutschland je besaß, denn sie trat mit ihrer Forderung an jeden heran, ohne nach Stand und Herkommen zu fragen. Als die Stunde der großen Prüfung auf den Wert kam, da bewährte sie sich unvergleichlich, und als nach Jahren gigantischen Ringens der Zusammenbruch kam, da war es nicht das Heer, das zusammenbrach, sondern die Heimat, nicht die zu Staatsbürgern Erzogenen, sondern die Unerzogenen. Nicht ein Zuviel an Zwang führte den Untergang herbei, sondern ein Zuwenig. Wäre das gesamte Volk in jenem Geiste erzogen worden wie die Millionen der grauen Soldaten, nie wäre ein Zusammenbruch gekommen.«

Die mythisierte »Schützengrabengemeinschaft« des Ersten Weltkriegs war für Nationalsozialisten wie Habicht die Inspiration für die Gesellschaft der Zukunft.[136] Habicht glaubte daran, dass in der Übertragung der militärischen Ordnung auf das Zivilleben der Schlüssel zu einer glorreichen Zukunft lag. Das formulierte er besonders fulminant, als er bei einer militärischen Zeremonie an der Ostfront im Frühjahr 1943 seinen Blick über das angetretene Bataillon schweifen ließ. Sein Blick ging über die Mannschaftssoldaten hinweg, verweilte kurz bei der Gruppe der Feldwebel und Unteroffiziere und blieb dann an den einzelnen Offizieren haften, die er nacheinander namentlich würdigte. Dabei dachte er, dass dies die Elite des Volkes war, die das Fundament der zukünftigen Gesellschaft bilden sollte:[137]

> »Immer wieder und heftiger von einem zum andernmal muss ich denken: *Die* sind das wirkliche, wahre Deutschland, die allein! Hart, mutig, anspruchslos, zu jedem Opfer bereit und fähig und tausendfach erprobt. Wenn *die* einmal im gleichen Geist und mit der gleichen Härte und Entschlossenheit an die Aufgaben des Friedens und der Zukunft gestellt würden wie jetzt an die der Gegenwart und des Krieges, dann bekäme das Reich der Zukunft ein granitenes Fundament und würde in Wahrheit ein tausendjähriges werden.«

Das erste Zitat zur »Volksgemeinschaft« spiegelte die Theorie, das zweite Zitat die soziale Realität: In der Propaganda schwärmten die Nationalsozialisten von der klassenlosen »Einheit« des Volkes, doch in Wirklichkeit machten sie zwischen den »Volksgenossen« große Unterschiede. Mit der Unterscheidung zwischen »Persönlichkeiten« und »Massen« führten sie quasi eine alte Ungleichheitsdimension neu in die Gesellschaft ein.[138] Hitler erklärte ausdrücklich, dass die Unterschiede zwischen den Menschen in der völkischen Leistungsgesellschaft der Zukunft nicht aufgehoben werden dürften, sondern voll zur Geltung kommen sollten.[139] Diese Ungleichheiten waren im rassenbiologischen Denken der Machthaber schon durch die Genetik vorgegeben: Demnach waren besonders »hochwertige« Menschen zur Führung prädestiniert und »erblich weniger Bestimmte« zum Geführtwerden.[140] Hitler wollte keine egalitaristische Gesellschaft, sondern eine starre hierarchische Ordnung: Jeder sollte an seinem zugewiesenen Platz stehen und funktionieren.[141] Der Theorie nach sollte es zwischen allen »Volksgenossen« dennoch kameradschaftlich zugehen, und Klassendünkel war verboten. Wie dies in der Praxis aussah, ist damit jedoch nicht gesagt, und diese Frage rührt an den Kern der »Volksgemeinschaft«. Im persönlichen Umgang der Deutschen miteinander wurde die »Volksgemeinschaft« tagtäglich performativ auf die Probe gestellt – und dabei häufig konterkariert.[142] Der elitäre Zug des »Persönlichkeitsprinzips« übersetzte sich in hierarchische und autoritäre Sozialbeziehungen.

Einen Vorgeschmack darauf bot bereits das Leben in der frühen NSDAP. In der Propaganda inszenierte sich die Partei als eine Vorwegnahme der klassenübergreifenden »Volksgemeinschaft«. In Wirklichkeit aber herrschten beträchtliche Ungleichheiten – die sich nach Macht, Klasse, Alter und Geschlecht richteten. Wegen des chauvinistischen Männlichkeitsgehabes der Nationalsozialisten hatten Frauen in der Partei kaum etwas zu sagen.[143] In Wiesbaden machte der Parteichef Habicht nur bei seiner eigenen Frau eine Ausnahme.[144] Einen relativ schweren Stand hatten auch die Parteimitglieder, die nicht mehr in ihren Zwanzigern und Dreißigern waren – im vorherigen Kapitel wurde bereits erwähnt, dass Habicht sie öffentlich als »Ältere« abqualifizierte. Am deutlichsten zeigte sich die Ungleichheit innerhalb der NSDAP allerdings an den »Parteigenossen« aus den Unterschichten. Die Arbeiter blieben nicht nur unter den Mitgliedern unterrepräsentiert, sondern wurden auch bei der Besetzung von Parteiämtern übergangen.[145] Die Partei wurde von kleinbürgerlichen Beamten, Kaufleuten, Angestellten und Handwerkern dominiert, von Männern wie Habicht eben – sie teilten auch die Posten unter sich auf.[146] Noch 1935 kamen nur rund 8 Prozent aller NSDAP-Kreisleiter aus der Arbeiterschaft.[147] Sogar in der angeblich so proletarischen SA waren nur etwa 10 Prozent der Führungspositionen mit Arbeitern besetzt.[148] Die Diskriminierung der Arbeiter manifestierte sich nicht zuletzt im persönlichen Umgang in der Partei, trotz aller Rhetorik von der klassenübergreifenden Kameradschaft. In Wiesbaden waren einige der Parteimitglieder aus der Arbeiterschaft darüber derart enttäuscht, dass sie im Sommer 1931 einen bitterlichen Protestbrief an die NSDAP-Reichsleitung schrieben:[149]

> »Kommt man auf die Rheinwacht [d.h. die NSDAP-Geschäftsstelle] [und] möchte Herrn Habicht sprechen dann heist es gleich ach wass H. Habicht ist nicht da. Für Arbeitslose ist er überhaupt nicht zu sprechen, da brauch man aber auch kein S.A. Mann zu sein (...) In jedem Sturmabend redet unser Stuf. immer ein und das selbe. Man muß Angst haben den Mund aufzutun daß man nicht die S.A. von unsern Herrn

Führer auf den Halz gehetzt bekommt. Kommt man auf die N. S. S. K. das selbe Bild wie überall auch hier wird man angeschrien das man gerne den Mund hält. Sollte aber von hier aus die Sache nicht bald geregelt werden so sehen wir uns gezwungen die ganze Sache in der Arbeiter Zeitung an die Öffentlichkeit zu bringen. Aber wir hoffen auf unseren Führer Adolf Hitler dass er endlich einmal die Sache in die Hand nimmt und ganz energisch aufräumt unter diesen Gesellen. (…) Sollten wir auch hier kein Gehör finden so tut es uns leid dass wir überhaupt als Arbeiter in der Partei gestanden haben. Denn man sieht es hier deutlich genug wie man als Arbeiter behandelt wird.«

Ein entlarvender Einblick in die Sozialkultur der frühen NSDAP! Offensichtlich ging es keineswegs so kameradschaftlich zu, wie die Propaganda suggerierte, und das lag wohl nicht zuletzt an dem Dünkel der kleinbürgerlichen NSDAP-Führer. Nach 1933 setzte sich dies in der Gesellschaft des »Dritten Reichs« fort. Das NS-Regime integrierte die Arbeiterschaft mit einer Mischung aus Terror, Propaganda und Sozialprogrammen, betrachtete sie aber letztlich vor allem als eine »Manövriermasse«.[150] In der Wirtschaft sollte die »Betriebsgemeinschaft« die »Volksgemeinschaft« spiegeln, doch in Wirklichkeit waren die Verhältnisse häufig sogar noch autokratischer als früher, zumal jetzt in den Betrieben das »Führerprinzip« galt. Es sagte alles, dass Unternehmensführungen und DAF-Stellen die Manager immer wieder dazu ermahnen mussten, die »Volksgenossen« aus der Arbeiterschaft weniger autoritär, sondern kameradschaftlicher zu behandeln.[151] Wegen mancher Anreize wie dem Versprechen auf Aufstieg wirkte der NS-Staat auf viele Arbeiter wie eine »gefühlte Volksgemeinschaft«, doch in der Sozialkultur fühlte er sich eher an wie eine »verschleierte Klassengesellschaft«.[152] In der Arbeiterschaft herrschte teilweise regelrechte »Verbitterung« wegen der Ungleichbehandlung im »Dritten Reich«, gerade weil die offizielle Propaganda unermüdlich von der Gleichheit der »Volksgenossen« redete.[153]

Selbst in der Wehrmacht gab es Anzeichen dafür, dass die Nationalsozialisten mit ihrem Ideal von der klassenübergreifenden Kameradschaft nicht weit kamen. Dabei bemühten sie sich im Militär ganz besonders darum, und das war eine Lehre aus dem Ersten Weltkrieg. Von 1914 bis 1918 blieb die Distanz zwischen Offizieren und Mannschaften groß. Es war ähnlich wie in anderen europäischen Armeen, in denen die

Offiziere aus den höheren Schichten den Soldaten aus den Unterschichten mit demselben Paternalismus begegneten wie in der Klassengesellschaft zu Hause.[154] Die Verhältnisse zwischen den Rangklassen im Militär galten als Spiegelbild der Verhältnisse in der Gesellschaft.[155] Das war nicht unbegründet, denn noch in der Wehrmacht dienten die Unterschichten vor allem als Mannschaften und Unteroffiziere – und bereits in den Unteroffiziersrängen nahm ihr Anteil an den Führungskadern deutlich ab.[156]

Die deutsche Führung wollte im Militär eine echte »Wehrgemeinschaft« schaffen, deshalb versuchte sie, die Beziehungen zwischen Offizieren und Soldaten zu verbessern, unter anderem durch die Abschaffung von Offiziersprivilegien wie dem gesonderten Essen. Das war im Vergleich zu anderen Armeen der Zeit tatsächlich ziemlich fortschrittlich.[157] Die Verringerung der Kluft zwischen Offizieren und Mannschaften sollte den Zusammenhalt der Truppe stärken und sie dadurch schlagkräftiger machen – gleichzeitig entsprach dies den Zielen der »Volksgemeinschaft«. Dafür wollte man auch die Art des persönlichen Umgangs in der Truppe ändern. In einem wegweisenden Befehl von Ende 1938 begrüßte der Oberbefehlshaber des Heeres enthusiastisch, dass »über Klassen und Stände hinweg eine neue einzigartige Volksgemeinschaft« geschaffen worden sei, und ordnete entsprechend an: »Ich verlange ein Zusammengehörigkeitsgefühl von Offizier und Mann; das liegt aber nicht in plumper Vertraulichkeit und missverstandener Anbiederung. Misshandlungen und ehrverletzende Rügen sind eines Offiziers unwürdig. Der Offizier muss in jeder Lage so viel Haltung bewahren, dass Beleidigungen und Misshandlungen ausgeschlossen sind.«[158]

In der Praxis wurde das allerdings nicht so umgesetzt, wie es sich die Machthaber wohl vorstellten. Eine alarmierende Zwischenbilanz zog der bereits erwähnte Nationalsozialist Heinrich Härtle in seiner Denkschrift vom Januar 1941. Nach eigenen Angaben war Härtle während des Feldzugs in Frankreich mit zahlreichen Einheiten jeden Typs in Berührung gekommen, und dabei war ihm immer wieder derselbe Missstand aufgefallen: »Das Verhältnis von Offizier und Mann ist nicht in Ordnung. Hier wiederholt sich etwas, was bereits im Weltkrieg 1914–18 zu einer inneren Krisis geführt hat.«[159] Aus seiner Sicht gehörte »dieses damals schon bestehende Missverhältnis zu den Ursachen der Niederlage«: Weil die Offiziere ihre Soldaten so autoritär behandelt hätten, seien die Verhältnisse in der Truppe in einen »Klassenkampf« ausgeartet, die logische Folge sei der 9. November 1918 gewesen. Die Novemberrevolution war das Trauma der Nationalsozialisten – und Härtle warnte ernsthaft vor einer »Wiederholung«, falls das »Missverhältnis« zwischen Offizieren und Soldaten nicht behoben würde. Aus Härtles Sicht gab es nichts, was die »Volksgemeinschaft« so stark unterminierte wie das »Klassensystem« der Wehrmacht:

> »Fast alle aber kamen zur Truppe, erzogen und erfüllt von dem Ideal eines völkischen Sozialismus, der Kameradschaft und der Volksgemeinschaft. Es gibt aber heute keinen größeren Gegensatz zwischen Idee und Wirklichkeit als das nationalsozialistische Ideal der Volksgemeinschaft und das Klassensystem des Heeres. Gerade von alten SA-Kameraden und Freikorpskämpfern werden diese Tatsachen am bittersten empfunden und am heftigsten angegriffen. Männer, deren Wehrbegeisterung, soldatische Befähigung und Einsatzbereitschaft außer jedem Zweifel steht, erklären offen, dass sie nur ihre nationalsozialistische Erziehung und der Glaube an den Führer daran hindert, Klassenkämpfer zu werden gegen den Klassenkampf, den sie täglich in der Armee erleben. (…) Wir erstreben die Volksgemeinschaft, die Militärs die schärfste Wahrung der Klassendistanz von Offizier und Mannschaft. Der innere Aufbau der Kompanie entspricht nicht der Führungsordnung des neuen Reiches, sondern ist im allgemeinen immer noch ein Abbild jenes Organisationstypus, aus dem auch noch die herrschende Offiziersschicht stammt: des kaiserlichen Reiches. Die Kompanie ist heute noch eine Monarchie, ein absolutistischer Staat, eine preußische Dynastie im Kleinen. In der Kompanie wird nach Prinzipien regiert, die das Gegenteil dessen sind, was der Nationalsozialismus öffentlich fordert. Der Offizier ist nicht der vorgesetzte Volksgenosse, sondern absoluter Regent. Die Mannschaft besteht nicht aus unterstellten Volksgenossen, sondern aus ›Leuten‹, militärischen Untertanen. Manchmal glaubt man, noch mit Methoden erziehen zu können, die für die Beherrschung slawischer Landarbeiter unbedingt zweckmäßig sind, aber vom deutschen Soldaten innerlich gehasst werden. Es fehlt im allgemeinen eine wirkliche innere Verbindung von unten nach oben und von oben nach unten. Offizier und Mannschaft werden künstlich auseinandergehalten, dienstlich und noch schlimmer außerdienstlich. Aus diesem Missverhältnis folgt alles

übrige, was immer wieder in einzelnen Kompanien mit Erbitterung festgestellt wurde: durch die künstliche absolute Distanz fehlt dem Vorgesetzten die Möglichkeit, seine Männer so gründlich kennen zu lernen, dass er sich über ihre Leistungen, ihren Charakter und ihre Fähigkeiten ein gerechtes Urteil aus eigener Erfahrung bilden könnte.«

Statt einer »Volksgemeinschaft« gab es in der Wehrmacht demnach ein »Klassensystem« – die überraschende Kritik verdeutlicht die beträchtlichen Reformhindernisse, die im Militär des NS-Staates bestanden. Die Missstände machte Härtle an der Dominanz der »herrschenden Offiziersschicht« fest, also den früheren Eliten, die noch immer die Mehrheit der Offiziere stellten. Härtle dachte freilich selbst nicht weniger elitär, denn im nächsten Atemzug fügte er einschränkend hinzu, dass das nationalsozialistische »Gefolgschaftsverhältnis« bei den Massen im Militär kaum greifen könne:

»Sicher wäre es falsche Romantik, das Führer- und Gefolgschaftsverhältnis, welches nur in einer Auslese zu verwirklichen ist, in der ursprünglichen Form auf die Massenorganisation des Heeres zu übertragen. Dienstlich gilt auch für die Armee der Autoritätsstil staatlichen Herrschens. Eine moderne Massenarmee ist auch kein Heer germanischer Männerbünde. Die geschichtlich-rassische Umschichtung und die zivilisatorische Entwicklung hat das ursprüngliche Verhältnis altgermanischer Kriegerbünde für immer zerstört. Doch die Volksgemeinschaft muss ihre militärische Ausdrucksform auch in der heutigen Kompanie finden. Daran kann auch der Einwand nichts ändern, dass eine Auflockerung des alten absolutistischen Autoritäts- und Klassensystems die Disziplin schwächen könnte. (...) Heute ist die umgekehrte Gefahr größer: dass die militärische Klassenerziehung in das allgemeine Volksleben eindringt und das Werden der Volksgemeinschaft stört. Das altpreußische Autoritätssystem hat für die deutsche Geschichte Unersetzliches geleistet. Trotzdem wäre es heute in seiner Einseitigkeit eine Gefahr für die Volksgemeinschaft.«

Die Denkschrift wirft ein faszinierendes Schlaglicht auf die performative Dimension der »Volksgemeinschaft« in der Wehrmacht: Sie ist ein beeindruckendes Zeugnis dafür, wie die Sozialbeziehungen und Umgangsformen bis hin zu kleinen Gesten im Alltag als Ausdruck der gesellschaftspolitischen Programmatik des NS-Regimes gedeutet werden konnten. Das galt sogar für die grundlegendsten Dinge, wie die Form der Anrede zwischen Vorgesetzten und Untergebenen. Laut Härtle gehörte es zum »Distanzkult« der Offiziere, dass sie immer noch auf der antiquierten Anrede in der dritten Person bestanden: »Die ›dritte Person‹ soll zwar offiziell abgeschafft sein, doch das ist in den meisten Fällen nur äußerlich oder überhaupt nicht durchgeführt. Tatsächlich steht die ›dritte Person‹ immer noch zwischen Offizier und Mannschaft. Es ist nicht besser, sondern eher schlimmer geworden.« Aus diesem Blickwinkel wurde schon jeder einfache Wortwechsel zwischen Offizieren und Mannschaften zum Testfall für die »Volksgemeinschaft«. Über die Umgangsformen in der Wehrmacht gibt es noch keine systematischen Studien, doch die Geschichte von Habicht und seiner Einheit zeigt exemplarisch, dass einige der von Härtle aufgezeigten »Missstände« tatsächlich zutrafen.

Selbst ein Nationalsozialist wie Habicht hatte eine außerordentlich elitäre Sichtweise auf die einfachen Soldaten – damit bestätigte er indirekt das geflügelte Wort, das laut Härtle »immer noch« die Zustände in der Wehrmacht beschrieb: »Der Mensch fängt erst beim Leutnant an.« Wenn man liest, wie Habicht von seinen Unteroffizieren und Mannschaften schrieb, hört sich das kaum danach an, als ob er sie als gleichwertige »Volksgenossen« in Uniform sah. Das offenbaren die vielsagenden Unterschiede, die Habicht in seinem Tagebuch zwischen den Soldaten der verschiedenen Rangklassen machte. In seinen Aufzeichnungen kamen viele Hunderte namentliche Nennungen von individuellen Regimentsangehörigen vor, doch die überwältigende Mehrheit davon entfiel auf Offiziere und nur ein verschwindender Bruchteil auf die Unteroffiziere und Mannschaften. Und das, obwohl die Letzteren über 90 Prozent der Truppe stellten und er tagtäglich mit ihnen zu tun hatte, in vielen Fällen über Jahre hinweg. Habichts Blick auf die Truppe entsprach unverkennbar seinen autoritären Auffassungen von den »großen Männern« und den »wimmelnden Massen«, die er schon in seinen Propagandaschriften aus den 1920er Jahren formuliert hatte. An Habichts Tagebuch lässt sich ablesen, dass die Gesellschaftsvorstellungen der Nationalsozialisten keine abstrakten Theorien blieben – sie manifestierten sich direkt in der sozialen Praxis.

Die Unteroffiziere und Mannschaften entsprachen den »Namenlosen« in Habichts elitärer Ideologie, denn in seinem Tagebuch blieben sie tatsächlich weitgehend anonym. Es gab zwar gewisse Ausnahmen wie den Kompaniefeldwebel oder die Offiziersburschen, mit denen er besonders viel zu tun hatte. Doch ansonsten kamen die Unteroffiziere und Mannschaften bei ihm kaum als eigenständige Individuen vor. In der Regel erwähnte er sie nur in ihrer Funktion als »MG-Posten« oder »Gruppenführer« oder auch nur im Kollektiv als »Kerls«, »die Landser«, »die Truppe«.[160] So äußerten sich die Unterschiede, die man als Nationalsozialist zwischen den »Massen« und den »Persönlichkeiten« machte. Denn die Offiziere nahm Habicht ganz anders wahr: Ihnen widmete er in seinen Aufzeichnungen großen Raum, erzählte ihre Geschichten und verlieh ihnen individuelle Züge. So ausführlich beschrieb Habicht jemanden, den er als echte Persönlichkeit ansah:[161]

> »Den Batl.Kdr. Hauptm. v. Oertzen sehe ich dann bei der Meldung zum erstenmal. Gehört habe ich allerdings schon genug von ihm, denn er ist in der ganzen Armee berühmt und die Zahl der Anekdoten, die über ihn im Umlauf sind, ist Legion. Der ist so eine Art ›toller Bomberg‹, ein immens reicher, mecklenburgischer Grossagrarier, völlig unabhängig und völlig respektlos, begabt mit einem gottlosen Maulwerk, das vor keinem General haltmacht, im Übrigen tolles Huhn, das mitten im stärksten Artilleriefeuer vor seinem Bunker steht und Schnepfen schießt. Er wäre längst Major, wenn er nicht höheren Orts mit seinem Maulwerk angeeckt wäre, aber das ist ihm gänzlich gleichgültig. ›Ich sch.... darauf, und wenn sie mich ärgern, dann gehe ich nachhause. K.v. bin ich sowieso noch nie gewesen!‹ Er war schon im Weltkrieg schwerverwundet und hat sich später mit Autorasereien so ziemlich alle Arme und Beine mehrmals gebrochen. Nichts weniger als ein Soldat, aber ein wilder Krieger. So stellt man sich die alten Raubritter vor, von denen er abstammt. Er ist übrigens genau so alt wie ich. – Er empfängt mich mit typischer Rauhbeinigkeit: ›Aha, das grosse Tier! Auf Sie bin ich schon lange mal neugierig gewesen. Leute, die mit der MP Politik machen, sind mein Fall, obwohl ich sonst von Euch Diplomaten nix halte. Aber ich glaube, Sie sind auch gar kein richtiger, sonst wären Sie nicht hier.‹«

Die Wertschätzung für Persönlichkeiten saß tief bei den Nationalsozialisten – Habicht fand es offenkundig nicht verwerflich, dass sich dieser Offizier derart viele Eigenheiten herausnahm, er bewunderte ihn fast dafür. Habichts Respekt für andere Persönlichkeiten ist in seinem Tagebuch mit Händen zu greifen. Einzelne Offiziere wie Heinz-Georg Lemm brachten es in seinen Aufzeichnungen auf eine dreistellige Anzahl von namentlichen Erwähnungen. Den Hauptmann Otto Benzin etwa, dem Habicht in der zweiten Jahreshälfte 1942 unterstellt war, erwähnte er ganze 163-mal. Zum Vergleich: Der Feldwebel Otto Töpfer, der während des gesamten Krieges in Habichts 4. Kompanie diente, kam im gesamten Tagebuch nur viermal namentlich vor. Mit dieser elitären Sichtweise war Habicht nicht allein im Offizierskorps – sie offenbarte sich auch bei bürgerlichen Offizieren wie Heinz-Georg Lemm, erkennbar an der Auswahl von Fotografien, die er in sein privates Erinnerungsalbum einklebte. Bis auf wenige Ausnahmen waren alle Personen, die auf den Fotos abgebildet waren und namentlich in den Bildbeschriftungen genannt wurden, Offiziere – während die Unteroffiziere und Mannschaften die namenlose Staffage bildeten.

Weil Habicht in seinen Soldaten nur »Massenmenschen« sah, traute er ihnen noch nicht einmal nennenswertes politisches Denken zu. Dazu muss man wissen, dass die Deutschen im »Dritten Reich« einen besonderen Blick dafür hatten, wer in ihrer sozialen Umgebung als Nationalsozialist anzusehen war und für wen das weniger galt.[162] Sogar dieser Blick wurde bei Habicht von seinem hierarchischen Denken angeleitet. Alle Regimentsangehörigen, die er in seinem Tagebuch als Nationalsozialisten beschrieb, waren Offiziere – zu politischem Bewusstsein war man aus Habichts Sicht offenkundig erst ab einer gewissen Rangstufe fähig. Aus Sicht des Nationalsozialisten musste das freilich gar nicht anders sein, denn eine restlose Ideologisierung der »Massen« hielt noch nicht einmal Hitler für erforderlich. Schon in »Mein Kampf« hatte Hitler erklärt, dass es ausreiche, wenn den einfachen Gefolgsleuten von der NS-Ideologie nur »einige wenige, ganz große Gesichtspunkte klargemacht werden«.[163] Viel wichtiger fand er, dass man sie »zu straffer Disziplin« erzog – gerade »eine Armee«, so Hitler, »braucht auch den primitiven Soldaten«. In diesem Geiste erwartete auch Habicht von seinen Soldaten nicht viel mehr als Gehorsam und Einsatzfreude. Es störte ihn nicht, dass sie nicht sehr politisch dachten. Er beschrieb sie als eine gutmütige, naive Masse, die sich über die Belange des Alltags hinaus »wenig oder garkeine Gedanken« machte:[164]

»Sie sind vergnügt und pfeifen und singen bei ihrer Arbeit vor sich hin. Sie haben es sich längst abgewöhnt, sich noch über den Tag hinaus Sorgen und Gedanken zu machen. Viele sind seit 20 und 18 Monaten nicht mehr auf Urlaub gewesen, die Masse seit 1 ¼ Jahren nicht mehr, aber damit haben sie sich längst abgefunden und fragen garnicht mehr danach. ›Einer muss den Schiet hier ja nu mal machen, Herr Oberleutnant‹, sagt mir der alte Obergefreite Funk, einer der ganz Alten der Kompanie aus Polen, Frankreich und Russland, letzter Urlaub Dez. 1940, ›und wir kennen den Kram ja nu, da blieven wir halt gleich da, solang as dat duert.‹ Keine Spur von Klage und Lamento, sondern nüchterne Selbstverständlichkeit und Gelassenheit. Und dann spuckt er wieder in die Hände und holt weit aus mit der Axt, um die Tanne zu fällen, die seine Bunkerdecke verstärken soll. *Das* erscheint ihm wichtig, und was der Iwan macht, und die Verpflegungsfrage interessiert ihn sehr, aber alles andere ist mehr oder weniger unwichtig. Höchstens *das* gefällt ihm nicht, dass wir hier den ganzen Sommer über liegen bleiben sollen, wie alle Äusserungen ›von oben‹ besagen. Er wäre mehr für das Weitermarschieren.«

Habichts hierarchisches Denken übersetzte sich direkt in entsprechende Umgangsformen gegenüber seinen Untergebenen – selbst er zeigte Ansätze jenes Autoritätsgehabes, das der Nationalsozialist Heinrich Härtle in seiner oben zitierten Denkschrift als Verletzung des »Gemeinschaftsprinzips« bemängelte. Das galt sogar für die Anrede in der dritten Person, die eigentlich schon seit 1938 im »Dritten Reich« verboten war – weil sie nach Ansicht der NS-Führung »nicht dem nationalsozialistischen Gemeinschafts- und Kameradschaftsgedanken« entsprach.[165] Vorgesetzte waren ausdrücklich angehalten, es nicht mehr zu dulden, wenn sie von Untergebenen so angesprochen wurden. Habicht aber ließ sich weiterhin von seinen Untergebenen in der dritten Person anreden – davon zeugen zahlreiche Dialoge, die er in seinem Tagebuch wiedergab.[166] Es war für ihn selbstverständlich, dass man als Offizier jemand war, »der mit der dritten Person angeredet und dem ›gehorsamst‹ gemeldet wird«.[167] Umgekehrt nahm er sich das Recht, bei seinen Untergebenen auf respektvolle Anreden zu verzichten: Er redete seine Unteroffiziere oft ohne Dienstgrad nur mit Nachnamen an, die Mannschaften duzte er sogar einseitig. So antwortete Habicht einmal, als sein Offiziersbursche sich eine Frage über sein Tagebuchschreiben erlaubte: »›Hoffentlich schreiben Herr Oberleutnant nichts über mich dabei?‹ – ›Über dich? Du spinnst wohl, was?‹«[168] Dass die Anrede in der dritten Person längst verboten war, schien Habicht nicht bewusst zu sein – er kam offensichtlich auch nicht von sich aus auf den Gedanken, dass sie im Widerspruch zur Idee der »Volksgemeinschaft« stehen könnte.

Besonders großen Abstand zur Truppe wahrte Habicht im außerdienstlichen Verkehr, den er streng auf das Offizierskorps beschränkte. Gegenseitige Besuche und gesellige Zusammenkünfte waren feste Bestandteile seines Alltags an der Front, doch das immer nur im Kreis der Offiziere. Noch nicht einmal mit seinen engsten Unterführern wie seinem Kompaniefeldwebel, mit dem er über mehrere Jahre hinweg tagtäglich zusammenarbeitete, ließ sich Habicht jemals zu einem geselligen Beisammensein hinab. Im Dienstbetrieb legte er auf den Kontakt mit seinen Soldaten allerdings großen Wert – es war keineswegs so, dass er versucht hätte, den Verkehr mit ihnen auf das Nötigste zu beschränken, wie Härtle dies den Offizieren in seiner Denkschrift nachsagte. Für Habicht gehörte es zum richtigen Führungsstil, auf die Soldaten durch persönliche Gespräche einzuwirken. Deshalb konnte man ihm auch kaum den Vorwurf machen, dass er seine Soldaten nicht kannte: Sein Tagebuch belegt, dass er mehr über sie wusste, als in den Kompanieakten stehen konnte.[169] Habicht lag viel daran, Kontakt zur Truppe zu halten – das gehörte zu den Gründen, warum er täglich Rundgänge durch die Stellungen seiner Einheit machte, so wie in einer Nacht im Dezember 1943:[170]

> »Die Nacht ist lang, und ich nehme mir die Zeit, mir alles eingehend anzusehen. 4 Stunden lang krieche ich in den Stellungen herum, unterhalte mich mit jedem Posten, sitze inmitten der Männer in jedem Bunker und lasse mir von ihrem zivilen und militärischen Leben, von ihren Sorgen und Wünschen erzählen. In dieser Kompanie ist wohl alles vertreten, was das deutsche Volk an Stämmen und das Reich an Landschaften besitzt. Ich stelle Ostpreussen und Badenser, Wiener und Friesen, Rheinländer und Schlesier, Holsteiner und Tiroler, Sachsen, Thüringer, Hessen, Westfalen, einen Kärntner, einen Linzer, einen Steirer und endlich sogar einen Volksdeutschen aus Rumänien fest, aber wie sie da zusammensitzen in der von dürftigem Kerzenlicht flackernd erhellten Höhle, sind ihre Gesichter sich alle brüderlich ähnlich, und nur die

Temperamente allenfalls unterscheiden die einen von den anderen. Allen gleich ist es, wie leicht sie zu haben sind, wenn man sie zu nehmen weiß. Ihre lachenden Gesichter und ihr einstimmiges ›Gute Nacht, Herr Hauptmann‹ sind von offener Herzlichkeit, wenn ich mit einem Scherzwort den Bunker verlasse. Mit diesem Volk kann man alles machen, wenn man es anständig und gerecht behandelt.«

Einen »Distanzkult« pflegte Habicht dann doch nicht, schließlich orientierte er sich durchaus auch an dem nationalsozialistischen Prinzip von »Führertum« und »Gefolgschaft«. Dazu gehörte die Vorstellung, dass die Untergebenen ihren auserwählten Anführern gewissermaßen freiwillig aus Überzeugung Gehorsam leisteten. Dabei betonte er allerdings vor allem den Teil über die Ergebenheit seiner Soldaten – während er vom antihierarchischen Charakter des Gefolgschaftsprinzips kaum etwas wissen wollte. Allzu viel Nähe zu den Soldaten erschien ihm geradezu als unvereinbar mit dem Auftreten eines »wirklichen« Nationalsozialisten. Damit grenzte er sich unter anderem von seinem letzten Regimentskommandeur ab, dem er trotz seines hohen Rangs als SA-Obergruppenführer absprach, »Nationalsozialist im wirklichen Sinn« zu sein:[171]

»Ein untrüglicher Beweis hierfür: ›Ich weiß garnicht, warum die Männer wie die Ratten in ihren Löchern verschwinden, wo ich auch auftauche!‹ Er ist ganz zornig über diese Feststellung. Sehr einfach: Weil die *gewollte* Leutseligkeit, mit der er die Männer ›ins Gespräch zieht‹, den Kerls ein Greuel ist. Wenn *ich* komme, rennt keiner weg, obwohl sie auch durchaus damit rechnen müssen, angeschissen zu werden. Aber das hört sich dann auch ganz anders an.«

So wie in dieser Szene vermittelte Habicht in seinem Tagebuch an vielen Stellen einen Eindruck von seinem Umgang mit den Soldaten – und der war überraschend paternalistisch. Der Paternalismus war eine autoritäre und ambivalente Herrschaftsform mit langer Tradition. Wie in der Regentschaft eines Hausvaters gegenüber den Familienmitgliedern basierte diese Herrschaftsform auf strengen Hierarchien und absolutem Gehorsam, auf der anderen Seite aber auch auf Fürsorge und Wohlwollen. Den Paternalismus kannte man vor allem aus der Gutswirtschaft, er war aber in der gesamten Gesellschaft tief verwurzelt, in Form von staatlicher Bevormundung während der Weimarer Republik oder auch in der patriarchalischen Führung von Unternehmen, die vor allem den Mittelstand über 1933 hinaus prägte.[172] Daneben gab es ihn auch im Militär. Schon im preußischen Heer trat der Regimentskommandeur wie eine Vaterfigur auf.

Der Paternalismus setzte sich sogar bis in die Wehrmacht fort. Das Infanterieregiment inszenierte sich als militärische Familie mit dem Kommandeur als Oberhaupt. Das wurde schon im Jargon der Soldaten deutlich: Der Kommandeur galt als »Papa« und der Kompaniefeldwebel als »Mutter der Kompanie«.[173] Um dieser familienartigen Verbundenheit Ausdruck zu verleihen, bestanden die Einheitsführer darauf, die Todesnachrichten an die Angehörigen persönlich zu schreiben. Nach Habichts Auffassung entsprach das dem »natürlichen Verhältnis der Kompaniechefs zu den Frauen und Müttern seiner Männer«.[174] Wie Familienoberhäupter sahen es die Kommandeure und Vorgesetzten als ihre Pflicht an, ihre Soldaten fürsorglich zu betreuen. Dabei drangen sie bis in das Privatleben der Regimentsangehörigen vor. Es gehörte zu den sozialen Gepflogenheiten in der Wehrmacht, dass Vorgesetzte bei Aufenthalten in der Heimat den Familien ihrer Soldaten Besuche abstatteten.[175] Habichts Kompaniefeldwebel etwa bemühte sich während seiner Urlaube, so viele Familien wie möglich aufzusuchen.[176]

Wenn man Habichts Beschreibungen von seinem Umgang mit den Soldaten in seiner Einheit liest, klingt dies häufig sehr nach dem, was er schon in den 1920er Jahren in seinen Schriften propagierte – dass die »Masse eines Volkes« geradezu »unmündigen Kindern« gleiche und der Führung durch große »Persönlichkeiten« bedürfe.[177] Habicht behandelte seine Soldaten streng und väterlich, aber eben von oben herab. Das drückte sich unter anderem eben darin aus, dass er sie gerne duzte und mit »mein Junge« anredete.[178] Er betrachtete sie mit Wohlwollen, verfügte aber uneingeschränkt über sie. Er sah es als sein selbstverständliches Recht als Kommandeur an, auch über die »Privat- und Familienverhältnisse« seiner Männer Bescheid zu wissen. Ende 1943 befahl er den Soldaten seines Bataillons sogar, ihm alle Geburtstage und sonstigen familiären Vorkommnisse dienstlich zu melden:[179]

»Beim Morgenkaffee meldet Lt. Einicke dienstlich, dass er Geburtstag habe und 22 Jahre alt werde. Das geschieht auf Grund eines Btl.Befehls von mir, wonach jeder Angehörige des Btl, dem ich an seinem Geburtstag begegne, mir das zu melden hat. Ich will damit vermeiden, nocheinmal einen Mann an seinem Geburtstag anzusch… und zu bestrafen, wie es mir einmal passierte, zweitens lerne ich die Männer auf diese Weise viel besser und schneller kennen, vor allem in Bezug auf ihre Privat- und Familienverhältnisse, und schliesslich habe ich beobachtet, dass die Männer diesen Befehl auffallend gut aufgenommen haben, wohl weil sie darin auch ein menschliches Interesse herausfühlen. In derselben Weise haben sie mir auch Familienzuwachs, Todesfälle nächster Angehöriger und Bombenschäden zu melden. Ich habe das Gefühl, dass sie das sehr gerne tun. Die meisten Männer haben in solchen Lagen das Bedürfnis sich auszusprechen, und junge Väter gar finden oft gar kein Ende in ihrem freudigen Mitteilungsbedürfnis. – So meldet also heute der Kleine in streng dienstlicher Haltung ›gehorsamst, dass er Geburtstag hat und 22 Jahre alt wird!‹«

Die Kehrseite des Paternalismus war die Bestrafung, wenn man nicht gehorchte. Das oblag allerdings der Willkür des Vorgesetzten. Wer sich bei Habicht bewährte und »sonst im Kampf schneidig« war, wurde von ihm schon einmal gedeckt. Selbst schwere Disziplinarvergehen erledigte er dann »unter der Hand«, um seine Männer vor dem Kriegsgericht zu bewahren.[180] Wer aber in Habichts Augen versagte und sich an der Gemeinschaft verging, wurde ausgestoßen und bekam die ganze Härte des Systems zu spüren. Bei einem Soldaten, der sich im März 1942 offenbar selbst durch die Hand geschossen hatte, um dem Fronteinsatz zu entgehen, reagierte Habicht erbarmungslos: »Er ist sofort dem Kriegsgericht übergeben worden, das ihn – wie auch in früheren Fällen geschehen – unverzüglich zum Tode verurteilen und erschiessen lassen wird. Hart, aber notwendig. Hier kann es keine Weichheit geben.«[181]

Bezeichnenderweise störte sich aber kaum einer der Soldaten an dieser Art von Paternalismus, denn sie kannten es aus der Gesellschaft kaum anders. Manche traditionalistischen Offiziere sahen gerade in den Bauernsöhnen aus Mecklenburg und Pommern die idealen Soldaten, weil diese seit jeher an patriarchalische Strenge gewöhnt waren – das waren exakt die Rekrutierungsgebiete, aus denen die Truppen der 12. Infanteriedivision stammten.[182] Aus demselben Grund änderte sich selbst durch den Aufstieg der Kriegsoffiziere nicht unbedingt viel am Umgangston in der Wehrmacht, denn auch diese Aufsteiger blieben häufig der autoritären Sozialkultur verhaftet, in der sie selbst groß geworden waren. Ein anschauliches Beispiel dafür bot Habichts Kompaniefeldwebel Hans Breese, der 1943/44 zum Kriegsoffizier befördert wurde. 1913 geboren, wuchs er in einfachen Verhältnissen auf dem Land in Vorpommern auf.[183] Im Elternhaus wurde er »zum Gehorsam, zur Gewissenhaftigkeit und zu uneingeschränkter Pflichterfüllung« erzogen. Dieselbe autoritäre Art legte er später gegenüber seinen eigenen Untergebenen an den Tag. Selbst bei Privatbesuchen im Hause von Kompanieangehörigen blieb die Hierarchie stets gewahrt: Er redete und rauchte, der Untergebene hörte zu und nickte. In der eigenen Familie führte er ein strenges Regiment. Gegenüber höheren Vorgesetzten verhielt er sich indes streng unterwürfig, und das sogar noch nach 1945. Die Erfahrung der »Volksgemeinschaft« schien an diesen autoritären Verhaltensmustern wenig geändert zu haben.

Habicht machte sich mit seinem paternalistischen Stil bei seinen Soldaten nicht unbeliebt, im Gegenteil. Die Überlebenden der Kompanie schlossen sich in der Nachkriegszeit zu einem Veteranenverein zusammen und hielten noch in den 1980er Jahren sein Andenken hoch. Sie pflegten sogar bis zuletzt Kontakt zu Habichts Witwe.[184] Margarete Habicht wiederum setzte quasi die Fürsorgepflicht ihres Ehemanns fort, indem sie bis kurz vor ihrem Tod Beträge an den Veteranenverein spendete, um ehemalige Untergebene ihres Mannes zu unterstützen.[185] Noch bei ihrem letzten Veteranentreffen im Herbst 1987 redeten sie von Habicht. Hinterher schrieb man seiner Witwe, dass »sehr viel über Ihren Mann, den früheren Kompaniechef, Hauptmann Habicht, gesprochen« worden sei: »Alle hatten ihn noch in bester Erinnerung.«[186] Habichts Auftreten hatte ihn von seinen Soldaten also nicht entfremdet, im Gegenteil. Das Hauptkriterium für die Mannschaften in der Wehrmacht war ohnehin die militärische Kompetenz ihrer Offiziere, während sie über deren Auftreten eher hinwegsahen, denn dass die Offiziere Abstand zu ihnen hielten, erschien den Soldaten völlig normal.[187] Sie erlebten deshalb wohl auch Habichts verschleierten Paternalismus vor allem als Fürsorge, obwohl er nicht den Prinzipien der »Volksgemeinschaft« entsprach.[188]

In anderer Hinsicht zeugten die Sozialbeziehungen in der Wehrmacht aber sehr wohl von der »Volksgemeinschaft«, denn wer durch Leistung aufstieg, wurde auch anders behandelt. Das zeigte sich wiederum an den Kriegsoffizieren aus den Unteroffiziersrängen. Sie wurden im Offizierskorps voll anerkannt und integriert, vor allem wenn sie sich bewährt hatten und ausgezeichnet wurden. Auch Habicht verkehrte gerne mit dem bereits erwähnten »Ritterkreuzträger« Otto Benzin, den er häufig zu geselligen Treffen aufsuchte. Bei solchen sozialen Ritualen saßen Kriegsoffiziere aus den Unterschichten neben aktiven Berufsoffizieren aus dem Bürgertum am selben Tisch – und die Herkunft zählte nicht mehr.[189] In diesen Momenten konnte sich die »Volksgemeinschaft« tatsächlich sehr real anfühlen. Durch den Krieg entstand eine neue Elite von »Führerpersönlichkeiten«, die sich durch ihre Leistungen im Kampf und ihre Tapferkeitsauszeichnungen definierten – genauso wie es sich die Nationalsozialisten wünschten. Diese »Führerpersönlichkeiten« waren der »Wehrgemeinschaft« verpflichtet, doch im Kriegsalltag an der Front traten sie auch als Individuen hervor.

IV

Krieg

Am Abend des 8. April 1942 schrieb Theodor Habicht bis Mitternacht an seinem Tagebuch und unternahm anschließend noch einen Kontrollgang durch die Stellungen seines Befehlsbereichs an der Südfront des Kessels von Demjansk in Nordrussland. Die Nacht war nasskalt und »rabenschwarz«, und als Habicht über die verschlammten Wege an eine erhöhte Stelle kam, bot sich ihm plötzlich ein Anblick, den er hier so noch nicht erlebt hatte. Aus einem ihm unbekannten Grund stiegen in dieser Nacht »ununterbrochen rund an der Kesselwand entlang überall Leuchtkugeln hoch und zeichneten damit« für ihn »zum erstenmal genau die Grenze des Kessels ab«.[1] Normalerweise sah man das gespenstische Schauspiel der Leuchtkugeln nur an einzelnen Stellen, nämlich dort, wo gerade gekämpft wurde. Jetzt aber markierten die langsam herabsinkenden, flackernden Lichter die gesamte Kesselfront. Habicht wusste zwar aus seinen Karten, dass der Kessel »fast kreisrund« war und etwa »40–50 km Durchmesser« hatte, aber das war für ihn bislang bloß eine »abstrakte Vorstellung«. In dieser dunklen Nacht erhielt er nun erstmals »ein plastisches Bild« von der äußeren Gestalt dieses Kriegsschauplatzes. Dabei beeindruckte ihn am meisten, »wie klein eigentlich dieser Kessel« war und »dass man tatsächlich rundherum eingeschlossen« war – wie »eine kleine, umbrandete Insel in einem riesigen, sturmgepeitschten Meer«.

Der spektakuläre Anblick des Lichtsaums um den Kessel von Demjansk zeigte die räumliche Dimension des Krieges. Die Leuchtkugeln machten die Umrisse des Gewaltraums sichtbar, in dem die deutschen Truppen an der Demjansk-Front agierten – und wo jederzeit und überall Gewalt möglich war. Umso mehr irritiert Habichts Metapher vom Kessel als einer Insel im Meer, als ob die Gewalt nur wellenartig an der Uferlinie aufgetroffen wäre und das Land dahinter unberührt gelassen hätte. Doch genau das gehört zur Eigenart eines Gewaltraums. Er besteht nicht nur aus der materiellen Topographie, sondern definiert sich auch durch die subjektiven Wahrnehmungen, Normen und Praktiken der darin handelnden Menschen. In der Historiographie wird der Krieg teilweise wie eine Naturgewalt beschrieben, doch die Geschichte von Habichts Einheit erinnert daran, dass er menschengemacht ist. An der Ostfront spielten einzelne »Führerpersönlichkeiten« eine herausragende Rolle – und profilierten sich selbst durch die Gewalt. Es war auch nicht so, dass sich im Gewaltraum jede Ordnung auflöste, im Gegenteil. Selbstbewusste Offiziere wie Habicht bewiesen auch hier ihren Gestaltungswillen. Habicht verhöhnte mit seinem narzisstischen Selbstbild sogar die leidtragende Zivilbevölkerung.

Profilierung als »Führerpersönlichkeit«: Kampfkultur und Kampfmoral

Als der Kommandeur des Infanterieregiments 27, Oberstleutnant Gerhard Kegler, am 20. Juni 1941 seine Offiziere versammelte, um sie auf den bevorstehenden Feldzug gegen die Sowjetunion einzuschwören, war die Stimmung bestens. Die anwesenden Offiziere reagierten mit Hurrarufen, als sie von dem bislang geheim gehaltenen Angriffsplan erfuhren. Sie fieberten dem Einsatz entgegen und brannten darauf, an den Feind zu kommen – so sicher waren sie sich ihrer Sache. Sie konnten zu diesem Zeitpunkt nicht ahnen, dass das Infanterieregiment 27 im Krieg an der Ostfront keineswegs für große Angriffsoperationen und Schlachtenerfolge berühmt werden sollte. Stattdessen sollte das Infanterieregiment 27 zu den ersten Verbänden der Wehrmacht gehören, die im Zweiten Weltkrieg für längere Zeit vom Feind eingeschlossen waren: Als Teil der 12. Infanteriedivision und des II. Armeekorps war das Regiment von Januar 1942 bis Februar 1943 über ein Jahr im sogenannten Kessel von Demjansk in Nordrussland eingeschlossen. Und als Hitler Anfang 1943 endlich die Räumung des Kessels genehmigte, gehörte das Regiment wiederum zu den ersten deutschen Truppen im Zweiten Weltkrieg, die einen großangelegten Rückzug durchführten und dabei die Strategie der verbrannten Erde umsetzten.

Gleich nach dem Rückzug aus dem Kessel von Demjansk war das Regiment wieder in der Defensive. Bei dem Ort Penna am Südufer des Ilmensees war es im März 1943 an der Abwehr einer sowjetischen Offensive beteiligt, als die Rote Armee die Stadt Staraja Russa in die Zange nahm, um die abrückenden Verteidiger von Demjansk abzuschneiden.[2] Habicht wechselte im Herbst 1943 in eine andere Division der 16. Armee, um das Kommando über ein Bataillon zu übernehmen – hier erlebte er bald darauf die nächste große Abwehrschlacht. Im Januar 1944 begann die Rote Armee mit der großangelegten Leningrad-Nowgorod-Offensive, die zwar an der deutschen »Panther-Stellung« gestoppt wurde, aber weite Teile von Nordrussland befreite.[3] Am 31. Januar 1944 wurde dabei auch Habichts Bataillon überrannt – und er selbst im Kampf durch ein Infanteriegeschoss getötet. Zu diesem Zeitpunkt war sogar ihm die Lust an diesem Krieg weitgehend vergangen: Habicht und seine Truppe verbrachten die meiste Zeit an der Ostfront in der Defensive, im Stellungskrieg und auf dem Rückzug, nachdem sie sich im Juni 1941 auf einen Angriffskrieg gefreut hatten.

Diese Geschichte ist in der Historiographie allerdings oft ohne den eigentlichen Krieg erzählt worden. In der Geschichtsschreibung wirkt es häufig so, als laufe der Krieg von alleine ab – und das erscheint so selbstverständlich, als müsse man sich nicht näher damit befassen. Zudem war es besonders in der deutschen Geschichtswissenschaft jahrzehntelang verpönt, sich mit den eigentlichen Kriegshandlungen zu beschäftigen. Selbst die historische Gewaltforschung macht um die kriegerische Gewalt an der Front zumeist einen weiten Bogen und beschäftigt sich vorwiegend mit Kriegsverbrechen. Zudem wird häufig vor allem die Eigendynamik von Gewalt betont, als ob alles von situativen Faktoren abhänge und nur der Augenblick zähle. Dabei ist Krieg kein anthropologischer Automatismus. In Wirklichkeit hat das Kämpfen auch eine kulturgeschichtliche Dimension, indem historische Glaubenssätze und Wissensbestände einfließen, die teilweise auf transnationalen Lernprozessen beruhen: Eine neue Forschungsrichtung in der Geschichtswissenschaft beginnt gerade, dies zu entdecken.[4]

In Geschichtsdarstellungen wird der Krieg häufig wie ein einziges Gewaltinferno geschildert, doch in Wirklichkeit schwankte die Intensität der Gewalt ständig. Selbst während des Bewegungskrieges im »Unternehmen Barbarossa« hatten echte Infanteriegefechte für viele Soldaten Seltenheitswert. Weil der Angriffsschwerpunkt bei den gepanzerten und motorisierten Elitetruppen lag, marschierten die Infanterieverbände der Front häufig nur hinterher – das war eine typische Erfahrung, denn die Infanterie machte rund drei Viertel der deutschen Streitmacht aus. Die von Habicht geführte Infanteriekompanie erlebte in den ersten Monaten vom 22. Juni bis Mitte September 1941 nur an acht von siebenundsiebzig Tagen richtige Kämpfe, von kleineren Scharmützeln einmal abgesehen. Im August 1941 wurde die gesamte Division aus operativen Gründen sogar für drei Wochen ganz angehalten.[5] Erst Ende August nahm die Kampfintensität wieder zu, als das Regiment den Vormarsch fortsetzte und beim Angriff auf die Waldaj-Höhen nordöstlich von Demjansk auf massiven Widerstand stieß. Bei einem Vorstoß am 12. September 1941 wurde auch Habicht durch einen Granatsplitter in der Lunge schwer verwundet und direkt mit einer Kuriermaschine ausgeflogen – für die 12. Infanteriedivision war dieser Tag einer der verlustreichsten des gesamten Jahres. Geländegewinne machte sie dabei kaum noch – ab Mitte September musste sie sich sogar sowjetischer Gegenangriffe erwehren. Am 17./18. Oktober 1941 unternahm sie einen letzten Angriffsversuch, der unter hohen Verlusten scheiterte – der Bewegungskrieg war vorbei.[6]

Der Bewegungskrieg, den Habicht mit seiner Kompanie bis zu seiner Verwundung im September 1941 erlebte, beschränkte sich letztlich auf eine Handvoll Gefechte, von denen drei herausragten. Auf das erste richtige Gefecht des Feldzugs musste Habichts Einheit über drei Wochen warten, bis sie am 12. Juli die »Höhe 166« stürmte, die zur »Stalin-Linie« gehörte, dem westlichen Verteidigungssystem der Sowjetunion. Vom 1. bis 3. August verteidigte sich die Einheit dann in einer exponierten Position bei einem Dorf namens Rynowa gegen heftige Gegenangriffe sowjetischer Truppen und musste sich schließlich sogar zurückziehen. Am 25. August war Habichts Kompanie erneut an einem Angriff beteiligt, als das ganze Regiment eine Ortschaft attackierte. Diese drei Gefechte prägten die Kriegserfahrung der Kompanie während des Bewegungskrieges im »Unternehmen Barbarossa« bis zum Herbst 1941, bevor der gescheiterte Angriff vom Oktober einen negativen Schlusspunkt setzte.

Wie solche einschneidenden Erlebnisse von den Soldaten gedeutet wurden, sagt viel über das geistige Gepäck aus, mit dem sie in den Krieg zogen. Zu den kulturellen Prämissen, die sich in Habichts Tagebuch offenbaren, gehört eine eigentümliche Präferenz für eine bestimmte Gefechtsart, nämlich für den Angriff: In seiner Wahrnehmung der oben skizzierten Gefechte trat eine ähnliche Fixierung auf die Offensive zutage, wie sie schon im Ersten Weltkrieg bei praktisch allen europäischen Armeen bestanden hatte – und dann von den Nationalsozialisten noch weiter getrieben wurde. Den Sturm auf die Höhe 166 schilderte Habicht in heroischen Begriffen als gloriosen Angriff von großer Bedeutung, während er die Abwehrschlacht bei Rynowa fast wie ein traumatisches Erlebnis beschrieb. Gewiss machte es einen Unterschied, dass der Sturm auf Höhe 166 nur wenige Stunden dauerte, während die Gefechte bei

Rynowa fast drei Tage anhielten, wobei Habichts Einheit unter heftigen Beschuss geriet. Für Habicht waren die Gefechte bei Rynowa deshalb die »härtesten Kämpfe«, die das Regiment im gesamten bisherigen Krieg erlebt hatte. In Wirklichkeit aber war der Sturm auf Höhe 166 kaum weniger hart gewesen, zumindest von den Verlusten her. Bei Rynowa zählte Habicht zehn Tote und vierzig Verwundete im Bataillon, während es bei der Höhe 166 sogar zwölf Tote und vierzig Verwundete waren.[7] Offensichtlich waren solche Verluste für Habicht bei Angriffen eher akzeptabel als in der Verteidigung – das gehörte zur mythischen Verklärung der Offensive im deutschen Militär, von der zweifellos nicht nur Habicht beseelt war. Sein Tagebuch bestätigt eindrücklich, dass der Umgang mit Todesopfern hochgradig historisch und kulturell bedingt ist.[8]

Schon für die Zeitgenossen war die Inkaufnahme von Verlusten ein zentrales Kriterium beim Kämpfen. Die deutschen Soldaten an der Ostfront sahen auch deshalb auf die Rote Armee herab, weil deren Angriffstaktik aus ihrer Sicht so primitiv war, dass sie geradezu auf ein »Massenmorden« hinauslief. So beschrieb Habicht Mitte März 1942, wie die sowjetischen Truppen immer wieder Frontalangriffe auf die deutschen Stellungen versuchten und jedes Mal hohe Verluste erlitten:[9]

> »So vollzieht sich jeder Angriff in derselben Weise: Sie treten in dicken Haufen (anders sind sie garnicht vorwärts zu kriegen) unter Führung ihrer – meist persönlich sehr schneidigen – Offiziere und Kommissare an und rennen stur auf unsere Linien los, an die unsere Landser, wenn nicht vorher schon die Artl. hineingehauen hat, sie ruhig bis auf 100 und oft nur 50 m herankommen lassen. Dann rasen die Gewehre und MG's los, die Führer fallen als erste, und der Rest flutet in wilder Flucht zurück. Nur wenn ganz grosse Massen anrennen, die hinteren Reihen über die Gefallenen hinweg, kommt es zum Nahkampf. Es kennzeichnet die russische Sturheit, dass solche Angriffe trotz aller Verluste oft mehrmals am gleichen Tag, in der gleichen Form und an der gleichen Stelle wiederholt werden. Mit dem gleichen Resultat natürlich. An manchen Stellen liegen wirklich Haufen von Leichen vor unseren Linien. (Wenn es erst einmal warm wird, muss der Gestank geradezu fürchterlich werden. Hoffentlich kommt rechtzeitig genug Chlorkalk heran.)«

Die sowjetischen Frontalangriffe gehörten für die Soldaten zu den unvergesslichsten Erlebnissen und machten viel von der gewaltatmenden Atmosphäre an der Ostfront aus – zumal die Leichen der gefallenen Rotarmisten oft im Niemandsland liegen blieben und immer im Blickfeld waren. Gleichzeitig fühlten sich die Deutschen jedes Mal in ihren rassistischen Überlegenheitsdünkeln bestärkt, weil sie ihre eigene Kriegskunst umso mehr als die beste der Welt ansahen. In Wirklichkeit griffen auch die deutschen Truppen an der Ostfront immer wieder auf das Mittel des Frontalangriffs zurück, wenngleich in anderen Formen. Die Geschichte von Habichts Infanterieeinheit bietet Anlass, den Mythos der Wehrmacht auch in dieser Hinsicht zurechtzurücken.[10]

Die Praxis des Frontalangriffs ist ein besonders aussagekräftiges Beispiel dafür, wie kulturelle Prämissen die Art der Kriegführung beeinflussen und wie sich die Wehrmacht durch bestimmte Glaubenssätze von anderen europäischen Armeen abhob. Dazu muss man wissen, dass der Frontalangriff in der deutschen Militärdoktrin nicht grundsätzlich ausgeschlossen war – die Taktik sollte flexibel je nach Lage und Geländesituation gewählt werden. Dennoch galt der Grundsatz, dass verlustreiche Frontalangriffe wie im Ersten Weltkrieg nach Möglichkeit zu vermeiden waren. Stattdessen sollte der Gegner von vorne durch Beschuss in die Deckung gezwungen werden, um der Infanterie den Angriff von der Flanke oder in den Rücken zu ermöglichen.[11] Diese Prinzipien bläuten manche Generäle ihren Untergebenen direkt vor dem Angriff auf die Sowjetunion noch einmal ein. Ein Divisionskommandeur erklärte dies wie folgt:[12]

> »Niemals sinnlos anrennen. Bei Auftreffen auf den Feind Kampfplan machen. Halt machen, Feuer und Bewegung bewusst koppeln und immer fragen, ob nicht Umfassen möglich ist. Front nur fesseln! An einer Stelle stark angreifen und durchbrechen. Vorher mit Offizieren besprechen und nicht frontal angreifen. Dörfer umfassen und zusammenschießen, dann erst besetzen. Wir haben kein unnötiges Blut zu verlieren.«

Gleich nach Beginn des Feldzugs zeigte sich, warum die Generäle wie hier noch kurz vor Kriegsbeginn so nachdrücklich daran erinnerten, Frontalangriffe zu vermeiden. Denn in der Praxis offenbarte sich, dass es in der Wehrmacht eine Tendenz gab, an dieser Angriffstechnik festzuhalten: Schon in der Anfangsphase des deutsch-sowjetischen Krieges attackierten viele deutsche Infanterieeinheiten an der Ostfront trotz aller Belehrungen weiterhin von vorne. Das kam so häufig vor, dass sich hohe Befehlshaber zum Eingreifen veranlasst sahen. Der Kommandierende General des II. Armeekorps, dem die 12. Infanteriedivision mit Habichts Regiment unterstand, musste seine Truppen Ende Juli 1941 deshalb erneut ermahnen:[13]

> »Wir tun dem Russen einen großen Gefallen, wenn wir ihn nach ›liebgewordener Gewohnheit‹ frontal angreifen. Diese Angriffe werden verhältnismäßig viel Blut kosten. Vom Gen.Kdo. bis zum Gruppenführer kommt es für jeden Führer darauf an, immer wieder auf flankierende und in den Rücken des Feindes geführte Angriffe hinzuzielen. (...) Bei Ausnutzung von Flankierungsmöglichkeiten darf man Umwege nicht scheuen. Besser macht ein ganzes Regiment einen Umweg von 15 km., als daß ein deutscher Soldat mehr fällt.«

Solche Befehle bewiesen, dass die Wehrmacht auch an der Ostfront im Jahre 1941 noch im Lernprozess war. Das Zurückfallen auf den Frontalangriff konnte zum einen an mangelnder Kompetenz bei den befehlshabenden Offizieren liegen, schließlich erforderten die moderneren Varianten erheblich mehr Führungskunst. Bei den Verbänden des II. Armeekorps handelte es sich allerdings um erstklassige Divisionen mit einem hohen Prozentsatz von ausgebildeten Berufsoffizieren – erst in den späteren Kriegsjahren führten die steigenden Offiziersverluste zu immer mehr Qualitätseinbußen. Ein zweiter, häufigerer Grund lag in der Geländesituation rund um das Angriffsziel, die den Einheiten manchmal keine andere Wahl ließ, als frontal zu attackieren. Doch wie der Befehlshaber des II. Armeekorps in seinem oben zitierten Befehl feststellte, handelte es sich bei der Praxis des Frontalangriffs eher um eine »liebgewordene Gewohnheit« als um eine Notlösung.

Die Beibehaltung des Frontalangriffs lag zweifellos auch an den kulturellen Vorstellungen vieler Offiziere – vor allem an der Verherrlichung des Sturmangriffs in der deutschen Militärkultur. Dazu gab es nach den Erfahrungen des Ersten Weltkriegs eigentlich nicht den geringsten Grund, schließlich hatten sich die von allen Kriegsparteien praktizierten Sturmangriffe schnell als sinnlos erwiesen und führten meist nur zu massenhaften Verlusten. Die Schrecken des Krieges wurden in der Nachkriegszeit von den Rechten in Deutschland jedoch aus der Erinnerung getilgt. Stattdessen verbreiteten sie ein romantisierendes Bild vom Krieg, in dem der Sturmangriff als ultimative Heldentat verklärt wurde. In der NS-Ideologie gehörte die Verherrlichung von »Angriffsgeist« zu den zentralen Wertvorstellungen, die das Regime im Militär verankern wollte, und der Sturmangriff galt als dessen höchster Ausdruck.[14] Das waren die Ideale, die den jungen Berufsoffizieren in der Wehrmacht vermittelt wurden.

Die Kultur des Sturmangriffs offenbarte sich auch in der deutschen Militärdoktrin. Das zeigen die Infanterievorschriften der Wehrmacht, die nicht nur die theoretischen Richtlinien für das Kämpfen vorgaben, sondern indirekt auch die Praxis widerspiegelten. Es war bezeichnend für den deutschen Offensivkult, dass man in der Vorschrift von 1938 noch nicht ausdrücklich vom Frontalangriff abriet.[15] Das änderte sich erst nach Kriegsbeginn. In der neuen Infanterievorschrift von 1940 wurde ausdrücklich darauf hingewiesen, dass ein umfassendes Vorgehen »immer anzustreben« sei, ohne dass der Frontalangriff freilich als Option ausgeschlossen wurde.[16] In der nächsten Revision der Vorschrift von 1942 wurde das Prinzip der »Umfassung« sogar noch stärker betont.[17] Das waren zweifellos Reaktionen darauf, dass die Truppen in den ersten Kriegsjahren weiterhin häufig Frontalangriffe durchführten.

Alle Infanterievorschriften der Wehrmacht einschließlich der Taschenbücher für die einfachen Soldaten waren beseelt vom Kult der Offensive. Nicht nur die taktischen Grundsätze, sondern auch die Sprache war vollkommen auf Aggressivität und Angriff gepolt. Die gesamte Ausbildung sollte auf die »Förderung des Angriffsdranges« ausgerichtet werden.[18] Jeder einzelne Soldat sollte »zum rücksichtslosen Draufgehen« erzogen werden, um im Angriff »von dem Willen beseelt« zu sein, »vorwärts« zu kommen.[19] Die deutschen Vorschriften strotzten nur so von starken Ausdrücken: »Kühnheit«, »Todesverachtung«, »Kampfgeist«, »Angriffsgeist«, »Angriffswille« und »Angriffsdrang« – das waren die Leitbegriffe der deutschen Begeisterung für die Offensive.[20] Unterfüttert wurde diese Ideologie mit der ständigen Betonung der eigenen »Überlegenheit«.[21] Das entsprach der nationalistischen Verherrlichung des »deutschen Soldatentums«, das den Kitt der »Wehrgemeinschaft« des NS-Staates bildete.[22]

Eine wesentliche Rolle bei der Vermittlung dieser Angriffsmentalität spielten die Vorgesetzten. Sie sollten »Vorkämpfer« und »Träger des

Kampfgeistes« sein – durch ihr »Vorbild« sollten sie die Truppe im Angriff mitreißen.[23] Das heißt nicht, dass die Deutschen ohne Rücksicht auf Verluste angriffen. Die Vorschriften legten durchaus Wert auf vorbereitende Aufklärung und Feuerunterstützung, um die Verluste gering zu halten.[24] Im Zweifelsfall aber hatte der Angriffsdrang Vorrang.[25] Besonders kennzeichnend für den Offensivkult war die emphatische Betonung des »Sturms« und des »Nahkampfes«.[26] In der deutschen Taktik war das der Höhepunkt des Angriffs. Wenn die gegnerischen Stellungen nach der Phase des »Vorarbeitens« in Reichweite waren, befahl der vorderste Führer den »Einbruch« mit »Hurra«:[27]

> »Der Gruppenführer nutzt jede Gelegenheit zum Einbruch auch ohne besonderen Befehl aus. Durch sein persönliches Beispiel reißt er die ganze Gruppe zum Sturm vor. Vor und während des Sturmes ist der Feind mit allen Waffen unter höchster Feuersteigerung zu bekämpfen. Das LMG stürmt mit, dabei aus der Bewegung feuernd. Mit Handgranaten, MP, Gewehr, Pistole und Spaten wird unter Hurra (Hornist bläst Signal ›Rasch vorwärts!‹) der letzte Widerstand des Feindes gebrochen. Alle Schützen beteiligen sich am Nahkampf, die Schützen 2 und 3 mit Pistole.«

Diese Art der Taktik war kein universelles militärisches Muster, sondern ein deutsches Spezifikum, das in anderen Armeen der Zeit in dieser Form nicht anzutreffen war. Wenn man die deutschen Vorschriften und Praktiken etwa mit der britischen Armee vergleicht, fallen zwar zunächst die Gemeinsamkeiten ins Auge, unter anderem das Bemühen, von der Praxis des Frontalangriffs wegzukommen und die Verluste zu minimieren.[28] Darüber hinaus gab es jedoch deutliche Unterschiede: Die britische Doktrin klang sehr viel weniger aggressiv und draufgängerisch als die deutsche. Bei ihrem Angriffsverfahren setzten die Briten mehr auf Vorbereitung und Feuerkraft als auf Sturm und Einbruch.[29] Die Offiziere wurden nachdrücklicher zur Vermeidung von Verlusten ermahnt, und die Vorschriften betonten auch nicht ständig den »Angriffsgeist« und die eigene »Überlegenheit«.[30] Die Briten betrieben offensichtlich keinen vergleichbaren Kult um die Offensive. Und das bewiesen sie nicht zuletzt in der Praxis, ähnlich im Übrigen wie die US-Streitkräfte, die schon bei ihren ersten Einsätzen im Zweiten Weltkrieg massiv auf Feuerkraft setzten, um ihre Kräfte zu schonen.[31] Es sagt viel über die kulturellen

Unterschiede in den Armeen des Zweiten Weltkriegs aus, dass es unter den deutschen Soldaten den Topos gab, die Alliierten für ihr bedachtsameres Vorgehen als feige zu bezeichnen – in der Wehrmacht hatte man sogar vor den Rotarmisten mehr Respekt, gerade weil sie sich so draufgängerisch in Frontalangriffe stürzten.[32]

Habichts Infanterieregiment führte die aggressive deutsche Taktik in der Praxis vor. Das erste größere Gefecht von Habichts Bataillon an der Ostfront war der Sturm auf Höhe 166 am 12. Juli 1941 – schon hier zeigte sich der spezifische Kampfstil der Wehrmacht. Das Vorgehen entsprach geradezu mustergültig den oben beschriebenen Vorschriften, insbesondere in der draufgängerischen Art, mit der die Attacke durchgeführt wurde. Die Schützenkompanien griffen die Stellung frontal an und arbeiteten sich dabei über ein weites Vorgelände vor. Mit sorgfältigen Vorbereitungen und gründlicher Aufklärung hatte man sich nicht lange aufgehalten – bei Angriffsbeginn wusste man nicht genau, wo die feindlichen Stellungen lagen. Genauso entdeckte Habicht mit seinen Soldaten erst während des laufenden Angriffs, dass es einen »fast völlig gedeckten Anmarschweg« von der linken Flanke her gab, den der Gegner »weder einsehen noch beschießen« konnte.[33] Die Idee eines Flankenangriffs oder einer Umfassung wurde in Habichts Beschreibung aber noch nicht einmal erwähnt. Stattdessen liefen die Infanteriekompanien in breiten »Schützenketten« direkt auf das Angriffsziel zu.

Habichts detaillierte Beschreibungen zeigen aber auch, warum die Deutschen mit ihrem aggressiven Angriffsstil erfolgreich waren. Die Vorteile des Führens von vorne waren offensichtlich. Der Bataillonskommandeur befand sich direkt hinter den angreifenden Soldaten, und Habicht ging als Kompaniechef mit der Maschinenpistole in der Hand in der vordersten Linie mit. Dadurch konnte er sich optimal mit den Infanteriekompanien abstimmen und seine schweren Waffen noch gezielter zur Unterstützung einsetzen. Seine Unterführer bewegten sich mit ihren MGs und Granatwerfern so weit nach vorne wie möglich und suchten von sich aus die geeignetsten Positionen für den Feuerschutz. Genau wie es die Vorschriften verlangten, bewiesen die jungen, hochmotivierten Infanterieoffiziere große Initiative – sie gingen an der Spitze ihrer Soldaten voran, gaben die Angriffsrichtung vor und fanden die »weiche Stelle« für den Einbruch.

Wie dieser Offensivkult auf dem Schlachtfeld in die Tat umgesetzt wurde, hing in erster Linie von den befehlshabenden Offizieren ab – sie übertrafen sich dabei gegenseitig in ihrer draufgängerischen Art. In Habichts 12. Infanteriedivision war vor allem der Kommandeur des Infanterieregiments 89 dafür bekannt, Oberst Kurt-Jürgen Freiherr von Lützow. Schon während des Bewegungskrieges im Sommer 1941 trieb er seine Truppen so stark an und legte ein so großes »Gewalttempo« vor, dass er in der Division »der wilde Lützow« genannt wurde, auch von Habicht.[34] Für seine Soldaten hatte das todernste Konsequenzen, denn Lützows aggressiver Stil kostete viele von ihnen das Leben – das Infanterieregiment 89 musste nicht von ungefähr weitaus höhere Verluste hinnehmen als die beiden anderen Infanterieregimenter der Division.[35] Auch bei den letzten Angriffsversuchen von Mitte Oktober 1941 ging Lützow ohne Rücksicht auf Verluste vor, während andere Kommandeure umsichtiger agierten.[36] Lützow führte sein Regiment in typischer Manier von vorne und nahm dafür sogar eine schwere Verwundung in Kauf. Genau dieses Verhalten wünschte sich die NS-Führung von ihren Offizieren – Lützow erhielt das »Eichenlaub« zum »Ritterkreuz« und wurde zum Kommandeur der 12. Infanteriedivision befördert. Als Habicht davon erfuhr, war sein Kommentar: »Sehr schön!«[37] So förderte die NS-Führung die aggressiven »Führerpersönlichkeiten«, die sie im Offizierskorps sehen wollte – und um sich als »Führerpersönlichkeit« zu profilieren, opferten die Offiziere ihre eigenen Soldaten.

Die Kehrseite des deutschen Offensivkults war die Vernachlässigung der Defensive. Das zeigte sich, als die deutschen Truppen nach dem Scheitern des »Unternehmens Barbarossa« im Winter 1941/42 zunehmend in die Verteidigung gedrängt wurden. Sie praktizierten dabei vielfach eine starre Haltetaktik – auch ohne dass Hitler dies extra befehlen musste. Habichts Tagebuch verrät, dass schon auf der untersten taktischen Ebene kaum flexible Verteidigung angewandt wurde. Habicht bemerkte das während der Anfangsphase der Schlacht von Penna Ende Februar 1943, als er eine Stellung im Sumpfgelände um dreihundert Meter zurücknehmen wollte, weil die Schützenlöcher seiner Soldaten mit Wasser vollliefen. Wie er dann aber feststellte, bestand beim Regimentsstab geradezu »eine panische Angst vor jedem weiteren Geländeverlust, ganz egal aus welchen Gründen« – der Regimentskommandeur erklärte am Telefon, dass jede »Zurücknahme der HKL« kategorisch »ausgeschlossen« sei.[38] Während der Schlacht war dieses Prinzip freilich auch für Habicht heilig. Einen Offizier, der in seinen Augen versagt hatte, brüllte er an, »dass es in der Verteidigung ein ›zurück‹ überhaupt nicht gebe, sondern nur ein Stehen und Fallen«.[39] Bei einer Gelegenheit befahl Habicht sogar einen frontalen Gegenstoß über offenes Gelände, bei dem er mit seinen Soldaten »Hurra« schreiend und aus der Hüfte feuernd direkt auf den Feind zustürmte. Habicht trieb seine Soldaten dabei so energisch an, dass er sich in seinem Tagebuch sogar mit dem sowjetischen Kommissar auf der Gegenseite verglich.[40]

In der Defensive fielen die deutschen Truppen im Kessel von Demjansk selbst hinter die Innovationen des Ersten Weltkriegs zurück. Während des Ersten Weltkriegs hatte sich die Infanterietaktik nicht nur im Angriff, sondern auch in der Verteidigung weiterentwickelt. In der Defensive entstand ab 1915 ein immer ausgeklügelteres System, das nicht mehr nur aus einer einzigen Linie bestand, sondern auf einer flexiblen und tief gestaffelten Verteidigung basierte.[41] Die Stellungszone war oft mehrere Kilometer tief und so kompliziert angelegt, dass sich der Gegner bei Einbrüchen kaum darin zurechtfinden konnte: Die rückwärtigen Verteidigungsstellungen waren in verschiedenen Winkeln zueinander ausgerichtet, so dass ein verworrenes System von ineinander verschachtelten Räumen entstand. Von all diesen Innovationen war in Habichts Infanterieregiment zwischen 1941 und 1943 aber kaum mehr etwas zu spüren. Die deutsche Verteidigungstaktik im Stellungskrieg von Demjansk war vollständig auf die vorderste Linie fixiert, die um jeden Preis gehalten werden sollte. Bei gegnerischen Angriffen war keine bewegliche Verteidigung vorgesehen – stattdessen sollte jeder Einbruch des Feindes in die eigenen Stellungen umgehend durch Gegenstöße wieder bereinigt werden. Hinter der vordersten Linie gab es auch keine weiteren Stellungen mehr, die als »Auffang- u. Riegelstellung« hätten genutzt werden können.[42] Selbst Habicht wurde unwohl bei dem Gedanken, dass die deutsche Front nur aus einer einzigen »dünne[n] Postenkette« bestand, wie er Mitte Juli 1942 bemerkte:[43]

> »Wenn man ganz zu Ende denkt, was das bedeutet, kann einem warm und kalt werden. Denn was sind wir denn, wir ›Vorposten Europas‹ und einziger Riegel, der dieser Riesenflut entgegensteht? Eine lächerlich dünne Reihe von Posten, die hinter dem Gewehr oder MG in die Nacht starren, 50 Mann auf 2 km, dahinter – mit 20 bis 50 m Abstand – ein Sys-

> tem von Erdhöhlen, in dem nochmals je 3–5 Mann halbschlafend liegen, das Gewehr neben der ruhenden Hand – insgesamt kaum noch 220 Mann auf 2 km, d. h. wenn sie in einer Linie ständen, auf je 10 m *ein* Mann – und dahinter? Nichts mehr! Keine Reserven mehr, keine rückwärtigen Stellungen, nur noch kleine Stäbe, magere Trosse und – offenes Land. (…) Aus den Aussagen russischer Gefangener und Überläufer geht immer wieder hervor, dass sie unsere HKL nur für Vorpostenstellungen halten, hinter denen in schwer ausgebauten Hauptstellungen unsere eigentliche Macht läge. Anders können sie sich das Scheitern aller ihrer Massenangriffe nicht erklären. Möge ihnen dieser Glaube nur recht lange erhalten bleiben.«

Im Ersten Weltkrieg hatte man sich nur in den ersten Monaten des Stellungskrieges derartig starr auf die vorderste Linie konzentriert. Der Grund für diesen Rückfall in die primitive Verteidigungstaktik des Jahres 1914 lag einerseits im Personalmangel der deutschen Truppen, zumal der Ausbau von Stellungssystemen viel Zeit und Arbeit erforderte.[44] Andererseits dachte man offenbar von vornherein nicht daran, ein komplexeres Verteidigungssystem zu schaffen. Viele der Offiziere, die bei Demjansk Regimenter und Bataillone befehligten, hatten im Ersten Weltkrieg gekämpft und waren wohl wenig erpicht auf ein Stellungssystem wie damals. Viele Offiziere sahen die Verteidigungspositionen bei Demjansk ohnehin als etwas Vorübergehendes an und hofften, bald wieder zum Angriff überzugehen. Wahrscheinlich lag die Vernachlässigung der Defensive also wiederum an der Bevorzugung der Offensive in der Wehrmacht. Auch dafür gab es eine Parallele im Ersten Weltkrieg: Die simplen Schützengräben von 1914/15 waren zunächst als Provisorien belassen worden, weil man im Stellungskrieg keine wünschenswerte Kampfform sah – man hoffte, dass es bald wieder vorwärtsgehen würde.[45] Aus ähnlichen Gründen genehmigte Hitler den Ausbau von komplexeren Stellungssystemen erst nach den Rückschlägen des Frühjahrs 1943.[46] Für Habicht und seine Einheit war dies relevant, weil sich daraus Konsequenzen für die Struktur des Raums und den Alltag in den besetzten Gebieten ergaben.

Die Fixierung der Deutschen auf die Offensive hatte auch Folgen für die Kampfmoral, denn seit der Erstarrung der Fronten im Herbst 1941 führte sie zu Enttäuschungen. Bei Habicht und seinen Kameraden machte sich immer mehr Frustration darüber breit, dass man in der

Defensive festlag und nicht mehr an Angriffen beteiligt war. Während des Bewegungskrieges zu Beginn des Feldzugs empfand Habicht den Krieg noch als »etwas Herrliches«, wie er Ende Juli 1941 notierte:[47]

> »Ein Marsch durch sommerliches Land, mit der ersten Tagesdämmerung beginnend, in das wachsende Licht hinein und der aufgehenden Sonne entgegen, ein ausgeruhtes, gebisskauendes, kopfwerfendes, wiegendes Pferd unter und 200 bewaffnete Männer zu Fuß und zu Pferd hinter sich, ist etwas Herrliches. *Das* – und nichts anderes – ist eigentlichstes Männer- u. Herrenleben, alles andere, was sich so nennt, ist billiger Ersatz. So ritten wir ›der Sonn' entgegen‹, gen Osten, wie durch die Jahrhunderte vor uns vieltausend andere Männer – und hoffentlich nach uns wieder – ein riesiger Haufen, die Heimat hinter uns, und vor uns den Feind, die unendliche Weite, das grosse Abenteuer. Als wenn die ganze Kompanie vom gleichen Gefühl erfasst worden wäre, sangen die Kerls auf einmal wieder – zum erstenmal seit Feldzugsbeginn, aber es waren nicht die landläufigen Soldatenlieder, sondern die alten Landsknechtslieder, die Absagen an bürgerliche Ruhe, Sicherheit und Ordnung, das Bekenntnis zum unruhigen, gefahrvollen, schweifenden Leben mit der Waffe in der Hand.«

Die Begeisterung legte sich jedoch, als sich der Krieg wandelte. Während des Stellungskrieges seit 1942 begann Habicht sogar, auf den »verd[ammten] Krieg« und »dieses verfluchte Land« zu schimpfen.[48] Im Herbst 1942 hatte er schließlich »*diesen* Krieg satt bis an den Hals«, wenn auch »nicht den Krieg an sich«.[49] Habichts Frustration rührte einerseits von seiner Verärgerung über die übergeordnete militärische Führung, bei der er die Verantwortung für manche Fehlentwicklungen sah. Andererseits rührte sie aber auch daher, dass die Realität des Stellungskrieges eben nicht mehr der Art von Krieg entsprach, die er sich gewünscht hatte. Was er sich darunter vorstellte, malte er sich im neidischen Vergleich mit der Offensive bei der Heeresgruppe Süd vom Sommer 1942 aus: einen Krieg voller »Schwung und Bewegung, Rausch und Abenteuer, Farbe und Weite, Beute und Überfluss«.[50] All das gab es nicht im Kessel von Demjansk. Gleichzeitig ging Habicht aber davon aus, dass sich dies bald ändern würde. Mit dieser Hoffnung war er nicht allein: Im Juli 1942 hörte er von »tausend umlaufenden Gerüchte[n], wonach auch wir demnächst aus dem Kessel heraus antreten sollen«.[51]

Die Geschichte von Habichts Infanterieeinheit an der Ostfront ist höchst aufschlussreich für die vieldiskutierte Frage, wie die Soldaten an der Front den Kriegsverlauf wahrnahmen und ab wann die Siegesgewissheit bei ihnen schwand. So wird argumentiert, dass die katastrophalen Niederlagen und Bombardements des Jahres 1943 keinen Defätismus in Deutschland auslösten, aber zu einer »radikalen Transformation« der Moral führten: Das NS-Regime verlor stark an Popularität, doch statt auf die NS-Ideologie besannen sich die Deutschen auf ihren Patriotismus.[52] Die stärkste Quelle ihres Nationalismus war demnach die Verbundenheit zwischen Vätern und Söhnen, die durch beide Weltkriege zu Kriegskameraden wurden – dadurch sei in Familien quer durch Deutschland ein Gefühl von intergenerationeller Verpflichtung zum Weiterkämpfen entstanden. Das misst den biologischen Familien in der Heimat allerdings höhere Bedeutung zu als den militärischen Familien in der Wehrmacht, mit denen zusammen die Soldaten den Krieg erlebten und die zu Hause auch in ihr Privatleben vordrangen.

Diese militärischen Familien waren die Regimenter, und für ihre generationenübergreifende Verklammerung unterhielten sie an den Heimatstandorten eigene Kameradschaftsverbände. Das war auch in Habichts 12. Infanteriedivision der Fall. Insbesondere bei Regimentern mit länger zurückreichender Geschichte existierten diese Traditionsverbände teilweise schon seit Jahrzehnten, sie verschrieben sich auch dem Andenken an die Vorgängereinheiten und Veteranen von früheren Kriegen. Die Kameradschaftsverbände waren somit ein Bindeglied zwischen den Ehemaligen des Ersten Weltkriegs und den Aktiven des Zweiten Weltkriegs – sie verfolgten ausdrücklich das Ziel, die »Verbundenheit zwischen den alten und den jungen Grenadieren« zu fördern.[53] In den Traditionsverbänden gab es in der Heimat also sogar einen institutionellen Ort, um die intergenerationelle Verbundenheit von Vätern und Söhnen in den militärischen Familien hochzuhalten – die biologischen Familien der Soldaten wurden hier miteinbezogen.

Die militärischen Familien in den Regimentern standen für die paternalistische Sozialordnung in der »Volksgemeinschaft«, wie sie im vorherigen Kapitel beschrieben wurde. Und das hatte eben auch eine Bedeutung für die Kampfmoral. Die Kameradschaftsverbände der Regimenter in der Heimat verschrieben sich der »Stärkung und Förderung der Kampffreudigkeit«.[54] Im Feld übernahmen paternalistische Offiziere wie Habicht diese Funktion. Durch Offiziere seines Schlages war die intergenerationelle Verbundenheit zwischen den Teilnehmern der beiden Weltkriege auch an der Front spürbar. Denn sie ließ sich auf die Konstellation zwischen den jungen Rekruten und den Weltkriegsveteranen unter den Offizieren projizieren – und die waren im Leben der Soldaten wesentlich präsenter als die Familien zu Hause. Für die Vermittlung der gewünschten Kriegsdeutung und die Stärkung des nationalistischen Einsatzwillens bei den Soldaten war wohl niemand so entscheidend wie die Vorgesetzten und Meinungsführer, die jeden Tag an der Front auf sie einwirkten.

Nicht von ungefähr bestand gerade in der Wehrmacht die Loyalität zu Hitler besonders lange fort, obwohl es doch das Militär war, das die Niederlagen am eigenen Leib zu spüren bekam. Die Moral in der Wehrmacht bekam Risse, blieb aber erstaunlich stabil. Das zeigen die alliierten Meinungsumfragen unter deutschen Kriegsgefangenen: Noch bis kurz vor der alliierten Invasion in der Normandie glaubte fast die Hälfte der Soldaten an einen Sieg oder ein Patt; noch im Jahr 1944 bekannten sich knapp zwei Drittel der Soldaten weiterhin zum »Führer«.[55] Entscheidend für ihre Deutung des Kriegsgeschehens war, was sie in ihrem unmittelbaren Mikrokosmos erlebten. Sie identifizierten sich mit den Werten der Wehrmacht und waren an der Front in ein soziales Umfeld eingebunden, in dem es Männer wie Habicht gab.[56] Habicht schrieb es sich selbst immer wieder auf die Fahne, dass er die Moral in der Truppe hochhielt.

Zwar gingen die Niederlagen von 1943 auch an Habicht und seinen Kameraden im Infanterieregiment 27 nicht spurlos vorüber, doch es handelte sich eher um eine graduelle als eine radikale Transformation der Moral. Selbst jemand wie Habicht war nicht realitätsblind, doch er machte vor, wie man die Wirklichkeit an der Front durch Rationalisierungen bewältigen konnte: Die Zeitgenossen sahen die Anzeichen der Niederlage, waren aber gleichzeitig sehr findig darin, scheinbar schlüssige Erklärungen dafür zu entwickeln, um sich den Glauben daran zu bewahren, dass ihr tägliches Handeln noch Sinn machte. Die Fehlentwicklungen an der Ostfront registrierte Habicht genau. Er begann sich schon nach den ersten Wochen des Feldzugs zu fragen, wie man ein »Riesenreich« wie die Sowjetunion überhaupt besetzen könne.[57] Er gab sich keinen Illusionen über die numerische und materielle Unterlegenheit der Wehrmacht an der Ostfront hin – schließlich erlebte er die Überlegenheit der Roten Armee in Bezug auf Menschen, Material und Munition jeden Tag.[58] Hinzu kamen die substantiellen Verluste seiner eigenen Einheit, über die Habicht sorgenvoll Buch führte.[59] Ende 1943 bemerkte er außerdem, dass sich die Qualität des Offiziersnachwuchses verschlechterte: Die jungen Kompaniechefs, die für die zahlreichen ausgefallenen Offiziere nachrückten, fand er zwar »brav« und »schneidig«, aber auch unerfahren und unselbständig.[60] Selten wurde der Niedergang der Wehrmacht an der Ostfront so detailreich dokumentiert wie von Habicht. Aus alledem zog er jedoch keineswegs den Schluss, dass der Krieg verloren war, im Gegenteil.

Für jede dieser Fehlentwicklungen hatte Habicht Erklärungen parat, die alle Zweifel zerstreuten. Nachdem er schon wenige Wochen nach Kriegsbeginn erkannt hatte, dass der Krieg nicht wie erwartet zum Ende des Jahres 1941 abgeschlossen sein würde, formulierte er eben einfach ein neues Ziel: Er erklärte seinen Soldaten, es reiche völlig aus, den »bolschewistischen Lebensraum« hinter eine den deutschen »Sicherungsbedürfnissen entsprechende strategische Linie zurück[zu]drängen« und diese Linie durch eine Art »chinesische Mauer« samt »Todeszone« zu sichern.[61] Die Überlegenheit der Roten Armee an Truppen und Material relativierte er, indem er die »Ursachen unserer Niederlagen« in den eigenen Reihen suchte – damit bewahrte er sich die Illusion, dass weiterhin die Deutschen für das Geschehen den Ausschlag gaben.[62] Die eigenen Verluste meinte Habicht kompensieren zu können, indem er seine verbliebenen »alten Krieger« als »Korsettstangen« einsetzte und dadurch wieder über »eine sehr ordentliche Kompanie« verfügte.[63] Trotz seiner Feststellungen über die numerische Unterlegenheit der Deutschen an der Ostfront hielt Habicht daran fest, dass seine Soldaten dem Gegner weiterhin überlegen waren – zumal er ständig erlebte, wie seine Truppen im Kessel von Demjansk gegnerische Angriffe abwehrten und den sowjetischen Truppen dabei hohe Verluste zufügten.[64]

Solange man im eigenen Mikrokosmos an der Front noch Erfolgserlebnisse hatte, war das wichtiger für die Befindlichkeiten der Soldaten als die abstrakten Nachrichten von fernen Kriegsschauplätzen, die im Kriegsalltag schnell wieder vergessen sein konnten. Die Soldaten im Kessel von Demjansk schienen bald sogar verdrängt zu haben, dass sie eingeschlossen waren, nachdem der Gegner im Januar 1942 ihre Stellungen durchbrochen hatte. Während des Stellungskrieges wehrten die deutschen Truppen im Kessel so viele sowjetische Angriffe ab, dass das

Gefühl der Überlegenheit bald zurückkehrte. Dasselbe dachte Habicht noch beim Rückzug aus dem Kessel von Demjansk im Februar 1943. Weil die Rote Armee den entscheidenden Moment zum Zuschlagen verpasste und der Rückzug geordnet verlief, meinte Habicht sogar beim einfachen »Landser« zu beobachten, dass sich die Operation »für ihn in nichts von einem siegreichen Vormarsch« unterschied: »Keine Rede davon, dass er darin irgendeine Überlegenheit und gar einen ›Sieg‹ der Russen sähe; *dem* fühlt er sich nach wie vor überlegen.«[65] Habichts Einheit konnte von 1941 bis 1943 noch die meisten Gefechte für sich entscheiden, deshalb schienen sich Habichts Rationalisierungen durchaus mit der Realität zu decken. So interpretierte Habicht auch einen Bericht des II. Armeekorps über die bisherigen Kämpfe vom Frühjahr 1942:[66]

> »Der Bericht ist sehr interessant und auch für uns aufschlussreich. Er zeigt nicht nur die grossen strategischen Absichten der Russen auf – sie wollten von uns aus die ganze Nordfront aus den Angeln heben, Leningrad befreien und über Riga vorstossen –, sondern auch das gegenseitige Kräfteverhältnis – wie 4:1 – und die beiderseitigen Verluste. Die stehen ungefähr *auch* wie 4:1, nur diesmal zu *unsern* Gunsten und mit dem Unterschied, dass in unserer Quote 1 alle Verluste enthalten sind (also Tote, Verwundete, Kranke, Erfrierungen und Vermisste), während die Quote 4 des Russen nur dessen Tote und Gefangene enthält. Das aber bedeutet praktisch, dass (da bei uns die *Total*verluste – also Tote oder Gefangene – etwa 15 % des Gesamtverlustes betragen) auf einen toten Deutschen 25 tote Russen kommen. Das hört sich geradezu unglaublich an, aber wer die Leichenberge vor unsern Stellungen gesehen hat, hält das eher für zu wenig als zuviel. Nimmt man an, dass beim Russen die gleiche Verhältniszahl zwischen Toten und Verwundeten (usw.) besteht wie bei uns – und warum sollte sie günstiger sein? – dann hat ihn – bei rd. 100000 Toten – die ›Schlacht um Waldai und südostwärts des Ilmensees‹ vom 8. I.–21. 4. weit über ½ Million Menschen gekostet.«

Mit dieser Geisteshaltung nahmen die Offiziere und Soldaten an der Front auch die Nachrichten von den Rückschlägen an den anderen Fronten auf. Sie hörten diese in der Regel im Beisein ihrer Kameraden – in einem entsprechenden sozialen Rahmen, der mit darüber entschied, wie die Nachrichten bei ihnen ankamen. Habicht fand es regelrecht erhebend, als er am 30. Januar 1943 mit anderen Offizieren seines Bataillons die Rundfunkreden von Goebbels und Göring zur Mythisierung der Katastrophe von Stalingrad hörte. So beschrieb er die Reaktionen der Offiziere: »Es gibt Stellen in der Rede, bei denen es sie zusammenreisst, und andere, bei denen sie flammend hochgehen, wie ich es nie vorher erlebte. Rede und Proklamation sind von unerhörter Wirkung, daran ist kein Zweifel.«[67] Auch Habicht war ergriffen – er interpretierte die Niederlage als eine der »größten Heldensagen« der deutschen Geschichte. Damit war er in seinem Regiment nicht allein. So schrieb ein Mannschaftssoldat der 15. Kompanie seiner Familie nach Hause: »Lese eben Berichte aus Stalingrad. Was liegt in den Worten: Gefechtsstand Paulus meldet sich ab, Heil dem Führer. Möge bloß die Jugend zu Haus dieser Heroismus ansprechen.«[68]

Die Nachrichten von den Rückschlägen des Jahres 1943 hinterließen bei Habicht durchaus Eindruck, sie erschütterten ihn aber nicht. Auch die Luftangriffe auf Berlin von Ende 1943 lösten Beunruhigung und Sorgen um die Sicherheit seiner Frau in ihm aus.[69] Wenn es ihn nicht selbst betraf, ging er auf den Bombenkrieg allerdings kaum weiter ein. Nur zur Zerstörung von Rostock im Mai 1942 äußerte er sich ausführlicher und lobte die »phantastische Haltung der Bevölkerung« – Rostock war der Heimatstandort seines Regiments.[70] Auch die militärischen Niederlagen von Stalingrad und Nordafrika gaben ihm zu denken. Das vertraute er aber nur seinem Tagebuch an:[71]

> »Ich spreche mit niemandem darüber, aber insgeheim machen mir diese Dinge Sorgen. Nicht der Verlust als solcher, der ist nicht so wichtig, aber ein gewisser Bruch in der Kampfmoral, der dabei sichtbar wird, auch bei uns. Schon Stalingrad zeigt einen solchen Bruch. Wenn von 360000 Mann 270000 fielen und der Rest verwundet in Gefangenschaft geriet, dann dürften von 27 Generalen nicht 25 unverwundet in die Hände der Russen fallen, mit dem Oberbefehlshaber an der Spitze. Und Tunis? Ich weiß nicht … Der Landser im Osten kannte bisher nur die Forderung: Halten und stehen bis zum letzten *Mann!* Nun erfährt er, dass es auch noch eine andere Parole gibt: Bis zur letzten *Patrone!* Wonach man sich dann in Gefangenschaft begibt. Gewiss – man erhält dadurch Zehntausenden von Männern, die nebenbei noch Väter, Söhne und Brüder sind, das Leben. Aber wie, wenn hunderttausende und endlich Millionen durch dieses Beispiel weich werden und die Erhaltung

> des eigenen Lebens über die letzte Erfüllung ihres kriegerischen Auftrags stellen? (…) An letzter soldatischer Härte verhalten wir uns zu den Japanern wie die Italiener sich zu uns. Wir stehen – als Masse – in der Mitte. Unser Glück und unsere Chance ist, dass wir aber noch über Engländern und Amerikanern stehen.«

Der Wandel in der Moral der Wehrmacht bestand vor allem darin, dass den Soldaten klarwurde, dass der Kampf auf Messers Schneide stand – selbst jemandem wie Habicht wurde das bewusst. Gerade Habichts Beispiel zeigt aber auch, dass sich die Kampfmoral der Wehrmacht kaum auf einfache Formeln reduzieren lässt – sie wurde weniger von eindeutigen Gewissheiten über Sieg oder Niederlage bestimmt, sondern vielmehr von wechselnden Emotionen. Bei Habicht machte sich der Kriegsverlauf vor allem darin bemerkbar, dass seine Gefühlslage ambivalenter wurde, insbesondere seit der zweiten Jahreshälfte 1943. Zu Beginn des Feldzugs fieberten Habicht und seine Kameraden der Konfrontation mit den sowjetischen Truppen noch entgegen und hatten »Spaß am Schießen«.[72] Je ungünstiger sich die Kräfteverhältnisse an der Ostfront für die deutsche Seite entwickelten, desto weniger erpicht war Habicht allerdings noch aufs Kämpfen.

Wahrscheinlich waren es spätestens die Massenverluste, die Habichts Regiment Ende 1942 und Anfang 1943 erlebte, die nun selbst in seinem bislang stabilen Mikrokosmos einen gewissen Schock auslösten.[73] Im Frühjahr 1943 empfand er es schon als »Glück«, wenn sein Frontabschnitt einmal von sowjetischen Angriffen verschont blieb.[74] Wenn seine Einheit an Brennpunkte verlegt werden sollte, freute er sich nicht mehr über die Gelegenheit, sich im Kampf auszuzeichnen, sondern sah »Unheil« kommen, so zum Beispiel im November 1942 vor einem drohenden Einsatz im »Schlauch« vor Demjansk – jener engen Landverbindung des Kessels, die im April 1942 durch eine deutsche Offensive wiederhergestellt worden war und seither die meisten Angriffe der Roten Armee auf sich zog.[75] Zudem mehrten sich seit der zweiten Jahreshälfte 1943 in Habichts Tagebuch die zynischen Bemerkungen und skeptischen Töne, die in den Vorjahren kaum vorkamen: Insbesondere im Herbst und Winter 1943 flocht er immer mehr Episoden ein, die mit negativen Schlusspunkten endeten – und oft unausgesprochen darauf hinausliefen, dass die Dinge im Argen lagen. In seinem letzten Tagebucheintrag vom 1. Januar 1944 musste er sich regelrecht selbst dazu überreden, auf das neue Jahr anzustoßen.[76]

Das heißt aber nicht, dass Habicht jetzt nur noch negativ dachte, im Gegenteil. Zur gleichen Zeit vermittelt sein Tagebuch weiterhin viele positive Emotionen – abgesehen von den eben beschriebenen Misstönen veränderten sich die Themen, Motive, Sprache und Semantik der Aufzeichnungen gegenüber den Vorjahren nur unwesentlich. Die optimistische Grundstimmung ging nicht verloren. Besonders deutlich zeigt sich dies in Habichts irritierendem Humor, den er in seinen Aufzeichnungen bis zum Ende beibehielt. In zahllosen Episoden kehrte Habicht den Spaß am Krieg hervor und betonte damit gleichzeitig die männliche Erhabenheit über die Todesgefahr: Immer wieder erzählte er davon, wie er und seine Kameraden »loslachen« mussten, selbst in Gefechtssituationen blieb Raum für »Komik«.[77] Hieran änderte auch der Kriegsverlauf nichts. Noch am Jahresende 1943 vermittelt Habichts Tagebuch an vielen Stellen »eine heiterlachende Stimmung«.[78]

Die Stimmung schlug also nicht einfach von gut auf schlecht um – vielmehr veränderte sich seit 1943 der Gefühlshaushalt der Soldaten. Bei Habicht waren diese gemischten Gefühle freilich unterm Strich immer noch viel positiver als bei manchen anderen Offizieren. Besonders deutlich zeigt sich das im Vergleich mit der kritischen Haltung eines nationalkonservativen Generals wie Gotthard Heinrici, der 1942/43 in seinen Tagebüchern immer größere Zweifel äußerte.[79] Habicht half seine narzisstische Selbstgewissheit, alle störenden Gedanken zu verdrängen – trotz seiner Sorgen über den Kriegsverlauf glaubte er weiterhin an einen Sieg. Nach Goebbels' Stalingrad-Rede vom 30. Januar 1943 stellte er sich begeistert vor, »mit welchem Schwung« er mit seiner Einheit »angreifen [würde], wenn man uns wieder loslässt«.[80] Die alliierten Luftangriffe auf Berlin weckten in ihm den »Wunsch«, »dabei sein [zu] dürfen, wenn die große Schlussabrechnung mit England kommt« und »dort drüben kein Stein mehr auf dem anderen bleiben« würde.[81] Und noch im November 1943 stellte er sich beim Blick auf seinen Bataillonsabschnitt vor, »dass dieses hochhügelige Land, mit seinen dörfergekrönten Buckelhöhen in einer glücklicheren Friedenszeit unter deutscher Ordnung und Pflege sehr, sehr schön sein könnte«.[82]

Die Gestaltung des Alltags: Habichts Ordnung im Gewaltraum

Die Ostfront ist in der Geschichtsforschung als ein »Gewaltraum« beschrieben worden, in dem der Gewalt alle Schleusen geöffnet wurden und die normalen Regeln des Zusammenlebens außer Kraft gesetzt waren.[83] In der Historiographie wurde argumentiert, dass die Gewalt alles verändert – die Menschen, die sozialen Beziehungen, Werte und Normen. Wo sich ein Gewaltraum öffnet, findet demnach eine radikale Entgrenzung statt: Es gelten nur noch die Regeln der Gewalt, und Menschen töten, ohne dazu in irgendeiner Weise besonders disponiert zu sein, einfach weil das Töten unter diesen Umständen geboten erscheint und erlaubt ist. Das Konzept des Gewaltraums ist zweifellos erhellend: Es zeigt die Ostfront als einen geographischen und sozialen Raum, der mit einem ganz spezifischen Referenzrahmen verknüpft war. Allerdings geht die Historiographie zu den Gewalträumen vor allem von stark asymmetrischen Konstellationen aus, wie sie etwa bei Massakern an Wehrlosen bestehen, und weniger von Kriegssituationen, in denen reguläre Armeen einander bekämpfen.[84] Zudem sind Gewalträume nicht universell, sondern historisch variabel: Nicht jeder Gewaltraum weist denselben Grad von Entgrenzung auf.[85] Die Geschichte von Habichts Infanterieregiment an der Ostfront zeigt, dass die Entgrenzung der Gewalt selbst hier nicht total war, sondern sich phasenweise, graduell und mit örtlichen Unterschieden vollzog. Die gewohnte Ordnung war keineswegs vollkommen aufgehoben, vor allem nicht aufseiten der Besatzer – in ihrem Alltag bestanden sogar Normen aus dem Zivilleben weiter. Es waren nicht zuletzt Offiziere wie Habicht, die auf dieser Ordnung bestanden. Selbst im Gewaltraum kam es Habicht weiterhin auf seine eigene Geltung und die Entfaltungsmöglichkeiten als Persönlichkeit an.

Die Gewalt war nicht alles. Natürlich war fast jede Aktivität im Operationsgebiet in irgendeiner Weise auf den Kampf an der Front bezogen, doch damit ist über die Ordnung im Gewaltraum noch nicht viel gesagt.

Außerhalb der Kampfhandlungen gab es noch andere Dinge, mit denen sich die Soldaten und Offiziere beschäftigten. Das Spektrum der Themen in Habichts Aufzeichnungen spiegelt wider, wie komplex der Alltag an der Ostfront war. Besonders ungefiltert zeigt sich das, wenn man ermittelt, welche Wörter Habicht am meisten verwendete. Eine semantische Analyse von Habichts Tagebüchern ergibt die folgende Liste der fünfzig häufigsten Substantive:[86]

Begriffe 1–25	**Häufigkeit**	**Begriffe 26–50**	**Häufigkeit**
1. Nacht	635	26. Post	172
2. Iwan/Iwans	510/58	27. Gesicht	162
3. Russen/Russe/ russischen usw.	410/226/326	28. Batterie/Batterien	160/74
4. Bunker/Bunkern/ Bunkers	460/68/42	29. Abend	159
5. Mann/Männer/ Männern	446/383/72	30. Lage	158
6. Heute	415	31. Hand	158
7. Morgen	373	32. Oberleutnant/Oblt.	157/137
8. Tag/Tage/Tagen/Tages	344/270/214/57	33. Minuten	156
9. Kompanie/Komp./ Kp./Kompanien	341/220/98/69	34. Landser	156
10. Stunde/Stunden	278/274	35. Krieg/Kriege	155/77
11. Stellungen/Stellung	276/186	36. Front	149
12. Sonne	276	37. Artillerie	141
13. Zeit	251	38. Schnee	141
14. Schuss	250	39. Boden	139
15. Lt./Leutnant	224/60	40. Wasser	140
16. Luft	202	41. Feuer	138
17. Kopf	199	42. Pferde/Pferd	135/61
18. Posten	191	43. Oberst	135
19. Chef/Chefs	187/117	44. Km	133
20. Gestern	183	45. Major	133
21. Straße	182	46. Urlaub	133
22. Wetter	179	47. Ende	132
23. Himmel	177	48. Befehl	131
24. Regiment/Regiments	175/43	49. Gelände	130
25. Division	175	50. Wald	130

Hier offenbart sich die Ökonomie der Aufmerksamkeit eines Truppenführers an der Ostfront. Die Liste fasst auf einen Blick zusammen, womit sich ein Kompaniechef wie Habicht am meisten beschäftigte und was seinen Alltag im Krieg ausmachte. Die Substantive lassen sich grob in fünf Cluster einteilen, die für die wichtigsten Faktoren im Leben an der Front standen: die Zeit, der Raum, die militärische Ordnung, die eigene Truppe und der Feind. Habichts minutiöse Aufzeichnungen zeigen, wie diese Faktoren den Gewaltraum strukturierten – und wie die führenden Männer an der Front diesen Strukturen ihren Stempel aufdrückten.

Zeit

Die vielen Zeitwörter in der Liste spiegeln wider, dass Frontoffiziere wie Habicht vor allem im Hier und Jetzt lebten – für die Soldaten im Krieg war die gegenwärtige Situation stets das wichtigste Moment. Die zahlreichen Zeitangaben rührten zum einen schlicht daher, dass Habicht in seinen Aufzeichnungen chronologisch alle Abläufe des Tages durchging – dabei rechnete er auch die Minuten und Stunden vor, die bestimmte Vorgänge dauerten. Gleichzeitig offenbart die zeitliche Ordnung in Habichts Tagebuch, dass der Krieg an der Front eben kein Chaos war, in dem die Zeit keine Rolle mehr gespielt hätte. Auch dort gab es Wochentage und Uhrzeiten, Kalender und Armbanduhren. Nur während des Gefechts passierte es manchmal, dass man vorübergehend die Zeit vergaß. So zum Beispiel in der mehrtägigen Abwehrschlacht bei Penna südlich des Ilmensees im Frühjahr 1943: Während eines heftigen feindlichen Artillerieschlags am Morgen des 4. März 1943 verlor Theodor Habicht kurzzeitig das Zeitgefühl und war verdutzt, als er nach dem Beschuss feststellte, dass das Trommelfeuer nur zwanzig Minuten gedauert hatte – es hatte sich für ihn viel länger angefühlt.[87] Die zeitliche Desorientierung währte aber nur kurz: Ab 7.30 Uhr war er wieder im Bilde über alle Uhrzeiten. Die Schlacht von Penna war die blutigste und dramatischste Schlacht, die Habicht bis 1944 an der Ostfront erlebte. Selbst in diesen erbitterten Kämpfen hörte die Zeit nicht auf, dem Gewaltraum eine gewisse Ordnung zu geben.

Die zeitliche Ordnung war schon aus funktionalen Gründen unabdingbar, denn das Militär war auf ein klares Zeitregime angewiesen, damit man sich auf verabredete Uhrzeiten verlassen konnte. Insbesondere während des Stellungskrieges etablierte sich ein fester Zeitrhythmus, in dem es für fast alles Uhrzeiten gab. Phasenweise gestalteten sich die Tage derart gleichförmig, dass Habicht sich wie in einem »Film« vorkam, der sich jeden Morgen »von neuem« abspulte.[88] Selbst der Stellungskrieg in den vordersten Gräben wurde »unter gewissenhafter Einhaltung der Essens- u. Ruhepausen« geführt, wie Habicht zur gleichen Zeit bemerkte.[89] Habicht betrieb dabei ein bewusstes Zeitmanagement. Er hatte ein »Tagesprogramm«, das aus Stellungsbesichtigungen, Besprechungen, »Papierkrieg« und vielem anderen bestand.[90] Dabei ärgerte er sich über Offiziere wie seinen letzten Regimentskommandeur, der mit verzichtbaren Besprechungen seine »knappe Zeit« verschwendete und ihm »den ganzen Tag« zerriss.[91] Er selbst präsentierte sich natürlich als jemand, der äußerst effektiv arbeitete.

Habicht legte großen Wert darauf, den Tagesrhythmus an der Front selbst zu bestimmen. Er wollte so weit wie möglich an seinen eigenen Routinen festhalten. Das begann bereits bei den Mahlzeiten, die seinen Tagesablauf strukturierten wie in der Friedenszeit. Während des Stellungskrieges plante Habicht seine Tage für gewöhnlich danach, wann es Mittagessen und Abendbrot gab. Dabei war er nicht von der Feldküche abhängig, weil er einen Offiziersburschen dafür hatte. Doch wenn die Mittagszeit dazwischenkam, unterbrach er auch schon einmal seine Stellungsrundgänge.[92] Auch für die Interaktion mit anderen Regimentsangehörigen gab es bestimmte Uhrzeiten. Wenn Habicht von Untergebenen aufgesucht wurde, erschienen sie nach Möglichkeit unter Beachtung der »konventionellen Besuchszeit«.[93] Habichts Zeitregime an der Front beruhte auf einem fast spießbürgerlichen Ordnungsdrang – obwohl er doch schon immer gegen bürgerliche »Ruhe und Ordnung« gewettert hatte.[94] Zu den Ritualen, die er aus dem Zivilleben übernahm, gehörte sogar die Sonntagsruhe. Jede Woche zelebrierte Habicht einen »eingebildeten Sonntag«, den er mit »Längerschlafen«, »Zeitungslektüre«, »Nichtstun« und geselligen Treffen mit Offizierskameraden markierte.[95] Habichts Zeitgestaltung hatte etwas sehr Individuelles an sich.

Raum

Dass auch Wörter wie »Straße«, »Wald« und »Wetter« auf der Liste von Habichts häufigstem Vokabular standen, spiegelt seine Aufmerksamkeit für die klimatischen Bedingungen und die Topographie des Kriegsschauplatzes. Die räumliche Dimension des Krieges wurde in der Historiographie lange vernachlässigt, weil die Geographie eben als unabänderliche Gegebenheit erschien und kaum als historischer Gegenstand. Inzwischen hat die Geschichtsforschung die Bedeutung des Raums für Krieg und Gewalt deutlich herausgearbeitet – und den Fokus darauf gelenkt, dass Räume von den historischen Akteuren in ganz spezifischer Weise wahrgenommen und genutzt wurden.[96] Das Militär zwang den Räumen, in denen es operierte, oft seine eigene Ordnung auf, so dass diese teilweise geradezu eine neue Gestalt erhielten. In der Literatur zum deutsch-sowjetischen Krieg wird oft die gesamte Ostfront als einziger Gewaltraum aufgefasst.[97] Habichts detaillierte Beschreibungen des Kriegsschauplatzes vermitteln ein differenzierteres Bild. Es zeigt die deutsche Ordnung in der vordersten Zone des Gefechtsgebiets, dem Reich der Regimenter, Bataillone und Kompanien, wo der eigentliche Krieg stattfand. Viel davon oblag erneut der Gestaltung durch Offiziere.

Der Ordnung des Raumes waren natürlich auch Grenzen gesetzt. Manche Bereiche der Front entzogen sich der Kontrolle der Deutschen. Das begann mit dem Niemandsland vor den eigenen Stellungen, auf das man nur mit den Waffen einwirken konnte. Vom Vorgelände und der Entfernung zum Feind hing aber das Leben in den eigenen Stellungen maßgeblich ab, ohne dass man daran etwas ändern konnte. An Habichts Frontabschnitt im Frühjahr 1943 etwa war der Feind fast überall zwischen achthundert und tausend Metern entfernt – auf der deutschen Seite konnte man sich deshalb »selbst bei Tage offen in den Stellungen, d.h. auf den Grabendeckungen bewegen«.[98] Ganz anders war das an Frontabschnitten, die sich nahe am Feind befanden oder in deckungslosem Gelände lagen: Hier konnten sich die Soldaten höchstens nachts aus ihren Bunkern wagen und führten ein regelrechtes »Höhlen- und Sumpfmenschendasein«.[99] Solche Geländeverhältnisse schlugen sich direkt auf die Gefühlslage der Soldaten nieder, das merkte Habicht auch an sich selbst. Als er im Juni 1942 von der Südfront an die Nordfront wechselte, stellte er fest, dass hier eine andere Stimmung herrschte: Vor allem in den Nächten fehlte »ganz die unheimliche Spannung«, die er an der Südfront gespürt hatte – und die in der »Erwartung« bestand, dass da etwas war, das »irgendwo hinter dem Schweigen in der Dunkelheit sprungbereit lauerte und auch fast immer kam«.[100] Die Anspannung an der Südfront kam nicht von ungefähr, denn hier war das Gelände »sehr unübersichtlich« und der Feind lag an vielen Stellen nur fünfzig Meter entfernt gegenüber – eine extrem kurze Distanz, bei der ständig Lebensgefahr bestand.[101]

Hinter der Front musste die Raumordnung erst einmal etabliert werden, und hierzu setzten die Offiziere auch Gewalt ein. Eine auffallend große Zahl der Gewalttaten, die aus dem besetzten Gebiet um Demjansk überliefert sind, ereignete sich in der Phase zwischen Herbst 1941 und Frühjahr 1942, als die Deutschen dazu übergingen, in den eroberten Gebieten Besatzungsstrukturen zu errichten. Eine Strafexpedition von Mitte Dezember 1941 führte zur Niederbrennung von elf Dörfern und zur Erschießung von fünfundachtzig männlichen Einwohnern.[102] Allein diese Gewalttat verursachte den Großteil der Todesopfer, die in der betroffenen Landratsgemeinde während der gesamten Besatzungszeit von 1941 bis 1943 durch deutsche Repressalien ums Leben kamen.[103] Neben der Gewalt in der Anfangsphase der Besatzung entfiel ein weiterer Teil der Exekutionen auf die Zeit des deutschen Rückzugs im Februar 1943. Dieselben Muster zeigten sich in den übrigen Landratsgemeinden im Kreis Demjansk.[104] Und das war nicht nur in dieser Region so, wie weitere Studien belegen: Auch in anderen Divisionen an der Ostfront scheint die Neigung der Truppen zu Gewalttätigkeit in den fluiden Phasen des Krieges deutlich größer gewesen zu sein als in den stationären Phasen.[105] Das sagt viel über die Zusammenhänge zwischen Gewalt und räumlicher Ordnung an der Ostfront aus. Zum einen wurde Gewalt eingesetzt, um die Ordnung zu etablieren. Zum anderen führte die etablierte Ordnung tendenziell aber auch zur Begrenzung der Gewalt.

Das spricht gleichzeitig dafür, dass die Gewalt in der Regel organisiert war und nicht in erster Linie auf Willkürakte von einzelnen Soldaten zurückging. Darauf deuten auch die sowjetischen Nachkriegsermittlungen hin. Zwar kommen darin immer wieder Erschießungen und Misshandlungen vor, die offenbar eigenmächtig von individuellen Wehrmachtsangehörigen verübt wurden, doch insgesamt fällt auf, dass die sowjetischen Berichte über die Exekutionen häufig die Begründungen der Deutschen mit aufführten, die den harten Regeln des Besatzungsregimes entsprachen. Vielfach vermerkten die Berichte sogar ausdrücklich, dass die Exekutionen auf Befehl von Offizieren erfolgten. Das unterstreicht erneut, dass sich im Gewaltraum die Ordnung nicht vollständig auflöste – es hing von den Vorgesetzten ab, wie sich diese gestaltete.

Um zu verstehen, wie sich die Offiziere mit ihren Soldaten im Gewaltraum einrichteten, muss man sich zunächst einmal dessen räumliche Strukturen vergegenwärtigen, einschließlich der Entfernungen und Wege, die zu der Lebenswelt an der Front gehörten. Als Habicht nach seiner Verwundung im März 1942 an die Front zurückkehrte, erhielt er zunächst nur das Kommando über die Stabskompanie im Rückraum der Südfront des Kessels. Sein Quartiersort war das kleine Dorf Wesowo, in dem noch die Zivilbevölkerung anwesend war. Wenn Habicht von hier aus an die Hauptkampflinie fuhr, nahm er die Autobahn, die ihn an allen entscheidenden Wegmarken vorbeiführte: am Ort Penkowo, in dem der Regimentsgefechtsstand lag, das Kontrollzentrum des Frontabschnitts; an den Geschützstellungen und Beobachtungsstellen der Artillerie; an dem Punkt, ab dem das Gelände von der Gegenseite eingesehen werden konnte und wo die unmittelbare Gefahr direkten Beschusses begann.[106] Bis in die Unterkünfte und Schützengräben der Infanterie, die in den Kellern der zerstörten Ortschaft Bel hauste, waren es von Wesowo aus rund sechs Kilometer.

Als Frontkommandeur war man dem Gewaltgeschehen an der Hauptkampflinie noch viel näher. Anfang Juni 1942 übernahm Habicht den Befehl über einen Bataillonsabschnitt beim Infanterieregiment 89 an der Nordfront des Kessels. Auf dem Weg zu seinem neuen Posten kam er rund zehn Kilometer vor der Front zunächst durch das Dorf Danilowo, wo sich der Divisionsgefechtsstand befand und auch die Zivilbevölkerung noch vor Ort war.[107] Der nächste Ort, Domaschi, war bereits der letzte vor der vordersten Linie und nur noch ein unbewohnter Trümmerhaufen. Dennoch war Domaschi der soziale und institutionelle Mittelpunkt des sechs Kilometer breiten Frontabschnitts, denn in den Kellern der Häuserruinen befanden sich der Regimentsstab und die Schreibstuben der vorne eingesetzten Bataillone. Von Domaschi waren es nur rund zweieinhalb Kilometer bis zur Front. Habichts eigener Bataillonsgefechtsstand mit seinem Wohnbunker lag lediglich vierhundert Meter vor der Hauptkampflinie. Die vorderste Linie bestand aus

9. Die Südfront des Kessels von Demjansk (A = Wesowo, B = Penkowo, C = Bel, – – – = Frontverlauf)

einer Kette von Stützpunkten und Stellungen, die mit Laufgräben verbunden waren. Der Bataillonsabschnitt war zwei Kilometer breit, doch der gewundene Weg durch die Stellungen betrug ganze fünf Kilometer.

Die Feuerstellungen an der Hauptkampflinie waren offensichtlich der gefährlichste Ort des Gefechtsgebiets. Wenn man als Posten im Schützengraben das Niemandsland beobachtete oder selbst seine Waffen abfeuerte, musste man zwangsläufig den Kopf aus der Deckung nehmen und war verwundbar. Die meisten Todesfälle in der Truppe, die Habicht in seinem Tagebuch registrierte, traten hier ein. Dieser Kernbereich des Gewaltraums war oft nur ein paar Dutzend Meter tief. Sobald sich die Verhältnisse stabilisierten, wurde er oft mit Warnschildern abgesteckt. Auf dem Weg in das Dorf Bel an der Südfront des Kessels etwa war einen Kilometer vor der Hauptkampflinie die Autobahn durch einen Schlagbaum gesperrt, und eine Tafel warnte: »Achtung! Feindeinsicht!«[108] Direkt hinter der Todeszone an der vordersten Linie nahm die unmittelbare Gefahr für Leib und Leben mit jedem Meter ab. Zwar reichte die gegnerische Artillerie kilometerweit ins Hinterland, und wegen der sow-

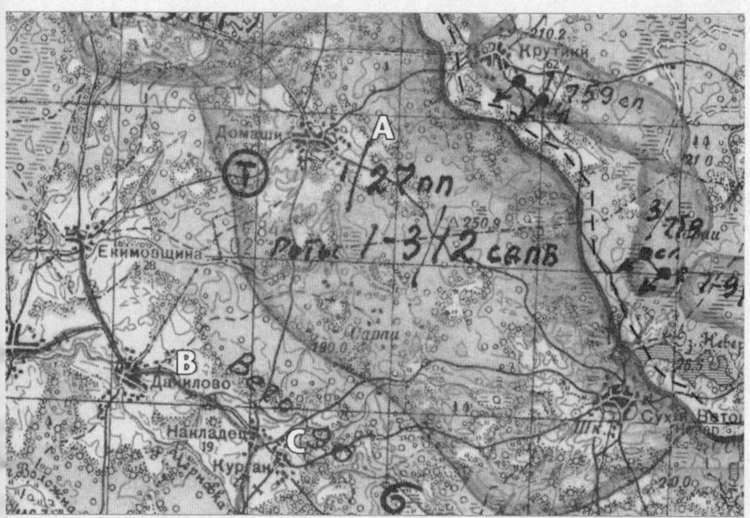

10. Die Nordfront des Kessels von Demjansk (A = Domaschi, B = Danilowo, C = Nakladez, – – – = Frontverlauf)

jetischen Luftherrschaft war man überall im Kessel den Bombenangriffen feindlicher Flieger ausgesetzt. Im Vergleich zu der Gefahr in den vordersten Stellungen war dieses Risiko allerdings wesentlich geringer. Schon die Wohnbunker direkt hinter der Hauptkampflinie boten beträchtlichen Schutz, weil sie nach Möglichkeit hinter Erderhebungen angelegt wurden und sich dadurch im toten Winkel der feindlichen Artillerie befanden. Habicht schätzte die Wahrscheinlichkeit eines Volltreffers auf einen Wohnbunker äußerst gering ein, wie er im Mai 1942 notierte:[109]

»Die Nacht ist ruhig verlaufen, d.h. gemessen an unseren bescheiden gewordenen Ansprüchen. Natürlich brummten die ›Dreschmaschinen‹ wieder in der Luft herum und schmissen Bomben, natürlich schoss die Artillerie des Russen Störungsfeuer und Feuerüberfälle, aber das regt schon lange niemanden mehr auf. Dazu trägt natürlich auch der Umstand bei, dass wir jetzt in unseren Bunkern liegen. Mit drei Balkenlagen und 1 m Erde über dem Kopf, und im Übrigen wie ein Maulwurf in den feindabgekehrten Hang einer Höhe hineingewühlt, hört man sich das

> viel gelassener an als über der Erde mit nur einem Schindeldach über dem Kopf und einer einfachen Balkenwand rundherum. ›Ja – aber wenn ein *Voll*treffer? …‹ Ein Volltreffer hat die Wahrscheinlichkeit von 1:100 und dann müsste es auch noch ein dicker sein.«

Der Raum, in dem sich die Kriegsgewalt am stärksten verdichtete, konzentrierte sich also auf einen sehr schmalen Streifen. Schon wenige Hundert Meter hinter der vordersten Linie bewegten sich kampfgewohnte Offiziere wie Habicht relativ frei und unbekümmert. Zur Entspannung unternahm Habicht oft Spaziergänge durch die Natur in der Umgebung seines Gefechtsstandes – der nur vierhundert Meter hinter den Feuerstellungen lag.[110] Auch den Weg von seinem Gefechtsstand zum Hauptquartier des Regiments in Domaschi legte Habicht oft zu Pferd oder auch zu Fuß zurück, ohne sich viele Sorgen um feindlichen Beschuss zu machen.[111] Die Ortschaft Domaschi befand sich nur rund zweieinhalb Kilometer hinter der Front, war in seinen Augen aber schon »halbe Etappe«.[112] Noch mehr galt das entsprechend für den Raum, der weiter hinten lag. Über einen Ritt, den er im August 1942 ins Hinterland unternahm, schrieb er:[113]

> »Überall auf den Feldern sind Gruppen von Soldaten, Zivilisten, Frauen und Kindern bei der Erntearbeit. Die weißen Hemden, die nackten Oberkörper, die bunten Kleider und Kopftücher der Mädchen leuchten weithin. Hier sind sie mit der Sichel, dort mit Sensen im Gange, hin- u. wieder sieht man sogar von Landsern gefahrene Mähmaschinen. (…) Wo immer aber gearbeitet wird, da ist Lachen, Rufen und Scherzen, eine Erntelust und -freude, die fern ist von jedem Gedanken an den Krieg. (…) Ich reite weiter über Nakladez, Mamajewschtschina, Krasnaje Gorka – – – – – In allen Dörfern – sie sind gross und stattlich, mit roten Steinhäusern unter grauen Schindeldächern, Torbogen und grossen Scheunen – ist es dasselbe Bild: Auf den Feldern wird gearbeitet, in den Dörfern selbst sieht man nur vereinzelt einen Landser, und hier und da sitzt auf der Türschwelle ein uraltes Weib und hütet eine Herde schreiender und sich balgender Göhren. Nein, hier ist kein Krieg. Der hört spätestens 5 km hinter der H. K. L. auf. (…) Da hat man Soldatenheime und Offizierskasinos, Lesestuben und ›Front‹-Kinos, da kann man überall aufrecht herumspazieren und muss nicht hier den Kopf einziehen und da springen und an der dritten Stelle robben, um irgendwohin zu

kommen. Gut, dass es so ist. Dass es noch Menschen gibt, deren Leben sich in Ordnung und Geregeltheit *auf* der Erde abspielt, statt in und unter ihr, denen Tag und Nacht noch natürliche Dinge sind und die nicht ständig den rechten Zeigefinger am Abzug einer Schusswaffe haben. Es ist schon eine Erholung, das Bild eines Lebens in Frieden wieder mal nur so im Vorbeireiten zu sehen.«

Die räumliche Nähe zwischen der Todeszone an der Hauptkampflinie und dem befriedeten Hinterland war ein Spezifikum dieses Krieges. Noch im Ersten Weltkrieg war diese Distanz viel größer gewesen, da sich die Stellungssysteme oft mehrere Kilometer weit ins Hinterland erstreckten.[114] Nicht weit von dort, wo die Ortschaft Nakladez lag, durch die Habicht oben ritt, hätte sich im Ersten Weltkrieg also gerade einmal das hintere Ende der Stellungszone befunden. Im Kessel von Demjansk war die Frontzone bis zu den Gefechtsständen dagegen nur ein paar hundert Meter tief. Dadurch lebten die deutschen Kampftruppen viel näher an der verbliebenen Zivilbevölkerung, als dies im Ersten Weltkrieg möglich gewesen wäre. Die logische Folge war, dass es mehr Kontaktmöglichkeiten zwischen Besatzern und Besetzten gab – und deshalb auch mehr Gelegenheit für Gewalt von Soldaten gegenüber Zivilisten.

Für Habicht waren Front und Rückraum so unterschiedlich wie Krieg und Frieden – es entsprach aber natürlich nicht der Realität, dass es im Hinterland keine Gewalt gab. Habichts subjektive Unterscheidung zwischen »vorne« und »hinten« war dennoch nicht völlig aus der Luft gegriffen. Die sowjetischen Nachkriegsermittlungen über die deutschen Besatzungsverbrechen ergaben, dass in den Dörfern der Landratsgemeinde, durch die Habicht in der oben beschriebenen Szene ritt, während der Besatzung von 1941 bis 1943 insgesamt »14 unschuldige Zivilisten« exekutiert wurden.[115] Gewiss trat Gewalt hier auch noch in anderen Formen auf, doch die tödliche Gewalt bewegte sich offensichtlich in anderen Dimensionen als in der Todeszone an der Hauptkampflinie. Zudem gab es im Kessel von Demjansk 1942/43 so gut wie keine Aktivitäten von Partisaneneinheiten.[116] Dass Habicht sich so frei im Hinterland des Kessels bewegen konnte, hatte also ganz reale Gründe. Als er später durch andere Gebiete fuhr, in denen Warnschilder auf die Gefahr durch Partisanen hinwiesen, fühlte er sich schon nicht mehr so sicher.[117]

»Vorne« und »hinten« waren keine voneinander abgeschotteten Welten, sondern miteinander verbundene Bereiche – zwischen Front und Hinterland gab es ein beträchtliches Maß an Kommunikation und Mobilität. Die große Mehrheit der Truppe war zwar dauerhaft in der vordersten Linie gebunden, dennoch gab es Möglichkeiten, das Hinterland aufzusuchen. Ein Frontoffizier wie Habicht genoss große Bewegungsfreiheit und konnte im Prinzip fast jeden Ort im Kessel bereisen. Bei dem oben beschriebenen Ausritt etwa befand sich Habicht auf dem Weg an die Südfront des Kessels, um dem bereits erwähnten Begräbnis des Leutnants Walter beizuwohnen. Das waren insgesamt achtzig Kilometer hin und zurück. Eine Strecke von dieser Länge ließ sich mit Pferd und Kraftrad an einem Tag bewältigen, für die Rückfahrt am Nachmittag benötigte Habicht rund fünfeinhalb Stunden. Solche Fahrten unternahm er öfter.[118] Diese Mobilität war indes nicht nur ein Privileg von Offizieren. Selbst Soldaten mit niedrigeren Dienstgraden konnten sich auch ohne dienstlichen Auftrag im Kessel bewegen – manchmal nur zu dem Zweck, Kameraden an anderen Frontabschnitten zu »besuchen«.[119]

Noch mehr Verkehr gab es innerhalb der einzelnen Frontabschnitte. Habicht war in seinem Befehlsbereich viel unterwegs, und das nicht nur während seiner täglichen Stellungsrundgänge. Wenn es das Wetter und die Wegeverhältnisse zuließen, konnte man auch in der weiteren Umgebung viele Punkte relativ schnell erreichen. Für die rund zehn Kilometer lange Wegstrecke zum Hauptquartier der Division in Danilowo etwa benötigte Habicht zu Fuß nur rund eineinhalb Stunden.[120] Noch häufiger ging Habicht freilich die zwei Kilometer zum Regimentsgefechtsstand nach Domaschi – dieser Gang wurde für ihn während des Einsatzes an der Nordfront zu einer so festen Gewohnheit, dass er bald schon von seinem »obligaten Sonnabendgang nach Domaschi« sprach.[121] Meistens ging es dabei um dienstliche Angelegenheiten, Besprechungen und organisatorische Fragen. Da in Domaschi auch Habichts eigene Schreibstube lag, erledigte er hier außerdem den »Papierkrieg« seines Bataillons. Ansonsten handelte es sich bei dem Gang nach Domaschi aber auch um ein soziales Ritual. Domaschi war ein Treffpunkt, an dem ein großer Teil des Lebens im Regiment stattfand, wo es Geselligkeit und Gelegenheit zum Austausch gab. In der Regel verband Habicht seine Gänge nach Domaschi daher mit Besuchen bei bekannten Offizieren, ohne einen besonderen dienstlichen Grund dafür zu haben. Die Mobilität im Frontbereich war also auch eine Freizeitbeschäftigung und Teil der Kameradschaftskultur in der Wehrmacht. Wahrscheinlich sahen es Offiziere wie Habicht fast als Erholung an, sich vorübergehend aus dem hitzigsten Gewaltraum der vordersten Linie zu entfernen. Die vielen Gänge und Fahrten gehörten zu Habichts individueller Zeitgestaltung, die er als führende Persönlichkeit für sich in Anspruch nahm.

Die Mobilität hatte gleichzeitig Folgen für die Wahrnehmung des Raums an der Ostfront. Wer so viel umherfuhr wie Habicht, kannte sich aus. Viele Strecken, Orte und Punkte im Operationsgebiet hatte er sogar mehrfach gesehen oder durchfahren. Habichts Krieg spielte sich von 1941 bis 1944 in einer relativ begrenzten Region ab. Von vielen Orten im Kessel von Demjansk schrieb er fast so, als müsste sie jeder kennen. Durch die Vertrautheit mit der Umgebung verlor das Land viel von seiner Fremdheit und Bedrohlichkeit, die es für andere Soldaten besaß. Habichts Wahrnehmung der Landschaft war überraschend positiv, ja enthusiastisch. Ob er sie von der Umgebung seines Gefechtsstands an der Hauptkampflinie aus betrachtete, beim Spaziergang im Frontbereich oder im Vorbeifahren bei Reisen durch das Hinterland – ständig schwärmte er von der »grossartigen Schönheit« der Landschaft.[122] Das ist ein interessanter Befund, da in der historischen Forschung das Bild dominiert, dass mit Gewalträumen häufig negative Landschaftswahrnehmungen verbunden sind – in dem Sinne, dass die Soldaten umso gewalttätiger waren, je bedrohlicher und fremdartiger ihnen die Umgebung erschien.[123]

Die positive Sicht auf das Land rührte nicht nur daher, dass Habicht darin den zukünftigen »Lebensraum« der Deutschen sah – die Landschaftsbetrachtung erfüllte im Gewaltraum auch eine kompensatorische Funktion. Das beruhte auf einer kulturellen Praxis, die schon bei den Soldaten im Ersten Weltkrieg anzutreffen war. Die Landschaftsbetrachtung war für viele Soldaten eine vertraute Gewohnheit aus ihrem früheren Leben in der Heimat.[124] Der Anblick einer schönen Landschaft verschaffte ihnen zumindest kurzzeitig etwas psychische Entlastung von den Schrecken der Front.[125] Teilweise projizierten sie dabei auch Landschaftsbilder aus der Heimat in das Frontgebiet hinein, um sich zu Hause zu fühlen. Erklären lässt sich diese Tradition der Landschaftsbetrachtung mit dem permanenten Bestreben der Soldaten, »die Verbindung zur vertrauten zivilen Sphäre nicht abreißen zu lassen«.[126] Selbst bei einem überzeugten Nationalsozialisten wie Habicht war das nicht anders. Mehr als einmal blickte er an der Front in die Weite und sah »ein Landschaftsbild, das fast an den Rhein zwischen Bingen und Koblenz gemahnt«.[127]

Schon im Ersten Weltkrieg versuchten die Soldaten, zumindest im Kleinen das zivile Leben von zu Hause nachzuahmen, um den Aufenthalt im Gewaltraum erträglicher zu machen. Aus dem gleichen Grund staffierten sie ihre Unterkünfte mit heimatlichen Requisiten aus.[128] Dasselbe Bemühen zur Schaffung von Rückzugsorten gab es an der Ostfront des Zweiten Weltkriegs. Es äußerte sich darin, wie die Soldaten ihre Wohnbunker ausgestalteten – die direkt hinter der vordersten Linie inmitten der Todeszone lagen und manchmal nur fünfzig bis hundert Meter von der Front entfernt waren.[129] In den Stellungen der vordersten Linie gab es für die wachhabenden Posten nur das Notdürftigste – hier hausten die Männer in »Löchern«, in denen sie während ihrer Pausen auf Strohunterlagen auf der nackten Erde lagerten.[130] Doch nicht weit dahinter richtete sich die Truppe bei längeren Aufenthalten auch »Wohnbunker« ein, die sie zum Teil in »wochenlanger schwerer Arbeit« ausbauten, um sich ein Mindestmaß an Komfort zu schaffen.[131] Wie Habicht in seinem Tagebuch festhielt, entwickelten die Soldaten so großen Eifer, dass sich ein regelrechter »Wettbewerb« um »den schönsten Bunker« ergab – dabei entstanden »schöne, warme, feste und behagliche Bunker«, die teilweise sogar »mit Steinöfen, Holzfußböden, Dielen, Fenstern, Kaminen« ausgestattet waren.[132] Wie wichtig den Männern die Bunker und ihre Inneneinrichtung waren, bestätigen einzelne Feldpostserien von Soldaten aus Habichts Regiment.[133] Dies beobachtete Habicht im Mai 1942 an seinen Soldaten:[134]

> »Es ist erheiternd und manchmal rührend, mit welchem Eifer und welcher Liebe die Kerls da ans Werk gehen, und – von einzelnen Entgleisungen ins Kitschige abgesehen, die ich sofort abdrehe – wie nett und geschmackvoll sie das machen. Unter zentimetergenauer Auswertung des knappen Raumes wird da im Inneren eine komplette Wohnung eingerichtet mit 2 Stock-Betten, Tisch, Bänken, Steinofen, Wandbörden usw., indessen von aussen die nackte Erde des Hanges mit ausgestochenem Rasen belegt wird – oft in Terrassen – in die kleine Tannen, Machangelbüsche und Moos eingepflanzt werden. Manche legen auch Stein- u. Blumengärtchen an, zu denen sie sich Anemonen, Butterblu-

11. Wohnbunker eines Offiziers an der Ostfront – Heinz-Georg Lemm

men und (sehr selten) Primeln heranholen. Alle aber zäunen ihren Bereich mit niederen Birkengeländern ein, sodass der ganze Bachgrund allmählich das Gesicht eines wohlgepflegten Parkes bekommt, an dem immer weiter herumgebastelt und verbessert wird. Dabei tauchen immer weitergehende Projekte auf: Kleine Wasserfälle im Bach anzustauen, weiter unten ein Plansch- u. Badebecken zu schaffen, usw. usw.«

Wie solche Wohnbunker aussahen, zeigt das Fotoalbum von Habichts Regimentskameraden Heinz-Georg Lemm, das eine ganze Serie von Bildern über den Bunkerbau und die Wohnverhältnisse enthält. Die Bilder spiegeln dasselbe Streben nach Wohnlichkeit und Heimeligkeit, von dem Habicht in seinem Tagebuch sprach. Genau darauf verwies Lemm sogar in einer der Bildunterschriften: »Ein Bunker muss nicht immer gleich hässlich sein. Ein kleiner Zaun, eine Hausbank und ein selbst angelegtes Blumenbeet, schon kann sich jeder heimisch fühlen.«[135] Ebendarum ging es bei den Bunkern an der Hauptkampflinie – sich die Umgebung an der Front zur Heimat zu machen.[136] In Bezug auf die Bunker wurden die Soldaten richtig emotional. Wenn der Verlust ihrer Wohnbunker drohte, weil die Truppe an andere Frontabschnitte verlegt werden sollte, führte dies oft zu den spürbarsten Stimmungstiefs, die Habicht bei den Soldaten während des ganzen Kriegs registrierte.[137]

Auch Habicht und seine Offizierskameraden legten in ihren Gefechtsständen hinter der vordersten Linie großen Wert auf den »Komfort einer modernen Wohnkultur«.[138] Wenn Habicht von »Bunkerarchitektur« und »Innenarchitektur« sprach, klangen erneut zahlreiche Anleihen aus dem Zivilleben an.[139] Bei der Ausgestaltung seiner Unterkunft tat er sich einmal mehr hervor. Sein neuer Wohnbunker, den er sich im Herbst 1942 an der Nordfront bauen ließ, war so aufwendig eingerichtet und mit so gepflegten Außenbereichen versehen, dass er von den anderen Offizieren als »Jagdschloss« bezeichnet wurde.[140] Der Bunker war wie eine Wohnung in mehrere Räume unterteilt und »gross, geräumig, komfortabel, hell und bombenfest«. In seinem »stilvollen« Wohnbereich verfügte Habicht über einen Kamin, gepolsterte Möbel und Bücherregale; an den Wänden hingen Kerzenleuchter und gerahmte Bilder, einschließlich einer Fotografie seiner Ehefrau. Und all das nur hundert Meter hinter der Hauptkampflinie! Habichts Regimentskamerad Heinz-Georg Lemm richtete sich eine ähnlich wohnliche Unterkunft ein. Habichts Bunker war aber wieder einmal der größte und schönste von allen. Als Lemm ihn einmal besuchte, kam er aus dem Staunen nicht wieder heraus:[141]

> »Auf 16.$^{\underline{00}}$ habe ich Lemm und Fischer zum Kaffee eingeladen, und bis dahin muss die neue Inneneinrichtung fertig sein, an der nun schon seit 10 Tagen gearbeitet wird. Genau 10 Minuten vor der Zeit sind wir dann auch fertig, und meine lieben Gäste sind restlos erschlagen, als sie eintreten. Denn was sie nun – gänzlich unvorbereitet – vor sich sehen, ist kein Bunker mehr, sondern eine mit höchster Raumkunst – sowohl technisch wie ökonomisch und geschmacklich – eingerichtete Kajüte mit massiven, breiten Bohlendielen, sperrholzverkleideten Wänden und Decken, einer um 3 Wände laufenden breiten Wandbank, einem ausgeschobenen grossen Tisch, u. einem neukonstruiertem Möbelstück, das halb Buffet, halb Vitrine, Geschirrschrank oder sonstwas ist – völlig aus Bunkerbedürfnissen heraus erfunden. An den Wänden hängen im Holzrahmen – selbstgefertigte – prachtvolle Photographien 25 x 40 cm von historischen Bauten und Städtebildern (aus einem Bilderheft ›Deutschland‹) und am besten Platz das Bild der Lüttjen. Auf dem ›Buffet‹ steht in einem blanken Glaskrug ein grosser Blumenstrauss, dane-

ben ein dreiarmiger Holzleuchter mit gelben Wachskerzen, der Kaffeetisch ist tadellos gedeckt, es duftet nach Bohnenkaffee, durch das eine Fenster scheint die Sonne, durch das andere schaut man auf die leuchtende Lowatlandschaft – – – – ›Kinder‹, sagt Lemm, ›ich werd verrückt! Sowas in Russland!‹«

Zu dieser Art von Ordnung kehrten die Deutschen immer wieder zurück. Wenn die Front erneut in Bewegung kam – wie beim Rückzug aus dem Kessel von Demjansk im Februar 1943 –, war erst einmal kein Raum mehr für die Gewohnheiten und Rituale, in denen sich die Truppe vorher eingerichtet hatte. Doch auch dieser Zustand war nur vorübergehend: Sobald sich die Lage stabilisierte, versuchte man wieder zur vertrauten Routine überzugehen. Im Stellungskrieg im Frühling und Herbst 1943 gestaltete Habicht seinen Alltag fast genauso, wie er es von seiner Zeit im Kessel kannte. Schon wenige Wochen nach der Schlacht von Penna hatte Habicht einen neuen wohnlichen Bunker, genoss auf Spaziergängen die Natur und empfing Besuche von Offizierskameraden.[142] Das gesamte Bemühen der Offiziere und Soldaten war offensichtlich darauf gerichtet, Ordnung in den Gewaltraum zu bringen.

Der Gewaltraum an der Ostfront war also kein monolithisches Gebilde aus einem Guss, in dem überall maximale Gewalt und Entgrenzung herrschten. Im Gegenteil: Der Gewaltraum war dynamisch und sehr komplex strukturiert. Er bestand aus verschiedenen Zonen, Grenzen und Punkten mit jeweils unterschiedlichen Verhältnissen und Verhaltensregeln. Von den Akteuren wurden die Unterschiede in der Topographie des Gewaltraums genau wahrgenommen, schließlich wurden sie von ihnen selbst mit geschaffen und mit Bedeutung erfüllt. Besonders vielsagend waren die kleinen Enklaven inmitten des Gewaltraums: Die Wohnbereiche und Gefechtsstände bauten und nutzten die Besatzer auch als quasi-zivile Gegenpole zur Todeszone. In den vordersten Stellungen waren die Soldaten tagtäglich mit »Dreck, Blut und Tod« konfrontiert, doch direkt hinter der Hauptkampflinie zogen sie sich schichtweise in eine Gegenwelt aus parkähnlichen Wohnanlagen, Gemüsegärten und Saunas zurück.[143] Bei Habicht war das nicht anders. In seinem »Jagdschloss« kam er sich vor, als sei er »nicht mehr in Russland«.[144] Genau das war die Funktion dieser eigentümlichen »Wohnkultur«: Inmitten des Zivilisationsbruchs ermöglichte sie eine virtuelle Rückkehr in die

Zivilisation. Das sagt viel über die Gefühle der Männer aus, die den Gewaltraum betraten: Hier hielten sich nur die wenigsten gerne auf, daher benötigten die Akteure zumindest kleine Gelegenheiten und Räume zur Kompensation. Selbst Habicht, der Krieg und Kampf uneingeschränkt bejahte, verschaffte sich regelmäßig kleine Atempausen – durch Rückzug in seinen Wohnbunker, Spaziergänge durch die Natur oder Touren in den Rückraum. Es ging dabei aber nicht nur darum, mit der Gewalt leben zu können. Solche Aktivitäten und die materielle Kultur an der Front dienten Offizieren wie Habicht gleichzeitig zur persönlichen Distinktion. Durch seine »Wohnkultur« und die Bewirtung von Gästen demonstrierte er seinen herausgehobenen Status.

Die militärische Ordnung

Raum und Zeit an der Ostfront waren von den Institutionen, Normen und Regeln der Kriegsmaschine durchwirkt – in der Liste von Habichts häufigsten Wörtern standen Begriffe wie »Befehl«, »Kompanie« und »Regiment« für den militärischen Rahmen, in dem Frontoffiziere wie er tagtäglich agierten. Jeder Einzelne war in die militärische Hierarchie eingebunden und musste Befehlen gehorchen. Alle waren außerdem den soldatischen Normen und Verhaltensregeln unterworfen, an denen sich auch Habicht orientierte.[145] Neben solchen sozialen Leitbildern bestanden im Militär zahlreiche handfeste Vorschriften, die sämtliche Lebensbereiche strukturierten, wie Habicht im Sommer 1942 bemerkte: »Von der Länge der Pferdeschweife bis zum Haarschnitt der Männer gibt es nichts, was nicht durch eine neue Verordnung oder wenigstens einen neuen Zusatz zu einer alten Verordnung reglementiert würde, worauf dann über den Vollzug bis – – (folgt Datum) – – schriftlich zu berichten ist ›unter Verantwortlichkeit der Komp.Chefs.‹«[146] Die militärische Ordnung blieb auch im Gewaltraum an der Ostfront in Kraft. Allerdings war diese Ordnung bis zu einem gewissen Grad durchaus offen für Interpretation – hierbei kam es erneut stark auf die »Führerpersönlichkeiten« und ihren Gestaltungswillen an. Schon während des Bewegungskrieges im »Unternehmen Barbarossa« entbrannte über die Auslegung von Vorschriften schon einmal ein »Gelehrtenstreit« unter den Offizieren, Mitte August 1941 etwa über den korrekten Mindestabstand der Fahrzeuge zur vordersten Linie. Selbstbewusste Offiziere wie Habicht entschieden in solchen Situationen einfach »auf eigene Faust und Verantwortung«:[147]

> »Denn nach diesem Divisionstagesbefehl sollen in Ansehung unserer exponierten Lage und der bisherigen starken Pferdeverluste ›die Gefechtsfahrzeuge‹ eine Linie A nicht überschreiten, die 8 km rückwärts unserer Stellungen liegt. Das würde aber bedeuten, dass meine armen Kerls bei jedem Stellungswechsel – heute z. B. wieder 10 km – ihre irrsinnig schweren Waffen ständig *tragen* müssten, während eine weise Vorsehung und hohe Militärbehörde ihnen doch gerade – *um das zu verhüten!* – die Gefechtsfahrzeuge gegeben hat. Und nun geht der Gelehrtenstreit um die Frage: Sind die MG-Fahrzeuge und Gran.Werferkarren nun Gefechtsfahrzeuge im Sinne des DTB, die also hinten bleiben müssten, oder …? Ich habe die Frage damit beantwortet, dass ich sie als ›Kampffahrzeuge‹ bezeichnete und sie – *ohne* zu warten und zu fragen – einfach an mich heranzog. Und nun beutelt der gute Major mit dem Kopf und hofft a) dass der Spruch der Gelehrten sich meinem ›Vor-Urteil‹ anschliesse, und b.) dass der Alte von meinem Vorgriff nicht vorher erfahre. *Mir* macht das wenig Sorge – *solche* Situationen habe ich schon zu oft erlebt.«

Habicht mokierte sich zwar vordergründig über die Auswüchse des deutschen »Ordnungstriebes«, doch in Wirklichkeit trieb auch ihn im Kriegsalltag ein unverkennbares Ordnungsbedürfnis an.[148] Ordnung war für ihn ein tief verinnerlichter Wertbegriff.[149] Habichts Begriff von Ordnung war zum Teil mit nationalsozialistischen Sinngehalten aufgeladen.[150] Daneben orientierte er sich aber zweifellos auch an bürgerlichen Standards, zumal er sich auf alle denkbaren Lebensbereiche bezog – auf die Ordnung in seiner Umgebung, in seiner Einheit, in seiner Unterkunft und in seinen Tagesabläufen.[151] Ein Beispiel dafür war, wie penibel Habicht auf die militärischen Umgangsformen achtete. Das Prinzip, dass ein Offizier »mit der dritten Person angeredet« und ihm »›gehorsamst‹ gemeldet wird«, war Habicht auch nach zwei Jahren Krieg heilig.[152] Bei den militärischen Formen machte Habicht keine Kompromisse – schließlich ging es im Verkehr mit Untergebenen auch um seine eigene Autorität und sein Ansehen. Als Habicht im November 1943 das Kommando über ein neues Bataillon übernahm, stutzte er gleich bei der ersten Gelegenheit seine Offiziere zurecht:[153]

> »Drei charakteristische Beispiele für die Haltung der Offiziere: Der Chef der MGK – ein Oberleutnant – betritt meinen Bunker, meldet sich salopp, behält die Mütze auf dem Kopf, steckt sich während der dienstlichen Besprechung, ohne um Erlaubnis zu fragen, eine Zigarette an und wirft das glimmende Streichholz auf den eben gefegten Boden – der Chef der 2. Kp. – Oberleutnant, in Zivil Pastor – steckt sich in Gegenwart von 2 Obersten und seinem Btl. Kdr. ebenfalls ungefragt eine Zigarette an und beantwortet rauchausstossend eine dienstliche Frage – der Führer der 3. Kp. – Leutnant, in Zivil Förster – zieht während einer dienstlichen Unterredung einen Dolch aus der Hosentasche und treibt Manicüre! Sie werden es nie wieder tun.«

Sogar während der Kämpfe ging die Ordnung nicht verloren, denn Habicht pochte selbst in den blutigsten Gefechten weiterhin auf die Umgangsformen, wie in der Schlacht von Penna. Während des Gefechts lag Habicht neben einem seiner Mannschaftssoldaten am Boden und feuerte auf den Feind gegenüber, als der Obergefreite ihm plötzlich erregt etwas zurief – ohne ihn dabei korrekt anzureden. Das fand Habicht bemerkenswert, wie er in seinem Tagebuch festhielt: »Schwarze ist so wütend, dass er jede militärische Form vergisst.«[154] Im Gefecht verstanden Offiziere wie Habicht es als ihre Aufgabe, den Kampf zu lenken und damit Ordnung in das Schlachtfeld zu bringen. Notfalls machten sie das mit Gewalt – bei Penna etwa hielt Habicht die Truppe teilweise mit der Waffe bei der Stange.

Das Prinzip, mit Gewalt Ordnung zu schaffen, galt selbst gegenüber dem Feind an der Front. Im Stellungskrieg etablierte sich eine zeitliche und räumliche Ordnung der Gefechte, die von den beiden Kriegsparteien mit den Waffen ausgemacht wurde. An der Nordfront des Kessels von Demjansk wurde häufig zu bestimmten Tageszeiten gekämpft, und auch dabei gab es Konventionen, auf die Habicht Wert legte. Als im September 1942 auf der Gegenseite neue Truppen eintrafen, die den bisherigen Wechsel von Kämpfen und Gefechtspausen außer Acht ließen, erregte sich Habicht über die Verletzung der Ordnung und befahl, diese mit Granatfeuer wiederherzustellen:[155]

> »Ich gebe gegen Mittag an die Kompanien Befehl, zu versuchen, den ungefähren Stand der russischen Tages- u. MG-Posten auszumachen

und sie dann nachdrücklich mit schweren Wurfgranaten zuzudecken, um dem Unfug der wilden Knallerei endlich mal ein Ende zu machen. Denn es ist widerlich: Wo man auch geht, nirgends ist man mehr vor einem plötzlichen rasenden Feuerüberfall sicher, der nicht etwa gezielt ist, sondern einfach blindlings in die Gegend gejagt. Das waren wir von unsern alten Iwans nicht gewöhnt und das wollen wir bei den neuen man auch garnicht erst aufkommen lassen. Wenig später hört man schon die ersten flappenden Abschüsse der Granatwerfer und das schwere Krachen ihrer Einschläge, und siehe da, die wilde Knallerei lässt langsam aber sicher – Gewehr für Gewehr – nach, bis am Nachmittag endlich Ruhe herrscht. Die Herren werden wir schon noch zu einer geordneten und sauberen Kriegsführung erziehen.«

Selbst beim Schießen sollte also Ordnung herrschen! Ja, sogar für das Verwundetwerden und Sterben gab es kulturelle Normen: Habicht wollte selbst bestimmen, wann er sich dem Feuer preisgab. Darüber hinaus empfand er das ungezielte Feuer auch als Störung der Ordnung in seinem Rückraum, in dem man sich nirgends mehr »sicher« sein konnte. Mit seinem Befehl, dies mit Granaten zu unterbinden, wollte er sich seine gewohnte Bewegungsfreiheit an der Front erhalten, etwa wenn er seinen Gang nach Domaschi machte. Gerade am Vortag war er plötzlich in MG-Feuer geraten, als er von Domaschi kommend hoch zu Pferd zu seinem Gefechtsstand zurückritt. Diesen Eingriff in seine Gewohnheiten konnte Habicht nicht dulden. Am Tag nach seiner Erziehungsmaßnahme war er schließlich zufrieden: »Die neuen Iwans passen sich allmählich unserer gewohnten Ordnung an.«[156]

Die Ordnung in den eigenen Reihen bestimmte Habicht immer selbstbewusster. Er glaubte schon lange, vieles besser zu wissen als andere.[157] Als er Ende 1943 Bataillonskommandeur wurde, galt das erst recht. Für die krisenhafte Situation zu dieser Zeit machte er in erster Linie die übergeordnete Führung verantwortlich. Seine Schlussfolgerung daraus war, noch mehr als vorher schon alleine zu entscheiden: »Keine klare Linie, kein klarer Befehl, ein völliges Durcheinander, und dabei überall durchschimmernd, das Bestreben, sich zu decken für den Fall, dass etwas schief gehen sollte. Nicht beim Regiment, aber irgendwo oberhalb und von da nach unten ausstrahlend. Mein Bataillon merkt davon nichts. Das kriegt seine klaren Weisungen und Befehle, und wo sie von oben ausbleiben, da gebe ich sie auf eigene Verantwortung.«[158] Am Neujahrstag 1944 betonte er seine Eigenständigkeit sogar noch stärker: »Ich sage zu allem nur noch ›ja‹ und tue, was *ich* für richtig halte. Hin und wieder – aber selten – deckt sich das sogar mit dem, was von oben kommt.«[159] Habichts Selbstbewusstsein bekamen auch seine Nebenleute im Regiment zu spüren.

Die eigene Truppe

Zum Krieg an der Ostfront gehörte nicht nur tödliche Gewalt, sondern auch soziales Leben – in der Liste von Habichts häufigsten Worten zeigt sich das an den zahlreichen Referenzen zu Personen. Mit den »Männern« waren in der Regel die eigenen Soldaten gemeint, und mit Nennungen von Dienstgraden wie dem »Leutnant« bezog sich Habicht auf die anderen Offiziere, mit denen er jeden Tag zu tun hatte. Die Interaktion mit Untergebenen, Kameraden und Vorgesetzten beschrieb er so detailliert und lebensnah, dass sogar Mimik, Gestik und Körperhaltung seiner Mitsoldaten zur Sprache kamen – daher gehörten auch Wörter wie »Gesicht«, »Kopf« oder »Hand« zu den am häufigsten verwendeten Substantiven. Habichts Sensibilität für seine soziale Umgebung hatte sich über Jahre hinweg durch seine Erfahrungen in der personalisierten Kultur des NS-Systems eingeschliffen – in seiner Laufbahn war es schließlich schon immer auf Personen, Netzwerke und Beziehungen angekommen. Zum anderen zeugt die Omnipräsenz der Kameraden bei Habicht aber auch von der überragenden Bedeutung des Sozialen in der Gruppenkultur des Militärs im Krieg. In der Historiographie wurde bereits viel über die Kameradschaftskultur der Wehrmacht geschrieben. Dabei wurde vor allem der Zwangscharakter der Kameradschaft betont.[160] Demnach stiftete die Kameradschaft zwar auch echten Zusammenhalt, doch in erster Linie habe sie dazu gedient, Konformismus zu erzwingen und die Soldaten in eine Komplizenschaft der Gewalt zu verstricken. Für Offiziere wie Habicht bedeutete die Sozialkultur der Wehrmacht in Wirklichkeit aber keinen Zwang, sondern Macht.

Habichts Schilderungen vom Zusammenleben in seiner Einheit bestätigen die starke Sozialkontrolle in der Wehrmacht – sie zeigen aber auch, dass die dabei geltenden Maßstäbe komplexer und gleichzeitig banaler waren, als häufig angenommen wird. Die soziale Kontrolle ergab sich wie automatisch aus der permanenten gegenseitigen Beobachtung. In Habichts Tagebüchern spiegeln dies die unzähligen Begegnungen, Dialoge und Interaktionen mit den Kameraden, die Habicht detailliert schilderte, bis hin zur wörtlichen Wiedergabe der Gespräche. Oftmals verband er seine Beschreibungen mit Charakterisierungen der Kameraden – die natürlich immer mit ausdrücklichen oder impliziten Beurteilungen verbunden waren. Den Bewertungsmaßstab dafür bildeten in erster Linie die militärischen Werte und Normen, die in der Wehrmacht galten – es ging nach dem Leistungsprinzip der »Volksgemeinschaft«. Was Habicht an seinen Kameraden schätzte, zeigte sich beispielhaft in seiner Schilderung einer militärischen Zeremonie im Feld im Frühjahr 1943:[161]

> »Lemm steht allein in der Mitte des offenen Vierecks. Die Sonne liegt voll auf seiner Gestalt und seinem Gesicht, und in diesem scharfen und klaren Licht fällt mir zum erstenmal auf, wie sehr sich dieses Gesicht verändert hat. Er ist 24 Jahre alt, der jüngste Batl.Kdr. der 16. Armee, eine schmale, lange, rassige Figur, beherrscht in jeder Bewegung und dennoch gelöst, mit der ruhigen, vollendeten Sicherheit des geborenen Führers und Herrenmenschen, und – ja, sein Gesicht! Ich sehe ihn wieder vor mir in jener ostpreussischen Bauernstube vor nun fast 2 Jahren, als wir den letzten entscheidenden Befehl bekamen, der keinen Zweifel mehr liess. Als die Karten entrollt wurden: ›I. Batl. erreicht x …‹ usw. Damals war er eben Chef der 2. Komp. geworden, 22-jährig, und sein schmaler, blonder Rassekopf war fast mädchenhaft weich und schön gewesen trotz aller männlichen Grundlinien. Nun sind die Züge hart und scharf geworden, die grossen grauen Augen liegen in tiefen Höhlen, es ist keine Spur von Weichheit mehr darin, und wer es nicht weiss, vermöchte nicht zu sagen, ob er 25 oder 35 Jahre alt sei. Während er spricht – ruhig, überlegen, phrasenlos und doch gut und sinnvoll –, gehen meine Augen langsam über die dünnen Reihen hin und bleiben nacheinander an den Offizieren haften. Da ist Salzmann, Oblt., aktiv, Chef der 1. Komp., 26 Jahre alt – Lüttke, Oblt, ehemaliger Hauptfeldwebel, 32 Jahre alt, Chef der 2. Kp. – Müller, Lt., 24jährig, Student, Führer der 3. Kp. – die Kompanieoffiziere, der kleine Tippel, die alten Feldwebel und Unteroffiziere – was sind das alles für Prachtburschen! Jeder ein Typ für sich, und doch sich alle irgendwie brüderlich ähnlich mit ihren klaren, harten Soldatengesichtern auf den hageren Körpern, alle erprobt und bewährt in zahllosen Schlachten und Gefechten, geprüft in

> glühenden Sommern und eisigen Wintern, tausendfach härtesten Zerreissproben ausgesetzt gewesen und alle überdauernd und nun ruhig, gelassen, selbstsicher und furchtlos allem entgegensehend und gewachsen, was immer auch kommen könnte. Immer wieder und heftiger von einem zum andernmal muss ich denken: *Die* sind das wirkliche, wahre Deutschland, die allein! Hart, mutig, anspruchslos, zu jedem Opfer bereit und fähig und tausendfach erprobt.«

Habichts Aufzeichnungen machen deutlich, wie man sich in der Wehrmacht die Anerkennung seiner Kameraden verdienen konnte – indem man sich an der Front bewährte und »Härte« bewies. Nach einer These in der Literatur funktionierte die Vergemeinschaftung in der Wehrmacht in erster Linie durch »kollektiven Normbruch«, also durch das gemeinsame Töten im Kampf und bei Kriegsverbrechen.[162] Beide Formen der Gewalt stehen in diesem Bild mehr oder weniger gleichberechtigt nebeneinander – doch das entsprach nicht dem Alltag einer Infanterieeinheit. Wie Habichts Tagebücher an vielen Stellen demonstrieren, besaß das reguläre Kriegshandwerk für die Soldaten erheblich größeren Stellenwert als die Gewalt gegen Zivilisten oder Kriegsgefangene.[163] Zwar gehörte es zweifellos zur grausamen Realität der Ostfront, dass gemeinsam begangene Kriegsverbrechen die Täter zusammenschweißten, so wie Kriminelle durch Komplizenschaft miteinander verbunden sind. Deutlich relevanter für die Soldaten war jedoch der Zusammenhalt, der durch gemeinsames Kämpfen entstand – zumal das Töten an der Front im Alltag viel häufiger vorkam. Laut sowjetischen Ermittlungen aus der Nachkriegszeit wurden im Kreis Demjansk, dem Kerngebiet des Kessels, während der deutschen Besatzung von Ende 1941 bis Anfang 1943 mehr als dreihundert Zivilisten ermordet.[164] Verluste in ähnlicher Größenordnung konnte eine einzige deutsche Kompanie ihren sowjetischen Gegnern schon an einem Gefechtstag zufügen.[165]

Ebenso wenig hing der Zusammenhalt vom Holocaust ab. In der historischen Forschung kursiert schon lange die These, dass der Völkermord an den europäischen Juden in Deutschland eine »Volksgemeinschaft« aus Komplizen geschaffen habe.[166] Doch Habichts Geschichte belegt einmal mehr, dass sich dieses Thema kaum für die Identitätsstiftung eignete. Die meisten »Volksgenossen« schenkten ihm nur wenig Beachtung, vor allem nachdem ihre jüdischen Mitbürger aus ihrem Gesichtskreis verschwunden waren. Mit dem Einsetzen der alliierten Bombenangriffe kehrte das schlechte Gewissen kurzzeitig wieder zurück, weil man sie vielfach als Vergeltung für den Völkermord interpretierte, doch man verdrängte das Thema schnell wieder – die Deutschen redeten nur äußerst selten und ungern über das Schicksal der Juden.[167] Noch nicht einmal ein überzeugter Nationalsozialist wie Habicht bekannte sich zur Judenverfolgung – in seinem gesamten Tagebuch von der Ostfront ging er mit keinem Wort darauf ein.

Dabei wurde Habicht an der Ostfront wahrscheinlich sogar Zeuge der Massenmorde. Ende Juni 1941 durchquerte er mit seiner Einheit die litauische Hauptstadt Kowno, als in der Stadt gerade ein Massaker an den örtlichen Juden verübt wurde.[168] Eine gute Woche später traf er im Operationsgebiet außerdem seinen Parteifreund Alfred Frauenfeld, der das Morden in Kowno mit eigenen Augen gesehen hatte.[169] Bei dem vierstündigen Treffen erzählte Frauenfeld sogar, dass er in Kowno seinen Bekannten Franz Walter Stahlecker getroffen hatte – den SS-Kommandeur der Einsatzgruppe A, der das Massaker in der Stadt organisiert hatte.[170] Doch von dem Massenmord an den Juden erwähnte Habicht nichts in seinem Tagebuch. Selbst so glühende Nationalsozialisten wie Habicht und seine Ehefrau definierten sich offensichtlich nicht über den Holocaust. Zudem kam Habichts Einheit nach den ersten Monaten des Krieges mit dem Völkermord nicht mehr direkt in Berührung: Das Gebiet um Demjansk, in dem die Truppe im Herbst 1941 anlangte, lag außerhalb des sogenannten Ansiedlungsrayons – im gesamten Kreis Demjansk gab es daher laut Volkszählung von 1939 nur sechsunddreißig jüdische Einwohner.[171] Entsprechend sind aus dieser Region keine Massaker bekanntgeworden.[172] Schon deshalb konnte der Völkermord die Truppe kaum zusammenschweißen, denn in ihrem Erleben im Alltag spielten viele andere Dinge eine wesentlich größere Rolle.

Was in der Wehrmacht zählte, war Kompetenz beim Kämpfen – darin bestand die höchste Währung für soziales Kapital. Durch Leistungen auf dem Schlachtfeld konnte man nicht nur in der militärischen Rangordnung aufsteigen und die begehrten Orden erhalten, sondern auch in der informellen Gruppenhierarchie an Ansehen gewinnen – das spürte Habicht nach seinem erfolgreichen Einsatz in der Schlacht bei Penna. Die Männer definierten sich darüber, wie sie ihre Rollen und Aufgaben als Soldaten erfüllten, und das beschränkte sich keineswegs auf das

Kämpfen und Töten.[173] Um Anerkennung zu finden, musste man sich auch bei allen anderen Aufgaben im Kriegsalltag beweisen. Habicht etwa verbrachte oft mehr Zeit mit dem Ausbau von Stellungen und Bunkern als mit dem Kämpfen. Für ihn waren solche Tätigkeiten ein wichtiges Kriterium bei der Bewertung anderer: Als er Anfang Juni 1942 einen Frontabschnitt von einem Offizier übernahm, den er bislang als Feigling ansah, war er »mit dem Zustand und Ausbau der Stellungen« in dem Abschnitt »so zufrieden«, dass er »schon geneigt« war, den verachteten Kameraden »positiver einzuschätzen als bisher«.[174] Umgekehrt lobte sich Habicht ständig auch selbst für die alltäglichsten Dinge. Jeden Tag betonte er, wie er Situationen gemanagt und Aufgaben gemeistert hatte. Als er Ende 1943 sein neues Bataillon übernahm, schilderte er, wie er die Truppe in kürzester Zeit auf Vordermann brachte – und damit alle glücklich machte.[175]

Die Kameradschaft funktionierte für Habicht so gut, dass er ihre Kehrseite, den Konformitätsdruck und die Spannungen in der Truppe, kaum beachtete. Vom Miteinander unter den Offizieren und Soldaten an der Front zeichnete er ein unwahrscheinlich harmonisches Bild. Zwar verschwieg Habicht nicht, dass es Konflikte und Meinungsverschiedenheiten gab, und er ließ andere Offiziere durchaus seine Verachtung spüren, wenn sie nicht seinem Idealbild entsprachen.[176] Solche Dissonanzen blieben jedoch die Ausnahme in seinem Tagebuch. Und wenn er doch einmal von »unfreundlicher Stimmung« unter den Offizieren berichtete, dann in Form einer lustigen Anekdote.[177] Fast noch harmonischer ist Habichts Bild vom Zusammenleben der Unteroffiziere und Mannschaften. Die einfachen Soldaten erscheinen bei ihm meist als gutmütige Masse, in der nur manchmal etwas geschimpft, ansonsten aber zusammengehalten wurde – von Konflikten erwähnte Habicht nichts. Das erklärt sich zum einen wohl durch seine Idealisierung der »Wehrgemeinschaft« im Krieg, die er schon in seinem Buch »Wider den Unstaat« zu einem Mythos machte, zum anderen aber auch dadurch, dass Habicht von der Kameradschaft profitierte: Er genoss zweifellos sein Ansehen und den herausgehobenen Status, den er in seiner Einheit innehatte.

Für die Männer, die in der Wehrmacht das Sagen hatten, war die Kameradschaft keine Illusion. Nur für die Underdogs, die unter ihnen litten, war das anders.[178] Bei den Topdogs in den Einheiten handelte es sich aber keineswegs einfach um launische »Bullies«,[179] die zufällig mit dazugehörten, sondern um die tragenden Säulen der sozialen Hierarchie in der Truppe. Es gab sie nicht nur auf der Ebene der Offiziere, sondern auch bei den Unteroffizieren und Mannschaften, in Gestalt von Vorgesetzten und Meinungsführern. Sie brauchten sich nicht vor der Gruppe zu fürchten, eher war das Gegenteil der Fall. Ein Anführer wie Habicht empfand die militärische Gemeinschaft nicht als Zwang, sondern fühlte sich darin wohl. Die Offiziere, Unteroffiziere und Mannschaften, die zu dieser herrschenden Klasse gehörten, erinnerten sich nach 1945 umso positiver an ihre Zeit in der Wehrmacht. Unter den Mitgliedern des Veteranenvereins, den frühere Soldaten von Habichts 4. Kompanie in der Nachkriegszeit gründeten, waren wohl nicht zufällig viele ehemalige Vorgesetzte.[180]

Jemand wie Habicht musste nicht einstecken, sondern teilte aus. Am meisten lästerte er über den Oberleutnant Kurt Glinsky, der einer seiner Zugführer in der 4. Kompanie gewesen war, bevor er selbst zum Kompanieführer wurde. Habicht verachtete Glinsky, weil er ihn für ängstlich hielt, und er ließ es zu, dass Untergebene in seiner Gegenwart schlecht über Glinsky sprachen – womit er absichtsvoll dessen Autorität untergrub.[181] Manche Untergebenen, die in seinen Augen »Würstchen« waren, behandelte er so barsch, dass sie noch mehr Angst vor ihm hatten als ohnehin schon.[182] Seinen Offiziersburschen Fey, den er ebenfalls für »feige« hielt, stauchte er schon wegen kleiner Fehler so heftig zusammen, »dass ihm fast das Heulen« kam.[183] Über solche Situationen schrieb Habicht nicht ungerne – er genoss sichtlich seine Macht über andere.

Solche sozialen Machtdemonstrationen waren im Krieg essentiell für Männer, die wie Habicht eine tragende Rolle in Kampfeinheiten spielten. Der Gewaltforscher Randall Collins hat dies in seinen Studien über die Sozialkultur in Polizeieinheiten und Truppen herausgestellt: Demnach gibt es in jeder Einheit eine kleine Elite von Anführern, die aus ihrer Dominanz in der Gruppe und der Ergebenheit der Untergebenen emotionale Energie beziehen – sie benötigen diese Energie als Antreiber bei der kollektiven Gewalt.[184] Vom Persönlichkeitsbild her sind sie oft extrovertiert, energisch und charismatisch. Ihre Untergebenen scharen sich um sie, nicht nur in gewaltsamen Konfrontationen, sondern auch in sozialen Situationen. Dieses Bild zeichnete Theodor Habicht von sich in seinem Tagebuch. Emotionale Energie verschaffte er sich indes nicht nur durch die Herabwürdigung von vermeintlich Geringeren, sondern auch durch den gegenseitigen Respekt, den man sich im Kreis der Offiziere erwies.

Unter den Anführern in der Wehrmacht gab es Kameradschaft auch außerhalb der Kämpfe. Nach geläufiger Auffassung war der Zusammenhalt der Soldaten in den Kämpfen oft am stärksten, wenn es ums Überleben ging, ließ aber hinterher jedes Mal wieder nach. Manche Historiker sprechen sogar davon, dass die Kameradschaft außerhalb von Gefechten regelrecht die »Ausnahme« gewesen sei.[185] Im Kreis von Offizieren wie Habicht, die in der Wehrmacht zu den Mächtigen gehörten und sich an der Front zu Hause fühlten, war das allerdings anders: Sie praktizierten eine Sozialkultur, die aus weit mehr bestand als nur aus Gewalt und Grobschlächtigkeit. Sie entwickelten hierzu auch soziale Rituale. Der Inbegriff davon waren die ständigen gegenseitigen Besuche unter den Offizieren an der Front. Diese Besuche hatten oft einen dienstlichen Zweck, aber fast immer gleichzeitig eine gesellige Funktion; häufig ging es auch ausschließlich um das Beisammensein. Zeitweise etablierte sich bei Habicht sogar die »Sitte« von »Sonntagskaffee«, zu dem sich die Offiziere des Frontabschnitts in seinem Bunker einfanden – eine weitere bürgerliche Routine, die selbst Nationalsozialisten wie Habicht mit an die Ostfront nahmen.[186] Die »Besuche« und die Besucher waren in Habichts Schilderungen fast immer »nett« – niemand in diesem Umfeld wagte es, sich Habicht gegenüber anders zu verhalten. Wer als Autorität galt, für den funktionierte die Kameradschaft. Das war nicht nur bei Habicht so. Auch der größte Überflieger des Regiments, der Offizier Heinz-Georg Lemm, pflegte eine ähnliche Besuchspraxis und widmete ihr schon während des Krieges in seinem Fotoalbum viel Platz. Einen von Lemms Besuchen beschrieb Habicht Anfang Mai 1943 in seinem Tagebuch:[187]

> »Anfangs – als ich jetzt wieder zum Regiment zurückgekehrt war – hatte ich den Eindruck, als wenn er sich von mir etwas zurückzieht, obwohl ich keinen Grund dafür wüsste. Dann, als wir uns öfter, aus mancherlei Anlässen, über die verschiedensten Probleme unterhalten hatten, taute er sichtbar auf, und jetzt sucht er oft geradezu meine Gesellschaft. An diesem Abend kam er zu vorgerückter Stunde dann mit einer ›Beichte‹ heraus, wie er es nannte. Es sei ihm ursprünglich garnicht lieb gewesen, dass ich, nachdem er Kommandeur geworden sei, noch als Chef in sei-

nem Bataillon geblieben sei. Ich möchte ihn um Gotteswillen nicht missverstehen, er schätze mich sehr, als Mensch wie als Soldat, aber er habe mit Schrecken daran gedacht, was das nun für ein Verhältnis werden solle: Er 24, ich 45 Jahre alt, er ›junger Springer‹, ich militärisch alter Weltkriegssoldat, dazu in Zivil hoher Würdenträger, er Lebensanfänger, ich mit einem Sack voll Lebenserfahrung, wie er sie vielleicht nie zusammenbekäme, dazu wir beide im gleichen Rang, er mir aber dennoch übergeordnet, usw., usw. Er sei ganz kleinmütig geworden und habe deshalb auch mit Stuppi darüber gesprochen, aber der habe nur gelächelt und gesagt, ›Da kennen Sie den H. aber schlecht, der wird Ihnen nicht Knüppel zwischen die Beine schmeissen, sondern Ihnen helfen!‹ Und nun sei das tatsächlich so geworden und dafür sei er mir ›furchtbar dankbar‹. Man lernt doch nie aus!«

So stilisierte sich Habicht als *go-to-guy* seines Regiments. In der Sozialkultur an der Front ging es einerseits um Sympathie und Geselligkeit, andererseits aber immer auch um Status und Ansehen in der Hierarchie. So wie hier betonte Habicht an vielen Stellen in seinem Tagebuch, dass er Wertschätzung genoss und andere Offiziere geradezu seine Nähe suchten. Durch die Kameradschaft wertete Habicht sich selbst auf. Die sozialen Rituale sagen gleichzeitig etwas über die Ordnung im Gewaltraum aus. Selbst nach Gewaltexzessen wie der Schlacht bei Penna hielt man an den gewohnten Konventionen fest. Zu seinem Geburtstag am 4. April 1943 nahm Habicht zahlreiche Glückwünsche seiner Offizierskameraden entgegen, unter anderem vom Regimentskommandeur – bei dem er insgeheim bemängelte, dass er ansonsten »von Geburtstagen seiner Offiziere überhaupt keine Notiz« nehme.[188] Die Gewalt veränderte die Sozialbeziehungen nicht vollkommen, wie in der Literatur teilweise angenommen wird. Die Praktiken und Normen der Sozialkultur in Habichts Regiment schienen sich 1943 kaum von 1941 zu unterscheiden. Unter den militärischen Führern an der Front veränderte sich nur die soziale Hierarchie, in der diejenigen aufstiegen, die am besten mit der Gewalt umgehen konnten.

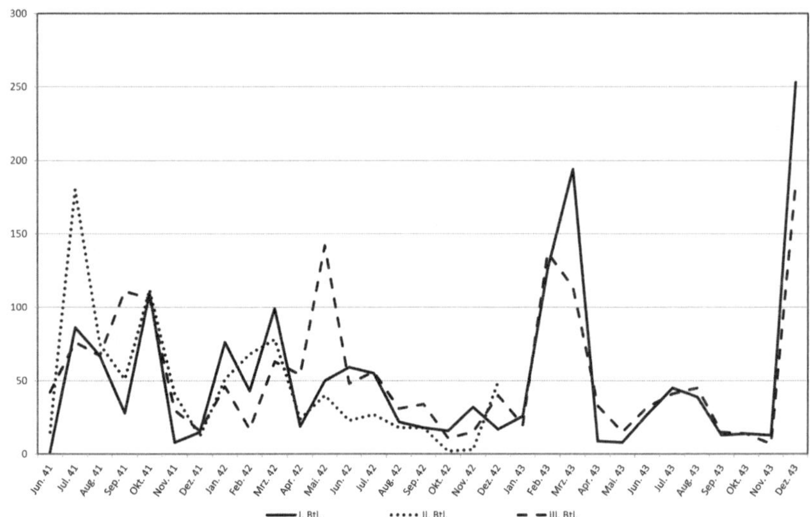

Tote und Verwundete des IR 27 an der Ostfront, 1941–1943

Der Feind

Ähnlich häufig wie die eigenen Kameraden kam in Habichts Vokabular ansonsten nur der Gegner vor – Habicht bezeichnete ihn in der Regel schlicht als »Iwan« oder »Russen«. Er notierte Tag für Tag sämtliche Aktivitäten der sowjetischen Truppen bis ins kleinste Detail. Er registrierte Artilleriebeschuss, Fliegerangriffe und Infanteriegefechte – und wie groß die eigenen Verluste dabei waren. Das waren die Kriterien, nach denen Frontoffiziere wie Habicht die Kampfintensität bemaßen. Und die schwankte ständig: Selbst im Krieg an der Ostfront war die Gewalt nicht immer gleich groß. Während der Kämpfe von Anfang 1942 war Habichts Kompanie um die Hälfte dezimiert worden, und das Regiment hatte jeden zweiten Offizier verloren.[189] Während des Stellungskrieges im Sommer 1942 sanken die Verluste in Habichts Bataillon dann auf durchschnittlich »2–6 Mann« an Toten und Verwundeten pro Tag.[190] Selbst innerhalb des Kessels von Demjansk gab es zeitliche und räumliche Brennpunkte. Das Infanterieregiment 89, bei dem Habicht von Juni bis Dezember 1942 diente, wurde am Jahresende plötzlich von der ruhigen Nordfront an den »Schlauch« verlegt, wo die heftigsten Kämpfe tobten – hier verlor das Regiment in drei Wochen achthundert von zwölfhundert Mann.[191] Jede Einheit hatte ihre eigene Geschichte. Die offiziellen Verlustzahlen (siehe Graphik links) von Habichts Bataillon spiegeln diesen wechselhaften Verlauf des Krieges wider.

Im Umgang mit dem Sterben und Töten tat sich Habicht erneut als »Führerpersönlichkeit« hervor. Das Ausmaß der eigenen Verluste machte ihn zwar durchaus betroffen, etwa als er im März 1942 zu seiner Einheit zurückkehrte und von der Dezimierung seiner Kompanie während der Winterkämpfe erfuhr. Doch selbst mit Massenverlusten wie in der Schlacht von Penna ging Habicht souverän um. Während der zehntägigen Kämpfe verlor seine Kompanie vierundachtzig Soldaten, darunter vierzehn Tote – am Ende bestand die ganze Einheit nur noch aus dreiundzwanzig Mann.[192] Habicht war wütend darüber, aber nicht fassungslos, zumal er die Schuld dafür wieder einmal einem anderen gab. Wenige Wochen später erhielt er Ersatz und registrierte befriedigt, dass seine Kompanie dadurch wieder fast »ganz aufgefüllt« war.[193] Selbst nach den heftigsten Verlusten und traumatischsten Kämpfen gingen Krieger von Habichts Schlag erstaunlich schnell wieder zur Tagesordnung über. Sein Tagebuch zeigt aber auch, dass nicht alle in der Wehrmacht solche Routine besaßen. Der Gewaltraum verwandelte nicht alle Akteure darin schlagartig zu Gewaltmenschen. Es brauchte Gewaltprofis wie Habicht, um die weniger erfahrenen Soldaten anzulernen. Die Kompetenz im Umgang mit der Gewalt war für Habicht eine weitere Quelle für sein enormes Selbstbewusstsein.

Habichts Tagebuch ist ein Zeugnis der Kaltblütigkeit. Für Habicht war Kriegsgewalt etwas vollkommen Normales, das ihn nicht aus der Fassung bringen konnte. Wie für viele andere Deutsche war der Erste Weltkrieg mit den anschließenden Freikorpskämpfen für ihn eine Schule der Gewalt gewesen – mit massenhaftem Töten und Sterben war er längst vertraut.[194] So viel Gewalterfahrung besaßen in Habichts Einheit im Zweiten Weltkrieg allerdings nur die wenigsten, denn die meisten Offiziere und Unteroffiziere waren zwischen 1914 und 1918 Kinder gewesen oder noch gar nicht geboren. Gewiss war dieser Erfahrungsvorsprung ein weiterer Grund dafür, dass Habicht seine Teilnahme am Ersten Weltkrieg so gern betonte.

Habichts Routine in Gefechtssituationen war zweifellos echt – dafür gab es in seinem Tagebuch ein untrügliches Anzeichen, und zwar in Bezug auf ein Phänomen, das in der Literatur als *fog of combat* bezeichnet wird: Für viele Soldaten sind die Sinneseindrücke in Gefechten so überwältigend, dass sich das Schlachtfeld für sie wie vernebelt darstellt und sie die Kämpfe mit einem Tunnelblick wahrnehmen.[195] Je erfahrener und kompetenter die Soldaten sind, desto weniger sind sie aber davon betroffen – die abgebrühtesten Kämpfer nehmen das Kriegsgeschehen häufig sogar mit erhöhter Klarheit wahr. Genau das traf auf Habicht zu. Er hatte in Schlachten schon längst keinen Tunnelblick mehr – sonst hätte er niemals so klare Bilder von den Ereignissen während der Gefechte zeichnen können. Die schiere Masse an Text und Details, die er selbst zu den blutigsten Gefechtstagen niederschrieb, bezeugt das. Zu den zehn Tagen der Schlacht von Penna füllte Habicht achtundvierzig eng beschriebene Seiten – sogar die dramatischsten Kampfphasen konnte er in allen Einzelheiten wiedergeben.[196] Schon sein allererstes Gefecht an der Ostfront, die wenigen Stunden des Sturms auf Höhe 166 vom 12. Juli 1941, schilderte er auf ganzen sechzehn Seiten bis ins kleinste Detail. Die Abwesenheit des Schlachtfeldnebels bei Habicht ist ein besonders eindrucksvoller Beleg für die blutigen Lerneffekte des Ersten Weltkriegs.

Wenn Habicht mit ansah, wie Menschen starben oder von Geschossen zerfetzt wurden, regte sich in ihm kaum noch etwas. Selbst der Tod eigener Soldaten löste fast nie Gefühle in ihm aus. Nur wenn Offiziere fielen, die für ihn ein »schwerer Verlust« waren, hielt er kurz inne.[197] Wie emotional er reagieren konnte, zeigte sich im Kontrast dazu im Oktober 1942, als sein langjähriger Weggefährte Fritz Steinert als Offizier der Waffen-SS im Südabschnitt der Ostfront umkam – mit dieser Nachricht wurde Habicht tagelang »nicht fertig«.[198] Doch das war eine absolute Ausnahme – es war das einzige Mal während des gesamten Krieges, dass Habicht solche Gefühle zugab. Auch wenn seine Männer direkt vor seinen Augen fielen, war das für ihn nichts Besonderes mehr. So etwa, als Anfang Februar 1943 einer seiner Soldaten direkt neben ihm tödlich getroffen wurde:[199]

> »Um 11.$^{\underline{15}}$ morgens fällt der Obergefr. Timm, einer der ganz alten Kämpfer der Kompanie von 1938. Er fällt mir fast vor die Füße, als ich auf meinem Rundgang den Kampfstand betrete, in dem er – als Gruppenführer – gerade einen neuen Mann in das Gelände einweist. Halsschuss – Schlagader – sofort tot. Er hat wahrscheinlich gar nichts davon

gemerkt, sein gutes Bauerngesicht ist ruhig und still wie auch im Leben immer. Dem Jungen neben ihm aber, der gestern Abend erst gekommen ist und zum ersten Mal vorm Feind steht, flattern die Hände. Er ist kalkweiss, und ich muss ihn erst anfahren, ehe er begreift, dass er mit anpacken und den Toten hinter eine Deckung ziehen soll. Nun muss ich heute Abend wieder einer Mutter – einer Witwe – schreiben, dass ihr Junge – einer von zweien – tot ist. Ich habe längst aufgehört zu zählen, wie oft ich das schon tat.«

Auch bei solchen schrecklichen Verwundungen sah Habicht genau hin – das hatte er wohl ebenfalls im Ersten Weltkrieg gelernt. Über Tod und Verwundung schrieben die Soldaten in beiden Weltkriegen nicht gerne, doch im Ersten Weltkrieg schilderten sie noch ab und zu den Anblick von Verwundungen, während sie im Zweiten Weltkrieg eher euphemistische Formeln dafür verwendeten.[200] Habichts Beschreibungen verraten, wie wenig es ihm ausmachte, die Toten mit ihren oft furchtbaren Wunden anzusehen. Habicht brüstete sich sogar damit, dass er besser wusste als andere, wie Tote aussahen. Das hielt er fest, als er im Sommer 1942 die Leiche eines achtzehnjährigen Soldaten aus seiner Einheit betrachtete:[201]

»Der Schuss ist in die linke Backe hineingegangen – es sieht nicht anders aus wie ein erbsengrosses Muttermal – und über der rechten Schläfe ausgetreten. Er hat kaum Blut verloren. Und hat bestimmt nichts gemerkt. Das Gesicht ist ganz friedlich und entspannt, das kindliche Gesicht eines schlafenden Jungen. Die graublauen Augen sind halbgeöffnet und leicht verschleiert. Wer wohl zuerst den dummen Ausdruck von den ›gebrochenen‹ Augen der Toten gefunden hat? Ich habe zahllose Tote gesehen, aber noch kein ›gebrochenes‹ Auge.«

Weil nicht jeder so abgebrüht war wie Habicht, kam es auf Persönlichkeiten wie ihn an der Front besonders an – das sah er zweifellos auch selbst so. Die Soldaten wurden tagtäglich mit Tod und Verwundung konfrontiert und mussten sich darauf gefasst machen, dass es sie irgendwann selbst treffen konnte. Doch nur die wenigsten sprachen gerne darüber.[202] Auch in Habichts Einheit versuchte man, das Thema Tod und Verwundung von sich fernzuhalten. Das beobachtete Habicht nach einem Gefecht im August 1941, bei dem sein Bataillon zwei Tote und zwölf Verwundete zu beklagen hatte:[203]

> »Wer glaubt, dass ein solches Beisammensein ›nach der Schlacht‹ irgendwie gedämpft sei durch die Erinnerung an die Verluste und die Toten, der irrt sehr. Im Gegenteil. Die Unterhaltung ist von einer lärmenden Heiterkeit, alle Phasen des Kampfes werden in der komischsten Betrachtungsweise wiedergegeben – ›Kinder, das Gesicht von dem Menzel, wie er merkte, dass er auf'ner Mine stand … *der* hat vielleicht einen Satz gemacht!‹ – – – Aber von den Toten spricht kein Mensch. Auch später nicht mehr. So, als ob sie wie aus dem Leben mit einem auch aus dem Gedächtnis gestrichen seien. Und doch denkt jeder daran, immer. Das zeigt sich noch Monate und Jahre danach. Da unterhalten sich etwa zwei Landser über irgendein Erlebnis aus Polen oder Frankreich und können nicht draufkommen, wann oder wo das gewesen sei. Sie streiten hin und her, bis sich plötzlich ein dritter meldet (oder einem von beiden einfällt): ›Das war an dem Tag (oder Ort), wo X. gefallen ist!‹ Mit einem Schlag ist alles klar. Alles andere hatte sich bei ihnen in der Erinnerung verwischt, war vergessen worden, nur eins sass ganz fest: Der Tag und Ort, wo der Kamerad gefallen war. Aber reden darüber – nö, geredet wird darüber nicht. Geredet und gelacht wird über die komischen Seiten des Lebens und des Krieges. An die Toten denkt man und – schweigt.«

In der Anfangsphase des Krieges konnten sich die Soldaten offenbar noch über solche Gefechte amüsieren, doch das änderte sich mit zunehmender Dauer und den steigenden Verlusten. Bei verschiedenen Offizieren meinte Habicht die psychischen Kosten des Krieges sogar an den Gesichtern ablesen zu können. Mehrfach stellt er fest, dass Offiziere, die vorher »frisch« wirkten, jetzt »schlecht« aussahen – und dass die Gesichter »grau« und »schmal« geworden waren.[204] Bei einem Leutnant beobachtete er im Frühjahr 1942: »Sein ganzes Gebahren – er ist sonst der typische, gelassene Mecklenburger – ist fahrig und aufgeregt, und seine Augen haben einen komischen, irrlichternden Ausdruck. Später erfahre ich von dem Doktor, dass er nicht seiner Erfrierung, sondern seiner Nerven wegen abgelöst wurde. Er hat einen Knax gekriegt.«[205] Zu diesem Zeitpunkt waren das noch Einzelfälle. Nach der Schlacht von Penna war sich Habicht dagegen sicher, dass von den Überlebenden seiner Einheit

»wirklich fast alle einen Knacks« hatten. Als sie am Tag nach der Schlacht in einem Quartier im Hinterland aufwachten, beschrieb Habicht sie wie Patienten: »Dann sitzen sie vor der Baracke in der Sonne oder gehen langsam umher, schweigend, und machen den Eindruck von Leuten, die langsam von einer schweren Krankheit genesen. Und so behandle ich sie auch. Ich lasse sie ganz in Ruhe, sie sollen erst einmal wieder zu sich kommen.«[206] Die Soldaten erholten sich jedes Mal schnell und waren dann wieder zu neuen Gefechten bereit, doch zeigen solche Belege eindrucksvoll, dass der vielzitierte Gewöhnungseffekt im Umgang mit der Gewalt nicht grenzenlos war. Nur sich selbst attestierte Habicht natürlich, dass er »Drahtseilnerven« besaß.[207]

Auch wenn es ums Töten ging, hatte Habicht vielen Soldaten etwas voraus. Das Töten von Gegnern beschrieb er mit großer Geschäftsmäßigkeit und Gefühlskälte. Gleich in den ersten Kriegstagen wohnte Habicht einer Erschießung von zwei Gefangenen bei – der Exekution sah er vollkommen ungerührt zu.[208] Genauso emotionslos schaute er an der Front auf das Sterben der gegnerischen Soldaten.[209] Er selbst tötete oft aus der Distanz, indem er Artillerieschläge anordnete. Wenn seine Granaten dann auf den Feind niedergingen und er anschließend auf der Gegenseite »regungslose dunkle Klumpen« umherliegen sah, betrachtete er sein Werk meist mit Befriedigung.[210] Nach Gefechten hörte er oft das »Wimmern, Schreien und Stöhnen« von verwundeten Rotarmisten, doch ließ es ihn vollkommen kalt.[211] Vom Töten distanzierte er sich auch sprachlich nicht. Wenn er beschrieb, wie er Feuerbefehle an die Bedienungen seiner schweren Maschinengewehre gegeben hatte, dann klang es oft so, als ob er persönlich getötet hätte. Zu Beginn der Schlacht von Penna ließ er auf diese Weise die angreifende sowjetische Infanterie zusammenschießen: »Ihre Spitze kann ich flankierend mit meinen schweren Masch.Gew. fassen und umlegen, da bleiben die andern von selber liegen.«[212] Solche Formulierungen verrieten viel über Habicht, denn nur wenige Soldaten schrieben oder redeten gern in der ersten Person vom Töten, sie kleideten es lieber in die Wir-Form.[213] Auf der anderen Seite prahlte Habicht aber nicht mit dem Töten oder tat so, als würde es ihm Spaß machen. Meist ging er nur in der denkbar knappsten Form darauf ein. Manchmal hatte er angeblich sogar Anflüge von Skrupeln, vor allem bei seinen Artillerieschlägen.[214]

Für die meisten Soldaten war das Töten schwer, und deshalb brauchte es die Routiniers umso mehr. Der Soziologe Randall Collins geht davon aus, dass der Grundmodus menschlichen Verhaltens im Angesicht von Gewalt in Angst und Anspannung besteht – auch bei Soldaten an der Front.[215] Er stützt sich dabei auf Studien zu diversen Kriegen des 19. und 20. Jahrhunderts, die belegen, dass es in praktisch jedem Konflikt und Gefecht einem Teil der Soldaten nicht gelang, ihre Waffen abzufeuern, und wenn, dann häufig nur ungezielt. Die Effektivität jeder Militärorganisation hängt deshalb davon ab, ob sie es schafft, die Soldaten darauf zu drillen, ihre Angst und Anspannung im Gefecht zu überwinden, um gezielt auf den Feind schießen zu können. Die Ausübung von tödlicher Gewalt muss also gelernt werden, und es ist eine soziale Organisation dafür notwendig, die das Töten fördert und belohnt – das geschieht in der militärischen Ausbildung, durch den Einfluss von Vorgesetzten und Kameraden und in der Praxis durch Kampferfahrung.[216] Eine Hauptrolle in dieser sozialen Organisation der Gewalt spielten Männer wie Habicht.

Wer in den Gewaltraum an der Ostfront kam, war noch lange nicht kompetent, Gewalt richtig auszuüben. Das sah auch Habicht so. Für ihn war es klar, dass die Soldaten das Kämpfen und Töten erst nach einer gewissen Zeit beherrschten und dass dafür nicht nur Übung und Gewöhnung, sondern auch Erziehung durch Vorgesetzte nötig war. Er machte entsprechend große Unterschiede zwischen den altbewährten Kämpfern seiner Kompanie und den Neulingen, die als Ersatz an die Front kamen. Als Habicht mitten in der Schlacht von Penna das Kommando über eine zurückflutende Truppe an sich riss, verteilte er seine »alten Prachtkerle« auf die »Schützenlinie« und wies zwei seiner Unteroffiziere an, »wie Schäferhunde« hinter der Linie »auf und ab« zu gehen – um die kampfunwilligen Soldaten zum Schießen zu bringen und notfalls mit Gewalt bei der Stange zu halten.[217] Den neuen Soldaten, die aus Ersatzeinheiten oder aus der Etappe in seine Einheit versetzt wurden, merkte Habicht oft ihre Angst und ihr fehlendes Können an, so wie bei einem Gefecht von Anfang Februar 1943:[218]

> »Der Iwan wird neugierig. Er möchte gern wissen, was wir vorhaben, und schickt deshalb im Laufe der Nacht einmal links und einmal rechts von mir Stosstrupps vor, die aber rechtzeitig erkannt und abgewiesen werden, wobei unsere Kerls wieder den alten Fehler machen und zu früh schiessen, sodass die ganze Bande entkommt. Man merkt immer

mehr, dass die alten Kämpfer selten geworden sind, die sowas seelenruhig auf 50 m herankommen lassen und dann mit tödlicher Sicherheit umlegen. Diese Trossknechte haben in der Mehrzahl alle die Hosen voll und knallen aus dem gleichen Grunde, aus dem sie als Zivilisten in einem unheimlichen Wald anfangen zu singen.«

Die Schilderung liest sich wie ein weiterer Beleg für Collins' Befund von der Angst und Anspannung der Soldaten, die Inkompetenz im Kampf zur Folge hat. Dass die Soldaten Angst hatten, registrierte Habicht immer wieder – was ihm freilich gleichzeitig dazu diente, seine eigene Tapferkeit und Furchtlosigkeit herauszustellen. Selbst manche Berufsoffiziere seines Bataillons verdächtigte er, Angst zu haben – darunter sogar den ersten Bataillonskommandeur, der sich nach wenigen Kriegswochen wegen »Nervosität« ablösen ließ.[219] Besonders abschätzig schrieb Habicht von seinem Offiziersburschen, der sich davor fürchtete, in die Nähe der Hauptkampflinie zu kommen: »›Vorne‹ ist für ihn der Inbegriff alles Unheimlichen, eben weil er's nie richtig erlebt hat, man könnte ihm allmählich ein gut Teil seiner Angst nehmen, wenn man ihm durch die Praxis nachwiese, dass da durchaus nicht unter jedem Stein eine Mine und in jedem Schatten ein Gewehr lauert, die ihm nach dem Leben trachten, aber ich habe bei ihm irgendwie keinen Spass daran, weil er eben in seiner Grundhaltung doch offensichtlich feige ist.«[220] Weil Habicht davon ausging, dass man solche Gefühle erst durch die »Praxis« an der Front in den Griff kriegen konnte, sah er bei Neulingen umso mehr Angst. Als seine Einheit im Mai 1943 wieder Ersatz erhielt, meinte Habicht den ankommenden Soldaten sofort anzumerken, dass sie sich wie »Todeskandidaten« fühlten – er bemühte sich deshalb, sie »mit einigen scherzhaften Worten« aufzumuntern.[221] Habichts Wissen um die Angst der Soldaten gehörte zu den Gründen, warum er tagtäglich Rundgänge durch seine Stellungen unternahm, um auf seine Männer einzuwirken. Einen dieser Kontrollgänge unternahm er am 21. April 1942 an der Südfront des Kessels in den Stellungen bei Bel, wo in der Nacht zuvor gerade zwei Soldaten bei einem sowjetischen Angriff getötet worden waren:[222]

»Ich gehe die ganze Stellung ab und besuche meine Männer, wo sie gerade sind – auf Posten die einen, in den Bunkern die andern. Es sind in diesem Abschnitt 16 Mann. Ich verteile Zigaretten und lasse mir von ihnen erzählen; weniger, weil sie mir was Neues sagten, als weil ich spüre, dass ihnen das Erzählen Freude und Erleichterung verschafft. (...) Ehe ich mich wieder auf den Rückweg mache – der Wagen mit den Toten ist schon weg – fällt Priebe plötzlich ein, dass kurz nach meinem Weggang heute morgen das Regiment noch eine von mir vorgeschlagene Beförderung eines Gefreiten zum Obergefreiten bestätigt habe. Da der Mann hier in der Stellung ist, kann ich ihm das ja gleich mitteilen. ›Gefr. Klinker zum Herrn Oberleutnant!‹ Ein schmaler blonder Junge von 21 Jahren baut sich vor mir auf. Ich teile ihm die Beförderung mit, gratuliere ihm, gebe ihm die Hand und traue auf einmal meinen Augen nicht: Während er mich unverwandt ansieht und das Gesicht unbeweglich bleibt, laufen ihm plötzlich die hellen Tränen in dicken Tropfen über die Backen. Ich sehe verblüfft Priebe an, der mich, und dann wir beide den Unteroffizier, der danebensteht. Der zuckt die Achseln. ›Den hat's‹, sagt er lakonisch, ›... seit heute Nacht!‹ Damit ist mir alles klar. Ich winke Priebe und den Unteroffizier weg, nehme den Jungen am Arm und gehe mit ihm abseits. ›Angst?‹ Die Tränen laufen heftiger, sein Mund zuckt, von innen heraus stösst ihn ein Schluchzen, das er krampfhaft zu unterdrücken sucht, dennoch schüttelt er den Kopf. ›Na, nun komm' mal her, Kerlchen! Setz' Dich mal zu mir, und sag' was los ist!‹ Er setzt sich auf einen Stein mir gegenüber, in sehr gerader Haltung, wischt sich die Tränen ab, schluckt und sagt leise: ›Ich will nicht feige sein, Herr Oberleutnant, aber das – das war so furchtbar heut' Nacht. So ganz plötzlich, und auf einmal lagen die beiden tot neben mir, und überall war der Russe ... Das bin ich die ganzen Stunden seither nicht losgeworden, und jetzt eben – da hat's mich gepackt, ich konnt' es nicht mehr halten. Aber jetzt geht es schon wieder ...‹ Und dabei laufen ihm von Neuem die Tränen übers Gesicht. Ich gebe ihm eine Zigarette, lasse mir von ihm erzählen, woher er kommt, was er ist, seine Familienverhältnisse – und langsam wird er wieder ruhig. Ich sage ihm, dass Angsthaben keine Schande sei, sondern erst dann eine werde, wenn man ihr nachgibt, weise ihn auf seine Kameraden hin, die schon 3 Feldzüge hinter sich haben, erzähle ihm vom Weltkrieg und habe ihn nach ¼ Stunde da, wo ich ihn haben will. Er hat sich wieder völlig in der Gewalt, ist ruhig und gibt mir fest die Hand: ›Ich werde immer meine Pflicht tun, Herr Oberleutnant, und – es ist jetzt auch wirklich vorbei!‹«

So funktionierte die Vermittlung der Kriegertugenden in der Wehrmacht, so erzogen Offiziere wie Habicht die Soldaten zum Kämpfen und Töten. Von alleine funktionierte das nicht: In diesem Fall zeigte sogar ein Obergefreiter Schwäche, von dem Habicht dies nicht erwartet hatte. In der Literatur zu den Gewalträumen ist das Bild von mitreißender Dynamik und Lust an Gewalt bestimmt. Die Gewalt hängt demnach in erster Linie von der Situation und ihrer sozialen Rahmung ab: Sobald es erlaubt und geboten ist, töten Soldaten – und das nicht, weil es ihnen befohlen wird, sondern weil sie es dürfen.[223] Und wenn einmal die Schleusen geöffnet sind, verselbständigt sich die Gewalt, weil »die Soldaten ihrer Mordlust freien Lauf lassen« können.[224] Nach Randall Collins' Befunden ist Gewalt keineswegs so einfach und läuft auch nicht automatisch ab, sondern fällt den meisten Menschen erst einmal schwer. Demnach kommt es in fast allen Gewaltsituationen auf einen kleinen Kern von aggressiven und kompetenten Anführern an, die das Gewalthandeln bestimmen und die anderen mitreißen.[225] In der Regel sind diese *violent few* deckungsgleich mit den Personen, die das soziale Leben in der Gruppe dominieren. Die Kameradschaftskultur ist auf diese Weise eng mit der Praxis der Gewalt verklammert, denn die *violent few* leben die Gewalt nicht nur vor, sondern beziehen aus ihrer sozialen Dominanz auch emotionale Energie für die Gewaltausübung.

Die Tatsache, dass die Gewalt meistens von einigen wenigen organisiert wird, von denen alle Übrigen zur Gewalt erst ermutigt und gedrillt werden müssen, scheint ein transkulturelles Muster zu sein, das sich in vielen Kontexten und Epochen findet. Es besitzt allerdings stets eine spezifische historische Aufladung. Bei Habicht zeigen das seine ständigen Huldigungen an die Auslese der besten Kämpfer und Offiziere in seinem Regiment, die er als Elite des ganzen Reichs ansah.[226] Im »Dritten Reich« sprach man bei solchen Männern von »Führerpersönlichkeiten« – mit diesem Begriff wurde das elitäre »Persönlichkeitsprinzip« der NS-Gesellschaft auf die Sozialkultur der Wehrmacht an der Front übertragen. In dem ursprünglich bürgerlichen Ideal sollte das Individuum durch Bildung zu einer »Persönlichkeit« heranreifen. Die Nationalsozialisten münzten dies auf den Krieg um, so wie in Habichts oben zitierter Beschreibung der Offiziere seines Bataillons: Den Gedanken der Entwicklung durch Leistung behielten sie bei, doch statt Bildung zählte für sie nur die Kompetenz in Bezug auf Gewalt.

Habicht wusste genau, wer in seiner Einheit zum harten Kern der besten Kämpfer zählte. Sein Kompaniefeldwebel Hans Breese etwa, von dem er sagte, er könne »Männer in den Kampf führen« wie kaum ein anderer; oder der Hauptfeldwebel Bruno Priebe, der laut Habicht selbst »im grössten Schlamassel nicht eine Sekunde die Ruhe« verliere; oder der Obergefreite Schwarze, der in der Schlacht von Penna zu den aktivsten Schützen und Antreibern gehörte und den Habicht deshalb als einen seiner »Prachtkerle« ansah.[227] Diese Männer hatten ihre Kompetenz im Kampf durch Training und Erfahrung gewonnen. Sie wurden dafür befördert und ausgezeichnet und genossen Wertschätzung. Nicht von ungefähr waren Männer wie Breese, Priebe und Schwarze später noch während der 1970er und 1980er Jahre im Veteranenverein der ehemaligen 4. Kompanie aktiv.[228] Manche dieser Hardcore-Kämpfer hatten die Gewalt nicht erst im Krieg gelernt, sondern neigten vielleicht schon im Zivilleben dazu. Das vermutete Habicht jedenfalls bei einigen seiner besten Soldaten. So etwa beim Obergefreiten Funk, der seine Ehefrau der Untreue verdächtigte und den Habicht deshalb vor einem Heimaturlaub extra zu einer gewaltlosen Lösung dieses Konflikts »vergattern« musste:[229]

> »Er ist ein alter Krieger und im Kampf ein schwerer Totschläger. Dazu ist er dem Alkohol nicht gerade abgeneigt. Bei einem solchen Knaben nun, der gewohnt ist, Auseinandersetzungen mit einem ›Feind‹ mittels Handgranaten und Schusswaffen vorzunehmen, bestehen die unwahrscheinlichsten Möglichkeiten. Daher: ›Lass' Dir ja nicht etwa einfallen, mein Junge …‹ Er verspricht mir, alles friedlich zu erledigen und sich *nicht* zu besaufen.«

Das heißt aber nicht, dass in Kampfeinheiten automatisch eine Minderheit von »Totschlägern« hervortrat, die quasi von Natur aus gewaltbereit waren. Zu Anführern und Vorgesetzten wurden auch solche Männer erst dadurch, dass sie von ihren Offizieren dazu bestimmt wurden. Habicht setzte sich für solche Draufgänger sogar bei vorgesetzten Dienststellen ein, wenn sie außerhalb der Kämpfe durch Disziplinlosigkeiten auffielen. Einen von ihnen machte er im Herbst 1941 zum Unteroffizier, obwohl die Bataillonsführung dagegen gewesen war:[230]

»Den Knaben Kulisch knöpfe ich mir nach der offiziellen Mitteilung noch unter 4 Augen vor, das schwarze Schaf. Der Kerl ist als Ausbilder und im Gefecht ein glänzender Soldat, aber ausserhalb des Dienstes haut er ständig über alle Stränge. Auf Grund seiner hübschen Vorstrafenliste wollte das Batl. ihn garnicht befördern, bis ich mich schliesslich sozusagen für ihn verbürgt habe. Einmal habe ich mir damit bei ihm schon die Finger verbrannt, hoffentlich passiert mir das nun nicht wieder. Ich reibe ihm das gründlich unter die Nase. Er steht da wie ein Baum, in mustergültiger Haltung, sieht mich treuherzig an und sagt bei jedem Satz: ›Jawohl, Herr Oberleutnant!‹ Tja – hoffentlich.«

Das alles gehörte zur sozialen Organisation der Gewalt im Krieg, die Randall Collins als Voraussetzung dafür bezeichnet, dass Soldaten ihre Angst und Anspannung überwinden und töten können. Auch in der Literatur zu den Gewalträumen wird auf die Bedeutung des sozialen Rahmens verwiesen, doch das oft nur vage in Gestalt von ominösen »Offizieren«, die ihre Soldaten zum Kämpfen zwingen oder ihnen Kriegsverbrechen erlauben.[231] Das Beispiel von Habichts Einheit zeigt, dass die soziale Organisation der Gewalt viel komplexer und struktureller war. Die Gewalt wurde von der Elite der kompetentesten Kämpfer getragen, und das auf allen Stufen der Hierarchie – vom Obergefreiten über den Feldwebel bis zum Oberleutnant. Diese Männer bildeten den Transmissionsriemen für die Werte und Regeln der Wehrmacht, und sie leiteten die Soldaten zum Kämpfen an, jeder in seinem eigenen Bereich. Dieser harte Kern entstand aber nicht von selbst, sondern wurde durch Erziehung und Selektion geformt. Die Fäden liefen bei den Einheitsführern zusammen. Offiziere wie Habicht waren die Manager der Gewalt an der Front. Sie sorgten nicht nur für Taktik, Waffen und Versorgung, sondern auch für die soziale Organisation der Gewalt. Ohne das funktionierte die Gewalt nicht oder nur ineffizient. Habicht war sich dessen vollkommen bewusst und lobte sich wie immer selbst dafür: In seinem Tagebuch hob er an unzähligen Stellen hervor, wie tadellos sich die Einheiten unter seinem Kommando schlugen.

Ideologie

Was nicht auf der Liste von Habichts häufigsten Begriffen steht, was man dort aber vermutet hätte, ist nationalsozialistisches Vokabular. Um einen ideologischen Begriff bei Habicht zu finden, muss man in der Liste noch weit über die fünfzig meistverwendeten Substantive hinaus herunterscrollen. Bei einem Offizier mit Habichts politischem Hintergrund erscheint das umso erstaunlicher, zumal in jenem Krieg, der an der Ostfront tobte – ging es hier für die Nationalsozialisten doch um die Vernichtung des »jüdischen Bolschewismus« und die Eroberung von »Lebensraum im Osten«. Theodor Habicht identifizierte sich zweifellos mit diesen Zielen. Trotzdem griff er überraschend selten auf ideologische Konzepte und Semantiken zurück. Das lag zum einen an Habichts Ökonomie der Aufmerksamkeit an der Ostfront: In erster Linie beschäftigten ihn die technischen und organisatorischen Belange des Frontalltags. Zum anderen waren aber viele weltanschauliche Glaubenssätze für ihn so selbstverständlich, dass er sie nicht ständig explizieren musste.

Über die ideologischen Prämissen des Krieges an der Ostfront herrschte im Regiment weitreichender Konsens. Weil sich die meisten Offiziere in ihrer militanten Ablehnung des Bolschewismus einig waren, konnten sie sich damit identifizieren, den Feldzug gegen die Sowjetunion als Weltanschauungskrieg zu führen. Die ideologischen Anweisungen und völkerrechtswidrigen Erlasse, mit denen die oberste deutsche Führung das »Unternehmen Barbarossa« in einen Vernichtungskrieg transformierte, wurden während der Vorbereitungsphase routinemäßig auf dem Befehlsweg nach unten weitergereicht. Den Offizieren und Soldaten an der Basis des Ostheeres wurden sie erst kurz vor Kriegsbeginn bekanntgegeben, im Infanterieregiment 27 geschah dies am 20. Juni 1941. Habichts Tagebuch zeigt, wie der Regimentskommandeur seine Offiziere auf den Weltanschauungskrieg einschwor.[232] Es war nur logisch, dass Hitlers verbrecherische Befehle nach Kriegsbeginn dann auch angewandt wurden. Die ersten Exekutionen des Krieges beschrieb Habicht in erbarmungslosem Tonfall am 28. Juni 1941, als seine Einheit zwei Versprengte gefangen nahm:

> »Kurz darauf bringt ein Spähtrupp einen polit. Kommissar und einen Zivilisten, die auf ihren Waffen liegend in einem Kornfeld entdeckt wurden. Der Kommissar spricht fliessend deutsch – ich halte ihn für

einen deutschen Kommunisten, der Zivilist ist Russe und versteht kein Wort. Der Major lässt beide sofort erschiessen. Der Russe hält stoische Ruhe dabei, der Kommissar geht in die Knie und winselt. Aber es hilft ihm nicht.«

So setzte das Heer an der Ostfront Hitlers Vernichtungskrieg in die Tat um – das Infanterieregiment 27 war ein typisches Beispiel dafür. Wie in der eben geschilderten Szene befolgte die Einheit die Kommissarrichtlinien, Hitlers Befehl zur sofortigen Exekution aller gefangen genommenen Politoffiziere der Roten Armee. Ebenso wendete sie die radikalen Bestimmungen des Kriegsgerichtsbarkeitserlasses an, der jedem einzelnen Offizier vom Leutnant aufwärts das Recht gab, verfahrenslose Exekutionen anzuordnen. Wenn die Einheit in ein russisches Dorf einrückte, gehörte es zu den ersten Maßnahmen, dies der Zivilbevölkerung klarzumachen. So etwa Anfang August 1941, als die rund zweihundert Einwohner einer Ortschaft »auf dem Dorfplatz« versammelt wurden, um sie zu warnen, dass für fast jedes Fehlverhalten die Todesstrafe galt: »1.) Wer den Sicherungsring der Posten überschreitet … 2.) Wer mit den Russen Verbindung aufnimmt … 3.) Wer den Russen Nachrichten übermittelt … 4. – xtens) Wer … wer … wer … wird erschossen!«[233] Die Truppe zögerte nicht, diese Drohung wahrzumachen. Das verdeutlichte Habicht, als er sich Ende August 1941 über die angeblich zu milde Besatzungspolitik des Armeeoberbefehlshabers erregte:[234]

»In Merelewa – 2 km entfernt vom Lager – finden wir an den Häuserwänden Plakatanschläge des Oberbefehlshabers mit Mitteilungen an die Bevölkerung. In drei Punkten – erstens, zweitens, drittens – wird da erzählt, was sie zu gewärtigen hat, wenn sie den Anordnungen der Besatzungsmacht nicht nachkommt. Nämlich: Wer dem Feind Nachrichten zukommen lässt, … wer Sabotage treibt, … wer deutsche Soldaten angreift … der wird nicht, wie in Polen, Norwegen, Holland, Belgien, Frankreich, Serbien, Griechenland usw. *erschossen*, nein – der hat hier lediglich ›strengste Bestrafung‹, … ›schärfste Gegenmassnahmen‹, … ›letzte Konsequenzen‹ zu gewärtigen. D.h. mit andern Worten: Irgendein Herr da oben, der was davon gehört hat, dass die Bevölkerung uns günstig gestimmt werden soll, glaubt das dadurch zu erreichen, dass er sich so vorsichtig ausdrückt, wenn es sich um die Frage der Bestrafung von Kriegsverbrechen dreht. Welche ›Wirkung‹ das auf ein Volk hat, das seit 25 Jahren gewöhnt ist, wegen der lächerlichsten Lappalien erschossen zu werden, das kann sich dieser Schwachkopf offenbar überhaupt nicht vorstellen. Wir sind froh, dass wir ›vorderste Linie‹ sind. Bei *uns* wird schneller ge- und erschossen. Und selbst da noch manchmal zu langsam und zu spät.«

Auch gegen die Soldaten der Roten Armee ging Habichts Regiment radikal vor. In den Befehlen und Merkblättern der Wehrmachtsführung war die Truppe schon vor Kriegsbeginn darauf eingestimmt worden, dass sie von den sowjetischen Soldaten »heimtückisches« Verhalten zu erwarten hatte – und dass dies mit der größten Härte beantwortet werden sollte. Genauso interpretierte die Truppe dann auch ihre ersten Zusammenstöße mit sowjetischen Einheiten. Als das Regiment in den ersten Kriegstagen Verluste durch Scharmützel mit Versprengten hinter der Front erlitt, war die »Wut« groß und die Reaktion brutal: Das Regiment ordnete an, mit jedem Rotarmisten, der im Rückraum bewaffnet gefangen genommen wurde, kurzen Prozess zu machen.[235] Mit gnadenloser Härte verfuhr Habichts Einheit auch bei ihrem ersten großen Gefecht, dem Sturm auf Höhe 166 am 12. Juli 1941. Weil Habicht und seine Männer fanden, dass die sowjetischen Soldaten wie »Heckenschützen« kämpften, gaben sie kein »Pardon«: Habicht befahl, keine Gefangenen zu machen, bemerkte aber sofort, dass dieser Befehl »eigentlich überflüssig« war, weil die Truppe das »sowieso nicht anders« handhabte.[236] Entsprechend würdelos ging man nach dem Kampf mit den Leichen der toten Rotarmisten um:[237]

»Sie wurden einfach in das nächste Schützenloch geworfen, dieses zugeschippt und dann soviel Gewehre – mit dem Bajonett nach unten und Kolben nach oben – draufgesteckt, wie Russen drinlagen. Der später folgende Gräberoffizier sieht dann sofort, wo wieviel liegen, und wenig später wird man dann auf einer Holztafel da lesen können, dass hier x unbekannte russische Soldaten liegen, gefallen am soundsovielten. Sie zu identifizieren, ist mindestens uns unmöglich. Erkennungsmarken haben sie keine und ihre Papiere können wir nicht lesen. Zu einem würdigeren Begräbniszeremoniell aber fehlt die erste Voraussetzung: soldatisch anständiges Verhalten der Herren vor ihrem Ende. Meuchelmördern erweist man keine militärischen Ehren.«

Der Kontakt mit dem Gegner bewirkte dann aber eine gewisse Korrektur der Feindbilder – selbst bei einem Nationalsozialisten wie Habicht. Sogar das dämonische Bild von den sowjetischen Politoffizieren wich einer realistischeren Einschätzung. Wie Habicht im Frühjahr 1942 feststellte, war in seiner Einheit die »Illusion« verschwunden, »dass der Politruk (d.i. der politische Kommissar, der jeder Einheit beigegeben ist) der peitschenschwingende, tiefverhasste Leuteschinder sei, der den armen russischen Soldaten von hinten mit dem MG in das Gefecht treibe und ihn wie einen Hund niederschiesse, wenn er zögere oder umkehren wolle, d.h. so, wie er bisher bei uns geschildert wurde«.[238] Auch die Verachtung für die Rotarmisten legte sich etwas. Die hasserfüllte Sprache, mit der Habicht in der Anfangsphase über die gegnerischen Soldaten geschrieben hatte, kam in den folgenden Kriegsjahren kaum noch vor. Selbst Habicht hatte offensichtlich Respekt bekommen, nachdem er schon im Sommer 1941 erkennen musste, dass »der Russe mit Riesenabstand der härteste Gegner« des ganzen Krieges war.[239] Gleichwohl: Letztlich änderte sich nichts an Habichts Überlegenheitsgefühlen und der Todfeindschaft, die er für den Gegner empfand. In einer Nacht im Juli 1942 sinnierte er darüber, wie sehr sich die Ostfront von allen übrigen Fronten des Krieges unterschied:[240]

> »Wenn man so liegt und in die Dunkelheit starrt, kommen einem absonderliche Gedanken. Vielleicht liegt jetzt auf der anderen Seite, nur wenige hundert Meter entfernt, ein bolschewistischer Hauptmann, der Führer des Gegenabschnitts, gleich mir in der Dunkelheit seiner Höhle und denkt herüber, wie ich zu ihm. Eine andere Verbindung als die Gedankenbrücke gibt es nicht zwischen hüben und drüben, und selbst die Gedanken würden sich wohl kaum auf einen Nenner bringen lassen; denn zwischen uns liegt die Grenze zweier Welten. Eine Grenze, die durch mehr dargestellt ist als durch das lockere Stacheldrahtverhau, die wenigen verstreuten Minen im Niemandsland und die dünne Postenkette, die an seinen Rändern steht. Und die mehr trennt als zwei kämpfende Heere. Denn wir sind die äussersten Vorposten Europas, und drüben steht Asien. Das unendliche, rätselhafte, uns völlig unverständliche und unversöhnlich-todfeindliche Asien. (...) Denn hier kommt noch ein anderes dazu, das in dieser Härte und Unausweichlichkeit kein anderer Krieg mit keinem anderem Volk bisher kannte: In *diesem* Krieg

gibt es keinen Pardon! Was hier zusammenprallt, das kennt – auf beiden Seiten – in Wahrheit nur ›Sieg oder Tod‹, aber nicht im Sinne jener glänzenden Phrase, die so oft gedankenlos dahingeredet wird, sondern als nackte, nüchterne Realität. Keiner unserer Männer zweifelt auch nur – aller Flugblätterversprechungen der Russen zum Trotz – im Geringsten daran, welches Schicksal ihn da drüben erwartet, wenn er denen je lebend in die Hände fiele, und es gibt Keinen, der nicht eisern entschlossen ist, sich bis zum letzten Atemzug dagegen zu wehren. Du oder ich! Sie wissen genau, welcher Unterschied zwischen dem Franzosen, Engländer, ja noch dem Polen als Gegner und dem bolschewistischen Russen besteht, und es ist, – wenn man sie darüber reden hört – oft erstaunlich, wie klar sie das bei aller Einfachheit ihrer Gedanken zu formulieren verstehen. In die Gedanken- u. Gefühlswelt der anderen konnten sie sich noch hineindenken, da war – bei allen Abweichungen – immer noch etwas Verwandtes, der Russe aber ist ihnen ein fremdes, unheimliches, tierhaftes Wesen, zu dessen Verständnis sie keine Brücke finden. Und dieses Tier liegt lauernd jenseits ihrer dünnen Linie.«

Solche ideologischen Sichtweisen gehörten zu den kulturellen Faktoren der Gewalt.[241] Was man bei Franzosen als Tapferkeit angesehen hätte, legte man den Rotarmisten als Heimtücke aus. Die Ideologie führte aber keineswegs direkt zu einer maximalen Entgrenzung der Gewalt, denn diese hing wiederum mit von den Anführern ab, die das Gewaltgeschehen bestimmten. Es gehörte zu Habichts Führungsanspruch, dass er allein darüber entschied, wann er wie viel Gewalt anwenden wollte. Gleich zu Beginn des Feldzugs verzichtete er sogar einmal darauf, drei Gefangene exekutieren zu lassen, obwohl die geltenden Befehle dies verlangt hätten. Habicht verschonte die drei versprengten Rotarmisten angeblich nur wegen ihres Aussehens, da zwei von ihnen »gute slawische Bauerngesichter« und nur der dritte eine »ausgesprochene Verbrecherphysiognomie« gehabt hätten:[242]

»Nach den eindeutigen Bestimmungen hätte ich sie daraufhin sofort erschiessen lassen können, aber mir taten die beiden Bauernbuben leid, die sicherlich nichts verbrochen hatten, und so kam auch der Verbrecher mit dem Leben davon, den ich – wäre er allein gewesen, sofort hätte umlegen lassen. So übergab ich sie der herankommenden Komp. und liess sie beim Btl. abliefern. ¼ Stunde später kamen mir allerdings

> Gedanken, ob ich richtig gehandelt hatte, als ich in Mykalajunai – dem meinem Vorwerk benachbarten Ort – den Chef der 2.ten, Oblt. Lemm traf, der gerade 3 Mann hatte erschiessen lassen. In seinem Dorf hatte er nämlich 5 erschossene männliche Einwohner inmitten eines Haufens heulender und schreiender Weiber getroffen und bald darauf einen sechsten Litauer mit Genickschuss in einem Kornfeld gefunden. 10 Minuten später trieb einer seiner Spähtrupps in einem benachbarten Kornfeld 3 verdächtige Zivilisten auf, und als er mit denen im Dorf erschien, stürzten die Weiber schreiend wie die Furien herbei: Das seien die Mörder ihrer Männer, russische Soldaten! Der Fall lag völlig klar und sie wurden auf der Stelle erschossen. Was mich aber betroffen machte dabei: Einer der Burschen – nach Aussage der Weiber der schlimmste von allen – sah genau so harmlos-bieder aus wie *meine* beiden Vögel! …«

Habicht sah sich gerne als entscheidender Akteur, deshalb tat er im Weltanschauungskrieg auch schon einmal etwas Unerwartetes, indem er der Gewalt Grenzen setzte. Wiederholt kam es vor, dass seine Männer während der Kämpfe auf gegnerische Verwundete schießen wollten und von Habicht gezügelt wurden. Zum ersten Mal passierte das bereits Anfang August 1941: »In dem Strassengraben regt es sich noch etwas«, beschrieb Habicht die Situation, »3 Mann, offensichtlich schwerverwundet, kriechen auf dem Bauch über die Strasse hinweg, meine Männer wollen wieder schiessen, aber ich verbiete es: ›Auf Verwundete wird nicht geschossen!‹«[243] Anderthalb Jahre später kam es während der Schlacht von Penna nach einem abgewehrten Angriff fast zu derselben Szene: »Sehr viel später sieht man dann einzelne Iwans wie kranke Tiere auf allen vieren zurückkriechen, unverkennbar Verwundete. Meine Kerle möchten sie einzeln abknallen, aber ich verbiete es. Der Gegner verdient zwar bei Gott keine Rücksicht, aber irgendwie kommt es mir schäbig vor, auf Verwundete zu schiessen.«[244] In der Gewaltforschung wird oft die Situation als alles entscheidendes Moment beschrieben, doch solche Szenen zeigen, dass die Situation eben auch von den Akteuren abhing, die im Gewaltraum das Sagen hatten. Insbesondere bei den »Führerpersönlichkeiten« in der Wehrmacht gehörte das zu ihrem Selbstverständnis: Männer wie Habicht brüsteten sich damit, dass sie Situationen dominierten.

Wahrnehmung und Wirklichkeit: Gute Besatzer?

Hitlers »Kreuzzug gegen den Bolschewismus« war ein beispielloser Eroberungs- und Vernichtungskrieg, der zu millionenfachem Morden, Sterben und Leiden führte. Das alles ist minutiös analysiert worden, und an der Mitwirkung der Wehrmacht bei der Umsetzung des Vernichtungskrieges gibt es keine Zweifel mehr. Erstaunlich wenig aber ist bislang darüber bekannt, wie die Besatzungspolitik im Mikrokosmos eines Infanterieregiments in der vordersten Frontzone gehandhabt wurde. Die meisten historischen Studien konzentrierten sich bislang auf die rückwärtigen Gebiete und die dort eingesetzten Sicherungseinheiten, und noch vor wenigen Jahren galt die Besatzungsherrschaft der Kampftruppen als Forschungslücke.[245] Seitdem sind mehrere Studien zu einzelnen Frontdivisionen erschienen, durch die das Thema erheblich an Kontur gewonnen hat.[246] Im Folgenden wird der Fokus nun auf die unterste Ebene der Hierarchie gelenkt, auf die Bataillone und Kompanien. Dabei zeigt sich, dass Wirklichkeit und Wahrnehmung der Besatzungsherrschaft bei den Deutschen erheblich auseinanderklafften – dies gehörte zu den Techniken der Täter, die sie brauchten, um Gewalt ausüben zu können, ohne Schuldgefühle zu haben. Habicht verdrehte die Tatsachen so weit, dass er aus der grausamen Besatzung ein positives Narrativ für sein eigenes Image machte.

Selbst Regimenter und Bataillone übten an der Ostfront die Besatzungsherrschaft mit aus, auch wenn ihre Hauptaufgabe im Kämpfen bestand. Schon das ist in der Literatur nicht unumstritten. Aus den räumlichen Verhältnissen im Operationsgebiet wurde geschlussfolgert, dass die deutschen Frontdivisionen mit der Zivilbevölkerung im Kriegsalltag kaum in Kontakt kamen und daher wenig Gelegenheit für Gewalttaten hatten.[247] Dies habe daran gelegen, dass das Gefechtsgebiet überall vollständig evakuiert worden sei, so dass die Zivilbevölkerung erst weitab im Hinterland anzutreffen war. Wie der vorangegangene Abschnitt gezeigt hat, traf vieles hiervon auf die Verhältnisse im Kessel von Demjansk durchaus zu: Das Gros der Soldaten war tatsächlich fast immer an der Hauptkampflinie gebunden. Auf der anderen Seite hat die Analyse der räumlichen Strukturen aber vor Augen geführt, wie nahe die Todeszone der Front dem Bereich des Hinterlands war, in dem noch Zivilbevölkerung lebte. Zumindest die Deutschen konnten sich zwischen diesen Bereichen relativ frei bewegen.[248]

Habichts Tagebuch macht deutlich, dass die Regimenter wichtige Institutionen des Besatzungsregimes waren, denn sie herrschten über Zivilbevölkerung. In der Historiographie wird teilweise vermutet, dass die Gefechtszone in bis zu zwanzig Kilometern Tiefe von der Zivilbevölkerung geräumt wurde.[249] Das Beispiel von Habichts Regiment zeigt indes, dass dies keineswegs immer der Fall war – die Entfernungen waren deutlich geringer. Nur die vorderste Kampfzone, die ein paar Kilometer tief war, galt als Sperrzone, zu der Zivilisten keinen Zutritt hatten. Und selbst dieses Verbot wurde von den Fronteinheiten umgangen. Habichts Einheit an der Nordfront des Kessels von Demjansk verfügte über einheimische Arbeitskräfte im Bereich des Regimentsgefechtsstands in Domaschi – der Ort lag nur rund zweieinhalb Kilometer hinter der Hauptkampflinie. Als eine höhere Stelle schließlich darauf hinwies, dass diese Praxis »›aus militärischen Gründen‹ unzulässig« sei, war Habicht entsetzt: Weil er »Waschweiber« für seine bislang »tadellos funktionierende Kompaniewäscherei« brauchte, war die Entscheidung für ihn »der nackte Wahnsinn«.[250] Der Bedarf an Arbeitskräften war der wichtigste Grund, warum die Fronteinheiten ein Interesse daran hatten, dass die Zivilbevölkerung in der Nähe blieb. Die Anwesenheit von Zivilisten galt nicht als Belastung, sondern als Vorteil. Als Habichts Einheit im November 1942 an einen anderen Abschnitt im Kessel verlegt werden sollte, bezeichnete der Regimentskommandeur dies als »Verbesserung« gegenüber dem bisherigen Frontabschnitt: »Die neuen Stellungen und Bunker seien ebensogut wie unsere jetzigen (…) – der Frontabschnitt sei ebenso ruhig wie der unsere, und in einer Hinsicht verbesserten wir uns sogar, indem nämlich zum Hinterland des Regiments 18 Dörfer gehörten, in denen noch die Bevölkerung samt Vieh vorhanden sei.«[251]

An allen Einsatzorten von Habicht im Kessel von Demjansk war noch Zivilbevölkerung ansässig, wobei es in jedem Frontabschnitt weit mehr deutsche Soldaten als russische Zivilisten gab. Größe und Zusammensetzung der Bevölkerung hatten sich gegenüber der Friedenszeit stark verändert, da viele Einwohner schon vor dem deutschen Einmarsch ihre Wohnorte verlassen hatten, vor allem fehlte die männliche Bevölkerung im wehrfähigen Alter. Dennoch waren die Orte hinter der Front weiterhin bewohnt, wenn auch mitunter nur spärlich. Habichts erster Quartiersort an der Südfront des Kessels, Wesowo, bestand nur aus fünfzehn Häusern: Als Habicht nach seiner Ankunft im März 1942 einen Appell aller arbeitsfähigen Einwohner im Alter zwischen vierzehn und sechzig Jahren abhielt, kamen nur vierzehn weibliche und drei männliche Einheimische zusammen.[252] Der nächste Ort war freilich nur zwei Kilometer entfernt – die Bevölkerung im Umkreis von Habichts Einheit summierte sich. Wie groß die Zivilbevölkerung war, die zum Zeitpunkt des Rückzugs der Deutschen aus Demjansk noch anwesend war, beobachtete Habicht an der Südfront des Kessels. In der Nacht zum 20. Februar 1943 sah er den langen Zug der Männer, Frauen und Kinder, die aus den »südlichen Dörfern« dieses Frontabschnitts evakuiert wurden – er schätzte, dass es Hunderte waren.[253]

Die Anwesenheit der Zivilbevölkerung gehörte zur Realität im Frontbereich, und so entwickelten sich zwangsläufig soziale Beziehungen zwischen Besatzern und Einheimischen. Und die waren komplexer, als häufig angenommen wird. Habichts Bild vom Umgang mit der Zivilbevölkerung ist irritierend und wirft Fragen auf – und das nicht etwa, weil es die unmenschliche Behandlung der Zivilbevölkerung durch die deutschen Besatzer in besonders grellem Licht zeigen würde, sondern weil es beinahe das Gegenteil suggeriert. So zum Beispiel bei einer Szene, die sich Anfang Juni 1943 abspielte, als Habichts Einheit erneut Zivilisten aus ihren Dörfern deportierte:[254]

»An der Fähre am Flussufer sitzt auf einem grossen Findlingsblock abseits von den anderen eine alte Frau und sieht mit starren Augen auf das Dorf. Sie ist sauber angezogen, aus dem Rahmen des weissen Kopftuches schaut ein gutes Altfrauengesicht, das einer deutschen Bäuerin gehören könnte, und über das regungslose Gesicht laufen ihr unaufhörlich dicke Tränen. Das Gesicht erinnert mich plötzlich an ein Bild, das ich zum Muttertag in einer deutschen Illustrierten sah, und aus einem plötzlichen Gefühl heraus lege ich ihr, stehenbleibend, tröstend die Hand auf die Schulter: ›Na, weine nicht, Matka, wenn der Krieg vorbei ist, kannst du wieder hierherkommen!‹ Sie versteht natürlich kein Wort, aber sie sieht mich von unten herauf mit den Augen eines alten, treuen Hundes an, der Schimmer eines schwachen Lächelns tritt in ihr Gesicht, und ehe ich, garnicht darauf gefasst, es hindern kann, nimmt sie meine Hand von ihrer Schulter und küsst sie. Eine Stunde später kommt ein Mädchen zum Komp.Gef.Stand und bringt drei Eier. Aus ihrem Kauderwelsch geht hervor, dass sie die Enkelin der Matka ist und dass die Eier für den ›guten Kommandant‹ sind.«

Eine menschliche Geste von einem radikalen Nationalsozialisten gegenüber einer Person, die nach der NS-Ideologie eigentlich als »Untermensch« galt … Und nicht nur das: Habicht ging sogar so weit, die russische Frau als Abbild einer deutschen Frau zu beschreiben – obwohl die NS-Ideologie doch von maximaler rassischer Differenz zwischen beiden Völkern ausging. Die zitierte Szene war nicht bloß eine spontane Anwandlung: In seinem gesamten Tagebuch von 1941 bis 1944 kam es nicht ein einziges Mal vor, dass er den Begriff »Untermensch« verwendete. Er griff auch nicht auf Umschreibungen oder Semantiken zurück, die dies nahegelegt hätten. Die Erklärung dafür liegt wahrscheinlich in der Tradition des Paternalismus, der sowohl in der Sozialordnung der eigenen Gesellschaft wurzelte als auch im europäischen Kolonialismus.

Es geht hier nicht um die Frage nach den Ursprüngen des Holocaust, sondern um eine breitere Perspektive auf die Langzeitwirkungen des Kolonialismus.[255] Historische Studien haben gezeigt, dass es weiterführend ist, auch in anderen Bereichen nach kolonialen Transfers in der nationalsozialistischen Expansion in Osteuropa zu suchen. So wurde die deutsche Besatzungsherrschaft in der Ukraine während des Zweiten Weltkriegs als eine extreme Form des europäischen Kolonialismus beschrieben.[256] Die kolonialen Muster zeigten sich besonders deutlich in Gewaltpraktiken wie exemplarischen Exekutionen, kollektiven Repressalien und Strafexpeditionen, die schon im 19. Jahrhundert zum Repertoire der europäischen Kolonialmächte gehörten. Manche Historiker sehen geradezu eine »unbequeme Wahrheit« darin, dass die brutalen Methoden der Wehrmacht im Partisanenkrieg auf einer gemeinsamen europäischen Tradition der kolonialen Aufstandsbekämpfung beruhten.[257] Die Grundlage für diese Transfers war das ideelle und mentale Erbe des Kolonialismus in den Köpfen, das *colonial mindset* der Deutschen im besetzten Osteuropa. Es äußerte sich auf vielfältige Weise: in Kontinuitäten in Sprachmustern, in kolonialen Bildern in Wissenschaft und Literatur und nicht zuletzt auch in Vorstellungen über den Raum und seine Gestaltung durch die Kolonisatoren.[258] Und es äußerte sich in der Haltung der deutschen Eroberer, unter anderem in Form eines »Kolonialrassismus«, der wie im 19. Jahrhundert von einer Hierarchie zwischen höherwertigen und minderwertigen Völkern ausging.[259] Bei manchen NS-Administratoren tauchte dabei sogar das Wort »Zivilisierungsmission« auf, ein Schlüsselbegriff des europäischen Kolonialismus.

Mit der »Zivilisierungsmission« rechtfertigten die Europäer ihre Herrschaft über die unterworfenen Völker – die sie auf eine höhere Entwicklungsstufe zu heben versprachen. Genau deswegen halten manche Historiker den europäischen Kolonialismus und die NS-Expansion freilich nicht für vergleichbar, weil der Gedanke einer kulturellen Entwicklung und Partizipation der osteuropäischen Völker in der menschenverachtenden NS-Ideologie ausgeschlossen war.[260] Das trifft durchaus zu, blendet aber aus, dass es auch schon zur Hochzeit des europäischen Kolonialismus Fälle von Kolonialherrschaft ohne Zivilisierungsmission und Partizipation gab – und das nicht nur in Deutsch-Südwestafrika, sondern auch in den Burenrepubliken oder in Virginia in Nordamerika.[261] Schon hier gab es keine Missionierung, keine Bildung für die Bevölkerung und keine indirekte Herrschaft, sondern nur strikte Rassentrennung. Das Fehlen des Entwicklungsgedankens war nicht neu. Schon im 19. Jahrhundert gab es neben dem evolutionären Rassismus, der den nichteuropäischen Völkern prinzipiell kulturelle Entwicklungsfähigkeit zugestand, einen biologistischen Rassismus, der von unabänderlichen Differenzen zwischen den Rassen ausging.[262] Neben den ideellen Grundlagen divergierten auch die Herrschaftspraktiken im Kolonialismus des 19. Jahrhunderts erheblich, und das selbst zwischen Kolonien desselben Typs.[263] Es gab eben nicht nur einen Kolonialismus, sondern viele verschiedene Kolonialismen. Die nationalsozialistische Ostexpansion war zweifellos eine besonders radikale Variante, aber sie stand in vielfacher Hinsicht in der Tradition des europäischen Kolonialismus.

Bisher wurde das *colonial mindset* vor allem in intellektuellen Diskursen, wissenschaftlichen Traktaten oder literarischen Werken untersucht. In Habichts Tagebuch zeigt es sich jetzt im Denken eines Praktikers, der zur Besatzungsmacht gehörte. Habicht interpretierte den Krieg an der

Ostfront eindeutig als koloniale Expansion – und das predigte er auch in seiner Einheit, so wie in seiner bereits geschilderten Grabrede vom Sommer 1942.[264] Die Idee vom Lebensraum im Osten war in Habichts Vorstellung mit der deutschen Ostsiedlung vom 11. bis 14. Jahrhundert verknüpft. Das basierte auf vielen Büchern und Romanen aus dem 19. und frühen 20. Jahrhundert, die den Nationalsozialisten Inspirationen über das Siedeln im Osten lieferten.[265] Habicht griff diese Gedanken schon in seinen Kampfschriften aus den 1920er Jahren auf und kam während des Krieges an der Ostfront darauf zurück.[266] Bereits beim Vormarsch im Juli 1941 fühlte er sich an die Vorläufer aus dem Mittelalter erinnert.[267] Die Assoziation mit der Ostsiedlung saß bei Habicht so tief, dass sie in den unwahrscheinlichsten Momenten ins Bewusstsein kam. Als seine Soldaten im Winter 1942 neue Anzüge mit »Kopfhauben« erhielten, die ihre Gesichter hervortreten ließen, erinnerten sie ihn »in Ausdruck und Haltung unwillkürlich an Ordensritter aus der Zeit der Kreuzzüge«: Er sah in ihnen »das ewige Gesicht des germanischen Kriegers, das unverändert durch die Jahrhunderte geht«.[268]

Habichts Sicht auf den Osten war keine Extravaganz eines Einzelnen, sondern beruhte auf einer langen gesellschaftlichen Tradition. Aus diesem Ideenvorrat stammte auch die Vorstellung von den Deutschen als Kulturbringer, die dem Raum im Osten eine Ordnung verleihen würden. Schon im Ersten Weltkrieg sprach man im Hinblick auf die besetzten Gebiete in »Oberost« in diesem Zusammenhang von »Kultur«, »Aufbau«, »Erschließung« und »Deutscher Arbeit«: Dieselbe Semantik setzte sich bis in den Zweiten Weltkrieg fort, nur mit dem Unterschied, dass von einer Zivilisierungsmission nun nicht mehr die Rede war.[269] Damit verbunden war die Vorstellung vom leeren Raum im Osten. Nach dieser fixen Idee lag das Land dort gewissermaßen brach und gehörte niemandem – die darin lebenden Völker deklarierte man als geschichtslos und gestaltungsunfähig.[270] Die Ideen von Aufbauarbeit und leerem Raum kehrten auch bei Habicht wieder, als er beim Vormarsch Anfang Juli 1941 durch eine Landschaft im damaligen Litauen kam:[271]

> »Im Westen war die Sonne feuerrot im Untergehen und spiegelte eine breite, blutrote Bahn in das tiefe Blau der Wasserfläche, grüne Wälder, hügelauf- und hügelabziehend dehnten sich an den Ufern, es war ein zauberhaft schönes Bild. Und doch wieder irgendwie bedrückend. Denn

> hier hätte man nun gerne helle Häuser mit roten Dächern aus dem Grün leuchten sehen mögen, einen spitzen Kirchtum ragen, weiße Segel auf dem blauen Wasser, fröhliche, lachende Menschen … Statt dessen lag über allem das Schweigen der Wildnis im Glas und konnte man weit entfernt hier und da eine der strohgedeckten, halbzerfallenen Elendskaten sehen, und das einzige Lebewesen ausser uns war ein dreckiges, abgerissenes Lumpenbündel, das uns wie ein halbwildes Tier glotzend anstarrte. Wildnis, Elend und Verkommenheit – und das in einem Land voll herrlichster Naturschönheit und fruchtbarsten Bodens. Warum nehmen *wir* uns das nicht mit dem Recht des Grösseren, Stärkeren, Tüchtigeren? Hier unsere Bauernsöhne, Arbeiter, Handwerker, unsere Intelligenz und Tatkraft angesetzt – und es würde ein Paradies an Schönheit und ein Goldland an Reichtum daraus werden. Mit welchem Recht beanspruchen diese Dreckvölker von Litauern, Letten, Esten und wie sie heissen diese Länder, aus denen sie doch niemals etwas zu machen verstehen werden, indes wir uns auf dürrster Sanderde herumquälen? Dieses Gesinde sollte froh sein, unter unsere Herrschaft zu kommen, es würde als Dienstvolk dann noch hundertmal besser leben wie bis dieses Jahr als ›Herren‹volk! – Herren – *dies* Pack und *Herren*volk!«

Habichts koloniales Denken speiste sich nicht nur aus dem deutschen Kolonialdiskurs, sondern auch aus transnationalen Traditionen, die den ganzen Atlantik umspannten. Dies zeigte sich vor allem an einer Denkfigur aus dem 19. Jahrhundert, die aus Nordamerika stammte, der einflussreiche *Frontier*-Mythos von Frederick Jackson Turner.[272] Turners These besagte, dass die Auseinandersetzung mit der Wildnis und das Leben an der Grenze die amerikanische Gesellschaft und ihre Werte entscheidend geprägt hätten. In der ersten Hälfte des 20. Jahrhunderts wurde der *Frontier*-Mythos von deutschen Intellektuellen weiter kultiviert und anverwandelt, auch in Bezug auf die Ostsiedlung. Der zentrale Gedanke lautete, dass das Leben an der Grenze zur Wildnis die Siedlergesellschaft vital, heroisch und dynamisch gemacht habe. Die Nationalsozialisten bezogen daraus den Glauben, dass ihr Siedlungsprojekt im Osten eine Gewähr dafür sei, dass die »Volksgemeinschaft« nie verweichlichen würde. Habicht vertrat diese Idee, als er im Herbst 1942 mit Kameraden darüber redete, wie der Krieg beendet werden könne:[273]

»Dieser Krieg wird so enden, wie noch stets die Kriege grosser Kulturvölker gegen Barbarenvölker, die sie – mit Recht oder Unrecht – als nicht vertragsfähig ansahen, geendet haben, d. h. das Kulturvolk wird die Barbaren auf eine seinen Sicherungsbedürfnissen entsprechende strategische Linie zurückdrängen, diese Linie – vgl. Chinesische Mauer, Limes, Khyberpass – durch ein Befestigungssystem schützen und von diesem aus darüber wachen, dass jenseits nichts entsteht, was ihm wieder gefährlich werden kann, bzw. jeden Ansatz dazu mit Gewalt im Keim ersticken. In unserem Fall besteht garkeine Schwierigkeit, zwischen unseren und den künftigen bolschewistischen Lebensraum eine 50–200 km breite Todeszone zu legen, aus der alle Menschen evakuiert, alle Strassen, Wege, Brücken und Bauten zerstört, alle Wässer gestaut und zu Überschwemmungen gebracht, alle dann noch verbleibenden Pässe vermint, alle Wälder umgelegt und zu undurchdringlichen Dickichten gemacht werden, und das von Astrachan bis Archangelsk. Wenn dann in dieser Zone schachbrettartig befestigte Militärstationen mit allem Komfort der Neuzeit angelegt, das Gebiet täglich durch Flugzeuge überwacht und jeder erschossen wird, der sich darin unbefugt bewegt, dann kann Europa beruhigt dahinter schlafen. In 10 Jahren wäre das eine undurchdringliche Wildnis, durch die nur noch die wenigen Militärstrassen führen. – Die Männer schnappen leicht nach Luft bei diesen Darlegungen, müssen dann aber zugeben, dass eine andere Lösung kaum denkbar erscheint. Die Zeiten friedlichen Garnisonsdienstes in behäbigen Kleinstädten des inneren Deutschlands wird es für die kommenden jungen Soldatengenerationen dann freilich kaum mehr geben. Sie werden unter kriegsmässigen Verhältnissen ihre Ausbildung erhalten und die jährlichen Manöver werden dann wohl solche mit scharfem Schuss sein und den Charakter von Expeditionen haben. Wie es einst die Römer hielten von Germanien bis Persien, und die Engländer heute noch an der indischen Nordgrenze. Ein Weltreich kann man eben mit den Mitteln bürgerlicher Ruhe und Bequemlichkeit weder schaffen noch erhalten. Weil die Herren Engländer das vergessen haben, verlieren sie jetzt das ihrige. So wie wir das unsere wieder verlieren würden – und dann mit Recht –, wenn kommende Generationen es sich wieder einmal sollten einfallen lassen zu glauben, es sei nun genug dieses ewigen Kampfes und man solle sich jetzt endlich einmal ein ruhiges und behagliches Leben gönnen.«

Viele Historiker nehmen die koloniale Rhetorik der Nationalsozialisten kaum ernst, weil sich vieles davon nicht in praktische Politik umsetzte.[274] Deshalb blieben solche Kolonialphantasien aber nicht folgenlos. Für die Zeitgenossen, die daran glaubten, waren sie ein Teil der imaginierten Zukunft, die so real erschien, dass sie schon in der Gegenwart in ihre persönliche Lebensplanung einging: Viele hofften bereits während des Krieges auf ein Stück von der kolonialen Beute. Diese Erwartungen waren sehr konkret. In Habichts Infanterieregiment redeten die Männer an der Front immer wieder davon, nach dem Krieg selbst im Osten zu siedeln. Habicht sah hierin sogar seine eigene Zukunft – als Herrscher über eine Provinz in den eroberten Gebieten. Darauf kam er schon im Sommer 1941 beim Betrachten der Landschaft während eines Ausritts mit einem Offizierskameraden zu sprechen:[275]

> »Wir halten die Pferde an, um dieses im Licht der Herbstsonne mit seinem gedämpften Farbenspiel von grün, grau, goldgelb violett und hundert Zwischentönen wundervoll friedliche, in seiner Weite und Unendlichkeit aber zugleich grossartige und erhabene Bild zu betrachten, und ich spreche aus – vor Wendel kann man das – was ich mir manchmal in diesen Wochen vor ähnlichen Bildern schon gedacht habe: Hier müsste man Herr sein über ein grosses Gebiet, und in dem einen eigenen Besitz haben, ein Feld- u. Waldgut von 5–10000 Morgen – aus diesem Gebiet dann etwas zu machen, auf sich selbst gestellt und mit Hilfe der grossartigen Arbeitskraft dieses bedürfnislosen Volkes, das wäre noch eine Lebensaufgabe, an der man Freude haben könnte! ... Wendel springt – der Romantiker und Naturschwärmer – gleich darauf ein und gerät ins Phantasieren: Die Wälder roden – Strassen bauen – Anschluss an die Bahn finden – eine Mustersiedlung deutscher Bauern – einen Herrenhof grossen Stils für sich selbst – und meint dann naiv: Werden Sie doch Generalgouverneur von Nord-Russland!«

Habicht erwiderte, ihm würde ein Gebiet von der Größe einer preußischen Provinz reichen, wobei er offenbar davon ausging, dass dies bescheiden wirkte – so tief saß sein Anspruchsdenken. Mit solchen Plänen war Habicht freilich nicht allein. Sogar der Regimentskommandeur hatte ähnliche Absichten. Als Habicht mit dem Oberstleutnant Gerhard Kegler beim Vormarsch im Herbst 1941 ein Stück zusammen ritt, hörte er das aus seinem Mund: »Er schwärmt fast von der Schönheit des Landes, von den Möglichkeiten, die in ihm liegen, und erzählt mir, dass er nach dem Krieg am Liebsten im Osten siedeln möchte.«[276] Das waren keine Hingespinste, die nur in der Euphorie der Anfangsphase des Krieges vorkamen. Auch nach fast zwei Jahren Krieg an der Ostfront schmiedeten die Offiziere und Soldaten weiterhin koloniale Zukunftspläne. Habicht meinte sogar, dass man durch den langen Einsatz an der Ostfront überhaupt erst die richtige Mentalität für das Siedlerleben entwickelt habe. Auch dieser Gedanke war unverkennbar vom *Frontier*-Mythos inspiriert: »Viele von uns werden wohl für ewig für die ›Stadt‹ verloren sein, und immer häufiger trifft man auf solche, die ernsthaft davon sprechen, dass sie nach dem Kriege siedeln wollen.«[277] Für die Offiziere, die diesen kolonialen Blick hatten, wirkte der Kriegseinsatz an der Ostfront wie eine Investition in die eigene Zukunft. Sie schauten daher mit anderen Augen auf das Land, um das sie kämpften – sie glaubten, dass ein Stück davon einmal ihnen gehören könnte.

Wer den Krieg in einem kolonialen Rahmen interpretierte, blickte entsprechend auf die einheimische Bevölkerung. Habicht sah in den Einheimischen zunächst nur Arbeitssklaven. Wie er in dem oben zitierten Gespräch bemerkte, war man auf die »Arbeitskraft« der Bevölkerung angewiesen, wenn man hier funktionierende Siedlungen aufbauen wollte. Nach den ersten Begegnungen mit dem »Volk« im Osten meinte Habicht verächtlich, dass »sein einziger Zukunftswert« darin liege, als »Dienstvolk« für die deutschen Siedler zu fungieren.[278] Interessanterweise äußerte sich Habichts rassistische Herablassung vor allem während der Anfangsphase des Krieges – die Bevölkerung, die er beim Vormarsch im Sommer 1941 antraf, war für ihn schlicht ein »wüster Rassenmischmasch«. Gleich ob es sich um Litauer, Letten oder Esten handelte, er sah in ihnen nur »Dreckvölker«.[279] Als er jedoch enger mit der Bevölkerung in Berührung kam, schien sich dies zu relativieren. Schon im Frühjahr 1942 begann er, seinen eigenen Überlegenheitsdünkel ein Stück weit zu hinterfragen:[280]

> »Wir sind sehr geneigt, vom hohen Ross unserer Kultur herab alles als minderwertiger anzusehen, sobald es nur *anders* ist als bei uns, und alles für umso vollkommener zu halten, je komplizierter es ist. Dann steht freilich der einfache, unkomplizierte und bedürfnislose russische

> Bauer – der garnichts mit einem Bolschewiken zu tun hat! – sehr tief, denn er hat weder elektrisches Licht noch Radio, kennt weder ein Fahrrad noch gar ein Auto, entbehrt kein Kino und kein Theater, vermutet den Rand der Welt hinter dem nächsten Dorf und lebt jahrein-jahraus in der gleichen Weise bis an sein seliges Ende. *Aber*: *Was* er hat und *wie* er lebt – das schafft er sich alles selber und ist darin von keinem abhängig, und wenn man es recht besieht, sind alle seine Einrichtungen bei aller Primitivität so kunstvoll und zweckmässig, wie auch die hochentwickeltste Technik sie nicht *besser* schaffen könnte, sondern nur komplizierter und mithin empfindlicher. Dafür ein paar Beispiele: Unsere Heizungstechniker sind stolz auf die Zentralheizung, Etagenheizung, den dazugehörigen Warmwasserboiler usw., aber da muss immer einer aufpassen, dass das Feuer nicht ausgeht, sonst ist's eben – aus! Der russische Bauer hat das mit seinem Zentralofen viel besser gelöst: Der kann ruhig ausgehen und spuckt dann doch noch stundenlang Hitze aus, und einen Warmwasserbehälter hat er auch. Weiter: Ein kluger Mann hat einst ein Patent bekommen auf einen ›automatischen Türschliesser‹, ein kompliziertes Gebilde mit Spannfedern usw., das hässlich aussieht, öfter geschmiert werden muss und nach einiger Zeit wegen Federlähmung dann doch nicht mehr funktioniert. Der russische Bauer erreicht dasselbe viel einfacher: Eine geringe Abweichung des Türrahmens von der Senkrechten nach innen bewirkt, dass die schwere Haus- u. Zimmertür immer wieder von selber zuklappt, sooft man sie auch öffnen mag. Usw. usw.«

An Habichts rassistischer Grundeinstellung änderten solche Überlegungen freilich wenig. Die Russen waren für ihn ein »Barbarenvolk«, und bei Unterhaltungen in Offizierskreisen diskutierte man darüber, ob sie von der Entwicklungsstufe her eher im Dreißigjährigen Krieg oder in der germanischen Vorzeit anzusiedeln seien – wobei bestimmte Aspekte ihrer Lebensweise auch »allgemein anerkannt« wurden.[281] Habicht sah weiterhin von oben auf sie herab, aber sein Blick veränderte sich und sein Ton wurde weniger verächtlich.

Mit den zunehmenden Kontakten wandelten sich die Sozialbeziehungen zwischen Besatzern und Einheimischen. Das war eine Folge des Kriegsverlaufs: Erst als der Bewegungskrieg aufhörte und sich die Einheiten in festen Stellungen mit definierten Rückräumen einrichteten, mussten die Beziehungen zur Zivilbevölkerung näher geregelt werden. Die Divisionen erließen hierfür Befehle, durch die der besetzte Raum neu geordnet wurde. Die 12. Infanteriedivision, zu der Habichts Infanterieregiment 27 gehörte, teilte ihr Gebiet in Sicherungsbereiche ein, die den drei Regimentern zugeordnet wurden. Innerhalb der Regimentsbereiche wurden überall Offiziere als Ortskommandanten bestimmt, die Maßnahmen zu treffen hatten, um die Kontrolle über die Bevölkerung zu gewährleisten, unter anderem durch Einsetzung von Dorfältesten, listenmäßige Erfassung der Einwohner sowie bei Zuwiderhandlungen durch Gewalt – die vorgeschlagenen Strafmaßnahmen reichten von der Beschlagnahme von Lebensmitteln über Festnahmen bis hin zu kollektiven Exekutionen.[282] Zu den Ortskommandanten, die im Bereich des Infanterieregiments 27 für das alles verantwortlich waren, gehörte im Frühjahr 1942 auch Habicht. Als er nach seiner Rückkehr an die Front zunächst nur das Kommando über die Stabskompanie erhielt, übernahm er die Funktion des Ortskommandanten quasi »im Nebenamt«.[283] Weil er im Rückraum des Regiments in Wesowo in einem bewohnten Ort untergebracht war, kam er aber ohnehin enger mit der Bevölkerung in Berührung, als er das wohl je erwartet hätte.

Bei Habichts Quartier in Wesowo handelte es sich um das Bauernhaus einer vierköpfigen Familie, zu der neben der siebzehnjährigen Tochter auch ein zweijähriges Kleinkind gehörte. Der Hauptraum des Hauses war nur durch dünne Bretterwände aufgeteilt, so dass man praktisch nebeneinander lebte – so wohnte ein radikaler Nationalsozialist für rund drei Monate mit einer russischen Familie unter einem Dach. Habichts Schilderungen vom Alltag im Haus sind überraschend. Es findet sich keine Spur mehr von seinen rassistischen Ausfällen aus der Anfangszeit des Feldzugs. Stattdessen beschrieb er das Zusammenleben als erstaunlich einvernehmlich. Als Habicht zum ersten Mal das Haus betrat, nickte er dem Hausherrn und seiner Frau »freundlich« zu und brachte mit einer kleinen Geste gleich alle zum »Strahlen«.[284] Er machte keine abschätzigen Bemerkungen über die Familie und beschrieb die Tochter des Hauses, Irina, sogar mit Sympathie. Bei manchen Dingen machte er auch kleine Konzessionen. Seitens der Familie registrierte Habicht dafür immer wieder große Dankbarkeit. Er betonte, wie er umsorgt wurde, und fühlte sich teilweise behandelt »wie ein heimkehrender Sohn«.[285] Als Habicht Anfang Juni 1942 das Quartier in Wesowo verließ, um sein neues Kommando an der Nordfront anzutreten, schilderte er die Abschiedsszene fast in familiären Begriffen:[286]

»Vor der Haustür steht ›Prinz‹, gesattelt zum letzten Ritt. Er schnobert leise, als ich zu ihm trete, und verdreht Augen und Hals nach dem Zucker in meiner Hand. Hinter mir folgt die ganze Familie. Die Matka hat mir noch 2 Eier in die Manteltasche gesteckt, Irina trägt meinen Wäschesack und der Iwan kommt mit der Mütze in der Hand hinterdrein und grinst. Das ›Kleine Tier‹ schläft ausnahmsweise mal zur richtigen Zeit. Mein Versuch, noch einmal Geld anzubringen, wird auch jetzt wieder entrüstet abgewehrt. ›Nje, nje‹ – nein, nein! Sie wollen nichts haben. Auch Irina nicht, trotz des Hinweises, dass sie in Deutschland doch was dafür kaufen könne. Sie sind von einer echten Herzlichkeit und Gastfreundschaft ohne jede Berechnung. Die Alte streichelt mir zum Abschied den Ärmel, der Iwan verbeugt sich immer wieder tief und Irina macht eine knicksende Verbeugung, als sie mir etwas scheu die Hand gibt, die sie vorher heftig an der Schürze abgewischt hat.«

Man darf sich von Habichts zur Schau getragener Gönnerhaftigkeit nicht täuschen lassen – dahinter steckte die Attitüde eines Kolonialherrn. Seine Selbstdarstellung als gütiger Besatzer entsprach dem Paternalismus, der zu den prägenden Herrschaftselementen im europäischen Kolonialismus zählte. Die paternalistische Herrschaft in den kolonialen Unterdrückungsregimen orientierte sich an traditionellen Familienstrukturen: hierarchisch, streng und strafend, aber auch gütig und beschützend. Kaum jemand hat das Wesen des Paternalismus so bestechend analysiert wie der Historiker Eugene D. Genovese in seinen einflussreichen Studien über die Sklavenhaltergesellschaft des nordamerikanischen Südens.[287] Sein Hauptargument ist, dass der Paternalismus auf einer gewissen gegenseitigen Anerkennung beruhte: Der Sklavenhalter erkannte seine Sklaven als Menschen an und bekannte sich zu seiner Verantwortung für sie. Im Gegenzug dankten die Sklaven ihren Herren für den Schutz und die Fürsorge mit Loyalität und Ergebenheit. Die Kehrseite war die Allgegenwart der Gewalt: Wer seinem Herrn nicht den geschuldeten Gehorsam erwies, musste Strafe gewärtigen.

Über die dunklen Seiten der Sklaverei sprachen die Sklavenhalter in ihren Tagebüchern und Briefen aber nicht gerne.[288] Die Sklaverei bezeichneten sie als die fortschrittlichste und christlichste aller Sozialordnungen, weil sie meinten, dass die Schwarzen darin viel besser aufgehoben seien als auf dem freien Arbeitsmarkt des Nordens. Laut Genovese trug die

Ideologie des Paternalismus tatsächlich ein Stück weit dazu bei, die Sklaverei moderater zu machen. In erster Linie schätzte er sie jedoch als eine Selbsttäuschung ein: Sie diente den Sklavenhaltern als Rechtfertigungsstrategie, um mit ihrem eigenen Unterdrückungsregime leben zu können. Sie wollten sich selbst nicht als grausame Tyrannen sehen, sondern als fürsorgliche, gütige Patriarchen, die von ihren Sklaven geliebt wurden. Wie Genovese bemerkte, kam den Sklavenhaltern daher nichts so entgegen wie die scheinbare Dankbarkeit und Zustimmung ihrer Sklaven.

Die Parallelen zum deutschen Besatzungsregime an der Ostfront des Zweiten Weltkriegs sind faszinierend. Auch Habicht erkannte die russische Bevölkerung in seiner Beschreibung als Menschen an, obwohl sie in der NS-Ideologie eigentlich als »Untermenschen« galten. Auch Habicht räumte implizit eine gewisse Verantwortung für die Zivilbevölkerung ein, indem er suggerierte, dass sie angemessen behandelt werde – und dass es ihr unter der deutschen Herrschaft viel besser ergehe als unter den Bolschewisten. Auch Habicht betonte ständig, dass die Bevölkerung dafür dankbar sei. Er stellte zwar klar, dass die Deutschen das Sagen hatten und Ungehorsam bestraft wurde, doch wie die Sklavenhalter in Virginia sprach er darüber nicht oft. Er sah sich und seine Kameraden nicht als Tyrannen.[289] Um diesen Verdacht von vornherein weit von sich zu weisen, erzählte Habicht immer wieder von den Sympathiebekundungen der Bevölkerung. Er fühlte sich offenbar gut dabei, wenn er die Bevölkerung selbst sagen lassen konnte, dass er ein »guter Kommandant« sei, so wie in der oben zitierten Szene.

Das alles war nicht unbedingt frei erfunden. Historische Studien über andere Truppen im Kessel von Demjansk sind zu dem Ergebnis gekommen, dass die Besatzungspolitik über weite Strecken vergleichsweise moderat war – und dass die Militärführung sich durchaus verantwortlich für den Schutz und die Ernährung der Bevölkerung fühlte.[290] Die Selbstdarstellung von Besatzern wie Habicht wich aber an dem Punkt meilenweit von der Realität ab, wo sie die Zweischneidigkeit des Paternalismus aus dem Bild herauskonstruierten, indem sie das scheinbare Auskommen mit der unterworfenen Bevölkerung ganz in den Vordergrund stellten und den gewaltsamen Charakter der Herrschaft weitgehend im Hintergrund verschwinden ließen. Wie krass diese Diskrepanzen waren, zeigt sich, wenn man die heutigen Erkenntnisse über die grausame Wirklichkeit der deutschen Besatzung einbezieht.

Eine besonders wertvolle und bis heute unterschätzte Quelle hierfür sind die Untersuchungsakten der sowjetischen Außerordentlichen Staatlichen Kommission (ASK), die schon während des Zweiten Weltkriegs systematische Ermittlungen über die deutschen Besatzungsverbrechen aufnahm. In dieser Studie werden die Erkenntnisse der sowjetischen Ermittler erstmals auf der Mikroebene eines deutschen Regiments mit der Perspektive der Täter konfrontiert. An der Authentizität dieser Berichte besteht kaum ein Zweifel, obwohl sie von Historikern lange als sowjetisches Propagandaunternehmen betrachtet wurden.[291] Mittlerweile wird die Zuverlässigkeit der ASK-Unterlagen in der Geschichtsforschung jedoch differenzierter beurteilt.[292] Vieles spricht dafür, dass die Akten erst auf den höheren Ebenen manipuliert wurden, während die Informationen in den lokalen Berichten noch weitgehend ungefiltert waren.[293] Von dieser unteren Ebene stammen auch die hier verwendeten Materialien.[294] Sie wurden von den Ermittlungskommissionen des Kreises Demjansk sowie der Landratsgemeinden auf der niedrigsten Verwaltungsebene erarbeitet. Ihre Angaben über die festgestellten Gewalttaten waren so detailliert, dass die Opfer der deutschen Verbrechen jeweils mit vollem Namen, Geburtsjahr und Wohnort verzeichnet wurden.[295]

Dass die ASK-Berichte übertriebene Angaben über die Opferzahlen machten, bestätigt sich im Falle des Kreises Demjansk nicht. Das zeigt eine Stichprobe in einem konkreten Einzelfall, der sich wegen einer besonders günstigen Datenlage für eine exemplarische Überprüfung der ASK-Zahlen anbietet. Der Fall war tragisch und zeugte von der großen Brutalität der deutschen Besatzer. Am 13. Dezember 1941 ordnete der Befehlshaber des II. Armeekorps wegen eines Partisanenüberfalls eine Vergeltungsaktion gegen alle Dörfer in einem Umkreis von fünfzehn Kilometern um den Tatort an. Die Strafexpedition brannte zehn namentlich genannte Dörfer nieder und exekutierte insgesamt fünfundachtzig männliche Zivilisten.[296] Dieses grausame Verbrechen wurde auch in den sowjetischen Nachkriegsermittlungen dokumentiert. In den ASK-Berichten der betroffenen Landratsgemeinden finden sich Einträge zu sieben der zehn heimgesuchten Dörfer. Sie verzeichneten insgesamt vierundvierzig Erschießungsopfer – also nur etwa halb so viele Tote wie in dem Bericht des verantwortlichen Offiziers angegeben waren.[297] Der Fall zeigt, dass die ermittelten Opferzahlen der lokalen ASK-Kommissionen eher als Mindestzahlen anzusehen sind und nicht als Phantasiezahlen.

Die im Folgenden vorgestellten Befunde fassen die erhaltenen ASK-Ermittlungen aus allen Verwaltungsterritorien zusammen, auf die sich der Kessel von Demjansk erstreckte – damit liegt eine umfassende Datengrundlage über die Bilanz der deutschen Besatzungsherrschaft auf diesem Kriegsschauplatz vor.[298] Die lange Liste der deutschen Verbrechen, die sich in diesem Gebiet ereigneten, beginnt mit den tödlichen Repressalien, für die das Ostheer durch den sogenannten Kriegsgerichtsbarkeitserlass einen Freibrief besaß.

Repressalien

An der Ostfront erschossen und erhängten deutsche Einheiten mehrere Hunderttausend Zivilisten. Auch im Kessel von Demjansk kamen Exekutionen von sowjetischen Einwohnern viel häufiger vor, als es Habicht suggerierte. Einerseits machte Habicht keinen Hehl daraus, dass er Repressalien für vollkommen legitim hielt, wenn sich die Zivilbevölkerung nicht den Befehlen der Besatzer beugte. Wie er in seinem oben zitierten Tagebucheintrag vom August 1941 festhielt, war man in seiner Einheit mit Erschießungen schnell bei der Hand. Trotzdem ging er in seinem Tagebuch kaum noch darauf ein. Für die gesamte weitere Zeit erwähnte er nur eine einzige Exekution eines Zivilisten. Als er Anfang März 1942 als Ortskommandant in dem kleinen Dorf Wesowo eintraf und sich vom Dorfältesten die Einwohnerliste vorlegen ließ, fand er »hinter dem Namen ›Petrow, Andre, geb. 12.12.22‹ einen Tintenstiftvermerk: ›Am 12.12.41 gehängt!‹«[299] Der junge Mann war »als Partisane« exekutiert worden, wie Habicht dem Eintrag entnahm. Selbst in einem Dorf von der Größe Wesowos, das nur aus fünfzehn Häusern bestand, kam es also zu solchen Gewalttaten.

Die Repressalien hatten gleich nach dem Eintreffen der 12. Infanteriedivision in diesem Gebiet begonnen. Das offizielle Kriegstagebuch der Division hielt im Dezember 1941 fest: »Fast täglich werden im Raum der Div. Partisanen oder partisanenfreundliche Dorfbewohner erschossen oder aufgehängt.«[300] Während der Zeit von der Ankunft der Division im Raum um Demjansk bis Mitte Dezember 1941 registrierte der Divisionsstab insgesamt dreiundsechzig Exekutionen von Zivilisten, die als »Partisanen und Agenten erledigt« worden waren.[301] Die Dunkelziffer war wahrscheinlich noch höher, denn kaum ein Divisionsstab an der Ostfront war über den vollen Umfang der Erschießungen in den weitläufigen Frontabschnitten ganz im Bilde.[302]

Als sich die Front im Frühjahr 1942 stabilisierte und die Lage im Kessel beruhigte, gingen die Exekutionen tendenziell zurück – sie hörten aber nie auf. Erschießungen und Erhängungen gehörten während der gesamten Besatzungszeit zur grausamen Realität im Kessel von Demjansk. Das bezeugen die Untersuchungsergebnisse der ASK. So fasste die Kommission im April 1945 ihre Erkenntnisse über die deutschen Repressalien zusammen, die in den siebzehn Monaten der Besatzungsherrschaft im Kreis Demjansk vorgekommen waren: »Insgesamt wurden während der deutschen Besatzungszeit in den 20 Landsowjets des Kreises Demjansk von den deutsch-faschistischen Henkern 326 unschuldige Zivilpersonen erhängt oder erschossen.«[303] Viele der Opfer konnten von der Kommission namentlich identifiziert werden. Die Beispiele von den Exekutionen, die im Ermittlungsbericht aufgeführt wurden, vermitteln einen schaurigen Eindruck von der willkürlichen Gewaltherrschaft der Deutschen in und um Demjansk:

> »Im November 1942 wurde im Dorf Ikandowo Morozowa Natalija Petrowna – Alter 30 Jahre – gehenkt, nur deshalb, weil sie angeblich versucht hatte, die Front in Richtung der Roten Armee zu überschreiten. Ihre Leiche hing drei Tage lang am Strang.
>
> Im Januar 1942 wurde im Dorf Kamnik der 16 Jahre alte Einwohner Krylow Michail Semenowitsch gehängt, weil er durch unachtsamen Umgang mit Feuer eine Vorratskammer in Brand steckte. (…)
>
> Im Juli 1942 erschossen die Deutschen auf Befehl des Oberleutnants Hopman den 70jährigen Alexandrow, Iwan Alexandrowitsch aus dem Dorf Dobrosili, weil er früh um sechs zum Fluss ging, um zu fischen. Weil sie ohne Erlaubnis der Kommandantur von einem Dorf ins andere gingen, wurden erschossen: Danilowa, Fekla Dmitrjewna aus dem Dorf Dobrosili, geb. 1885, Dmitrjewna, Ekaterina Dmitrjewna aus dem Dorf Ladomiri – 50 Jahre und der taubstumme Prokowjew, Nikolaj Prokowjewitsch aus dem Dorf Shirkowo. (…)
>
> Im Dorf Peski hängten die deutschen Ungeheuer am 17. Februar 1943 Ilina Alexandra Maximowna, geb. 1908 und ihre Tochter Ilina Maria Egorowna, geb. 1931 deshalb auf, weil bei dem deutschen Soldaten, der in ihrem Haus wohnte, Sachen abhandengekommen waren.«

Das waren die Repressalien, die sich im Kerngebiet des Kessels ereigneten, im Kreis Demjansk – das ganze Ausmaß der Gewalt war aber noch größer. Zusammen mit den vier angrenzenden Kreisen zählten die sowjetischen Ermittler insgesamt 664 Exekutionen, die im Kessel und seinem Umkreis stattfanden.[304] Die Größenordnung dieser Gewalttaten ist allerdings schwer einzuschätzen, da die Gesamtzahl der Bevölkerung im Kessel nicht genau bekannt ist. Nach Angaben aus der Nachkriegszeit lebten rund neuntausend Menschen unter der deutschen Besatzung.[305] Nach den Angaben der ASK betrug die Zahl der Deportierten aus dem Kreis Demjansk und den angrenzenden Kreisen allerdings über zwanzigtausend.

Die Gewalttaten erstreckten sich auf den gesamten Kessel – einschließlich der Gebiete, in denen Habicht mit seiner Einheit eingesetzt war. In den ASK-Berichten der einzelnen Landsowjets des besetzten Gebietes lässt sich feststellen, wie viele Todesopfer im engeren Umkreis von Habichts Wirkungsbereich registriert wurden – näher kommt man an die Besatzungsherrschaft eines deutschen Regiments nicht heran. Im Landsowjet Tarasowskij an der Südfront des Kessels, zu dem das Dorf Wesowo gehörte, in dem sich Habicht von März bis Juni 1942 aufhielt, stellten die Ermittler fest, dass während der Besatzungszeit insgesamt »40 Zivilpersonen erschossen oder erhängt« wurden.[306] Im Landsowjet Klewitscheskij, der an der Nordfront des Kessels lag, wo Habicht von Juni bis Dezember 1942 ein Bataillon befehligte, zählten die Ermittler 14 Exekutionen.[307] Einige dieser Gewalttaten ereigneten sich in der Ortschaft Danilowo, wo der Divisionsstab lag und wo auch Habicht verkehrte. Die 1918 geborene Einwohnerin Materna F. Wasiljewna schilderte der Kommission die deutsche Schreckensherrschaft in ihrem Dorf:[308]

> »Im September 1941 wurde das Dorf Danilowo von den deutschen Truppen besetzt. Seit den ersten Tagen der Besatzung verübten die deutschen Banditen Gewalttaten gegenüber der örtlichen Bevölkerung. Sie nahmen der Bevölkerung unter Androhung von Waffengewalt deren Brot, Kartoffeln und andere Lebensmittel weg und lieferten sie so einem unerträglichen Hunger aus, in dessen Ergebnis im Frühjahr 1942 in unserem Dorf folgende Einwohner an Hunger starben: Nikolajewa, Agrippina, geb. 1886, Erschowa, Ekaterina, geb. 1891, Afansejewa Materna, geb. 1889, Erschowa, Soja, geb. 1932, Erschow, Nikolaj, geb. 1936

> und Jakow, Jurij, geb. 1931. Außerdem erschossen die deutschen Banditen folgende Bewohner unseres Dorfes: Im Mai 1942 Stepanow, Alexander Stepanowitsch, geb. 1887, Isakow, Petr Isakowitsch, geb. 1898, weil sie sich nicht den Befehlen der Besatzungsmacht beugten. Etwa zur selben Zeit wurden in unserem Dorf auch Zajzew, Iwan Alexandrowitsch, geb. 1920, Skotin, Alexej Pawlowitsch, geb. 1920 sowie Nikolaewa, Mawra Andrejewna, geb. 1888 erschossen, nur dafür, dass sie angeblich das Päckchen eines deutschen Soldaten entwendet haben sollten. Für die kleinsten Übertretungen der Besatzungsordnung peitschten die deutschen Henker die Zivilbevölkerung aus. So wurden am 2. Februar 1942 Isakowa Anastasia, Isakowa Tatjana, Krjutschkowa Nina, Krjutschkowa Walentina und Iwanowa Anastasia deswegen ausgepeitscht, weil sie fünf Minuten zu spät zur Arbeit kamen. Der deutsche Henker Paul, ein Angehöriger der SS, ließ sie sich in einer Reihe aufstellen und führte sie zur Seite. Dort versammelten sich dann deutsche Offiziere mit ihren Fotoapparaten. Der faschistische Henker Paul schlug die Frauen mit der Peitsche auf den Rücken, während die deutschen Offiziere diese Bilder mit ihren Kameras festhielten.«

Die ASK-Berichte gewähren tiefe Einblicke in das deutsche Gewaltregime an der Ostfront. Sie zeigen, dass sich niemand in den besetzten Gebieten seines Lebens sicher sein konnte, zumal schon kleine Vergehen von den Besatzern mit der Todesstrafe geahndet wurden. Zudem töteten die Deutschen oft schon auf bloßen Verdacht, vor allem dort, wo sie Aktivitäten von Partisanen vermuteten. Auch die Familie in Wesowo, bei der Habicht im März 1942 einzog, konnte kaum die Erhängung des jungen Andre Petrow vergessen haben, die nur drei Monate her war – zumal die deutschen Truppen angewiesen waren, solche Exekutionen zur Abschreckung immer direkt in den Ortschaften vor den Augen der Bevölkerung zu vollziehen. Die sowjetische Zivilbevölkerung lebte in ständiger Angst. In Habichts Tagebuch ist davon jedoch nichts zu spüren.

Misshandlungen

Die Gewalt beschränkte sich nicht nur auf tödliche Repressalien, sondern kam auch in anderen Formen vor, die sogar noch alltäglicher waren. Wie die oben zitierte Augenzeugin aus Danilowo berichtete, wurden die Einheimischen von den deutschen Besatzern auch geprügelt, misshandelt und gedemütigt. Im Kreis Demjansk ermittelte die ASK insgesamt 547 Fälle, in denen Zivilisten bei Verhören oder zur Bestrafung geprügelt oder sogar ausgepeitscht wurden; manche von ihnen wurden auch eingesperrt oder an Bäume gebunden. Im Landsowjet Tarasowskij an der Südfront des Kessels ermittelte die Kommission insgesamt 59 Zivilisten, die während der deutschen Besatzung »auf verschiedene Art und Weise misshandelt oder gefoltert« wurden. Im Landsowjet Klewitscheskij an der Nordfront zählte die Kommission 13 Fälle. Auch Habicht ließ seinen einheimischen Arbeitskräften schon einmal »durch den Dolmetscher Prügel ankündigen«, wenn sie sich in seinen Augen nicht richtig verhielten, und sei es nur bei der Behandlung von Pferden.[309] Als paternalistischer Besatzer sah Habicht solche Bestrafungen als sein Recht an. Dass Prügelstrafen öfter vorkamen oder sogar nach kolonialer Art mit Peitschenhieben ausgeführt wurden, erwähnte er allerdings nicht. In Habichts verklärtem Bild von der Ostfront wurde niemand misshandelt.

Sexuelle Gewalt

Sexuelle Übergriffe und Vergewaltigungen gehören zu den am wenigsten dokumentierten Gewalttaten an der Ostfront, obwohl sie zweifellos massenhaft vorkamen. Auch die ASK erwähnte Fälle von Vergewaltigungen und offensichtlich sexualisierter Gewalt, aber das wiederum nur sehr sporadisch. So berichtete die Kommission aus dem Dorf Borowitschi, dass beim Rückzug aus dem Kessel im Februar 1943 drei deutsche Soldaten »in das Haus der 70jährigen Iwanowna, Natalija« eindrangen, die dort mit ihrer Nichte lebte: Sie warfen die Frau aus dem Haus und »vergewaltigten dann die 16jährige Maria Iwanowna«. Das war jedoch der einzige derartige Fall, den die ASK dokumentierte. In der Geschichtsschreibung geht man davon aus, dass sexuelle Gewalt zum Alltag der Besatzungsherrschaft gehörte. Selbst Habicht redete um das Thema nicht herum, sondern räumte ein, dass die Gefahr von sexuellen Übergriffen sehr real war. Die These, dass die deutsche Militärführung ihre Soldaten dabei gewähren ließ, weil man sexuelle Gewalt als förderlich für die »Virilität« der Männer ansah, bestätigt sich aber nicht.[310] Die meisten Generäle hielten Vergewaltigungen für alles andere als wünschenswert – und das nicht aus Mitleid mit den Opfern, sondern in erster Linie aus Sorge um die Disziplin und die Gesundheit der Truppen.[311]

Vor Ort führte sich Habicht in typisch paternalistischer Manier als Beschützer der weiblichen Bevölkerung auf. Wiederholt beschrieb er, wie er sexuelle Kontakte zwischen den Soldaten und den einheimischen Frauen zu unterbinden versuchte. Wo weibliche Arbeitskräfte untergebracht waren, ließ er Verbotsschilder anbringen, die allen Soldaten das Betreten der Häuser bei Strafe untersagten.[312] Wie er ausdrücklich betonte, drohte er seinen Soldaten »sehr eindeutige Folgen an für den Fall, dass sie ihnen zu nahe treten sollten«.[313] Gleichzeitig räumte er freilich ein, dass sich die Kontakte letztlich nicht verhindern ließen: »Anbinden kann ich das Volk freilich nicht, und was ausserhalb des Hauses geschieht, wird der Herr Ortskommandant wohl in den wenigsten Fällen erfahren.«[314] Ein Streifendienst, wie ihn der erste Regimentskommandeur schon im Sommer 1941 zur Verhinderung von Übergriffen aller Art zeitweise eingerichtet hatte, erschien ihm bei der Größe der Gebiete zwecklos.[315] Letztlich war es also mit dem Schutz in Wirklichkeit nicht weit her. Die sexuellen Kontakte waren für Habicht ein unvermeidliches Übel, das auf seiner Prioritätenliste allerdings nicht sehr weit oben stand, zumal er ohnehin so tat, als ob dabei keine Gewalt im Spiel sei.

Zwangsarbeit

In allen Frontabschnitten zwangen die Besatzer die Bevölkerung unmittelbar nach ihrer Ankunft zu allen denkbaren Arbeiten, vom Wäschewaschen über Straßenausbesserungen bis hin zum Stellungsbau direkt an der Front – insbesondere diese letzte Form der Zwangsarbeit war eindeutig völkerrechtswidrig. Das Oberkommando des Heeres verkündete im Februar 1943 eine allgemeine Arbeitspflicht für die Einheimischen – das Beispiel von Habichts Regiment unterstreicht aber, dass dies von Anfang an faktisch Realität war.[316] Für die Fronttruppen der Wehrmacht waren die Einheimischen unentbehrliche Arbeitskräfte, und weil sie die russische Bevölkerung als rechtlos ansahen, verfügten die Deutschen uneingeschränkt über sie. Die Zwangsarbeit nahm die Bevölkerung bis zur Erschöpfung in Anspruch. Sie bestand aus einer ganztägigen Arbeitspflicht, und die aufgetragenen Arbeiten waren oft schwer. Der Untersuchungsbericht des Landsowjets Tarasowskij an der Südfront des Kessels sprach von einem System der Sklavenarbeit:

> »Die deutsch-faschistischen Banditen errichteten auf dem Territorium des Landsowjets Tarasowskij ein System der Sklavenarbeit und setzten die Bevölkerung für schwere Arbeiten, den Bau von Verteidigungsstellungen in der vordersten Frontlinie, für den Straßenbau sowie den Holzschlag ein. Als Arbeitstag war die Zeit zwischen 06.00 Uhr morgens und 10.00 Uhr abends festgelegt. Pro Arbeitstag wurden 200 gr. Brot ausgegeben, das man bei der Bevölkerung beschlagnahmt hatte. Vor Hunger konnten die Leute nicht arbeiten, sie wurden geschlagen und verschiedenen Folterungen ausgesetzt.«

Für Habicht war es selbstverständlich, dass die Deutschen als Besatzungsmacht auf die Arbeitskraft der Einheimischen zurückgriffen. An der Front spannte man nicht nur die ortsansässige Bevölkerung ein, man konnte auch »Zivilrussen« wie ein Gebrauchsgut von anderen Stellen als Arbeitskontingente anfordern.[317] Das Fotoalbum von Habichts Regimentskameraden Heinz-Georg Lemm zeigt, wie Zivilisten unter deutscher Bewachung schwere Bauarbeiten an Bunkern verrichteten oder im Winter die Straßen von Schnee räumten, und das »Tag und Nacht«.[318] Von der Härte dieses Arbeitsregimes ist in Habichts Tagebuch freilich nichts zu spüren. Die jugendlichen Mädchen beispielsweise, die Habicht im Sommer 1942 als »Waschweiber« bei seiner Einheit an der Nordfront des Kessels verwendete, gingen nach seiner Darstellung »lachend und schwatzend« an die Arbeit.[319] Mit ihrer Behandlung schienen sie zufrieden zu sein und dankten Habicht auch die kleinen Zugeständnisse, die er ihnen machte. Wie die Plantagenbesitzer in Virginia inszenierte sich Habicht nicht als Sklaventreiber, sondern als fürsorglicher Beschützer:[320]

> »Lohn kriegen sie keinen – wollen ihn auch nicht –, werden aber voll verpflegt, was ihnen auch viel lieber ist. Als ich weggehen will, kommen sie mit einer Bitte: Ob sie über Sonntag nachhause gehen dürften? (Sie sind aus Danilowo.) Sie freuen sich sehr, als ich ihnen grundsätzlich von Samstags 17.$^{\underline{00}}$ bis Sonntags 20.$^{\underline{00}}$ Urlaub zubillige. Mir ist das sogar selber sehr lieb, damit meine wochenendfeiernden Trunkenbolde in dieser Zeit nicht auf dumme Gedanken verfallen.«

Hunger

Die Ausplünderung der besetzten Gebiete gehörte von Anfang an zum deutschen Kolonisierungsprogramm, und die Folgen ließen nicht auf sich warten. Das Armeeoberkommando 16, dem Habichts Division unterstand, sah schon im Juli 1941 das »Gespenst des Hungers« kommen.[321] Zwar bestanden viele der militärischen Kommandobehörden vor Ort auf einer notdürftigen Ernährung der Bevölkerung, doch die Politik der Zentralstellen und die Verschärfung der Gesamtlage führten schon im Herbst und Winter 1941/42 in manchen Regionen zu einem ersten Massensterben unter der einheimischen Bevölkerung, das sich im Winter 1942/43 in ähnlicher Form wiederholte. Das Gebiet um Demjansk gehörte nicht zu den am stärksten betroffenen Regionen, doch auch hier litten und starben die Einheimischen an Hunger. Die schreckliche Bilanz der deutschen Besatzung waren viele Hunderte von Hungertoten. Allein achthundert Todesopfer zählten die ASK-Ermittler im Kerngebiet des Kessels im Kreis Demjansk. Hinzu kamen die Opfer in den angrenzenden Kreisen: Im Kreis Polawskij etwa verhungerten über fünfhundert Menschen.[322]

Der Hunger war allgegenwärtig, selbst die Besatzer waren davon betroffen. Vor allem in der intensiven Kampfphase von Januar bis März 1942, als die Rote Armee den Ring um die Deutschen in Demjansk schloss, wurden die Lebensmittel auch für die Wehrmacht knapp – die deutschen Kommandobehörden kürzten sogar die Rationen der eigenen Soldaten.[323] Umso schlechter waren die Lebensbedingungen der Zivilbevölkerung, und das auch in den Dörfern in der Nähe von Habichts Einheit. Im Landsowjet Klewitscheskij an der Nordfront des Kessels verhungerten während der Besatzung neunundzwanzig Menschen, wie die ASK feststellte. Im Landsowjet Tarasowskij an der Südfront des Kessels zählten die Ermittler insgesamt zwölf Hungertote. In der Geschichtsforschung werden Hunger und Ernährung als dominierende Momente der Besatzung gesehen – kaum etwas prägte das Leben der Bevölkerung so fühlbar wie der tägliche Kampf ums Essen.[324]

Der von den Besatzern verursachte Hunger führte innerhalb der Bevölkerung zu neuen Konflikten und Trennungslinien. Das zeigte sich besonders dramatisch am Schicksal der Flüchtlinge, die aus evakuierten und zerstörten Dörfern der Gefechtszone ins Innere des Kessels abgeschoben wurden. So erging es unter anderem der Bevölkerung der Ortschaft Molwotizy, die an der Südfront des Kessels vor dem Dorf Bel lag und Anfang März 1942 von der Wehrmacht aufgegeben werden musste. Als die evakuierten Einwohner in den Dörfern des Hinterlands ankamen, entstand angesichts der knappen Lebensmittel ein Verteilungsproblem zwischen der ansässigen Bevölkerung und den hilfsbedürftigen Neuankömmlingen. Deutsche Kommandobehörden mussten intervenieren, damit die Flüchtlinge überhaupt Lebensmittel erhielten – das zeigen offizielle Wehrmachtsakten aus dem Kessel.[325] Wie prekär ihre Lage war, bestätigen die ASK-Akten aus Demjansk. In zwei Dörfern des Kreises handelte es sich bei allen Hungertoten um Flüchtlinge, wie der Ermittlungsbericht vermerkte: »Im Frühjahr 1942 starben im Dorf Nowinka 23 Bürger an Hunger, die zuvor von den Deutschen aus der unmittelbaren Kampfzone im Kreis Lytschkowskij evakuiert worden waren. Im Dorf Kowry starben im Frühjahr 1942 insgesamt 40 Zivilpersonen den Hungertod, die Deutschen hatten sie zuvor aus den Dörfern des besetzten Gebietes evakuiert.« Auch Theodor Habicht wurde Zeuge dieser Konflikte. In seinem Tagebuch notierte er Anfang April 1942:[326]

> »So ist auch die Haltung der hiesigen in durchaus guten Ernährungsverhältnissen lebenden Bauern gegenüber ihren oft hungernden, als Flüchtlinge durchziehenden Landsleuten aus dem geräumten Gebiet offen feindselig. Sie werfen bettelnde Frauen und Kinder mitleidlos hinaus und protestieren keifend und schnatternd, wenn sie von uns gezwungen werden, denen ein paar Kartoffeln und etwas Brot abzugeben, während sie uns dutzendweise Eier und sackweise Mehl oder Kartoffeln anbieten für Tabak oder Schnaps.«

Erneut inszenierte sich Habicht als paternalistischer Beschützer, der seine Autorität einsetzte, um für eine gerechte Verteilung der Lebensmittel zu sorgen. Noch frappierender ist allerdings etwas anderes: Dies war das einzige Mal, dass Habicht überhaupt hungernde Zivilisten in seinem Tagebuch erwähnte. Hunger passte nicht ins Bild von der fürsorglichen Besatzung. Während des Feldzugs im Sommer 1941 hatte Habicht zwar nicht verhehlt, dass seine Requirierungskommandos der Bevölkerung rücksichtslos alle Lebensmittel raubten, die sie finden konnten – dabei fühlte er sich an die »heuschreckengleichen Folgen des Durchziehens von Kriegshaufen« erinnert, wie er sie aus Büchern kannte.[327] Doch das gehörte für ihn zur Normalität eines Bewegungskriegs. In den darauffolgenden Kriegsjahren, in denen der Hunger in den besetzten Gebieten noch viel dramatischer wurde als schon im Sommer 1941, war von der Not der Bevölkerung keine Rede mehr bei ihm, im Gegenteil. Wie in der oben zitierten Passage behauptete er, dass die Landbevölkerung in »guten Ernährungsverhältnissen« lebte – obwohl sogar die offiziellen deutschen Militärakten das Gegenteil feststellten. Habicht aber ließ sich von einem Einwohner an der Südfront des Kessels bestätigen, dass er ein gütiger Besatzer war:[328]

> »Wir hatten geglaubt, man sei sehr böse auf uns, weil wir – zwangsläufig – den Bauern Korn, Kartoffeln, Vieh usw. abnehmen müssten ... *Irrtum!* Sie haben trotzdem mehr als je zuvor, denn die Bolschi's haben ihnen ja immer überhaupt nichts gelassen, sodass es ihnen jetzt geradezu glänzend geht. Ob er wünsche, dass die Bolschi's wiederkämen? Entsetzt hebt er beide Hände: ›Nje-nje!‹ Nein-nein!«

Kriegsgefangene

Das Massensterben der sowjetischen Kriegsgefangenen war das mit Abstand größte Verbrechen der Wehrmacht im Zweiten Weltkrieg: Von etwa 5,7 Millionen sowjetischen Kriegsgefangenen kamen nach der geläufigsten Schätzung rund drei Millionen um – und das im Gewahrsam des Heeres. Ein Teil starb auf Todesmärschen oder durch Exekutionen, doch die meisten starben qualvoll an Seuchen und Hunger in den deutschen Lagern.[329] Solche Höllen auf Erden gab es auch im Kessel von Demjansk. Die Ermittler der ASK identifizierten nach dem Abzug der Deutschen eine ganze Reihe von größeren und kleineren Gefangenenlagern in und um Demjansk – und entdeckten auch die Massengräber, in denen die Deutschen Zigtausende Leichen verscharrt hatten. Das größte Lager befand sich im Stadtgebiet von Demjansk selbst. Die Ermittler stellten fest:

> »Am 13. September 1941 errichteten die Deutschen auf dem Gelände eines Getreideabgabepunktes, der 200 Meter von Demjansk entfernt lag, ein Konzentrationslager, das mit drei Reihen Stacheldraht umgeben war.

Im Herbst 1941 waren die Kriegsgefangenen dort unter freiem Himmel untergebracht, danach in Erdbunkern ohne Türen und Öfen. Die Winteruniformen, Filzstiefel, warmen Mützen sowie die Unterwäsche nahmen die Deutschen den Kriegsgefangenen ab und statt der Filzstiefel gaben sie abgerissene Schuhe heraus. Die Verpflegung bestand aus 50–100 Gramm Brot sowie einer Kelle dünner Suppe, die aus Gemüseabfällen und dem Fleisch verendeter Pferde zubereitet worden war, manchmal wurde selbst diese Suppe nicht ausgegeben. Die Kriegsgefangenen wurden aus Futtertrögen verpflegt. Systematisch schlug man sie. Schwache und Kranke, die sich nicht mehr bewegen konnten, erschossen der Kommandant des Lagers, Unteroffizier Schmidt, und sein Übersetzer Wosner, vor den Augen der anderen Kriegsgefangenen. Täglich verstarben im Lager 30–40 Personen. Nach der Befreiung der Stadt Demjansk durch die Truppen der Nord-West-Front wurden in der Nähe des Lagers 27 Gräben entdeckt, in denen man die Leichen von zehntausenden Kriegsgefangenen vergraben hatte. Eine Mediziner-Kommission, die am 16. Mai 1943 einen der Gräben öffnete, entdeckte eingeschlagene Schädel, Spuren von Blutungen und andere Zeichen von Gewaltanwendung. Die deutsch-faschistischen Eroberer erschossen in Demjansk 22680 Kriegsgefangene der Roten Armee oder brachten diese auf andere Weise zu Tode.«

Außerhalb von Demjansk bestanden weitere, kleinere Lager, in denen ähnlich katastrophale Zustände herrschten. Die Gesamtzahl der Todesopfer, die in den Lagern im Kessel von Demjansk umkamen, schätzte die ASK auf mehr als einhunderttausend Tote, wobei man offenbar die Zahl der Leichen aus den teilweise geöffneten Massengräbern hochrechnete. Nach heutigen Erkenntnissen erscheint diese Zahl freilich wenig realistisch, wenn man davon ausgeht, dass weniger als eine Million der Todesopfer auf das gesamte Operationsgebiet entfiel. Gleichwohl: Es kann kaum ein Zweifel bestehen, dass die Zahl der Todesopfer in die Zehntausende ging.

Was in den Kriegsgefangenenlagern passierte, konnte kaum jemandem im Kessel entgehen. Auch die Zivilbevölkerung wusste von den Zuständen in den Lagern. Die Zeugenberichte in den ASK-Akten zeigen, dass viele das Grauen mit eigenen Augen sahen, zumal manche versuchten, den Gefangenen Lebensmittel zukommen zu lassen. Den deutschen Truppen im Kessel waren die Lager ebenfalls bekannt. Im Erinnerungsalbum von Habichts Regimentskamerad Heinz-Georg Lemm sind Fotos aus einem der Lager eingeklebt – bezeichnenderweise aber nur aus der Zeit vor dem Einsetzen des Massensterbens. Die Lager waren nicht etwa versteckt und unauffindbar, sondern verteilten sich auf den ganzen Kessel – wer im besetzten Gebiet umherfuhr, kam früher oder später an einem vorbei. Einschließlich der kleineren Arbeitskommandos zählte allein die ASK des Kreises Demjansk »dutzende Lager« im Gebiet des Kessels.

Wie die Skizzen in den Unterlagen der ASK zeigen, befanden sich die Lager oft an Straßen oder im Umkreis von Ortschaften. Die Gerichtsmediziner der ASK öffneten Massengräber »bei Demjansk, dem Dorf Olzi, dem Dorf Podsosnoe, dem Dorf Schumilowo, dem Dorf Mamaewo, dem Dorf Jamnik, dem Dorf Staryj Brod, dem Dorf Kamenka, dem Dorf Kriwaja Tschasowija und dem Dorf Wjazownja«.[330] In dem Massengrab, das die Ermittler im Dorf Wjazownja fanden, belief sich die geschätzte Anzahl der Leichen auf 4500. Das Dorf Wjazownja lag übrigens nur zwei Orte von Habichts Quartiersort in Wesowo entfernt, das Massensterben vollzog sich also direkt in Habichts Umgebung. Habicht ritt Ende März 1942 nach Wjazownja, weil dort noch »Gerät der Kompanie« eingelagert war.[331] Dass sich in dem winzigen Ort ein Kriegsgefangenenlager mit Tausenden von hungernden und sterbenden Insassen befand, erwähnte er aber nicht – er erwähnte überhaupt kein einziges Kriegsgefangenenlager. Man sollte vermuten, dass ein gutinformierter und weitvernetzter Offizier wie Habicht, der viel im Operationsgebiet unterwegs war, Kenntnis davon hatte, was in den Lagern vor sich ging. Doch Habicht tat so, als ob die Kriegsgefangenen angemessen behandelt würden. Bei der Gefangennahme von zwei Rotarmisten im August 1942 beispielsweise führte Habicht das übliche Schauspiel des Paternalismus auf, zu dem es gehörte, dass die Unterworfenen dem Besatzer ihre Dankbarkeit bekundeten:[332]

> »In die Brotkanten, die ich ihnen geben liess, bissen sie wie die Wölfe, und um zweier Zigaretten willen brachten sie sich bald um vor Dankbarkeit. (…) Ehe ich sie nach hinten abtransportieren lasse, wird ihnen gesagt, dass beim geringsten Fluchtversuch sofort geschossen würde. Sie sehen mich erst verdutzt an und lachen dann wie über einen guten Witz. Sie – und fliehen? Zurück zu den Bolschi's? Sie lachen laut: ›Nje, nje!‹ Nein, nein! Sie denken ja garnicht daran! Sie sind froh, dass sie denen entkommen sind!«

Verbrannte Erde

Am 19. Februar 1943 begann die Wehrmacht unter dem Druck der Roten Armee, den Kessel von Demjansk zu räumen. Zusammen mit den fast zeitgleichen Absetzbewegungen nach der Niederlage von Stalingrad im Südabschnitt war das einer der ersten größeren Rückzüge an der Ostfront – die ein neues dunkles Kapitel der deutschen Besatzungsverbrechen einläuteten. Bei den Rückzügen des Frühjahrs 1943 wurde die Strategie der verbrannten Erde nicht mehr nur örtlich als begrenzte taktische Maßnahme angewandt, so wie im Winter 1941/42, sondern flächendeckend und systematisch im großen Stil.[333] Das aufgegebene Land wurde verwüstet, die Bevölkerung deportiert. Ganze Dörfer wurden abgebrannt, schreckliche Szenen spielten sich ab: An vielen Stellen nahmen die Truppen nur die arbeitsfähigen Einwohner mit und rissen rücksichtslos die Familien auseinander. Wer sich widersetzte, wurde oft an Ort und Stelle erschossen.

Die Hauptrolle bei diesen massenhaften Rückzugsverbrechen spielten die deutschen Fronttruppen – Habichts Tagebuch zeigt, wie das auf der untersten Ebene der Bataillone und Kompanien ablief. Die deutschen Truppen im Kessel konnten diese Gewalttaten weitgehend ungestört ins Werk setzen, weil sie der Roten Armee mit ihrem Rückzug aus Demjansk zuvorkamen. Die sowjetische Führung plante seit längerem, der Wehrmacht mit der Einschließungsoperation »Polarstern« in Demjansk ein zweites Stalingrad zuzufügen, doch sie verpasste die Gelegenheit dazu.[334] Nach der Befreiung von Demjansk fanden die sowjetischen Truppen und Ermittler eine verwüstete Landschaft vor. Wie die ASK-Ermittler im Kreis Demjansk feststellten, hatten die Deutschen vor ihrem Abzug nicht nur die Stadt zerstört, sondern auch »62 Dörfer vollständig in Brand gesteckt«. Die Zivilbevölkerung war gezwungen worden, mit den Deutschen abzuziehen. Nach dem Ende der Besatzung erfasste die ASK die Opfer namentlich in langen Listen. Die Ermittlungen ergaben, dass die Deutschen aus dem Kreis Demjansk 10538 Personen deportiert hatten, darunter 1687 Personen, die »jünger als zehn Jahre oder älter als 69 Jahre« waren. Aus den angrenzenden Kreisen deportierte die Wehrmacht ebenfalls Tausende Einwohner, insgesamt mehr als 22000 Menschen.[335] Laut ASK waren die Deutschen dabei mit großer Brutalität vorgegangen:

»Wer sich weigerte in die deutsche Sklaverei zu gehen, den schlugen die deutschen Soldaten, die die Transporte bewachten, oder erschossen sie bzw. verbrannten sie bei lebendigem Leibe, wie dies im Dorf Staryj Brod der Fall war. Als sich der 60jährige Archipow, Alexej Archipowitsch, weigerte zu gehen, warfen ihn die Deutschen vor den Augen der anderen Einwohner in ein brennendes Haus, während Jakowlew, Dimitrij, geb. 1908, und Andrejew, Jakow, geb. 1908, noch an Ort und Stelle erschossen wurden. Auf diesem Weg, durch die Androhung von Misshandlungen und Erschießungen, verschleppten die Deutschen aus den Dörfern des Landsowjets Kostkowskij – 1165 Personen in die Zwangsarbeit, aus den Dörfern des Landsowjets Tarasowskij – 945 Personen, aus dem Landsowjet Weliko-Zachodskij – 846 Personen, aus dem Landsowjet Demjansk – 774 Personen, aus dem Polnowskij Landsowjet – 654 Personen, aus dem Landsowjet Dobroslinskij – 574 Personen, aus dem Landsowjet Kotolinskij – 442 Personen, aus dem Landsowjet Filippogorski – 394 Personen, aus dem Landsowjet Schischkowskij – 375 Personen. Insgesamt wurden von den deutschen Okkupanten aus dem Kreis Demjansk 8851 arbeitsfähige Personen zur Zwangsarbeit nach Deutschland verschleppt.«

Habicht beschrieb die Strategie der verbrannten Erde und die Deportationen ohne jeden Anflug von Unrechtsbewusstsein. Aus den Zerstörungen machte er keinen Hehl – er sah sie wohl als das Recht des Stärkeren an und betrachtete sie wie ein Naturschauspiel. Als er mit seiner Einheit am Abend des 20. Februar 1943 abrückte und sich umblickte, sah er hinter sich den »Himmel rot von dem brennenden Demjansk, aus dem immer noch Feuersäulen explodierender Munitionsstapel in die Luft« stiegen. In der Nacht zuvor hatte er auch die deportierte Zivilbevölkerung an sich vorbeiziehen sehen:

»Nach Mitternacht zieht ein langer, gespenstisch-schweigsamer Zug durch das Dorf nach Norden, Hunderte von Einwohnern der südlichen Dörfer, die mit uns gehen. Männer, Frauen, Kinder – ihr Lumpengepäck auf kleinen Handschlitten hinter sich herziehend. (…) Um 18.$^{\underline{00}}$ treten wir an: Die 3. Kompanie ist Nachhut und soll die C-Linie – sichelförmig nach Süden vor das Dorf gebogen – noch 24 Stunden halten. Ein Himmelfahrtsauftrag, wenn auch nur das Geringste schiefgeht. Zum Glück geschieht das nicht. Der Iwan folgt nur sehr vorsichtig und bleibt vor dem geringsten Widerstand liegen. Unser Weg ist taghell erleuchtet von den nun hinter uns brennenden Dörfern. Überall donnern die Explosionen, mit denen Pionierkommandos Brücken und Munitionslager sprengen, wovon brennende Trümmer in die Häuser fliegen und diese in Flammen setzen. Der Himmel in unserem Rücken ist eine einzige Feuersglut, auf dem rotüberleuchteten Schnee tanzen unsere Schatten in grotesken Verrenkungen.«

Selbst in diesem Inferno brachte Habicht es fertig, seine Erzählung von der paternalistischen Besatzung weiterzuspinnen – indem er behauptete, dass die Bevölkerung freiwillig mit den Deutschen mitging und ihnen sogar dankbar dafür war. Während die Planungen für den Rückzug liefen, notierte er: »Die Zivilbevölkerung wird ebenfalls mit abziehen. Sie weiss noch nichts, ahnt aber fast alles und hat flehentlich gebeten, sie mitzunehmen. Sie fürchten die Rache der Bolschewiken, weil sie ja – nolens, volens – über ein Jahr hindurch uns Hilfsdienste geleistet hat.«[336] Von Freiwilligkeit konnte allerdings kaum eine Rede sein. Die moderne Historiographie geht davon aus, dass sich höchstens zehn bis fünfzehn Prozent der Einwohner, die im Frühjahr 1943 evakuiert wurden, freiwillig den Deutschen anschlossen – die meisten mussten unter Androhung von Gewalt dazu gezwungen werden.[337] Bei einer weiteren Evakuierung Anfang Juni 1943 räumte Habicht zwar ein, dass die Offiziere des Regiments teilweise von weinenden Frauen bedrängt wurden. Die Frauen protestierten, weil sie von ihren Töchtern getrennt werden sollten, die als Arbeitskräfte bei der Truppe verbleiben mussten. Habicht verharmloste das aber im gleichen Atemzug mit der Behauptung, dass dies »durchaus nicht zu deren Missvergnügen« gewesen sei.[338] Das war das einzige Mal, dass Habicht die ganze Härte der Evakuierungen andeutete – ohne dass dies seiner Erzählung von der gütigen Besatzung irgendeinen Abbruch tat.

Wie die grausame Realität aussah, zeigt ein Befehl der 83. Infanteriedivision, mit der Habicht als Bataillonskommandeur Ende 1943 eine weitere Absetzbewegung durchführte. Am Heiligabend 1943 befahl die Division, dass das aufgegebene Gebiet »gründlich zerstört werden« sollte: »Es kommt darauf an, den Raum vorwärts der neuen HKL in eine Wüste zu verwandeln.«[339] Die Zerstörungen sollten von den Pioniertruppen der Division durchgeführt werden. Wie üblich, befahl die Division zugleich, die Zivilbevölkerung zu deportieren, das jedoch mit einer folgenschweren Ergänzung: »Insbesondere kommt es darauf an, dass sämtliche Männer zwischen 14 und 60 Jahren und sämtliche arbeitsfähigen weiblichen Personen zwischen 15 und 40 Jahren evakuiert werden.« Das hieß nichts anderes, als dass die ausführenden Truppen erbarmungslos Familien auseinanderzureißen hatten. Davon erwähnte Habicht aber nichts in seinem Tagebuch. Als er über den Befehl vom Heiligabend unterrichtet wurde, kommentierte er nur die organisatorischen Fragen.[340] Die Zerstörungen verschwieg er dagegen nicht, denn sie waren für ihn längst ein normaler Teil des Kriegshandwerks geworden. Als er eine Woche später in einer seiner Stellungen stand und nach Südosten blickte, sah er »überall Brände aufleuchten« und wusste, dass die Absetzbewegung begonnen hatte.[341] Seit Frühjahr 1943 wurden die Intervalle zwischen den Rückzügen der Deutschen immer kürzer – für Offiziere wie Habicht wurden sie bald zur Routine. Und je krisenhafter die Situation wurde, desto rücksichtsloser ging die Wehrmacht vor: Alles, was der Truppe nützte, wurde als »Kriegsnotwendigkeit« gerechtfertigt.[342] Trotz oder gerade wegen dieser fortschreitenden Radikalisierung blieb Habicht bis zum Schluss bei seinem paternalistischen Narrativ.

Exekutionen, Misshandlungen, Vergewaltigungen, Sklavenarbeit, Hunger, Massensterben, Zerstörungen und Verschleppungen – all das gehörte zum Alltag der Zivilbevölkerung unter der deutschen Besatzung. Was das für die Einheimischen bedeutete, kann man nur erahnen: Zweifellos lebten sie in ständiger Furcht. Die Geschichte der Besatzung von Demjansk macht verständlich, warum man in der Geschichtsforschung davon ausgeht, dass die Gefühlslage der Zivilbevölkerung in den besetzten Gebieten von permanenter Angst, Stress und Druck beherrscht wurde.[343] Keine Spur davon findet sich indes in Habichts Schilderungen – in Anbetracht der oben beschriebenen Gewaltherrschaft ist das vielleicht die zynischste Verdrehung in seinem Tagebuch. In Habichts Darstellung haben die Zivilisten fast nie Angst, und wenn, dann nur wegen vergleichsweise harmloser Dinge – und nicht, weil sie um Leib und Leben bangen mussten. Die Bevölkerung erscheint bei ihm naiv und einfach, aber auch aufgeschlossen und unbekümmert, fast fröhlich. Im Frühjahr 1942 stellte Habicht fest, dass die Bevölkerung »ausgesprochen harmlos und gutmütig« sei: »Sie sind mit ihren Germanski's ganz einverstanden und haben nur die eine, aber wirklich echte Angst, die könnten eines Tages abziehen und sie wieder den

Bolschi's überantworten.«[344] Dass die Zivilisten ihm nur deshalb ergeben waren, weil sie Angst vor ihm hatten, kam Habicht kaum in den Sinn. Er interpretierte den Gehorsam der Unterworfenen lieber als Zustimmung – das passte besser in sein paternalistisches Selbstbild.

Der Kontrast zur grausigen Wirklichkeit offenbart Habichts Selbsttäuschung über den Charakter der deutschen Besatzungsherrschaft – dies hilft ein Forschungsproblem aufzulösen, das seit längerem in der Historiographie besteht. In der Literatur über den Krieg an der Ostfront wird häufig auf den Widerspruch zwischen radikaler Gewalt und relativ moderaten Beziehungen zwischen Besatzern und Einheimischen verwiesen.[345] Dieser Widerspruch stammt aus der deutschen Perspektive, auf die sich die meisten Studien bislang konzentriert haben. Einerseits dokumentieren die deutschen Quellen die Brutalität des Besatzungsregimes. Andererseits ist in den offiziellen Berichten, aber auch in Feldpostbriefen von Soldaten immer wieder vom »guten Verhältnis zwischen Truppe und Bevölkerung« die Rede.[346] Manche Berichte sprachen sogar von echter »Gastfreundschaft« der Einheimischen – und wie sie den deutschen Soldaten angeblich »fast jeden Wunsch von den Augen« ablasen. Gewiss waren solche Erfahrungen nicht immer komplett aus der Luft gegriffen: Auch in Demjansk wurden nicht pausenlos Menschen ermordet, und die Bevölkerung war von Stalins Terrorregime ohnehin nicht viel anderes gewohnt. Ein Stück weit spiegelten die Berichte tatsächlich das phasenweise Aufflammen und Abebben der Gewalt an der Ostfront wider – und dass sich Teile des deutschen Heeres in gewissen Grenzen für die Bevölkerung verantwortlich fühlten. Manche Formen der Gewalt wie der Hunger hörten jedoch niemals auf, und die Gewalt war auch als Drohung permanent präsent. Wenn die Deutschen in ihren Briefen und Berichten trotzdem das freundliche Verhältnis zur Bevölkerung hervorkehrten, war das also eine extrem selektive Beschreibung der Realität – in typisch paternalistischer Manier blendeten sie die Ambivalenz, die Angst und die Gewalt aus. Die Berichte folgten letztlich demselben Prinzip wie in Habichts Tagebuch: Die Soldaten betonten die scheinbare Zustimmung der Bevölkerung, damit sie sich als gute Besatzer fühlen konnten. Die moderne Literatur hat also mit den deutschen Behauptungen vom »guten Verhältnis« zur Bevölkerung eher die Rationalisierungsstrategien der Besatzer reproduziert als die Realität der Besatzung.

Wie die moderne Gewaltforschung gezeigt hat, folgt auf Gewalt immer ein Moment kultureller Bewältigung, ehe die so bewältigte Gewalt wieder zur kulturellen Grundlage neuer Gewalt wird.[347] Ebendieses Moment der kulturellen Bewältigung konstituierte die paternalistische Selbsttäuschung der Besatzer. Das gehörte zu ihrem Umgang mit ihren Taten und Erfahrungen im Gewaltraum an der Ostfront. Diese Art der Rationalisierung war aber nicht etwa ein Spezifikum der Nationalsozialisten oder der Deutschen, sie war noch nicht einmal eine Besonderheit des Zweiten Weltkriegs. Sie entsprach vielmehr einem tiefverwurzelten Muster, das sich auch in anderen Zeiten und Kulturen finden lässt. Besatzung wird kulturell schon seit Jahrhunderten mit einem Odium von Unterdrückung und Grausamkeit assoziiert, und nicht erst seit dem Zweiten Weltkrieg.[348] Vor diesem Hintergrund wird es verständlich, dass Besatzer bis heute bemüht sind, dieses Odium zu vermeiden: Ob es sich um Deutsche, Franzosen, Amerikaner oder Briten handelt, sie wollen nicht als grausame Unterdrücker gesehen werden, sondern als gütige Schutzherren. Mit Vorliebe inszenieren sie sich als Befreier von einer Tyrannei oder als Wohltäter einer notleidenden Bevölkerung – so präsentierten sich schon die französischen Besatzer, als sie während der Napoleonischen Kriege große Teile Europas in Besitz nahmen. Bei den Deutschen im Zweiten Weltkrieg war das ganz ähnlich: An der Ostfront stilisierte sich die Wehrmacht zum Erlöser vom Bolschewismus – auch deshalb ließ Habicht die Einheimischen immer wieder gerne von den Schrecken des stalinistischen Regimes erzählen.[349]

Die Selbstinszenierung als gute Besatzer setzt sich bis in die Gegenwart fort. Nach dem Ende des Zweiten Weltkriegs bewiesen Briten und Amerikaner, dass sie in derselben gedanklichen Tradition standen, als sie das besiegte Deutschland besetzten. Sowohl Briten als auch Amerikaner beschrieben sich nach 1945 in jeder Hinsicht als »gute Besatzer« – obwohl auch hier die Realität bei weitem nicht so reibungslos und unproblematisch war, wie dieses Narrativ suggerierte.[350] Schon bei den Schulungen der amerikanischen Administratoren für ihren Einsatz im besetzten Deutschland zeigte sich das Bemühen, das Odium der Besatzung von sich zu weisen – man tat so, als hätte man damit nichts zu tun, obwohl man zeitgleich seit fast einem halben Jahrhundert als Kolonialmacht über die Philippinen herrschte.[351] Der Topos von der »guten Besatzung« wurde nicht nur im Militär, sondern in der ganzen Gesellschaft gepflegt – er hält sich als nationaler Mythos teilweise bis in die Gegenwart. Auch in den heutigen Kriegen ist dieselbe Art von Selbstrepräsentation festzustellen. In den USA und Großbritannien beharren viele Verantwortliche und Veteranen des Irak-Krieges von 2003 weiterhin darauf, dass sie mit der Entfernung von Saddam Hussein der irakischen Bevölkerung einen Gefallen getan haben – obwohl ihre Invasion letztlich Hunderttausende das Leben kostete und millionenfaches Leid auslöste, das immer noch andauert.[352]

Die Selbststilisierung als gute Besatzer war untrennbar mit der kolonialen Vergangenheit verknüpft – schließlich betätigten sich die Europäer schon seit Jahrhunderten als Okkupanten auf anderen Kontinenten. Dabei etablierten sie auch bestimmte Formen für die Rationalisierung der eigenen Herrschaft, auf die sie später in anderen Kontexten wieder zurückgriffen. Insbesondere der koloniale Paternalismus bildete eine bewährte Technik, mit der schon die Kolonisatoren des 19. Jahrhunderts auf der ganzen Welt ihre Gewissen beruhigten. Wie stark das Erbe des Kolonialismus nachwirkte, zeigte sich sogar noch während der britischen Besatzung in Deutschland nach 1945.[353] In der britischen Öffentlichkeit wurde von Kommentatoren angemerkt, dass Deutschland wie eine Kolonie behandelt werde, und im House of Commons kritisierten Abgeordnete die autoritäre koloniale Attitüde, die sie bei vielen Besatzungsbeamten feststellten. Tatsächlich konzipierten die Briten die Besatzung als *indrect rule* nach dem Vorbild des Empire und setzten in kolonialer Manier mit den *Kreis Resident Officers* lokale Repräsentanten ein, die gegenüber den Deutschen ein paternalistisches Auftreten an den Tag legten: Die KROs pflegten ein Image, dem zufolge sie sich um die Deutschen kümmerten wie fürsorgliche Väter um unmündige Kinder.

Der koloniale Paternalismus war ein europäisches Phänomen. Es fand sich auch bei den spanischen Soldaten, die im Zweiten Weltkrieg an der Seite der Wehrmacht an der Ostfront kämpften.[354] Die Offiziere und Soldaten der sogenannten Blauen Division orientierten sich an Methoden aus den spanischen Kolonialkriegen und traten gegenüber der russischen Zivilbevölkerung oft in paternalistischer Manier auf. Sie verübten Gewalt und sahen mit rassistischen Überlegenheitsdünkeln auf die Russen herab, betonten aber gleichzeitig ständig ihr gutes Verhältnis zu den Zivilisten in den besetzten Gebieten und gerierten sich als Beschützer. Dasselbe Muster gab es auch im deutschen Kolonialismus, und es setzte sich bis an die Ostfront des Zweiten Weltkriegs fort. Sogar Nationalsozialisten vom Schlage Theodor Habichts inszenierten sich nach kolonialer Art als gute, paternalistische Besatzer.

Damit solche Rationalisierungen über Epochengrenzen hinweg weitergetragen wurden, bedurfte es gar keiner personellen Kontinuitäten, denn dafür gab es ein kulturelles Gedächtnis – das mentale »koloniale Archiv« der Imperialmächte. Das war auch in Deutschland vorhanden, denn obwohl der deutsche Kolonialismus nur vergleichsweise kurz und begrenzt war, wirkte er in der deutschen Kultur lange nach. Vermittelt wurde das Bild vom guten Besatzer und der beglückten Bevölkerung in öffentlichen Diskursen und in der Populärkultur, vor allem in der Kolonialliteratur. Schon im Kaiserreich wurde der Kolonialismus von einer regen Literaturproduktion begleitet und in ein Gewebe von Mythen eingesponnen. Nach dem Verlust der Kolonien im Ersten Weltkrieg nahm dies sogar noch weiter zu: Im »Dritten Reich« boomte die koloniale Populärkultur.[355] Der Kolonialismus der Kaiserzeit wurde im NS-Staat als große Tat zelebriert – und das, obwohl Hitler weniger an einer Fortsetzung des wilhelminischen Überseekolonialismus interessiert war als an der Expansion nach Osteuropa im Geiste der mittelalterlichen Ostsiedlung. Durch die nationalsozialistische Populärkultur lebten die Bilder und Ideen des wilhelminischen Kolonialismus dennoch in den Büchern und Köpfen fort.

Die Kolonialliteratur verklärte das harte deutsche Kolonialregime zu einer gütigen Herrschaft. Die Beziehungen zwischen Kolonisierten und Kolonisatoren wurden in typisch paternalistischer Weise dargestellt. Die farbigen Einheimischen wurden von den nationalsozialistischen Kolonialschriftstellern nicht als »Untermenschen« herabgewürdigt – man betonte zwar die rassische Ungleichheit, aber auch das angebliche Einvernehmen mit der unterdrückten Bevölkerung. Zu den wiederkehrenden Motiven des Paternalismus in der Kolonialliteratur gehören idyllische Szenen, in denen sich die Afrikaner vor den Deutschen verbeugten und sie als ihre Herren anerkannten – das entspricht exakt dem von Eugene Genovese entlarvten Muster, dem zufolge die Unterdrücker nichts so gerne zitierten wie die scheinbare Zustimmung der Unterdrückten. Durch all diese Bücher, Romane, Reiseberichte und pseudowissenschaftlichen Traktate wurde die gedankliche Brücke geschlagen, durch welche die Transfers zwischen Kolonialismus und Nationalsozialismus möglich wurden.

Der Paternalismus funktionierte allerdings nicht für jeden im besetzten Osten, denn die kulturelle Bewältigung der Gewalt war auch von den Kontexten abhängig, in denen die Besatzer agierten – und die mit jeweils unterschiedlichen Identitäten verbunden waren. Für Angehörige der SS-Einsatzgruppen oder für radikale Nationalsozialisten in der Verwaltung des besetzten Polens, die ihre primäre Aufgabe in der Dezimierung und Vernichtung der slawischen Bevölkerung sahen, eignete er sich nicht – denn schließlich setzte er die gedankliche Anerkennung der Einheimischen als Menschen voraus, was das Morden nur zusätzlich erschwert hätte.[356] Auch aus diesem Grund bestanden viele Besatzungsbehörden so sehr auf der rassistischen Segregation zwischen Besatzern und Einheimischen in den besetzten Gebieten. Am plausibelsten funktionierte der Paternalismus für die Soldaten der Wehrmacht, die in den besetzten Gebieten direkt mit der Bevölkerung in Kontakt kamen und ihre Beziehungen zu ihr regeln mussten. Die primäre Aufgabe der Truppe lag nicht im Völkermord, sondern im Kämpfen, und in Teilen der Wehrmacht existierten noch Reste eines traditionelleren Selbstverständnisses. In den vom Militär verwalteten Gebieten war die Besatzungsherrschaft tendenziell weniger radikal als in den Reichskommissariaten im Hinterland – der Paternalismus ließ sich auch deshalb plausibler als Autosuggestion aufrechterhalten.[357] Zudem lag die Erhaltung der Arbeitskraft der Einheimischen im Interesse der Fronttruppen – dies war einer der Hauptgründe, warum deutsche Kommandobehörden im Kessel von Demjansk überhaupt Anstrengungen zur Versorgung der Bevölkerung unternahmen.[358] Es war im Grunde wie bei den Sklavenhaltern in Virginia: Die menschlichen Ressourcen der Unterworfenen waren nicht unerschöpflich, und man war auf eine moralische Rechtfertigung dafür angewiesen, dass man sie ausbeutete. Der Paternalismus diente letztlich also sehr funktionalen Zwecken.

Der koloniale Paternalismus war ein transkulturelles Phänomen globaler Reichweite, das bis an die Ostfront des Zweiten Weltkriegs ausstrahlte – und darüber hinaus die kollektive Erinnerung mitprägte. Wie das funktionierte, zeigt das Erinnerungsalbum von Habichts Regimentskamerad Heinz-Georg Lemm. Solche Fotoalben waren keine Zufallsprodukte aus Schnappschüssen, sondern sorgfältig zusammengestellte Kompositionen.[359] Das Bild, das in Lemms Album präsentiert wird, entspricht vollauf dem paternalistischen Narrativ von der guten Besatzung. Statt

Gewalt, Unterdrückung und Ausplünderung suggerieren die Bilder Wohlwollen, Schutz und Fürsorge. Eines der Bilder zeigt, wie einheimische Kinder mit deutschen Soldaten an einem Tisch essen – laut Bildunterschrift konnte man den Deutschen vertrauen: »Die Kinder haben am schnellsten die Scheu verloren und stehen so lange an der Feldküche, bis sie einen Schlag Essen erbettelt haben.«[360] Ein anderes Bild zeigt, wie deutsche Soldaten »sofort« herbeistürzen, um einen Brand in einem Dorf zu löschen – mit solchen Bildern wurde der Besatzer zum Freund und Helfer verklärt. Ähnliche Bilder vom vermeintlichen Einvernehmen finden sich auch in anderen Fotoalben aus Habichts Einheiten.[361]

Die paternalistische Imagepflege hatte große Langzeitwirkung. Noch viele Jahre später in der Nachkriegszeit beharrten die Veteranen auf dieser Version der Geschichte. Die Überlebenden redeten teilweise bis in die jüngste Gegenwart davon, dass das Verhältnis zur Zivilbevölkerung gut gewesen sei.[362] Auch Habicht hätte das zweifellos behauptet, wenn er den Krieg überlebt hätte – vielleicht hätte er sogar Memoiren geschrieben, um das Narrativ aus seinem Tagebuch weiterzuspinnen. Seine Geschichte zeigt, dass die Erinnerung kein nachträgliches Konstrukt war, das erst nach 1945 erfunden wurde – sie entstand direkt während des Geschehens, im Moment der kulturellen Bewältigung der Gewalt. Die Grundmuster der Narrative der Nachkriegszeit wurden durch die Rationalisierungsstrategien vorgeprägt, mit denen die Zeitgenossen ihren Erfahrungen im Gewaltraum einen Sinn zu geben versuchten, um damit leben zu können. Weil die Erinnerung so eng mit dem Geschehen verbunden war, wirkte sie später umso echter – auch deshalb verteidigten die Veteranen sie so verbissen. Was sie erinnerten, war aber nur zum Teil wirkliches Erleben. In erster Linie war es ihre kollektive Selbsttäuschung über den Charakter der deutschen Besatzungsherrschaft, die sie im Nachhinein für ihr Erleben hielten. Auch das war wiederum keine deutsche Eigenart, sondern ebenfalls ein transkulturelles Phänomen. Die spanischen Veteranen der »Blauen Division« verbreiteten nach 1945 in ihren Traditionsverbänden ein Bild vom Krieg an der Ostfront, das den Legenden der Wehrmachtsveteranen verblüffend ähnlich war – mit dem einzigen Unterschied, dass sie sich sogar als noch untadeliger beschrieben.[363]

Die Selbststilisierung der Besatzer war aus Sicht der Opfer blanker Hohn – die angerichteten Zerstörungen in den besetzten Gebieten in

12. Der Besatzer als Freund und Helfer; Fotoalbum Heinz-Georg Lemm

der Sowjetunion waren schreiende Beweise dafür, welchen Charakter die deutsche Besatzungsherrschaft in Wirklichkeit hatte. Das Gebiet des ehemaligen Kessels von Demjansk, das Habicht in jener Nacht Anfang

13. Luftbild: Die Nordfront des Kessels, Januar 1943
(die Front liegt kurz außerhalb des oberen Bildrands, vgl. Abb. 10, S. 213)

April 1942 von aufsteigenden Leuchtkugeln markiert gesehen hatte, lag in Trümmern, und die Narben sind bis heute zu sehen. Die Deutschen misshandelten, töteten und verschleppten nicht nur Tausende Einwohner, sie veränderten mit ihrer Gewalt sogar die Landschaft. Die Folgen der deutschen Besatzungsherrschaft waren so tiefgreifend, dass sie sich für immer in die Topographie einprägten. In dem Gebiet um Demjansk hatte es vor dem Krieg eine Vielzahl kleiner Weiler und Dörfer gegeben, doch nach 1943 waren viele davon entvölkert oder ganz von der Karte verschwunden.[364] Das Ausmaß der Zerstörungen wird deutlich, wenn man zeitgenössische Karten und Luftbilder mit modernen Karten vergleicht. Das oben abgedruckte Luftbild wurde kurz vor dem Rückzug der

Wehrmacht im Januar 1943 von einem deutschen Aufklärungsflugzeug aufgenommen: Es zeigt das Hinterland der Nordfront des Kessels mit den Ortschaften Danilowo, Nakladez und Mamajewschtschina, durch die Habicht bei seinem oben beschriebenen Ausritt im August 1942 gekommen war.[365] Wie man auf dem Bild sieht, waren die Orte vor dem Rückzug der Deutschen noch intakt – heute sieht man auf Karten davon nur noch spärliche Reste. Die Zerstörungen veränderten die Gebiete so grundlegend, dass nicht nur Häuser und Menschen verschwanden, sondern sogar Wege und Straßen – der Leser kann selbst vergleichen.[366] Die Ortschaft Wesowo an der Südfront des Kessels, in der Habicht drei Monate bei einer russischen Familie gewohnt hatte, wurde komplett ausradiert, genauso wie der Ort des Regimentsgefechtsstands in Penkowo und viele andere Dörfer der Gegend.[367] Während das alles geschah, redete Habicht weiterhin von der Zufriedenheit der Bevölkerung unter der deutschen Besatzung. Besatzer wie er behaupteten das, damit sie sich besser fühlen konnten, während sie das Land verwüsteten und die Bewohner verschleppten oder ermordeten. Das hatte etwas extrem Narzisstisches.

V

Ausblick

Als Theodor Habicht am 31. Januar 1944 bei den schweren Abwehrkämpfen im Nordabschnitt der Ostfront ums Leben kam, machte die NSDAP-Führung ein letztes Mal Propaganda mit seiner Person: In ihrem Nachruf auf Habicht tönte sie, dass mit seinem »Heldentod« ein »kämpferisches Leben in höchster Pflichterfüllung für Führer und Volk seinen Abschluss gefunden« habe.[1] Die Wahrheit war, dass Habicht in seiner Karriere als Nationalsozialist nicht nur »für Führer und Volk« gekämpft hatte, sondern immer auch für sich selbst. Zwar predigte er seinen Soldaten, dass sie im Krieg an der Ostfront für die »Gemeinschaft des Volkes« kämpften und starben.[2] Beim Gedanken an seinen eigenen Tod fragte sich Habicht aber vor allem, was er selbst vom Leben gehabt habe. Rund ein dreiviertel Jahr vor seinem Ende hatte er sich dem Tod schon einmal ganz nahe gewähnt. Es war der 4. März 1943, gegen 8 Uhr morgens, als seine Einheit während der heftigen Schlacht von Penna in massives Artilleriefeuer geriet. Während Habicht sich auf den Tod vorbereitete und sein Leben Revue passieren ließ, verschwendete er an »Führer und Volk« kaum einen Gedanken. So fasste er hinterher zusammen, was ihm während des Trommelfeuers durch den Kopf gegangen war:[3]

> »Ich bin völlig kalt und ruhig, obwohl ich keine Hoffnung mehr habe, diesen Platz noch einmal lebend zu verlassen. Ich habe nur den Wunsch, dass es ein Ende ohne lange Qual sei, ein Auslöschen mit einem einzigen Schlag. Ich denke: Hier soll das also nun zu Ende gehen, was mein Leben war. In diesem Stück Sumpfwald bei Penna südlich des Ilmensees, 6 km südlich Staraja-Russa, 1500 km ostwärts Berlin, 2000 km ostwärts der Stadt, in der ich geboren wurde, und beinahe – nicht ganz – 45 Jahre danach. Komisch, wer hätte je diese seltsamen Wege vorausahnen können, die von dort nach hier, durch all diese Jahre führten. Haben sie überhaupt einen Sinn und einen Zweck gehabt? Bin ich sie

> aus freiem Entschluss gegangen oder getrieben worden? Was war eigener, was fremder Wille, wo hörte der eine auf und fing der andere an? Ach, wir wissen garnichts. Ich bin auch garnicht traurig. Nur, wenn ich an die Lüttje denke, die nun so ganz allein sein wird. Aber sonst? Was das Leben bieten kann, habe ich alles kennen gelernt: Glück und Leid, Liebe und Hass, Erfolg und Niederlage, Ruhm und Verachtung – was bleibt da noch? Alles, war jetzt noch kommen kann, könnte nur Wiederholung sein, matter und schlechter, weil belastet mit tausend bitteren Erfahrungen – es lohnt sich nicht mehr. So ist es wohl das Beste so: Als Führer braver Soldaten in der Schlacht fallen, ›auf der Höhe des Lebens‹, wie es so schön heisst, noch frei von den Leiden und Gebrechen des Alters, und schon frei – wiederum – von den Illusionen der Jugend. So wäre es dann ein rundes und volles Männerleben, ohne Rückstand und matten Rest …«

In der sicheren Erwartung des Todes war der wichtigste Gedanke für Habicht also, »ein rundes und volles Männerleben« gehabt zu haben – obwohl Habicht seinen eigenen Soldaten stets gepredigt hatte, dass man im Leben und Sterben »nie einen Sinn« finden könne, wenn man es »nur vom engen Standpunkt des eigenen Ich aus betrachtet« und nicht »von der grossen Gemeinschaft des Volkes aus«.[4] Habichts überraschende Geschichte offenbart den Individualismus der Nationalsozialisten – im Kontrast zur Ideologie der »Volksgemeinschaft«. Ihre narzisstischen Züge waren keine Marotte, sondern gehörten zu ihrer kollektiven Mentalität, die mit ihrer politischen Kultur zusammenhing. Und sie hatten Konsequenzen für die gesamte Gesellschaft, sogar weit über 1945 hinaus.

Viel blieb von der »Volksgemeinschaft« allerdings zunächst nicht übrig. Schon vor 1945 gab es eine fortschreitende Individualisierung in der NS-Gesellschaft. Bereits ab 1943 bewirkten die militärischen Krisen und der Bombenkrieg eine zunehmende Entsolidarisierung – viele Deutsche sorgten sich jetzt vor allem um sich und ihre Familien.[5] Spätestens im Chaos des Frühjahrs 1945 löste sich die »Volksgemeinschaft« endgültig in ihre Einzelteile auf, als die meisten nur noch ans eigene Überleben dachten. Insbesondere die NSDAP-Funktionäre, die sich als Erste aus den bedrohten Gebieten retteten, führten die »Volksgemeinschaft« ad absurdum. Ähnliches ließ sich über 1945 hinaus über die mangelnde Hilfsbereitschaft für Evakuierte und Vertriebene in Deutschland sagen.

Nach 1945 wirkte die »Volksgemeinschaft« immerhin als Leitbild fort, allerdings in veränderter Form. Die Selbstwahrnehmung als Opfer- oder Schicksalsgemeinschaft gehörte zu den Mythen des Wiederaufbaus.[6] In den 1950er Jahren hallte die Vision von der klassenlosen Meritokratie in gesellschaftlichen Selbstbeschreibungen wie dem Bild von der »nivellierten Mittelstandsgesellschaft« nach.[7] Die »Volksgemeinschaft« blieb eine Art Referenzmaßstab, an dem die Gesellschaft der Gegenwart gemessen wurde.[8] Wie vor 1945 wurde der Appell an Einigkeit und Gemeinschaft wie eine Beschwörungsformel verwendet, um die vielen sozialen Konflikte und Ungleichheiten zu übertünchen, die das Deutschland der Nachkriegszeit kennzeichneten.

In der sozialen Wirklichkeit der Nachkriegsgesellschaft war von der »Volksgemeinschaft« kaum mehr etwas zu spüren. Die Gesellschaft der 1950er Jahre ähnelte mit ihrer schroffen sozialen Ungleichheit der Gesellschaft der 1920er und 1930er Jahre – insbesondere auf dem Lande unterschied sich das Leben in vielen Regionen noch nicht einmal sehr vom Alltag um 1900.[9] Das Empfinden der sozialen Spaltung war ausgeprägt: Es gab ein klares »unten« und »oben« und kaum soziale Mobilität. Das entsprach der konservativen Grundstimmung der Nachkriegszeit, in der das Bedürfnis nach Ruhe und Ordnung vorherrschte: Stabilität und Sicherheit waren für die Gesellschaft dieser Zeit wichtiger als alles andere.[10]

Passend dazu entstand in Deutschland eine Demokratie konservativer Prägung, die typisch war für die politischen Systeme in fast ganz Westeuropa während der Nachkriegszeit.[11] Charakteristisch dafür war das absolute Bekenntnis zum Parlamentarismus, aber auch eine begrenzte Partizipation der Bürger. Es entwickelte sich eine Top-Down-Demokratie, in der die Entscheidungen von den Eliten in Gremien und Verbänden verhandelt wurden, und das häufig auf wenig transparente Art. Die große Mehrheit der Bevölkerung schien mit dieser Form von Demokratie freilich vollkommen zufrieden zu sein. Die Atmosphäre war von Individualismus und Konsumorientierung geprägt: Man kümmerte sich vor allem um sich selbst.

Die Erklärung für diese politische Kultur liegt zum einen in den katastrophalen Ereignissen der zurückliegenden Jahre – in den erschütternden Umbrüchen, dem totalen Krieg und der extremen Gewalt. Nach diesen Erfahrungen war das Bedürfnis nach Sicherheit und Stabilität naheliegend, zumal in Deutschland. Eine zweite Erklärung liegt aber auch in längeren Kontinuitäten, insbesondere in den autoritären Auffassungen und Ordnungsvorstellungen, die ebenfalls in Deutschland fortbestanden.[12] Erst seit den 1960er Jahren setzte sich das Bekenntnis zu einer pluralistischen Demokratie durch, mit Werten wie Toleranz und gegenseitigem Respekt – begünstigt durch Wirtschaftsboom und Wohlstand. In den 1950er Jahren blieb die Demokratie dagegen weiterhin sozialkonservativ und paternalistisch geprägt. Das war übrigens nicht nur in Deutschland der Fall, sondern entsprach einem transnationalen Muster.[13] In Westdeutschland wurde dieser Paternalismus von Politikern wie dem Bundeskanzler Konrad Adenauer und dem Bundespräsidenten Theodor Heuss verkörpert, die wie Vaterfiguren an der Spitze des Staates standen.[14]

Zu den Kontinuitäten, die diese politische Kultur ausmachten, gehörte auch die Tatsache, dass die früheren bürgerlichen Eliten nach 1945 wieder die Führung in der Gesellschaft übernahmen.[15] In der Bundesrepublik wurde sogar die Beamtenschaft des NS-Staates weitgehend in die neue Demokratie übernommen.[16] Auch die alliierten Besatzungsmächte trugen zur Restauration der alten Eliten aus der Weimarer Republik mit bei.[17] Zusammen mit diesen hielten traditionelle bürgerliche Mentalitäten und Wertvorstellungen wieder Einzug. In der Bundesrepublik kam es zu einer regelrechten Renaissance der Bürgerlichkeit.[18] Ein zentrales Element in dieser bürgerlichen Kultur war nach wie vor der Begriff der »Persönlichkeit«, die immer noch in einem Spannungsverhältnis zur »Masse« gedacht wurde.[19] Dies gehörte mit zu den geistigen Grundlagen der paternalistischen politischen Kultur der frühen Bundesrepublik.

Diese Kontinuitäten gingen aber nicht direkt auf die Weimarer Republik vor 1933 zurück, sondern liefen durch den NS-Staat hindurch. Sie bestanden zum einen in der Allianz der bürgerlichen Eliten mit den Nationalsozialisten. Habichts Geschichte zeigt ein weiteres Mal, wie reibungslos diese funktionierte. Vor 1933 machte Habicht zwar Propaganda gegen das Bürgertum, doch im NS-Staat kam man einwandfrei miteinander aus und arbeitete eng zusammen – in der Kommunalpolitik, in der Diplomatie und in der Wehrmacht. Dabei kam es zu einer Nazifizierung vieler Bürgerlicher, aber auch zu einer Verbürgerlichung der Nationalsozialisten. In seinen Villen residierte Habicht in großbürgerlichem Stil, und sogar im Gewaltraum an der Ostfront pflegte er bürgerliche Rituale und spießige Ordnungsvorstellungen. Die Verallgemeinerung bürgerlicher Werte und Praktiken in der deutschen Gesellschaft seit dem 19. Jahrhundert machte vor den Nationalsozialisten nicht halt.

Die Kontinuitäten bestanden eben auch in Gemeinsamkeiten im Denken. Viele bürgerliche Ideale und Tugenden wurden von den Nationalsozialisten aufgegriffen und weitergeführt, wenn auch in anverwandelter Form. Neben Wertbegriffen wie Arbeit und Pflichterfüllung galt das insbesondere für die Überhöhung von Leistung. Das war ein zentraler Schlüsselbegriff in der »Volksgemeinschaft«, an dem Habicht seine Mitmenschen maß und mit dem er sich selbst brüstete. Sich über die eigene Leistung zu definieren hatte etwas sehr Individuelles an sich, auch unter den Nationalsozialisten. Das bewirkte allerdings häufig mehr Vergesellschaftung als Vergemeinschaftung. Hieran konnte die Leistungsgesellschaft nach 1945 direkt anknüpfen, nur ohne die nationalsozialistische Aufladung.

Für Individualität blieb im Nationalsozialismus erstaunlich viel Raum, nicht nur im Privaten, sondern ganz offiziell.[20] Das basierte auf einem weiteren Transfer aus dem bürgerlichen Wertehimmel, der Wertschätzung für die Persönlichkeit. Dass sie ihre Geltung behielt, ließen die Nationalsozialisten nicht nur aus funktionalen Erwägungen zu, weil sie auf die Kooperation der Staatseliten angewiesen waren, denen daran lag. Das Persönlichkeitsprinzip war ein fester Bestandteil ihrer eigenen Ideologie. Im NS-Staat wurden Persönlichkeiten verehrt, man würdigte sie sogar mit Porträts und Autogrammkarten. Auch von Habicht gab es solche Devotionalien.

Mit den bürgerlichen Eliten teilten die Nationalsozialisten gleichzeitig den elitären Blick auf die Massen – die Kehrseite des Persönlichkeitsprinzips war die gesellschaftliche Machthierarchie. Dabei kam eine autoritäre Sozialordnung der Ungleichheit heraus, wie sie früher schon bestand. Statt dem Gemeinschaftsprinzip Geltung zu verschaffen, legten selbst Nationalsozialisten wie Habicht gegenüber den Massen einen verschleierten Paternalismus an den Tag. Dem entsprach sein kolonialer Paternalismus gegenüber den Einheimischen in den besetzten Gebieten an der Ostfront – auch in dieser Hinsicht bewies Habicht traditionelle Sichtweisen. Der Paternalismus verband die Nationalsozialisten mit den bürgerlichen Eliten, die später in der frühen Bundesrepublik wieder als führende Persönlichkeiten auftraten. Das begründete die Kontinuitäten in der autoritären politischen Kultur vor und nach 1945.

Die »Volksgemeinschaft« wurde also auch deshalb nicht weitgehender verwirklicht, weil die Nationalsozialisten unbedingt an jenem elitären Persönlichkeitsprinzip festhalten wollten, das für die traditionelle Gesellschaftsordnung stand. Davon konnten sie nicht ablassen, weil dies aus ihrem eigenen Selbstverständnis nicht wegzudenken war. Es war also geradezu ein Modernisierungshindernis, dass sie sich selbst so unglaublich großartig vorkamen.

Das Tagebuch von Theodor Habicht – Auszüge

Bei Kriegsbeginn an der Ostfront (am 22. Juni 1941) war Habicht als Chef der 4. Kompanie im Infanterieregiment 27 eingesetzt (12. Infanteriedivision/ II. Armeekorps/16. Armee/Heeresgruppe Nord), das durch Litauen hindurch nach Nordwestrussland vorstieß.

20. Juni 1941:
8.^{00}: Im schönsten Schlaf stört mich der Btl.Melder: »Um 9.^{00} sämtl. Offz. des Rgts. am Wegeknick 2 km westl. Hochmühlen. Dort Rgt.Gef. Stand.« Raus aus der Falle, Waschen, Frühstück, aufs Pferd. Auf einem nach Osten abfallenden Wiesenhang alle Offz. versammelt. Heitere, wortreiche Begrüssungen allerseits. Alles in grossartiger Laune. Wetter prachtvoll. Leuchtende Sonne, in grosser Höhe leichte, weiße Wolken, frischer Ostwind. Der Rgt.Kdr.[1] erscheint. Meldung. »Heil, meine Herren! Bitte alles hinsetzen bezw. legen.« Der Alte ist wie ausgewechselt. Alle Schroffheit und Bissigkeit, die ihn sonst auszeichnen, ist weg. Jetzt ist wieder Krieg und da lässt er den Kommiss zu Hause. Diese Gelöstheit hat ihm bis jetzt gefehlt. Da er ein wirklicher Könner von idealer Auffassung des Soldatentums ist, dazu ein überzeugter Nationalsozialist, ist er nun wirklich das Ideal eines Kommandeurs. (Übrigens: der »Alte« – er ist genau so alt wie ich. Bin ich »alt«?) Was er mitteilt, ist Folgendes: Es ist nun wirklich soweit! x-Tag und Stunde sind festgelegt, werden aber noch nicht bekanntgegeben. Andeutungen lassen auf den 23.ten schliessen. (Neumond! Kürzeste, zugleich dunkelste Nacht!) Dieser Krieg ist – im Gegensatz zu den bisherigen Feldzügen – als ausgesprochenster Weltanschauungskrieg zu betrachten, als Zusammenprall der äussersten Extreme: Nationalsozialismus – Bolschewismus. Es ist zu erwarten, dass er dementsprechend von den Russen (Juden) auch mit der äussersten Grausamkeit und Hinterhältigkeit nach bekannten Mustern geführt werden wird. Es wird in diesem Feldzug keine Etappe und keine rück-

wärtige Sicherheit im althergebrachten Sinne geben, sondern jeder Mann und jede Einheit wird ständig mit Aufständen und Überfall von Feindseite zu rechnen haben. Daher: Häufige Gefechtsbereitschaft *aller* Teile, tiefe Gliederung in Vormarsch und Verteidigung, Meiden von Höfen und Dörfern während des Gefechts, später Betreten und Belegen nur mit äusserster Vorsicht. Achtung auf vergiftete Brunnen und Lebensmittel, zersetzte Treibstoffe usw. Vieh ist freigegeben – ausser Jungvieh und tragenden Tieren – jedoch sparsame Verwertung, mögl. nur in Feldküche.

Der zu erwartenden Kampfweise der Russen entsprechen aussergewöhnliche Vorsichtsmassnahmen und Vollmachten: Jeder Zivilist, der eine Waffe führt, wird sofort erschossen. Jeder Offz. ist berechtigt, ohne Verhandlung Erschiessungen vornehmen zu lassen – lediglich kurzes Protokoll darüber an Btl. – Offz. u. Uffz. sind sofort von gefangenen Mannschaften abzutrennen und gesondert nach hinten zu bringen. *Politische Kommissare!* Kollektivmaßnahmen – Dezimierung, Niederbrennen von Ortschaften als Strafmaßnahme usw. – nur auf Befehl von Btl.Kdr. aufwärts. – Bevölkerung zunächst Litauer (jetzt *pro*deutsch!), jenseits der Düna Russen. Warnung vor Weibern und Geschlechtskrankheiten. Die asiatische Syphilis ist unheilbar! *Jeder* Mann trägt ab sofort seine Erkennungsmarke um den Hals. – Es muss damit gerechnet werden, dass die Div. unterwegs plötzlich als Luftlandetruppe eingesetzt wird. Allgemeines Hallo und Hurra! Schlusswort: »Ich vertraue darauf, dass das Regiment seinem alten Ruf wieder Ehre macht! (Worauf er sich verlassen kann.) Und nun, meine Herren, Heil und Soldatenglück!« –

10.^{15}: Ich reite die Quartiere ab und bestelle die ganze Komp. auf 16.^{00} zum Appell.

11.^{15}: Und nun noch einen Brief an die Lüttje! –

Freitag, 20.6./16.^{00}: Die Komp. ist im Gras(Obst)garten eines der Gehöfte angetreten, durch Zäune und Hecken gegen Erd- u. Luftsicht gedeckt. Breese meldet. Es fehlen nur die ausgestellten Posten. Ich habe den Kerls viel zu erzählen, daher: »Alles hinsetzen!« Der ganze Haufen haut sich mit behaglichem Brummen ins Gras. »Rauchen erlaubt!« Wohlgefälliges Gemurmel, sie holen ihre Glimmstengel heraus – so gefällt ihnen der Krieg, zumal sie schon riechen, dass es nun wieder einen wirklichen Krieg gibt. Ich erläutere ihnen die politische Lage. Erneuter Hinweis darauf, dass nur die Haltung Russlands daran schuld ist, dass der Führer jetzt – nach der völligen Feindfreimachung des Kontinents – statt 2–3 Millionen Mann nachhause zu schicken, diese unter den Waffen behalten und nun hier aufmarschieren lassen muss. Grund des russischen Verhaltens die Absicht, einen deutschen Sieg zu verhindern, nachdem die ursprüngliche Berechnung, dass Deutschland und England sich in einem jahrelangen Krieg gegenseitig aufreiben würden und Russland dann als einzige noch intakte Gross- u. Militärmacht Europa beherrschen könne, nicht aufgegangen ist. Der deutsch-russische Vertrag daher – von Russland aus gesehen – auch nur ein psychologisch-taktisches Mittel, Deutschland sicher zu machen und damit in den Westkrieg zu treiben. Das leuchtet den Kerls ein, die gespannt zuhören. Im Weiteren gebe ich dann noch die besonderen Anweisungen über Verhalten im Einsatz und in Feindesland bekannt. (s. Rgts.besprechung.) Die Männer gehen in lebhafter Unterhaltung auseinander. Die Stimmung ist hervorragend, das Wetter herrlich. Tiefblauer, wolkenloser Himmel, strahlende Sonne, leichter Ostwind. (…)

29. Juni 1941:
(…) In Sabronay steht der General[2] an der Strasse. Die Bataillone ziehen mit »Augen rechts« vorbei. Als ich herankomme und vom Pferd herab grüsse, ruft er mich an, erkundigt sich nach Verschiedenem und wünscht mir Hals + Beinbruch. Die 4.te staunt wieder murmelnd: Also mit dem General ist der Chef *auch* bekannt? Toll! Dass er den Führer kennt, das war ja bekannt, aber – den General? (…)

Das erste größere Gefecht an der Ostfront bestritt Habichts 4. Kompanie am 12. Juli 1941, als das gesamte Regiment eine befestigte Stellung der »Stalin-Linie« stürmte:

12. Juli 1941:
(…) Lüdemann[3] tritt erneut an und wir folgen ihm unmittelbar auf dem Fuß. Vor uns steigt die Höhe 166 langsam und gleichmässig an. Sie ist wechselnd mit Gebüsch, Hecken, Kornfeldern und rechts mit einem hangaufziehenden Tannenwald bedeckt, die oberste Kuppe ist kahl. Von uns zu ihr sind es noch ungefähr 500 m. Jetzt kann man allmählich auch die fabelhaft bis zur fast völligen Unsichtbarkeit getarnten Befestigungen und Stellungen der Russen erkennen, aus denen sie noch immer

unentwegt schiessen. Die Batterie auf der Höhe ist allerdings verstummt, wir wissen nicht, ob sie erledigt oder abgezogen ist. Die erste Schützenkette taucht jetzt in ein Kornfeld ein, unmittelbar darauf krachen Handgranaten und zahlreiche Gewehrschüsse. Also schon wieder dieser verfluchte Kornfeld- u. Buschkrieg. Ein Russe kommt mit erhobenen Händen aus dem Kornfeld herausgelaufen und fällt im gleichen Augenblick. Nee, mein Herzchen, *das* ist nun vorbei. Erst aus dem Hinterhalt abknallen, was geht, und dann Pfötchen geben, *das* hört nun auf. Wir folgen mit schussbereiter MP der vordersten Schützenkette. Einmal huscht links von mir ein brauner Schatten durch das Korn, ich jage ein Dutzend Schüsse hinein, es rührt sich nichts mehr – weiter. (…) Vor uns liegt die letzte Etappe zur Höhe 166, etwa 100 m nackter Grashang. Die vorderste Schützenlinie tritt gerade wieder an. Unter einer Tanne stehen einige meiner MG-Schützen und betrachten einen Muni-Kasten, den einer in der Hand hält. »Was tut *Ihr* hier?« Der Gewehrführer zeigt auf ein zackiges Loch in der Blechwand des Kastens: »Behling ist eben gefallen, Herr Oberleutnant!« – »Wo?« – Hinter einem Busch liegt er, ein 19jähriger Junge vom letzten Ersatz, gefallen in seinem ersten Gefecht. Schuss durch den Muni-Kasten in den Rücken. Also von hinten! Also wieder von so einem verfluchten Kornfeld- u. Heckenschützen. Ich habe eine kalte Wut: »Schiesst die Hunde nieder, wo Ihr sie trefft. Pardon wird nicht mehr gegeben!« Eigentlich überflüssig, das noch zu sagen. *Das* hätten sie sowieso nicht anders mehr gemacht. Zuviel hat dieses Gesinde nun auf dem Kerbholz. »Marsch – weiter!« In diesem Augenblick meldet Ahn durch Funkspruch dem Regiment: »Höhe 166 befehlsgemäß 8.$^{\underline{50}}$ genommen!« Oben auf dem Kamm steht, als messerscharfe Silhouette gegen den Himmel abgehoben, ein Mann und hebt triumphierend das Gewehr hoch. – Damit ist allerdings nun und auf diese Höhe noch nicht der Friede eingekehrt. Noch hocken überall in Erdlöchern, Kornstücken und Buschgruppen versprengte Russen und kämpfen mit einer tierischen Verbissenheit weiter. Was sie machen ist militärisch völlig sinnlos; es gibt ihnen weder die verlorene Höhe wieder noch kann es uns wesentlich schaden, aber mit der geifernden Wut dressierter Hetzhunde fallen sie aus dem Hinterhalt alles an, was ihnen über den Weg läuft. Wir stehen schon ½ Stunde oben auf der Höhe, da knallen auf dem Hang hinter uns immer noch Schüsse, krachen Handgranaten und tönt das wütende Geschrei unserer tobenden Männer, die das Gelände absuchen und erbarmungslos mit Pistole, Gewehr, Handgranate und Kolben niedermachen, was sie in den Verstecken auftreiben. Auf eine Hütte zugehend, sehe ich den Uffz. Pieper der 3. Komp. um diese herum nach der anderen Seite pirschen, die MP in der Hand, 1 Minute später finde ich ihn auf dieser anderen Seite auf dem Rücken liegend – tot. Kopfschuss. In dem anschliessenden Buschwerk rauscht es davon, ich schiesse hinterher – dann ist es still. Der Tote liegt schweigend da, einen fast erstaunten Ausdruck im Gesicht. Armer Kerl: Er war der beste Uffz. seiner Komp. und zum EK I eingegeben. Auf dem Btl.Gef.Stand – nun auf der Höhe selbst – erfahre ich, dass ein weiterer Mann meiner Komp. verwundet worden ist. Die 3 Schützenkompanien haben zusammen 12 Tote und etwa 40 Verwundete, etwa die Hälfte davon entfällt auf die 2. Komp. Und die Russen? Mögen die später kommenden Aufräumungskommandos sie zählen, sie liegen überall in Haufen herum. Was Artillerie, MG's und Granatwerfer übriggelassen haben, wurde im Einzelkampf erledigt. Gefangene wurden *keine* gemacht. Im Übrigen – was heisst hier »Russen«: Was hier herumliegt, das mag der Völkerkundler im Einzelnen klassifizieren als Kirgisen, Tartaren, Baschkiren, Kalmucken, Tungusen und sonstiges Zeug, für uns ist es die Fratze des Mongolen in allen Variationen, darunter sogar scheinbar Mischungen mit Negerblut, denn vor mir liegt einer von sonderbar gelb-brauner Gesichtsfarbe, dessen Kopf bis zur Nasenwurzel und den Augen einschliesslich rein mongolisch ist, während die untere Partie mit der flachgedrückten Nase und den wulstigen Lippen jedem zentralafrikanischen Neger gehören könnte. Das sind bei Gott würdige Vertreter der Internationale, nicht *ein* europäisch anmutendes Gesicht dabei. Das erklärt aber auch wohl ihre Kampfweise. Hier vereinigt sich die angeborene Bestialität des Halbwilden mit der tierischen Angst vor dem eingeimpften »Die Deutschen bringen alles um!« und ergibt so eine geradezu selbstmörderische Hemmungslosigkeit, die einfach blindlings wütet, worauf *dann* allerdings die Deutschen nun wirklich alles umbringen und so dann Stalins Parolen bestätigen. – Die Erbitterung bei den nun auf der Höhe versammelten Offizieren und Männern wächst immermehr, je mehr Einzelheiten über die Verluste und vor allem über die Art, wie sie entstanden, bekannt werden. Nur daraus ist auch der Vorgang zu erklären, dass der gute, nette und gefühlvolle Hans-Friedrich Wendel[4], der auf einem Steine sitzend ein Stück trockenes Brot verzehrt, plötzlich im Kauen innehält, starr auf einen Punkt in einem Kartoffelfeld blickt, wie ein gereizter Tiger knurrt, sein Brot in die Tasche steckt, die Pistole aus dem Stiefelschaft zieht, entsichert, mit langen Schritten zu dem Punkt hingeht und zweimal nach der Erde knallt. Mit schlenkernden Handbewegungen halblaut ein wütendes Selbstgespräch führend, kommt er zurück, setzt sich auf seinen Stein und zieht sein Brot wieder heraus: »Das Schwein hat noch gelebt und wollte wegkriechen!« Das »Schwein« war jener vorher beschriebene Neger-Mongole. – Um uns auf der Höhe hört das Schiessen allmählich auf. Die Männer liegen so, wie die letzte Kampflinie verlief, nun ausgestreckt auf der Erde, die meisten sind vor Ermattung eingeschlafen. Von weither schiesst der Russe sich mit Artillerie und Granatwerfern nun auf Höhe 166 ein, aber die Schüsse liegen schlecht und stören uns nicht. Wir sind sie näher gewöhnt und machen uns selbst dann noch nichts draus. Der Rgts.Kdr. kommt und wenig später der General, und beide strahlen. Wir erfahren nun, dass wir eine der stärksten Schlüsselstellungen der Stalin-Linie genommen haben. Es ist 11.$^{\underline{00}}$ und die Sonne brennt glühendheiss auf die nackte, sandige Höhe.

20. August 1941:
(…) Das Unternehmen gegen Pogost-Wolok ist schiefgegangen. Die Komp. Chefs sind sich darüber völlig einig, aber die Kommandeure wollen es nicht wahr haben. In Wirklichkeit liegt die Sache furchtbar einfach: Zweck des Unternehmens war die Einbringung von Gefangenen, um festzustellen, welche Truppenteile uns gegenüber liegen, genauer: ob es noch dieselben Truppen seien wie vor 14 Tagen. Und das Ergebnis? Es wurden *keine* Gefangenen gemacht, wir verloren 2 Tote und 12 Verletzte, und – mussten einen der Toten und den Rock eines Verwundeten in den Händen der Russen lassen. Wodurch die Russen in den Besitz von 2 Soldbüchern kamen und nun ihrerseits ohne Mühe feststellen konnten, dass das, was *ihnen* gegenüberlag, immer noch dasselbe Regiment sei, nämlich wir. Aus dieser völligen Umkehrung des gewünschten Ergebnisses in sein Gegenteil einen Erfolg zu machen, ist absurd, vor allem deshalb, weil selbst der kleinste Landser darüber lacht. Erklärlich wird es nur dadurch, dass die Herren Kommandeure weder vor sich noch vor andern zugeben wollen, Mist gemacht zu haben. Und das haben sie. Das, was ich jetzt hinterher dazu nieder*schreibe*, kann leicht den Einwand hervorrufen: Ja, *hinterher* … Tatsächlich habe ich

diese Auffassung aber schon vorher ausgesprochen und mich damit unbeliebt gemacht. Und zwar dahin: 1) Will man nur einige Gefangene haben, dann genügt ein starker Spähtrupp, der à la Indianer einen oder einige vorgeschobene Posten aushebt. Punkt. 2) Will man feststellen, wo der Gegner sitzt, wie stark er ist und welche schweren Waffen (und wo) er hat, so genügt ein Scheinangriff einer Kompanie, um seine volle Stärke und Feuerkraft herauszuholen. 3) Will man ihn aber aus seiner Stellung hinauswerfen und möglichst viel Gefangene und Beute machen, dann muss man mit dem *ganzen* Bataillon und mit Artillerieunterstützung angreifen. Der Zwischenweg, mit 1 ½ Komp. ohne Artillerie anzugreifen, um dann im Ablauf der Dinge »mal zu sehen«, was sich daraus machen lässt, ist falsch, denn zu 1) ist der Haufe[n] zu gross, um unbemerkt auf Greifweite (Gefangennahme!) herankommen zu können, zu 2) ist er auch noch zu gross, denn wozu fast das Doppelte an Kräften einsetzen (und riskieren!), wenn zur Erreichung des Zweckes die Hälfte genügt, und zu 3) ist der Haufe[n] zu schwach. – Bei solchen Betrachtungen vom Grundsätzlichen her lieben aber die Herren Aktiven das Dreinreden von Reservisten nicht, denn sie sind der Auffassung, dass solche Betrachtungen überhaupt nur ihnen zukämen, die das als Handwerk gelernt hätten und als Beruf ausübten, während wir Reserveonkels als ausführende Organe ja – sozusagen – ganz brauchbar, aber in Fragen der höheren Taktik und Strategie völlig unzuständig seien. (…)

Nach seiner Verwundung vom September 1941 kehrte Habicht Anfang März 1942 an die Ostfront zurück und zog in ein Quartier in der Ortschaft Wesowo an der Südfront des Kessels von Demjansk ein:

7. März 1942:
(…) In meinem Quartier ist Fey[5] bereits bei der Arbeit. Es ist die »gute Stube« eines Bauernhauses, die dadurch entstand, dass man den ursprünglich einzigen grossen Wohnraum durch Einsetzen kulissenartiger dünner Bretterwände in 3 Räume aufteilte, und zwar in Küche, Schlafzimmer und eben diesen Salon, der 3 Fenster aufweist (gegen je eins in den beiden anderen) und auch sonst alles enthält. Das ist nun allerdings allerhand, und das Mädchen Irina, die Tochter des Hauses, die neben Fey darin herumwirtschaftet, ist offensichtlich gespannt, was ich zu dieser Pracht sagen werde. Hm … der Stubenboden ist mit läuferartigen,

buntgestreiften Schafwollteppichen bedeckt; aber wenn die auch ganz sauber aussehen und die Dielen darunter weißgescheuert sind, sicher ist sicher: Raus damit! Irina ist maßlos erstaunt, schüttelt den Kopf und tut wie befohlen. Die Fenster sind mit Gardinen verhängt, die glatt vom oberen Rand herunterfallen. Billiger Warenhauskram, dessen graue Farbe alter Dreck, aber auch Folge von Seifenmangel sein kann. Auf jeden Fall verdunkeln sie nur, also ebenfalls – raus! Irinas Augen werden noch runder, aber sie hängt die Dinger schweigend ab. Na, nun sieht man schon wesentlich besser. Was ist das? Auf einem in Mannshöhe angebrachten Eckbrett, dessen unterer Rand mit aus Zeitungspapier geschnittenen Girlanden »verziert« ist, während darüber sich eine Kulisse wie die Bühne eines Kasperletheaters aufbaut, stehen die Ikonen, Heiligenbilder in billigstem Buntdruck unter Glas u. Rahmen, mit Silberpapier verziert usw. Jesus, die Muttergottes, der Heilige Georg zu Pferd (der Kerl wird so nie reiten lernen) und andere. Davor eine »ewige Lampe« ohne Licht. Die lieben Heiligen sind nicht blond und blauäugig, wie bei uns, sondern schwarz und dunkeläugig, von jener süssen Schönheit, die der Sage nach die echten Russinnen einmal ausgezeichnet haben soll. Süsser Kitsch, aber in seiner Art nicht schlimmer, wie der[!] gleiche Genre bei uns in Oberbayern und da rum. Jetzt hat das Mädchen Irina unverkennbar Angst, und in der Tür erscheint mit dem gleichen Gesichtsausdruck auch die Alte und Iwan, der Herr des Hauses. Ich sehe sie an, nicke freundlich, sage »scheen« und bedeute durch eine Geste: »Kann bleiben!« Im Augenblick strahlen alle Gesichter, und ich kann leider nicht verhindern, dass die Alte mit einer Art Kniefall meine Hand erwischt und küsst. Nun nehmen sie mir auch garnichts mehr übel. Das Mädchen Irina versteht zwar immer noch nicht, warum die weißen Tücherstreifen rausmüssen, die schalartig um die beiden grossen Wandspiegel gehängt sind, von denen der eine stockfleckig, der andere aber aus gutem Kristallglas ist, und *sie* hätte die beiden Flittergebilde, die so von der Decke herabhängen, dass man ständig mit dem Kopf dranstösst, liebendgern hängen lassen, aber wenn der gute Barin das so will – nitschewo! Der Tisch und zwei Stühle bleiben drin, mein Holzbett mit Stroh kommt dazu, eine Bank wird zum Waschtisch befördert, und die Laube ist fertig. – Fey baut sich aus 2 Bänken und einem Strohsack sein »Bett« im Vorraum. – Am Abend finde ich Irina beim Schein einer Ölfunzel, auf der Ofenbank sitzend, über einem deutsch-russischen

Schullesebuch. Sie fährt mit dem Finger die Zeilen entlang und buchstabiert murmelnd. Als ich mir das Buch zeigen lasse, deutet sie auf einen Satz. »Ich heisse Anna«, steht da, aber sie radiert mit dem Finger das »Anna« heftig aus, zeigt auf sich und ersetzt es durch »Irina«. »Daitsch: Irene!« fügt sie stolz hinzu. Na, da muss ich mich ja auch vorstellen. »Ich heisse Moritz«, sage ich, und gehe in mein Zimmer. Fey platzt heraus und Irina lacht mit, obwohl sie nicht recht weiss, warum. Sie ist lt. Einwohnerliste 17 Jahre alt und lacht ihrerseits furchtbar, als ich den 2jährigen Schreihals, der als vierter Eingeborener das Haus bevölkert, für *ihren* Sohn halte. Nein, der gehört ihrer Schwester in Leningrad. Beim weiteren Studium der Einwohnerliste, die der Natschalnik mir als dem neuen Ortskommandanten mit vielen Verbeugungen überbringt, finde ich hinter dem Namen »Petrow, Andre, geb. 12.12.22« einen Tintenstiftvermerk: »Am 12.12.41 gehängt!« Als Partisane. An seinem 20. Geburtstag. Auch eine Art, seinen Geburtstag zu feiern. (…)

Von Juni bis Dezember 1942 war Habicht als Bataillonsführer und Kompaniechef an der Nordfront des Kessels von Demjansk eingesetzt:

16. Oktober 1942:
Die Nacht ist natürlich ruhig gewesen. Wir führen nur am Tag Krieg und auch da unter gewissenhafter Einhaltung der Essens- u. Ruhepausen. Schliesslich sind wir ja ein zivilisiertes Volk, und gute Beispiele färben auf die Dauer auch auf den rötesten Iwan ab. Besonders wenn er für jeden Verstoss gegen die gute Sitte gleich eines mit dem Eisenhammer auf den Kopf bekommt.

Gleich morgens sagt sich schon der Regimentsführer mit Hptm. Benzin[6] und Adjutant zum Besuch einschl. Mittagessen an und trudelt um 12.$^{\underline{00}}$ ein. Er hat für den Führer des jüngsten Stosstruppunternehmens, Fw. Wegener, das EK I mitgebracht und für die beiden jüngsten Teilnehmer desselben das EK II. Die andern haben's schon von früher her und gehen deshalb leer aus. Die drei Knaben freuen sich mächtig und ziehen strahlend ab. Max[7] hat, was die Aufmachung angeht, alle seine Talente spielen lassen, sodass wir durchaus den Eindruck eines gepflegten Haushaltes machen, aber das Essen ist scheusslich. Ausgerechnet heute – und das empfindet Max als eine gegen ihn und meinen Ruf persönlich gerichtete Gemeinheit – muss es den grässlichen gedörrten Kohl geben, der so beliebt ist, wie einst im 1. Weltkrieg die Steckrübe. Max ist heilfroh, dass wir unser Renommé hinterher mit einem echten Bohnenkaffee, papierfreien Zigarren und einem Schnaps wenigstens einigermassen wiederherstellen können.

Die Unterhaltung dreht sich um Politik, fängt irgendwie bei der Türkei an und wandert dann so allmählich über die ganze europäische Landkarte hin, wobei der gute Major hin und wieder Ansichten äussert, die völlig abwegig sind und infolgedessen von mir leicht korrigiert werden, ohne dass ich mir was Böses dabei denke, denn schliesslich verstehe ich ja etwas mehr von dem Geschäft als er. Je öfter dieser Fall aber eintritt – und das entgeht sogar am Ende meiner Harmlosigkeit nicht mehr – desto ärgerlicher wird er innerlich, und als sich allmählich – zusammengenommen – herausstellt bezw. aus Nebenbemerkungen von mir ergibt, dass ich den Führer, Göring, Ribbentrop, Dollfuss, Quisling, usw. usw. persönlich kenne, da platzt ihm endlich der Kragen und … Also kurz und gut: Es stellt sich heraus, dass er erstaunlicherweise – er ist allerdings erst seit 3 Monaten wieder beim Regiment – keine Ahnung hatte, welchem berühmten Mann er da die letzten Zigarren wegrauchte und den letzten Schnaps austrank, und deshalb zunächst nicht nur wütend geworden war darüber, dass ein simpler Oberleutnant es wagte, seine, des Herrn Majors, wohlfundierten politischen Ansichten zu korrigieren, sondern dass er nun auch gerade im Begriff gewesen war, gewaltig auf den Tisch zu schlagen und sich *diese* »Aufschneidereien« aber nun zu verbitten. Als Benzin und sein eigener Adjutant auf den ersten Ansatz dazu aber in schallendes Gelächter ausbrechen, glaubte er im Augenblick tatsächlich, plötzlich unter *lauter* Irrsinnigen zu sitzen, bis Benzin ihn endlich unter Tränen der Heiterkeit aufklärte. Da aber immer dann, wenn ein hoher Vorgesetzter irrt, stets ein Untergebener her muss, der daran Schuld ist – denn die Götter irren *nie!* – so bekam der Adjutant eins auf den Hut, dass er ihm »das« nicht schon längst gesagt habe. Worauf der nur erwidern konnte, *das* sei doch so landbekannt, dass er niemals habe vermuten können, der Herr Major wisse das *nicht*, und über bekannte Dinge rede man ja bekanntlich nicht. Womit *er* wieder recht hat. Hinter Max's streng dienstlicher Miene stand allderweilen ein breites Grinsen über den Reinfall des hohen Herren. Wie konnte auch ein Mensch nicht wissen, wer »wir« sind. Unglaublich. –

Mit dem Mittagessen ist auch der Postsack von gestern abends heraufgekommen. Inhalt für mich: Das Kilopäckchen der Lüttjen vom 29.9., viele Illustrierte und Zeitungen, und ein Brief der Mutter des gefallenen Lt. Walter. Die Haltung unserer Frauen ist wundervoll. Da hat nun diese Mutter – eine Witwe obendrein – ihr einziges Kind verloren, und doch … diesen Krieg *können* wir garnicht verlieren.

22. November 1942:
(…) Um 7.$^{\underline{00}}$ ist der neue Rgts.Kdr. mit Batl.-Führer und Chefs da und es wickelt sich alles programmässig ab. Ich muss mit ihm durch die ganzen Stellungen laufen, ihm alles zeigen, und er fliesst so über von Lob und Freude über das, was er dabei zu sehen kriegt, dass er mich auf dem Rückweg fragt, ob ich denn nicht Lust hätte, mich aktivieren zu lassen. Das sei alles so grossartig angelegt und Haltung und Aussehen der Truppe so tadellos, dass ich als aktiver Offizier zweifellos alle Chancen hätte. Ich muss laut lachen. Ob er sich einen aktiven Oblt. oder Hauptmann mit 45 Jahren vorstellen könne? Er wiederholt die immergleiche Geschichte: Er will mir mein ehrwürdiges Alter einfach nicht glauben und erst als er – auf direkte Frage seinerseits – mein Zivilgewerbe erfährt, muss er selber seinen Gedanken als »blödsinnig« erklären. »Aber schade ist's doch«, meint er, »ich wünschte mir manchen aktiven Kommandeur so wie Sie!« (…)

Nach einem Heimaturlaub im Dezember/Januar 1942/43 war Habicht seit Januar 1943 wieder als Kompaniechef an der Südfront des Kessels von Demjansk eingesetzt:

31. Januar 1943:
(…) Nachmittags habe ich meine Zugführer beisammen. Sie kriegen zwar auch Zigaretten und einen Schnaps, aber in der Hauptsache einen auf den Hut. Und zwar vorher, mittendrin und hinterher nocheinmal, damit sie es nicht vergessen. Diese Herren, die 4 verschiedenen Regimentern entstammen – ich selbst bin vom fünften – und von denen obendrein zwei, ein Artillerist und ein Nachschubmann, vom Infanteriekampf überhaupt keine Ahnung haben, sind der Auffassung, es genüge völlig, dass sie da seien, alles andere werde sich dann bei gegebener Gelegenheit schon von selber »historisch entwickeln«. Dass ein Führer in der Hauptsache Erzieher zu sein hat und dass 50 wahllos zusammen-

gewürfelte Männer aller Alter, Truppenteile und Herkommen zunächst noch lange kein kampfkräftiger Zug, sondern ein Sauhaufen ohne Kitt und Bindung sind, der unter dem ersten Druck auseinanderläuft, ist ihnen völlig neu. Sie sind sehr erstaunt, als ihnen klar wird, was alles sie eigentlich zu tun haben, auch – und gerade – wenn *nichts* los ist, und gehen nachdenklich ab, indes ich mich wieder auf meiner Schlafbank lang mache und dem Radiokonzert zuhöre, denn was kann man schon anderes machen an einem licht- und sonnenlosen letzten Januar-Sonntag-Nachmittag zwischen 16.$^{\underline{00}}$ und 18.$^{\underline{00}}$. Im Rumdösen und Zuhören sehe ich noch einmal das Bild des gestrigen Nachmittags vor mir, als wir – alle Offiziere des Bataillons – im Batl.Gef.St. die Übertragung der Goebbels-Rede und der Führerproklamation zum 30. Januar anhörten. Dass so etwas nicht einmal gemalt wird! Dieser niedrige Keller eines bis auf die Grundmauer zerstörten Hauses, der grob gemauerte Ofen in der Ecke, der grosse Brettertisch mit der grauen Wolldecke darüber, das flackerende Licht der einsamen Kerze mit den riesengrossen, tanzenden Schatten, und im Kreise darum sitzend die regungslosen, schweigenden Gestalten der Offiziere. Wie grundverschieden sind sie nach Alter, Herkommen, Rassentypus und Temperament, und doch, wie sie schweigend da sitzen, alle in dem gleichen abgetragenen Rock, alle die gleichen verblichenen Ordensbänder auf der Brust, bei allen – wie das flackernde Licht springt – das gleiche silberne Aufblitzen des EK I, der Sturmabzeichen, da sehen sie sich fürchterlich ähnlich, wie Söhne einer Mutter, deren Gesichter ein gleiches hartes Schicksal geformt und geprägt hat. Allerdings: Es gibt Stellen in der Rede, bei denen es sie zusammenreisst, und andere, bei denen sie flammend hochgehen, wie ich es nie vorher erlebte. Rede und Proklamation sind von unerhörter Wirkung, daran ist kein Zweifel. So sicher es ist, dass kein anderer als Göring das – und so! – sagen durfte, was zu Stalingrad zu sagen war, und so gewiss einige Stellen seiner Rede von antiker Grösse waren – vor allem der Vergleich zwischen Stalingrad und Termopylä – so unbestritten ist bei Goebbels die grössere Meisterschaft der Rede nach Inhalt, Form und Vortrag. Seine Formulierungen sind einmalig, unübertrefflich, ewig gültig und von klassischer Gestalt. Was er sagt und wie er es sagt, ist so, dass es zu allen Zeiten jedem Volk in solcher Lage als letzter Appell gesagt werden kann und nie seine Wirkung versagen wird, wenn dieses Volk überhaupt noch einen Funken von Ehre im Leibe hat. Der gute Führer wird in die Geschichte eingehen – und das mit Recht – als der politische Clausewitz des deutschen Volkes, und wird als solcher noch leben und wirken, wenn längst Gras über ihn gewachsen und längst vergessen ist, welch beachtliches kleines Biest er nebenbei zu Lebzeiten noch war. Aber wo wäre je Licht ohne Schatten gewesen. – Das Ende von Stalingrad kommt nun doch. Deutschland ist um eine Armee ärmer, aber um eine seiner grössten Heldensagen reicher geworden. Dies ist die Kette, von der Göring sprach: Der Kampf der Nibelungen in Etzels Halle – der Totenkampf der letzten Goten in den Schluchten des Vesuv – und der Untergang der 6. Armee in Stalingrad. Mit welchem Schwung werden wir danach angreifen, wenn man uns wieder loslässt »bei steigender Sonne«. (…)

Am 19. Februar 1943 begann die Wehrmacht, den Kessel von Demjansk zu räumen. Im Anschluss an den Rückzug kämpfte Habicht mit seiner 4. Kompanie Ende Februar/Anfang März 1943 für zehn Tage in der Abwehrschlacht bei der Ortschaft Penna südlich der Stadt Staraja Russa:

4. März 1943:
Um $7.^{00}$ werde ich wach davon, dass Max aus dem Zelt kriecht. Durch die Tür sehe ich in einen strahlendblauen Tag, aber es ist bitterkalt. Der Rand meiner Decken ist vom Atem dick bereift und ich friere trotz Winteranzug, Filzstiefeln, Pelzhaube und Decken. Ich will mich gerade wieder herumdrehen und noch einmal fest einwickeln und werfe noch einen Blick auf die Armbanduhr – $7.^{10}$ – da tut es einen Schlag, dass die Erde wie unter einem Riesenaufschlag aufzuckt, und unmittelbar danach schmettert, kracht, blitzt und dröhnt es, als wenn die Welt untergehen wollte. Da ist kein Abschuss und kein Einschlag mehr zu unterscheiden, da kann man nicht mehr auseinanderhalten, was eigene und feindliche Batterien, was leichte und schwere Geschütze, was Panzer, Pak oder Granatwerfer – das ist alles nur ein einziges, entfesseltes, irrsinniges Toben von übermenschlichen Gewalten, dass da heranheult, zischt, kracht, schmettert, birst, Trichter in die Erde reisst, haushohe Bäume zerfetzt, Äste und Erdschollen durch die Luft wirbelt und in immer neuem Aufzucken von grellen Blitzen, schmetternden Schlägen, zischenden Splittern und flackernden Pulverschwaden sich entlädt. Max ist im Hechtsprung wieder ins Zelt zurückgefahren – warum, es bietet soviel Deckung wie ein Blatt Papier – wir liegen flach auf die Erde gepresst,

den Kopf auf die Arme gedrückt, und denken mit starren Augen und zum Zerreisen gespannten Nerven nur eins: Der Iwan trommelt! Trommelt wie in keiner der grossen Weltkriegsschlachten, die ich kenne, stärker getrommelt worden ist! Wir liegen und liegen, jeden Bruchteil einer Sekunde darauf gefasst, mit einem Faustschlag ausgelöscht zu werden und wissen nicht, was draussen geschieht. Ich möchte aufspringen und hinausstürzen, um nach meinen Männern zu sehen, aber ich weiss auch sogleich, dass das Wahnsinn und Selbstmord wäre. Im halben Aufrichten schon wäre ich durchlöchert wie ein Sieb. In diesem wahnsinnigen Feuer kann kein Mensch einem anderen helfen, sofern überhaupt noch einer lebt. Käme jetzt einer herein und sagte mir, wir seien die letzten noch Lebenden, ich würde es ihm ohne weiteres glauben, wie ich umgekehrt nicht verstehe, dass wir überhaupt noch leben. Das Sperrholzdach über unseren Köpfen ist durchsiebt von Splittern, in den Polentornister, auf dem mein Kopf liegt, sind zwei hineingefahren, wir sind bedeckt mit Holzsplittern, Ästen, Zweigen, Erdschollen, Blitz auf Blitz zuckt schmetternd rund um uns aus der Erde, Bäume neigen sich und brechen krachend zusammen, und wir leben immernoch? (…)

Eine Stimme schreckt mich auf: »Herr Oberleutnant!« Ein abgehetzter Melder liegt auf dem Bauch vor der Tür, blutbespritzt, mit jagendem Atem: »Meldung vom 1. Zug: Thomssen und Wegbünder tot, MG zerstört – Volltreffer! Uffz. Bever und Ogefr. Klüver schwer verwundet! Bewegung am Waldrand, ich soll Handgranaten holen!« Ich merke erst jetzt, dass das Feuer nachgelassen hat. Zwar tobt es – mit normalen Maßen geredet – noch immer wie wahnsinnig, aber in der Masse hat es sich weiter nach hinten verlagert. Nun wird es wohl soweit sein. »Max, auf! Sie kommen!« Max fährt hoch und rutscht hinaus, ich folge. Du guter Gott, wie sieht das hier aus. Wo vor 2 Stunden – es ist 9.[15] – noch eine makellose weiße Schneedecke war, da dehnt sich nun eine schwarzmoorige, tausendfach durchwühlte Schlammdecke. Alle Bäume, soweit sie nicht entwurzelt sind, sind in 2, 3, 4 m Höhe geköpft und ihre zerfetzten Wipfel und die Äste bilden eine unentwirrbare, dschungelartige Wildnis, in die immer noch Granaten auf Granaten schlagen. Man hält es für unmöglich, dass in diesem Chaos der Vernichtung noch ein Mensch leben könne, und dennoch regt es sich jetzt überall auf den Ruf »An die Gewehre!«. Freilich, das sind Erscheinungen aus einer anderen Welt, die schmutzstarrenden, hohläugigen, blutverschmierten Gestalten, aber dennoch Soldaten, die nun an ihre Waffen stürzen. 4 Mann sind tot, 6 schwerverwundet, und eben kommt auch noch der Feldwebel Ehlert angewankt, von 2 Mann gestützt. Ich wundere mich über seine komisch-tastenden Bewegungen, mit denen er gegen die dicksten Baumstümpfe stösst, bis ich merke, dass er blind ist durch einen Granatsplitter in den Kopf. Armer Kerl. Aber wir haben keine Zeit für sie, wir jagen an die Gewehre, sie sind Sache des Sanitäters.

Wir liegen hinter den Gewehren und warten auf den Russen, aber er kommt nicht. Wir sehen wohl an der Penna-Mulde 5 Panzer gegen Marfino rollen und hinter der Waldspitze verschwinden, aber ihnen folgt keine Infanterie. Die dünne Spitze, in höchstens Kompaniestärke, die ihnen zu folgen versucht, ist alles, und die bleibt im Flankenfeuer meiner MG's liegen. Wir warten und warten, aber es wird nichts mehr. Es ist $10.^{\underline{30}}$, das Trommelfeuer hat erheblich nachgelassen, und immer noch kommt nichts. Wir stehen vor einem Rätsel. Dieser ganze Riesenaufwand, und danach – nichts? Sollte seine Infanterie so mürbe sein, dass sie selbst jetzt noch nicht anzugreifen wagt? Dass sie einfach – streikt? Es gibt fast keine andere Erklärung dafür. (…)

Bisher war es infanteristisch ziemlich ruhig gewesen, und auch als uns im Anmarsch von den Bunkern her mehrmals kurzes, heftiges MG- und Gewehrfeuer entgegenschellte, sah ich darin nichts Aussergewöhnliches. Dann aber – ich traue meinen Augen nicht! Ich sehe vor mir das Schneisenkreuz liegen, dahinter die weißen Schneebuckel der alten Bunker, und beiderseits derselben flutet es in breiter Front zurück! Grenadiere vom Regiment 30, vornehmlich von der Kompanie des Brillenleutnants, kommen in lockerer Kette zurück auf uns zu, die Gewehre lose in der Hand, teils laufend, teils in schnellem Schritt, und auf und ab fliegen Rufe: »Zurückgehen! Befehl – zurückgehen!« Ich sehe mir einen Augenblick starr das Bild an, dann springe ich dem Nächsten an die Brust. »Wo wollt Ihr hin?« – »Zurück! Der Russe ist durchgebrochen!« Und er will weiter. Mich packt eine rasende Wut. Ich fasse ihn am Kragen, reisse ihn herum und schleudere ihn in den Dreck. »Willst Du Hund wohl liegen bleiben! Gewehr in Anschlag, schiess' wenn der Russe kommt, aber rühr' Dich keinen Schritt mehr weiter!« Der Hauptmann ist mit einem gemurmelten »Schöne Schweinerei« plötzlich mit seinem Anhang verschwunden. Ich habe nur noch den Uffz. Schmidt bei mir und sehe in der Nähe meinen Ogefr. Schwarze, den Prachtkerl. Vorne bei den Bunkern liegt noch eins meiner MG's und schiesst wie rasend in den Wald. Das andere hat Hemmung und der Richtschütze schlägt fluchend mit der Faust auf dem Schloss herum. Alles andere ist in voller Auflösung im Zurückgehen. »Schmidt, Schwarze! Rechts und links raus, ich Mitte – alles aufhalten – haut dazwischen – die Kerle sollen schiessen! Schiessen!« … Wir drei fahren wie die Teufel dazwischen, hauend, tretend, stossend, schlagend, ein Teil geht uns nach hinten durch die Lappen, aber endlich haben wir doch wieder sowas wie eine Schützenkette liegen, die auf Befehle hört. Aus dem Wald fährt uns russisches MP- u. Gewehrfeuer entgegen, MG's scheinen sie also noch garnicht zu haben. »Sprungweise vorarbeiten zu den Bunkern!« Dort feuert noch immer mein lMG mit dem braven Ogefr. Fuchs. Liegend kriechen die Männer vorwärts. »Schiesst! Schiesst! Der Iwan darf den Kopf nicht hochkriegen! Vorwärts, zu den Bunkern!« Mit langen Sätzen jage ich vorwärts, werfe mich neben das MG. Hinter mir hat ein Teil der Flüchtenden Halt gemacht und steht unschlüssig herum. Wenn ich die Saukerle blos[s] hier hätte, aber ich kann nicht weg, sonst rennen mir die anderen wieder davon. Da taucht ein kleiner Leutnant auf, wild, mit zerzaustem, schweißverklebtem Haar. Er schreit auf mich ein: »Warum halten Sie Ihre Leute nicht fest?« Ich kann nur wütend lachen: »*Meine* Leute stehen! Mit diesem Sauhaufen habe ich nichts zu tun. Aber wer sind *Sie* denn?« – »Lt. Kranich, Ord. Offizier vom Regiment 30!« – »Aha, also sind's *Ihre* Leute doch. Los, holen Sie die Kerle dahinten ran!« Der Kleine saust wie eine Furie davon, kurz darauf höre ich ihn hinten toben: »Wollt Ihr Saukerle wohl vor! Ich knalle jeden über den Haufen, der noch einen Schritt zurück tut!« Tatsächlich, er bringt's fertig. Zögernd schieben sich die Burschen wieder nach vorn, jeden einzelnen stösst er auf seinen Platz, haut ihn in den Dreck: »Schiess', Kanaille!«

Langsam wird unser Feuer stärker, planvoller. »Tiefhalten! Immer hinein in den Busch! Schiessen! Schiessen!« Schwarze taucht wieder auf und wirft sich atemlos neben mich. Ich liege hinter meiner MP, beobachte den Busch 30 m vor mir und schiesse mit kurzen Feuerstössen auf jede Regung dadrinnen. »Wo ist der Lt. Josten?« Schwarze ist so wütend, dass er jede militärische Form vergisst: »Getürmt! Als erster! Der hat den ›Zurück‹-Befehl gegeben! War garkein Grund dazu!« Josten ist eben erst als »umgeschulter« Artillerist zur Infanterie versetzt worden. Das ist ja lieblich. An einem Tag gleich zwei solcher Offiziere zu haben. Der Ogfr.

Fuchs neben mir schiesst weiter wie wild mit seinem MG. 20 m links davon feuert auch mein zweites MG jetzt wieder. »Langsam Füchschen, Munition sparen!« Der Russe schiesst jetzt – ohne Rücksicht auf die eigenen Leute – von weiter rückwärts mit Pak. »Wumm-bumm! Wumm-bumm!« In diesem Kiefernhochwald ist jeder Schuss ein Treffer in einen Baum. Es sieht fast lustig aus, wie bei jedem Schuss eine Baumkrone in 3–4 m Höhe sich mit einem kleinen Satz vom Stamm abhebt und dann senkrecht wie ein Weihnachtsbaum zu Boden rauscht, aber unsere Verluste mehren sich. Überall stöhnt und wimmert es, tönt der Schrei nach dem Sanitäter. Mein Sauhaufen wird schon wieder unruhig, nur meine alten Kerle von der 4. Kp. liegen eisern hinter ihren Gewehren, spähen mit kalten Jägeraugen in den Busch und jagen Schuss auf Schuss hinein. Ohne sie stände hier längst nichts mehr. Ich bin unbändig stolz auf meine Burschen.

Von links kommt ein Schrei: »Die Iwans wollen sich ergeben!« Der kleine Leutnant Kranich kommt angehetzt: »Links haben Russen die Hände hoch, aber andere schiessen weiter! Sie werden weich! Gegenstoss?« Einen Augenblick schwanke ich – Gegenstoss mit diesem Haufen? – aber dann sehe ich hier die grosse Chance. »Fertigmachen zum Gegenstoss! Gewehre laden! Handgranaten bereit! Im Anlauf aus der Hüfte feuern!« – und dann, nach einer Pause – »Auf! Sturm! Hurra! Hurra!« … Der kleine Leutnant Kranich geht 15 m links von mir vor, unausgesetzt aus der MP feuernd, Hurra schreiend, die Männer antreibend, in der Mitte bin ich, rechts von mir Schwarze, wir springen, schiessen, die Büsche vor uns brechen von fliehenden Schritten, nur das Pakgeschütz schiesst noch, wir gewinnen Raum, 30 m, 50 m, fast 100 m – da sehe ich bei einem flüchtigen Blick nach hinten, dass der rechte und der linke Flügel liegengeblieben sind. Wir haben nur mitgerissen, was in unserer Griffweite lag, wir sind die Spitze eines schmalen Keils, mehr nicht. In diesem Augenblick fällt der kleine Leutnant Kranich, in seinem schneeweissen, neuen Tarnanzug ein leuchtendes Ziel. Ich sehe, wie er beide Arme hochwirft, langsam in die Knie bricht und dann vornüber aufs Gesicht fällt. Damit ist alles aus. Ich kriege die Kerle nicht mehr hoch, geschweige denn noch einen Schritt vorwärts, und muss nun auch meine Keilspitze zurücknehmen, die schon von drei Seiten wieder Feuer bekommt. Dazu ist es mittlerweile fast dunkel geworden. Für heute ist nichts mehr zu machen. Ich kann jetzt nur noch halten, bis es Tag wird und Unterstützung kommt. Vorausgesetzt, dass diese Burschen sich nicht im Dunkel der Nacht wieder nach Hinten verdrücken. Erst jetzt fällt mir ein, dass mich die ganze Geschichte im Grunde garnichts angeht. Ich habe den Abschnitt einer fremden Kompanie, eines fremden Bataillons verteidigt und gehalten. Allerdings, hätte ich es *nicht* getan, so wäre ich jetzt selber eingeschlossen und abgeschnitten. Nun taucht auch der Leutnant Josten wieder auf.

Mir juckt es in allen Fingern: »Wo waren Sie? Wie kommen Sie dazu, einen Rückzugsbefehl zu geben?« Er setzt zu einer langen Erklärung an, aber ich schneide sie ihm ab: »Nachher, bei mir!« Rundherum stehen Landser und hören zu, hier ist kein Platz dafür.

Und dann ist Priebe[8] da und beobachtet, dass der Hornbrillenleutnant mit mehreren Männern wieder bei meinem Gef.Std. gelandet sei, dort herumhocke und wüste Geschichten von durchgebrochenen Russen erzähle. Nun würden auch unsere Männer schon nervös. Das hat mir noch gefehlt. Ich verteidige dem Kerl seinen Abschnitt, fange seinen fliehenden Sauhaufen auf, und der macht mir derweilen meine Kerls verrückt! Ist denn hier alles wahnsinnig geworden? Ich übergebe Josten das Kommando der Bunkerlinie mit den denkbar schroffsten Befehlen. »Diese Linie halten Sie und wenn der letzte Mann und sie selbst dabei totgeschlagen werden oder ich stelle Sie vor das Kriegsgericht. Haben sie das verstanden?« Er hebt die Hand an den Helmrand, bringt aber keinen Ton mehr heraus. Ich lasse ihn brüsk stehen und gehe mit Priebe voran. Das ist nun auch wieder so eine Heldengestalt, gross, schlank, gutgebaut, mit einem männlich-markanten Gesicht, ein schöner Mann, ein Musterbild für jede Illustrierte, ein Mustermodell für jeden Bildhauer – »Der Frontoffizier« – wahrscheinlich das Idol zahlloser Weiber aller Alter, und was steckt dahinter? Nichts!

Ich sehe meinen guten, krummen alten Priebe neben mir herlatschen, der im grössten Schlamassel nicht eine Sekunde die Ruhe verliert, der so gelassen schiesst, wie er seine Berichte und Meldungen schreibt, der wie ein feiner Schäferhund den ganzen Tag durch dieses Höllenfeuer von Zug zu Zug und von der Kompanie zum Bataillon trabte, als alle Melder ausgefallen und Draht und Funk zum Teufel waren. Ich sehe meine eigene Heldenfigur im Spiegel und muss lachen: Nee, mit uns kann man allerdings keine Reklame machen. Nur das bis[s]chen Krieg hier, *das* müssen wir allerdings machen. Hinterher sind wir dann wieder kleine bescheidene Leute im Schatten der Heldenfiguren. Ich werde fast lustig bei dem Gedanken, und lache leise vor mich hin. Priebe sieht mich verwundert von der Seite an, sollte der Chef jetzt auch übergeschnappt sein? (…)

31. Mai 1943:
(…) Nachmittags kommt Major Benzin zum Kaffeetrinken zu mir und wir verdrücken gemeinsam den Kuchenrest, der eigentlich für Karlchen Büsing[9] aufgehoben werde sollte. Danach gehe ich mit Breese[10] noch einmal ins Vorfeld, um alle Einzelheiten für die Nacht festzulegen. Es ist immer wieder ein spannendes und erregendes Gefühl, wenn man sich ausser Sicht der eigenen vordersten Posten – und damit ganz auf sich selbstgestellt – in einem Gelände bewegt, in dem jeder Mensch, auf den man nun stösst, nur noch Feind sein kann. Man lauscht und sichert wie ein Tier, gleitet wie eine Schlange durch das Gras, huscht gebückt hinter Strauchwerk entlang, verhält regungslos sekundenlang bei einem ungewohnten Geräusch und weiß – die entsicherte Pistole in der Faust – mit kalter Klarheit, dass im Moment des Zusammenstosses der erste Schuss alles entscheidet. Auf diesem Boden fällt der Sieg nur dem zu, der über die männlichsten Eigenschaften verfügt. Wagemut, eiskalte Ruhe und blitzschnelles Handeln. Schade, dass man das nicht auf die hohe Politik anwenden kann. Da wäre dann bald reiner Tisch gemacht mit allem Geschmeiss.

Im Juni 1943 verließ Habicht die Front, um in Antwerpen den Bataillonsführerlehrgang zu absolvieren, und trat anschließend einen Urlaub an; im November 1943 kehrte er zurück und übernahm das Kommando über das I. Bataillon im Grenadierregiment 547 (83. Infanteriedivision).

10. Dezember 1943:
(…) Anschliessend will ich weggehen in die Stellungen, da ruft das Regiment an: Dableiben! Der Oberst kommt mit dem »KG« – dem Kommandierenden General – zu mir! Wenn doch der Teufel diese Besuche holen wollte. Es ist in diesem verdammten Laden doch geradezu verhext. Als wenn es im ganzen Korps nur mein Batl. gäbe. Natürlich kommt er dann nicht, wie angesagt, um $9.^{\underline{30}}$, sondern erst gegen $11.^{\underline{00}}$, ein schmächtiger, älterer Herr, dem man auf den ersten Blick garnicht die Schärfe zutraut,

für die er berüchtigt ist. Ich melde, und er »freut sich, mich kennen zu lernen.« Da ich noch nichts darüber aussagen kann, ob die Freude beidseitig sein wird, nehme ich zunächst nur dankend die Hand an die Mütze. Im Bunker schnuppert er an meinem Bücherbrett herum. »Clausewitz – Nietzsche – Jünger – – – – hm hm – haben Sie soviel Zeit zum Lesen?« – »Jawohl, Herr General!« – »So, sagen Sie mal ...« und nun geht ein Sermon los, das von dem Gesundheitszustand der Männer über die Zahl der Socken, die Höhe ihrer Verpflegungssätze, ihre Herkunft, Alter, Berufsschichtung, den Ausbau der Stellungen, die Ausstattung an Munition, die Lage beim Iwan, meine taktischen An- und Absichten aber auch nichts vergisst, was der freundlichste Examinator nur irgend an kniffligen und Fangfragen erfinden könnte. Du lieber Gott, *das* mir altem Hasen! Ich beantworte gelassen Frage auf Frage, nenne Zahlen, Daten und Maße, und wo ich sie tatsächlich nicht weiß, nenne ich mit gleicher Ruhe irgendeine xbeliebige Ziffer, die ungefähr stimmen könnte. Das Rezept ist so alt wie der Kommiss selbst, jeder General hat es zu seiner Zeit selber angewandt, und trotzdem fällt erstaunlicherweise jeder später daraufhinein, sobald der Prüfling nur mit der nötigen Schnelligkeit, Sicherheit und Frechheit antwortet. Am Ende sieht er mich wohlwollend an: »Na, Sie scheinen Ihren Kram ja wirklich zu kennen. Sind sie aktiv?« Ich bin einen Augenblick verblüfft, denn ich nahm an, er wüsste, wer ich bin. Dann kann ich eine Frechheit nicht unterdrücken: »Wenn ich aktiv wäre, Herr General, dann hätte ich bei meinem Alter wahrscheinlich ein Korps und nicht ein Bataillon!« Den Obersten rührt fast der Schlag, die Artillerie-Kommandeure hinter dem Rücken des Generals platzen fast vor gewaltsam unterdrücktem Vergnügen, der General selber aber starrt mich ganz perplex an. »Na«, meint er nach einer Verblüffungspause, »Sie halten entweder sehr viel von sich oder sehr wenig von Kommandierenden Generälen. Was sind sie denn in Zivil?« – »Unterstaatssekretär.« – »Oha! Und welchen Rang haben Sie da im militärischen Vergleich?« – »Den eines Kommandierenden Generals, Herr General!« – Jetzt ist es mit der Fassung der anderen aus, und der ganze Bunker dröhnt vor Lachen, der General nicht zuletzt. »So«, meint er, »dann mögen Sie allerdings recht haben. Dann wären wir sozusagen Kollegen?« – »Sozusagen ja, Herr General.« Er amüsiert sich grossartig. »So hat mir noch keiner den Spiess in der Hand herumgedreht,« meint er, »aber da Sie Ihren militärischen Kram so gut beherrschen, kann ich es

Ihnen nicht übelnehmen.« Nach einer weiteren 1/2stündigen Unterhaltung, bei der Colli[11] meine österreichische Rolle wiedergibt, verabschiedet sich der »gefürchtete« Mann in bester Laune. »Hat mich wirklich sehr gefreut, Sie kennengelernt zu haben. Ich komme bald mal wieder zu Ihnen.« (…)

19. Dezember 1943:
(…) Rechts und links von uns und in unserem Rücken dröhnt der Donner der Abwehrschlacht von Newel, vor uns aber liegt schweigend und leblos bei Tage der Raum unserer Front, um bei Nacht zu einem unsichtbaren und unkontrollierbarem drohenden Leben zu erwachen. Die Männer gehen verschlossen und wortkarg durch die Tage, stehen stumm in den Nächten auf ihren Posten, und in ihren Bunkern ist nichts zu sehen von jenen kleinen Vorbereitungen, die sie sonst in diesen Tagen trafen. Die spärliche Post, die kommt, ist 2–3 Wochen alt, und von Weihnachtssendungen ist wenig dabei. Oder sind es nur *meine* Augen, die die Dinge so sehen, weil ich selber so ohne Ruhe und Rast bin? Was ich früher nie tat, geschieht nun oft: Dass ich mich untertags aufs Bett lege, zu schlafen versuche und oft auch stundenlang schlafe, dann wieder aufspringe, ohne Plan und Ziel hinauslaufe und mir erst unterwegs überlege, wohin ich eigentlich will – und alles nur, um den ewigbohrenden Gedanken zu entgehen, wie es Zuhause wohl aussehen mag, um die Zeit zu überbrücken bis hin zu dem Tag, an dem endlich – verflucht – doch einmal eine Nachricht kommen *muss*, die dieser Quälerei ein Ende macht.[12] *Ein* Wunsch wird brennend und riesengross in diesen Tagen: Dabei sein dürfen, wenn die grosse Schlussabrechnung mit England kommt! Wenn einmal der gestaute Hass der Hunderttausenden und Millionen losbricht, die heute gleich mir unter der infamen Kriegsführung dieser Kanaillen [sic] leiden, dann wird dort drüben kein Stein mehr auf dem anderen bleiben. Wenn dieser Tag kommt, kann der Führer ruhig die Wehrpflicht aufheben, er wird Millionen von Freiwilligen haben. (…)

25. Dezember 1943:
(…) Zum Abschied weiß er[13] mir nur noch mitzuteilen, dass die Partei zu Weihnachten Redner an die Front geschickt habe, die zur Truppe sprechen und ihr die »Grüsse der Heimat« überbringen sollten. Auf uns sei

ein Kreisleiter Zimmermann aus Baden-Baden gefallen, der gestern beim Regiment gesprochen habe und heute zu mir kommen wolle. Er kenne mich. Naja, wer kennt mich schon *nicht*. Von mir aus könnte er sich den Weg sparen. (…) Zur Kaffeezeit kommt der Kreisleiter angereist. Ich lege leicht die Ohren an, als ich den grossen, goldschimmernden Parteihut und unter dem Mantel die piekfeine braune Uniform voll Lametta sehe, werde aber wieder versöhnt, als darauf dann auch das EK I, das Inf. Sturmabzeichen und die Ostmedaille sichtbar werden. *Die* Verbindung lasse ich mir gefallen. Sowas kann man auch dem Landser präsentieren. Der Kreisleiter ist ein mittelgroßer Mann Anfang dreissig, der typische Schwabe, war bis Mitte 1942 Leutnant in einer MGK und wurde dann als Vater von 6 Kindern aus der Front gezogen und u. k. gestellt. Nichts dagegen einzuwenden. Ich lasse alles zusammentrommeln, was in der Nähe greifbar ist, und Einicke[14] meldet dann »60 Mann angetreten!« Sie stehen vor dem Batl.Gef.Stand, ich stelle den Kreisleiter vor, erkläre kurz seinen Auftrag und lasse ihn dann reden. Ich habe ihn vorher gebeten, sich kurz zu fassen, denn es ist bereits dunkel, der Schnee stiebt, ein unangenehm scharfer Wind pfeift, und ich will dem Landser sowenig wie möglich von seiner kargen Freizeit im warmen Bunker rauben. Was der Mann dann sagt, ist im Grunde genommen Bockmist. Er hat mir vorher erzählt, dass sie vor Antritt der Frontfahrt in München zusammengefasst und »ausgerichtet« worden seien. Also trägt er da nun sozusagen amtliche Auffassungen vor, und die verraten eine totale Unkenntnis der Stimmung an der Front und dessen, was sie hören will von der Heimat. Sie will garnicht dauernd hören, dass es keinen zweiten 9. November 1918 mehr geben werde, weil sie das erstens für selbstverständlich hält und zweitens 70 Prozent der Männer garkeine Vorstellung haben, was ein 9. November ist, weil sie damals entweder noch garnicht lebten oder noch in die Hosen sch…. Weiter *kann* es psychologisch geschickt sein, *ein*mal zuzugeben, dass irgendwo etwas faul sei, um dadurch umso überzeugender die Lichtseiten hervorzuheben, aber das so zu formulieren: Wir wissen, dass es *überall* Schweine gibt (folgt Aufzählung), *auch* in der Partei, aber …. heilige Unschuld! Ich bin froh, als er nach etwa 10 Minuten aufhört, und radiere in 3 Minuten eigener Rede alles aus, was er gesagt hat. Die Kerls geraten in eine heiterlachende Stimmung, und das abschliessende 3 fache »Hurra« auf den Führer donnert heraus, dass der Schnee aufwirbelt. »Weggetreten! Und sauft mir nicht soviel!«

Ein lachender Chor antwortet durcheinander. »Schon längst passiert, Herr Hauptmann!« – »Wo gibt's denn noch was?« usw. (…)

Der letzte erhaltene Eintrag im Tagebuch von Theodor Habicht vor seinem Tod am 31. Januar 1944:

Sonnabend, 1. 1. 1944:
Das neue Jahr hat wahrhaft prächtig angefangen. Wenn der Ablauf dem Anfang entsprechen sollte, dann Mahlzeit. Es fing damit an, dass gegen 20.^{00} von der 3. Komp. die Meldung einlief, der Russe schiesse mit einer neuen Art von Wurfgranaten, die sich durch eine dumpfere Detonation, Entwicklung einer dichten, blaugrauen Rauchwolke von stechendem Geruch und Verspritzen einer zähbrennenden Flüssigkeit auszeichne. Man vermutet Phosphorgranaten. Ein Mann sei leicht verwundet und seine weiße Tarnjacke leuchte im Dunkeln grünlich. Eine Stunde später ist der Mann da und wir können selber die Richtigkeit der Meldung feststellen. Ich diktiere sofort einen Bericht an das Regiment zur Weitergabe nach oben. Der Fall kann von ungeheurer Bedeutung werden, denn er kann die Eröffnung des Gaskrieges bedeuten, vor der bis jetzt noch beide Teile zurückgeschreckt sind.

Um 22.^{30} passiert die zweite Schweinerei. Der Uffz. Jurek von der Batl.-Reserve, zieht im Suff eine Handgranate ab, verletzt sich selber schwer und seinen Zugführer leicht. Und das unter den Augen der Letten, die damit einen prächtigen Begriff von deutscher Ordnung und Disziplin bekommen. Während der Kerl selber zum Hauptverbandsplatz abtransportiert wird, kann ich als letzte Arbeit des alten Jahres die Meldung an das Kriegsgericht diktieren.

Ich bin gerade damit fertig und es ist eben 10 Minuten vor Mitternacht – aus dem Radio leitet schon feierliche Musik auf das neue Jahr hin – da geht irgendwo draussen ein wüster Feuerzauber los. Die dumpfen Paukenschläge krepierender Wurfgranaten, die hellen Abschüsse und dumpfen Einschläge von Artillerie, dazwischen das giftige Bellen von Pakgeschützen, alles vermischt zu einem brodelnden Donnern – und garnicht weit weg. Während tiefe, feierliche Glockenschläge das neue Jahr einläuten, stürzen wir hinaus in die eisige Nacht. Der ganze Himmel im Südosten flammt wieder[!] vom Feuer der Abschüsse und Detonationen, der Kristallationspunkt aber ist mein rechter Flügel:

Höhe 172,3 und Stützpunkt »Cilli.« Während aus dem Radio breit und feierlich die Deutschlandmelodie herausflutet, drehe ich umsonst wie rasend die Fernsprecherkurbel – die 3. Komp. antwortet nicht. Um $0.^{\underline{10}}$ hört das Feuer der schweren Waffen schlagartig auf. Dafür knattern nun wie rasend unsere Maschinengewehre, bellen russische MG's, wummern Handgranaten – und abermals 10 Minuten später schweigen auch diese alle wie abgehackt. Nur weiße Leuchtkugeln tanzen noch lange aufgeregt auf und nieder und tauchen die Schneelandschaft in ein gespenstisches Licht, bis auch das endlich langsam erlischt und das schwarze Schweigen der Winternacht alles zudeckt; in deren Schutz nun Melder und Störungssucher ihren Weg nehmen. Um $1.^{\underline{00}}$ endlich ist der Führer der 3. Kompanie, Oberfeldw. Wrobel, wieder am Draht.

Bericht: $23.^{\underline{50}}$ schlagartig schwerster Feuerüberfall des Russen auf Stützpunkt »Cilli« bis $0.^{\underline{10}}$, dann blitzartiger Angriff und Einbruch eines russischen Stoßtrupps in Stärke von 15 Mann in unsere Gräben, wütender Nahkampf mit MP, Kolben, Spaten und Handgranaten, $0.^{\underline{20}}$ Schluss! 11 Russen tot, ihr Führer – ein Oberlt. u. Komp.Chef – schwer verwundet in unserer Hand, 3 Überlebende entkommen. Eigene Verluste 3 Tote, 3 Schwer- und 3 Leichtverwundete. Stützpunkt fest in unserer Hand.

Nun geht das Theater von hinterher los. Regiment, Division, alle Nachbarn, endlich sogar der Herr Kommandierende General höchstpersönlich sprengen mir fast den Fernsprecher mit ihren Anrufen und wollen wissen, was los sei. Danach grosse Befriedigung rundum – »Fabelhafte Sache!« – »Mordserfolg!« – »Herzlichen Glückwunsch!« – »Glänzender Start ins Neue Jahr! Weiter so!« – und endlich seitens der beiden Herren Generäle »Besondere Anerkennung für das I. Batl.« Ich stecke alles ein, benutze die Gelegenheit, dem Herrn Divisionskommandeur 6 EK's abzuknöpfen für meine Männer auf »Cilli«, und leere dann schweigend mein längst erkaltetes Punschglas. Auf das Neue Jahr? Ich denke an meine drei braven Jungen auf »Cilli«, die Weihnachten noch so froh waren, als ich sie besuchte, und nun kalt und starr im Schnee liegen, gefallen auf der Schwelle des neuen Jahres. Prosit Neujahr? Ja – prosit! – – – –

Den ganzen Tag über schiesst unsere Artillerie. Sie verschiesst die überzählige Munition, die sie nicht mehr mitnehmen kann, nachdem sie die Wochen und Monate seither kaum geschossen hatte, um zu »sparen«. Ich liege auf meinem Bett und kann nicht schlafen, obwohl ich seit 24 Stunden kein Auge zugetan habe. Ich habe wohl zuviel Bohnenkaffee getrunken. Ganz in meiner Nähe schiesst eine Batterie in aufreizender Monotonie alle Minute einen Schuss ab. Stundenlang. Bei jedem Schuss klirren meine Bunkerscheiben und klappt die Tür unter dem Luftdruck. Langsam kriecht eine rasende Wut in mir hoch. Diese Idioten! Wir sollen uns »unbemerkt« vom Feind absetzen – und nun diese irrsinnige Pulverei, »um dem Feind keine Munition in die Hände fallen zu lassen.« Der müsste ja total verblödet sein, wenn er nun nicht merkte, was hier gespielt wird. Als ob es nicht ganz gleichgültig wäre, ob er die paar tausend lächerlichen Granaten – zu den Millionen, die er schon hat! – nachher noch findet oder nicht. Aber die Erfinder dieser Nützlichkeitstheorie tun sich natürlich leicht. *Die* sind längst weg, wenn sich der letzte absetzt, der dann alles ausbaden muss, unsere »unvergleichliche Infanterie.« Die zahlt dann die Zeche. Mit Blut. Nachmittags sind die 6 EK's schon da, aber die sie kriegen sollen, sind schon auf dem Wege ins Lazarett. Hoffentlich kommen sie durch. So – und so!

In den Morgenstunden hat man mir den russischen Oberleutnant angebracht. Er hat zwei Brustschüsse und eine schwere Schussfraktur des linken Oberarms. Trotzdem verlangt er dauernd nach Zigaretten und »Wodka« und bekommt sie auch. Dafür erzählt er alles, was wir wissen wollen. Er ist 35 Jahre, Techniker aus Nowo-Sibirsk, und Chef der Kompanie auf dem Douaumont. Er hatte den Auftrag, einen Gefangenen einzubringen, weil man drüben wissen wollte, was bei uns vorgeht, und da ihm das einige Tage vorher – bei mir! – schon einmal missglückt war, hatte er nun persönlich gehen müssen unter der Drohung, er würde erschossen, wenn er diesmal wieder mit leeren Händen zurückkäme. Er ist seit September in dieser Stellung, von Angriffsabsichten weiß er nichts. Sein Stosstrupp sei 15 Mann stark gewesen. Als ihm gesagt wird, dass 11 davon tot seien, zuckt er mit unbewegtem Gesicht die Schultern und lässt sich eine neue Zigarette geben. Der Arzt glaubt nicht, dass er durchkommt, aber mir macht der Kerl nicht den Eindruck, als ob er bald abkratzen wollte. Die Bande ist zäh wie Leder. –

Das Durcheinander in der Befehlsgebung wird immer grösser. Ich sage zu allem nur noch »ja« und tue, was *ich* für richtig halte. Hin und wieder – aber selten – deckt sich das sogar mit dem, was von oben kommt. Es ist trostlos.

Anhang

Dank

Dieses Buch begann als Forschungsprojekt an der Universität Mainz, das von der Gerda Henkel Stiftung durch ein Forschungsstipendium und Sachmittel möglich gemacht wurde – der Stiftung gilt daher mein größter Dank für die Förderung und das Vertrauen, außerdem auch für die freundliche Betreuung des Projekts. Nach meinem Wechsel ans Deutsche Historische Institut London im Mai 2012 gewährte mir unser Direktor, Andreas Gestrich, den Freiraum, um das Projekt abzuschließen – für seine Geduld, sein Interesse und seine Unterstützung möchte ich ihm ganz besonders danken.

Einen wesentlichen Anteil an der Realisierung des Buchprojekts hatten meine Mitarbeiterinnen und Mitarbeiter, die mir bei den Recherchen geholfen haben. Insbesondere Frederik Müllers hat als zeitweiliger Projektmitarbeiter eine Vielzahl von Aufgaben gemeistert. Er hat Teile des Habicht-Tagebuchs transkribiert und den abgeschriebenen Gesamttext überprüft und mit erschlossen. Außerdem hat er umfangreiche Recherchen in diversen Archiven in Berlin, Freiburg, Wiesbaden und Koblenz übernommen. An der Universität Mainz waren in der ersten Projektphase auch Felix Matheis, Désirée Neeb, Chris Uhlig und Till Wolters an der Transkription der Habicht-Aufzeichnungen beteiligt. Daneben hat Christian Schmittwilken für mich Nachforschungen in Archiven in Berlin, Wittenberg und Merseburg angestellt. Am DHI London haben mir außerdem unsere Praktikantinnen und Praktikanten assistiert. Für die hervorragende Arbeit und das Engagement bin ich ihnen allen sehr dankbar. Meinem Kollegen Matthias Uhl am DHI Moskau danke ich für die Koordination der Recherchen in den russischen Staatsarchiven und die Beantwortung zahlreicher Fragen. Für die Durchführung der Archivrecherchen in Moskau und die Übersetzung der relevanten Akten danke ich Wladimir Sacharow.

Während der Arbeit an diesem Buch habe ich sehr von dem Austausch mit einer Vielzahl von Kolleginnen und Kollegen profitiert. An erster Stelle möchte ich Jürgen Förster dafür danken, dass er mich bereits während der Recherchen für meine Dissertation in Freiburg auf das Habicht-Tagebuch aufmerksam machte. Mit Sönke Neitzel habe ich das Projekt schon in der Anfangsphase und weit darüber hinaus diskutiert; er hat außerdem einen frühen Entwurf des Manuskripts gelesen. Für die kritische Lektüre des Manuskripts, fruchtbare Gespräche und wichtige Anregungen danke ich außerdem Johannes Hürter, Kiran Patel, Lutz Raphael, Frank Trentmann und Klaus Schmider. Hilfreiche Hinweise erhielt ich auch von Kurt Bauer, Jürgen Matthäus, Armin Nolzen, Christoph Rass und Adrian Wettstein. Nicht zuletzt möchte ich meinen Kolleginnen und Kollegen am DHI London für unsere Diskussionen und ihre Unterstützung danken. Mein besonderer Dank gilt daneben der Lektorin des S. Fischer Verlags, Tanja Hommen, für die Aufnahme des Buches in das Verlagsprogramm und ihr so gewinnbringendes Lektorat.

Gewidmet ist dieses Buch meinen wundervollen kleinen Söhnen Louis und Henry.

London, Dezember 2016

Anmerkungen

I Einleitung

1 Die einzige ausführlichere Publikation zu Habichts Biographie ist bislang ein Aufsatz von Stephanie Zibell, Oberbürgermeister.
2 Tamborski/Brown, Measurement; Coliani, Versionen.
3 Reynolds/Lejuez, Narcissism.
4 Levy/Ellison/Reynoso, Review.
5 Adorno, Sociology.
6 Wolfe, Decade; Lasch, *Culture*.
7 Kraushaar/Wieland/Reemtsma, *Dutschke*.
8 Twenge/Campbell, *Narcissism*.
9 Vgl. z. B. Williams, Me! Me! Me!, oder das Titelthema »Narzissmus. Die größte Liebe unseres Lebens«, in: *Der Spiegel*, 26/2016.
10 Miller, *World*, S. 181 f., 186.
11 Ellison, Identities.
12 Graf/Steuwer, Selbstkonstitution; Bajohr, Zeitalter.
13 Gonzales/Hancock, Mirror.
14 Vgl. Graf/Steuwer, Selbstkonstitution, S. 26.
15 Kriegstagebuch von Theodor Habicht, 17. 6. 1941–1. 1. 1944: BA-MA, MSg 2/12955, 12956, 12957, 12958 (im Folgenden zitiert als KTBTH). Das Tagebuch wurde 1986 von Habichts früherem Regimentskameraden Heinz-Georg Lemm an das Bundesarchiv übergeben. Lemm hatte das Tagebuch von Habichts Witwe erhalten.
16 Vangelisti/Knapp/Daly, Narcissism.
17 Habicht, *Unstaat*.
18 Hartmann, Einleitung, S. 27.
19 Levy/Ellison/Reynoso, Historical Review, S. 8 f.
20 Matthäus/Bajohr, *Rosenberg*, S. 312, 336, 346, 243, 247 f., 259, 267, 269, 467.
21 Kershaw, *Hitler*, S. xxvii.
22 Ullrich, *Hitler*, S. 442 f., 432, 437, 444, 454 f.; vgl. Pyta, Hitler, S. 241 ff.
23 Siehe das sogenannte Hossbach-Protokoll von der Besprechung vom 5. 11. 1937: *http://www.1000dokumente.de/index.html/index.html?c=dokument_de&dokument=0008_hos&l=de*.

24 Notizen General Hoth, Besprechung in der Reichskanzlei vom 30.3.1941; BA-MA, RH 21-3/40, Bl. 32f.
25 Hartmann, Einleitung, S. 28.
26 MacDonald, Narcissism, S. 148; Twenge, Narcissism and Culture, S. 207.
27 Siemens, *Brownshirts*, S. 365–367.
28 Im Sinne einer praxeologischen Perspektive, vgl. Reichardt, Geschichtswissenschaft.
29 Wildt, *Generation*; Herbert, *Best*.
30 Wirsching, Authentizität.
31 Auch zum Folgenden: Frevert, Gefühle.
32 Watts/Lilienfeld, Sword.
33 Hachtmann, Effizienz.
34 Kershaw, »Working Towards the Führer.«
35 Auch zum Folgenden: Raphael, *Gewalt*, S. 197ff., 206f., 218, 221.
36 Knox, *Destiny*, S. 172f.
37 Selbstdeutungen und soziale Praktiken der Faschisten als Forschungsthema hebt hervor: Reichardt, Wege, S. 21.
38 Rösch, *NSDAP*, S. 184.
39 Geyer, Individualismus.
40 Vgl. Zehnpfennig, Hitler, S. 166; Hartmann, *Hitler*, S. 1123ff., 1130, 1137.
41 Vgl. Zehnpfennig, Hitler, S. 169, 173ff., 178.
42 Föllmer, Nationalsozialismus, S. 32, 51.
43 Bavaj, *Ambivalenz*, S. 66–70.
44 Föllmer, *Individuality*.
45 Föllmer, Nationalsozialismus, S. 33.
46 Die Forschung zu Ungleichheiten im »Dritten Reich« konzentriert sich v.a. auf rassistische Ausgrenzung, vgl. Kramer/Nolzen, *Ungleichheiten*.
47 Hachtmann, Spaces, S. 210.
48 Nolzen, Die NSDAP, der Krieg und die deutsche Gesellschaft; Müller, *Wehrmacht*, S. 50. Zum 1.1.1940 waren insgesamt 7283 hauptamtliche und 236188 ehrenamtliche NSDAP-Funktionäre einberufen, die Personalstärke der Wehrmacht betrug zur gleichen Zeit etwa 6050000 Mann.
49 Raab, *Goffman*, S. 69–75.
50 Miebach, *Handlungstheorie*, S. 107.
51 Wirsching, Authentizität; Hogan/Fico, Leadership, S. 400.

II Die Kultur des Narzissmus

1 Die Tagebücher von Joseph Goebbels, 26.7., 28.7., 30.7.1934; Bauer, *Hitlers zweiter Putsch*, S. 233ff.
2 Die Tagebücher von Joseph Goebbels, 17.10.1934, 29.10.1934.
3 Ebd., 30.7.1934.

4 Morgenausgabe der *Berliner Volkszeitung*, Nr. 560, 2. 11. 1915; Digitale Zeitschriftensammlung der Staatsbibliothek Berlin, *http://zefys.staatsbibliothek-berlin.de/list/title/zdb/27971740/*.

5 Leonhard, *Büchse*, S. 21.

6 Watson, Kaiser, S. 57–61; Wierling, *Familie*, S. 42 ff.

7 Das ergibt eine Analyse der erhaltenen Mitgliederdaten der Wiesbadener NSDAP aus den Parteiakten und den Mitgliederlisten in den zeitgenössischen Publikationen zur Parteihistorie.

8 KTBTH, 22. 8. 1941.

9 »Beglaubigte Abschrift. Militärpass des Unteroffiz. August Wilhelm Otto Theodor Habicht[,] Jahresklasse 1915«; Ratsarchiv Wittenberg, Personalakte.

10 Vgl. ebd.; von sechs Eintragungen über seine »Führung« aus der Zeit zwischen 1916 und 1919 sind fünf mit »sehr gut« bewertet, eine mit »genügend«.

11 Römer, Truppenführer, S. 74 f.

12 Römer, *Kameraden*, S. 156.

13 Zum größeren Selbstbewusstsein nach Einsätzen: Seiffert/Heß, *Afghanistanrückkehrer*.

14 Von Habichts Eltern sind zwar keine Parteimitgliedschaften überliefert, von seinem Vater ist aber immerhin bekannt, dass er als Schriftsetzer bei der *Berliner Börsen-Zeitung* arbeitete, die zum deutschnationalen Lager gehörte: »Theodor Habicht, Abteilungsleiter in der Berliner Börsen-Zeitung, feiert heute sein 50jähriges Berufsjubiläum. Der Jubilar ist der Vater des bekannten Landesführers der NSDAP in Österreich.« *Berliner Börsen-Zeitung*, 16. 9. 1933; BA-B, NS 5-VI-17 592, Bl. 127.

15 Geburtsurkunde von Alfred Habicht, geb. 27. 4. 1899 in Wiesbaden; Stadtarchiv Wiesbaden, Geburtenregister. Mitgliedskarte Nr. 88 910 zu Alfred Habicht in der NSDAP-Mitgliederkartei (Parteieintritt 1. 5. 1928); BA-B, BDC, MF Ortsgruppenkartei. Weitere Personalvorgänge in: BA-B, PK D0278, Frames 1881–1894. Demnach diente Alfred Habicht von Januar 1929 bis November 1930 als stellvertretender Sektionsleiter und Straßenzellenleiter in Berlin-Tegel, von September 1936 bis Mai 1937 dann als Blockleiter, bevor er offenbar wieder als einfaches Mitglied in der Ortsgruppe Tegel geführt wurde. Ab Mai 1942 gehörte er zur Ortsgruppe Krakau im Generalgouvernement – welche Funktion er hier bekleidete, konnte nicht ermittelt werden.

16 Schumann, *Gewalt*; Weber, *Krieg*.

17 Habicht, *Unstaat*, S. 64.

18 Eigene Angaben in Habichts Lebenslauf; Ratsarchiv Wittenberg, Personalakte.

19 Vgl. Schumann, *Gewalt*, S. 45–83.

20 Weber, *Krieg*; Plöckinger, *Soldaten*.

21 Lebenslauf Habicht, Januar 1936; LASA-MER, C 48 I h Nr. 1145. Politische

Gegner versuchten später, ihn mit der Unterstellung zu diskreditieren, er sei nach 1919 vorübergehend KPD-Anhänger gewesen, vgl. das Pamphlet Nationalsozialist oder Kommunist? Theo Habicht. Hrsg. vom Bundeskommissär für Propaganda (verantwortlich: Edwin Rollet), Wien [o. D.] ca. 1934. Vgl. Habichts Entgegnung dazu: »War Habicht Kommunist? Eine Unterredung mit dem Landesinspekteur der NSDAP. Österreich«, in: *Münchener Zeitung* Nr. 68, 9. 3. 1934, S. 7.

22 Nach Angaben des Wiesbadener Lokalhistorikers Otto Fink, Stadtarchiv Wiesbaden, NL 34, Nr. 139, S. 176; Publikation des NSDAP-Kreises Wiesbaden a. d. J. 1936, »10 Jahre NSDAP Wiesbaden, 1926–1936«; Stadtarchiv Wiesbaden, Bestand 321, Nr. A 237.

23 Habicht, *Unstaat*, S. 62 ff., 74 ff., 85 ff.

24 KTBTH, 11. 4. 1942.

25 Auch im Nachruf der NSDAP-Führung auf Habicht wurde dies erwähnt, siehe die Pressenotiz nach Genehmigung von Martin Bormann, 29. 2. 1944; PA-AA, Pers H/794, Bl. 6.

26 Vgl. Habicht, *Unstaat*, S. 64 f.

27 Vgl. Wirsching, *Authentizität*.

28 Hartmann, Einleitung, S. 30–34.

29 Habicht, *Unstaat*, S. 111 f.

30 In den Beständen des Aktiven Museums Spiegelgasse für deutsch-jüdische Geschichte in Wiesbaden befinden sich Unterlagen zum Kaufhaus Blumenthal, aber keine Angaben über Habichts Anstellung. Für diesen Hinweis danke ich Frau Inge Naumann-Götting, Wiesbaden.

31 Vgl. Habichts Angaben in seinem Lebenslauf vom Januar 1936, siehe Anm. 21. Zu Habichts späterer Hetze gegen das Warenhaus Blumenthal vgl. z. B. den Artikel »Denkt daran – wenn Ihr Weihnachtseinkäufe macht!«, Rheinwacht, 13. 12. 1930, S. 3.

32 In seinem öffentlichen Lebenslauf tat er so, als habe seine Anstellung schon 1926 geendet, noch bevor er in die NSDAP eingetreten sei; Reichstagsprotokolle, Bd. 1938, S. 233.

33 Wildt, *Generation*.

34 Arbogast, *Herrschaftsinstanzen*, S. 144; Stelbrink, *Kreisleiter*, S. 26 ff.; Rösch, *NSDAP*, S. 555.

35 Schreiben von Himmlers Stellvertreter, Kurt Dalugue, an Theodor Habicht, 2. 5. 1938, aus der SS-Personalakte von Fritz Steinert; BA-B, SSO-154B.

36 Todesanzeige von Thea Steinert zum Tod ihres einzigen Sohnes, Oktober 1942; Stadtarchiv Wiesbaden, WI/2, Nr. 2230.

37 Eintrag im Tagebuch von Fritz Steinert, 23. 7. 1934. Das Tagebuchfragment ist nicht im Original erhalten, ist aber in der Darstellung des Wiesbadener Lokalhistorikers Otto Fink zitiert; siehe Anm. 22.

38 KTBTH, 11. 4. 1942.

39 Publikation der NSDAP-Kreisleitung Wiesbaden, »Tag der PO. Hessen-Nassau 34«; Stadtarchiv Wiesbaden, Bestand 321, Nr. A 1521.

40 Parteigeschichte »10 Jahre NSDAP Wiesbaden«, siehe Anm. 22; Monatsbericht des Statistischen Amtes der Stadt Wiesbaden, Januar 1927; Stadtarchiv Wiesbaden, V 68. Die NSDAP erhielt 727 Stimmen bei 48001 abgegebenen Stimmen.

41 Bericht der Polizeiverwaltung von Wiesbaden, betr. Politische Demonstrationen durch Anhänger der freien Gewerkschaften und Kommunisten, 4. 5. 1929; HHStAW, Abt. 405/5365, Bl. 124 ff.

42 Parteigeschichte »Tag der PO. Hessen-Nassau 34«, siehe Anm. 39.

43 Bei der Stadtverordnetenwahl vom Mai 1928 erhielt die NSDAP 6123 von 75375 abgegebenen Stimmen und im November 1929 sogar 13110 von 81426 Stimmen; Monatsberichte des Statistischen Amtes der Stadt Wiesbaden; Stadtarchiv Wiesbaden, V 68.

44 Schriftwechsel der NSDAP Wiesbaden zur Mitgliederverwaltung, 1928–1932, Meldungen über Mitglieder vom 31. 5. 1928 und 19. 12. 1929; HHStAW, Abt. 483/10131.

45 Theodor Habicht, »Weizen und Spreu«, *Nassauer Beobachter*, Folge 18 (Mai 1930); Landesbibliothek Wiesbaden.

46 Auch zum Folgenden: Aktenvermerk der Abt. I beim Oberbürgermeister, 8. 7. 1939; Stadtarchiv Koblenz, Best. 623/10755.

47 Schreiben der Städtischen Kurverwaltung von Königstein an den Herrn Oberbürgermeister, 11. 1. 1939; Stadtarchiv Koblenz, Best. 623/10755.

48 Nach seiner Ausweisung aus Österreich im Jahre 1933 wohnte Habicht in der Kunigundenstraße 60 in München-Schwabing und später in Lochham bei München, An der Dornwiese 3.

49 Das Wiesbadener Häuserverzeichnis von 1928 führt unter anderem eine Wäscherin und einen Tünchergehilfen als Bewohner dieses Hauses auf; HHStAW, II/52.

50 Personalbogen zu Habicht, 4. 1. 1940; PA-AA, Pers H/794, Bd. 1, Bl. 1 f.

51 Oberbürgermeister Habicht, Festsetzung der Besoldung, 16. 7. 1938; Ratsarchiv Wittenberg, Personalakte.

52 Wehler, *Gesellschaftsgeschichte*, Bd. 4, S. 730.

53 Bescheid des Regierungspräsidenten, 24. 4. 1937; Ratsarchiv Wittenberg, Personalakte Theodor Habicht.

54 Zahlungsanweisung, Referat Pers. H, 27. 2. 1940; PA-AA, Pers B/794, Bd. 1, Bl. 9.

55 Bajohr, *Parvenüs*.

56 Lehmann, *Kreisleiter*, S. 41–45, 53; Stelbrink, *Kreisleiter*, S. 18 f., 310; Roth, *Parteikreis*, S. 187, 190.

57 Habichts Großvater väterlicherseits war Maschinist von Beruf gewesen, sein anderer Großvater Schreiner. Bei der Heirat seiner Eltern im Jahr 1894

waren ein Kaufmann und ein Buchhalter als Trauzeugen erschienen, Heiratsurkunde von der standesamtlichen Trauung von Habichts Eltern; Ratsarchiv Wittenberg, Personalakte.

58 Vgl. Landeshauptarchiv Koblenz, Bestand 47, 02.08.07.03, Sachakte 8476 (Gesuche um Unterstützung durch die Amalienstiftung, Philipp Karl Habicht aus Holzappel (Erlernung des Tüncherhandwerks)), sowie Bestand 47, 02.08.03.03, Sachakte 14784 (Gesuche um Unterstützung, Maschinenwärter Wilhelm Habicht aus Holzappel).

59 Abgangszeugnis nach der Quarta, Realgymnasium Wiesbaden, 19.8.1910; HHStAW, Abt. 429/6/267.

60 Lebenslauf Habicht, Januar 1936, siehe Anm. 21.

61 Darauf kam er noch an der Ostfront in Bezug auf ein Gespräch mit einem anderen Offizier zurück, KTBTH, 3.5.1942: »Dabei ist er garkein Bauer, sondern von Haus aus ›Kaufmann‹ und jetzt Leiter der Abteilung ›Handel u. Gewerbe‹ in der Gauwaltung Pommern der DAF. Zum ›Kaufmann‹ geboren und geworden ist er unverkennbar so sehr wie einstmals ich. Ein Pflug in der Hand und ein Acker unter den Füssen würde besser zu ihm passen als dieser Quark, mit dem er sich jetzt abgibt.«

62 Die Tagebücher von Joseph Goebbels, 25.4.1928.

63 Vgl. z.B. den Art. »Austria and Germany«, *The Times*, 7.7.1933; Art. »The Nazis in Austria«, *The Manchester Guardian*, 21.8.1933.

64 Schreiben von Nelly Blies, Wiesbaden, an den Reichsorganisationsleiter der NSDAP, 7.4.1932; BA-B, NS 22/1055, Bl. 210ff.

65 Eintrag in der NSDAP-Mitgliederkartei, Mitgliedsnummer 41305; BA-B, BDC, NSDAP-Gau-Kartei.

66 Protokoll von der Sitzung der Ratsherren in Koblenz, 4.7.1939; Stadtarchiv Koblenz, Best. 623/Nr. 7216, Bl. 364f.

67 Fotoalbum »Herrn Oberbürgermeister Habicht zur Erinnerung an erfolgreiche Arbeit für die Lutherstadt Wittenberg«, 28.10.1939; Ratsarchiv Wittenberg.

68 Vgl. den Artikel Theo Habicht: Deutscher Politiker, Nationalsozialist, in: *Archiv für publizistische Arbeit*, 31.8.1933; BA-B, NS 5-VI-17592, Bl. 128.

69 KTBTH, 2.3.1942, 25.4.1942, 2.5.1942, 7.6.1942, 10.12.1943, 26.12.1943.

70 KTBTH, 2.12.1942.

71 KTBTH, 9.6.1943.

72 KTBTH, 31.5.1942.

73 Artikel »Die Wahrheit über die Meuterei der Berliner Nationalsozialisten«, *Das Wochenende*, Nr. 36, 6.9.1930, S. 2.

74 Schreiben Pg. Linder (Gauleitung Frankfurt) an Sprenger, 5.12.1931; BA-B, NS 22/1055, Bl. 6f.

75 Schreiben der Gauleitung Frankfurt an den Reichs-USchlA, 10.12.1931; BA-B, NS 22/1055, Bl. 5.

76 Brief von Pg. Berger an Habicht, 21. 10. 1929; HHStA Wiesbaden, Abt. 483, Nr. 10 150, Bl., Bl. 399.

77 Brief von Habicht an Pg. Berger, 7. 10. 1929; HHStA Wiesbaden, Abt. 483, Nr. 10 150, Bl. 407.

78 Antrag an den Regierungspräsidenten, 3. 11. 1937; Ratsarchiv Wittenberg, Personalakte.

79 Schreiben des Regierungspräsidenten von Merseburg an das Reichs- und Preußische Ministerium des Inneren, 25. 2. 1937; LASA-MER, C 48 I e, Nr. 1152.

80 Schreiben des Regierungspräsidenten in Merseburg, 9. 3. 1937; ebd.

81 Entwurf eines Schreibens des Regierungspräsidenten in Merseburg, 13. 4. 1937; ebd.

82 Schreiben des Reichs- und Preußischen Ministeriums des Inneren an den Regierungspräsidenten in Merseburg, 17. 4. 1937; ebd.

83 Stadtverwaltung Wittenberg, Berechnung des ruhegehaltsfähigen Dienstalters, 31. 8. 1937; Ratsarchiv Wittenberg, Personalakte.

84 Schreiben des Stellvertreters des Führers an das Auswärtige Amt, 10. 2. 1941; PA-AA, Pers. B/794, Bd. 1, Bl. 50.

85 Siehe die Unterlagen in Habichts Personalakte aus dem AA. Die Versetzung in den Wartestand hatte der nationalsozialistische Ministerialdirektor Kriebel veranlasst, mit dem Habicht bei mindestens einer Gelegenheit auch einen »Privatbrief« austauschte; PA-AA, Pers. B/794, Bd. 1, Bl. 32; Pers. H/794, Bd. 1, Bl. 54.

86 Stellungnahme der Rechtsabteilung des AA, 5. 11. 1940; PA-AA, Pers. B/794, Bd. 1, Bl. 39. Habicht galt im AA als Beamter auf Widerruf, als der er laut Beamtengesetz nicht für die Versetzung in den Wartestand in Frage kam. Stellungnahme des VLR Günther, 21. 11. 1940; PA-AA, Pers. H/794, Bd. 1, Bl. 54.

87 Berechnung des Wartegeldes für den Ministerialdirektor a. D. Unterstaatssekretär Theo Habicht, 4. 7. 1941; PA-AA, Pers B/794, Bd. 1, Bl. 45 f.

88 Ullrich, *Hitler*, S. 342 f.

89 Hachtmann, *Spaces*.

90 Habicht, *Unstaat*, S. 36 ff.

91 Bericht des Regierungspräsidiums Wiesbaden, 8. 3. 1927; HHStAW, Abt. 405/ 5365, Bl. 1–30.

92 Vernehmungsbericht der Polizei Wiesbaden, 7. 3. 1927; HHStAW, Abt. 405/ 5365, Bl. 23.

93 Dem Lokalhistoriker Otto Fink zufolge kannten sich Habicht und Kurt Pfeil, einer der Mitbegründer der örtlichen NSDAP, aus der deutschnationalen »Bismarckjugend«, siehe Anm. 22. Pfeil ging außerdem mit Wilhelm Stuckart gemeinsam auf das Wiesbadener Realgymnasium, vgl. Stuckarts Schreiben an die Reichsleitung der NSDAP, 17. 2. 1934; BA-B, PK 1120, M 0089.

94 Auf den nachbarschaftlichen Charakter des Kerns der Partei weist hin: Nolzen, NSDAP vor und nach 1933. In einer Studie zu Berlin wird der Organisationsgrad der Partei anhand der räumlichen Verteilung von Parteistützpunkten in verschiedenen Stadtteilen untersucht, vgl. Reschke, *Kampf*.

95 Für die Georeferenzierung und die Erstellung der Karte danke ich den Mitarbeitern am Osnabrücker Lehrstuhl von Christoph Rass, Lukas Hennies und Malte Schwickert. Für die UMTS-Daten danke ich dem Geodatendienst der Stadt Wiesbaden.

96 Falter, *Soziographie*.

97 Verzeichnis der Straßen und Häuser der Stadt Wiesbaden, 1928; HHStAW, II/52.

98 Eine größere Stichprobe von Ausgaben des NB und der RW zeigt, dass etwa 40 % der Inserate von Geschäften im Westend stammten.

99 Bericht der Polizeiverwaltung von Wiesbaden, 4.5.1929; HHStAW, Abt. 405/5365, Bl. 124 ff.

100 Listen der Mitglieder in den Unterlagen der NSDAP-Kreisleitung; HHStAW, Abt. 483/10 136, 10 141.

101 Zugänge der Sektion Südwest, 27.9.1930; HHStAW, Abt. 483/10 153.

102 Ergebnisse der Reichstagswahlen von 1930 und 1928, in: Städtische Nachrichten Wiesbaden. Amtliches Verkündigungs-Blatt des Magistrats, Nr. 38, 10.9.1930; Stadtarchiv Wiesbaden, WI 2/2258.

103 Swett, *Neighbors*, S. 205.

104 Im Wiesbadener Westend etwa befanden sich nicht nur die Geschäfte der Nationalsozialisten, sondern auch die Läden der Sozialdemokraten, vgl. die Inserate in der Wiesbadener »Volksstimme«, 1927–1929; Hessische Landesbibliothek, Signatur 60 gr. 2 Gz. 8775. Vgl. Swett, *Neighbors*, S. 207.

105 Die Parteilokale lagen in der Altstadt, in der Bärengasse, in der Webergasse und in der Mauergasse. Das Stammlokal des »Reichsbanners« befand sich in der Marktstraße.

106 Schreiben von Hans Körner an Theodor Habicht, 7.9.1929; HHStAW, Abt. 483/10 150, Bl. 529.

107 Bergerson, *Germans*, S. 30–33.

108 Nolzen, *NSDAP vor und nach 1933*, S. 20.

109 Swett, *Neighbors*, S. 40.

110 Rösch, *NSDAP*, S. 231.

111 Parteieintritt vom 29.7.1926, Mitgliedsnummer 41 305; BA-B, BDC, NSDAP-Gau-Kartei.

112 Artikel »Das System Habicht. Unfähigkeit oder Korruption?«, *Das Wochenende*, Nr. 35, 30.8.1930, S. 5. Artikel »Endlich Klarheit über die Wiesbadener Nationalsozialisten. Ortsgruppenführer Habicht abermals verurteilt. Er ist erkannt!«, *Das Wochenende*, Nr. 25, 21.6.1930, S. 3.

113 Auch zum Folgenden: Parteigeschichte »10 Jahre NSDAP Wiesbaden«, S. 19; siehe Anm. 22.

114 Zenker-Oertel, *NSDAP*, S. 189 ff.

115 Parteigeschichte »10 Jahre NSDAP Wiesbaden«, S. 19; siehe Anm. 22.

116 Orlow, *Nazi Party*, Bd. 1, S. 147 ff.; Rösch, *NSDAP*, S. 231 f.

117 Parteigeschichte »Tag der PO. Hessen-Nassau 34«, siehe Anm. 39. Der geographische Zuschnitt der einzelnen Gliederungen wurde von der Frankfurter Gauleitung bestimmt, vgl. das Schreiben der Gauleitung Hessen-Nassau-Süd an Habicht, 20. 1. 1930; HHStAW, Abt. 483/10 142, Bl. 140. Vgl. Reschke/Wildt, Aufstieg, S. 27.

118 Zenker-Oertel, *NSDAP*, S. 157 ff., S. 173 f., 180 f., S. 197 f.

119 Rösch, *NSDAP*, S. 111 ff., 121 f.

120 Reibel, *Fundament*, S. 30.

121 Vgl. Nolzen, Die sächsische NSDAP, S. 51.

122 Anzeige im *Nassauer Beobachter*, Folge 30, Juli 1929, zit. nach: Zenker-Ortel, *NSDAP*, S. 159.

123 Nolzen, The NSDAP's Operational Codes, S. 96 f.

124 Schreiben von Habicht an Philipp Röhrig, 20. 12. 1930; HHStAW, Abt. 483/10 143, Bl. 716. Vgl. dazu die Aussage eines Gegners vor Gericht, 1930; HHStAW, Abt. 469/33/3160, Bl. 13–16.

125 Leitartikel von Habicht, »Dienen und Opfern«, in: *Nassauer Beobachter*, Folge 19 (Mai 1930). Demnach war bei gewaltsamen Zusammenstößen die Welt plötzlich »eine einfache und klare Sache: Drüben steht der Feind und hier stehen wir.« Vgl. Reichardt, *Kampfbünde*.

126 Habicht, *Unstaat*, S. 39–42 (Artikel »Zwischen den Schlachten«).

127 Schreiben des Präsidenten der interalliierten Rheinland-Oberkommission, 22. 5. 1929; HHStAW, Abt. 405/5365, Bl. 63.

128 Habichts Antrag auf Führen einer Schusswaffe, 1928; HHStAW, Abt. 483/ 10 138; Waffenfunde der Wiesbadener Polizei bei den örtlichen Nationalsozialisten, 1928; HHStAW, Abt. 405/5365, Bl. 34; NSDAP-Kreis Süd-Taunus, Arbeitsplan Winter 1928; HHStAW, Abt. 483/10 149.

129 Zenker-Oertel, *NSDAP*, S. 190 f.

130 Beispiele in: HHStAW, Abt. 483/10 136, Bl. 203 f.; Nr. 483/10 137, Bl. 117 ff.; Nr. 483/10 150, Bl. 77.

131 Schreiben Habichts an Sprenger, 12. 4. 1928; HHStAW, Abt. 483/10 138, Bl. 378.

132 Schreiben von Sprenger an Gregor Strasser, 14. 4. 1931; BA-B, NS 22/1055, Bl. 87 ff.

133 Lebenslauf Habicht, November 1936; Ratsarchiv Wittenberg, Personalakte. Vgl. Holzmann, *Die österreichische SA*.

134 Vgl. Schafranek, *Sommerfest*, S. 14.

135 Lebenslauf von Alfred Proksch in den Akten des Reichstags von 1938;

http://daten.digitale-sammlungen.de/~db/bsb00000146/images/index.html?nativeno=347.

136 Richard Suchenwirth, »Gestalten aus der Partei«, o. D.; IfZ-Archiv, ED 420, Bd. 9, S. 139.

137 Lebenslauf Habicht, Januar 1936, siehe Anm. 21.

138 Zu einer Situation an der Ostfront, wo er als »Korsettstange« für einen weniger energischen Vorgesetzten fungieren sollte, KTBTH, 5. 3. 1942: »Sowas hab' ich ja nun besonders gern: Ein anderer hat's Kommando, und ich soll dafür sorgen, dass kein Mist geschieht. Geht's gut, dann ist der ein grosser Mann, und geht's schief, dann bin ich's gewesen. Das wäre dann wieder so'ne neue Prokschiade.«.

139 Unterredung des Min.Dir. Köpke mit dem österreichischen Gesandten, 23. 2. 1934; PA-AA, R 73 477.

140 Hachtmann/Süß, *Kommissare*.

141 Wagner, Partei, S. 52 f.

142 Schreiben des NSDAP-Kreisleiters von Wittenberg an den Gauleiter Rudolf Jordan, 8. 6. 1936; LASA-MER, Rep P 501/Nr. 47. Rasch hatte in Personalunion den Vorsitz über das Kreisparteigericht innegehabt.

143 Conze [u. a.], *Amt*, S. 15, 129, 132, 142. Vgl. Hürter, Amt.

144 Vgl. Jacobsen, *Außenpolitik*, S. 464–477; Longerich, *Propagandisten*, S. 27 ff.; Hürter, Amt, S. 173 ff.

145 Vgl. Longerich, *Propagandisten*, S. 54 ff.

146 Stellungnahme des Referats Pers. H, 21. 11. 1940; PA-AA, Pers H./794, Bd. 1, Bl. 48 f.

147 ADAP, Serie D, Bd. VIII, S. 743. Habicht fungierte als stellvertretender Leiter der Politischen Abteilung, als Leiter der Informationsabteilung sowie des Rundfunkreferats, das zur Kulturpolitischen Abteilung gehörte, und war Ribbentrop als Mitglied des Ministerbüros direkt »attachiert«.

148 Vgl. die Korrespondenz mit dem Briefkopf in: PA-AA, R 66 826.

149 Verfügung Min.Dir. Kriebel, 19. 9. 1940; PA-AA, Pers H/794, Bd. 1, Bl. 61. Vgl. Jacobsen, *Nationalsozialistische Außenpolitik*, S. 279 ff.; Longerich, *Propagandisten*, 29, 54–57.

150 Alfred Rosenberg etwa fand es »amüsant«, dass jemand wie Habicht »plötzlich zum Unterstaatssekretär gemacht« wurde; Rosenberg, *Tagebücher*, S. 305 f. (14. 12. 1939).

151 Schmidt, *Außenpolitik*, S. 46 ff., in Anlehnung an Koehl, Feudal Aspects.

152 ADAP, Serie D, Bd. IX, S. 344 f.

153 Rosenberg, *Tagebücher*, S. 481 (30. 7. 1943).

154 Vgl. die Lokalgeschichte von Otto Fink, Anm. 22: »Offene Gegner hatte Habicht dort [in der Wiesbadener NSDAP] nicht. Dazu war seine Position in Wiesbaden zu gut gesichert.« Vgl. Hüttenberger, *Gauleiter*, S. 56–60.

155 Artikel »Das System Habicht. Unfähigkeit oder Korruption?« (Anm. 112)

156 Schreiben von Nelly Blies, Wiesbaden, an den Reichsorganisationsleiter der NSDAP, 7.4.1932; BA-B, NS 22/1055, Bl. 210 ff.

157 Der spätere Kreisleiter und Oberbürgermeister Felix Piekarski etwa wurde 1928 unter Habicht in die Führung der Ortsgruppe »berufen«; Parteigeschichte »Tag der PO. Hessen-Nassau 34«, siehe Anm. 39.

158 Als Habicht 1931 nach Österreich wechselte, nahm er u. a. seinen Adjutanten Fritz Steinert und einen der Mitbegründer der Wiesbadener NSDAP mit, den Buchhändler Kurt Pfeil.

159 Schafranek, *Sommerfest*, S. 15 ff.

160 Vgl. Holzmann, *Die österreichische SA*, S. 108 ff.

161 Nachträgliche Darstellung von Richard Suchenwirth, »Gestalten aus der Partei«, o. D.; IfZ-Archiv, ED 420, Bd. 9, S. 138.

162 Pamphlet *Nationalsozialist oder Kommunist* (Anm. 21).

163 Die österreichische Rundfunkanstalt RAVAG zeichnete Habichts Radioansprachen auf Schallplatten auf, doch blieb nur eine einzige Aufnahme von 1933 erhalten; Dokumentationsarchiv Funk, Wien. Für die Audio-Datei danke ich dem Kurator, Wolf Harranth, Wien.

164 KTBTH, 18.6.1941, 4.12.1943.

165 Schreiben von Habicht an Joseph Goebbels, 17.11.1927, 26.3.1928; HHStAW, Abt. 483/10138.

166 Die Tagebücher von Joseph Goebbels, 25.4.1928, 25.6.1928, 14.12.1928.

167 Schreiben der Gauleitung Berlin-Brandenburg an Habicht, 15.8.1929; HHStAW, Abt. 483/10138.

168 Lokalgeschichte von Wiesbaden, Ernst Jungmann, o. D.; Stadtarchiv Wiesbaden, NL 34/Nr. 46.

169 Ullrich, *Hitler*, S. 441.

170 Die Tagebücher von Joseph Goebbels, 2.3.1934: »Habicht hat uns schwer geschadet. Furchtbar! Sonst aber nicht aussichtslos.« Siehe auch die Einträge vom 7.10.1933, 4.2.1934, 17.3.1934, 11.4.1934.

171 Die Tagebücher von Joseph Goebbels, 30.7.1934.

172 Fragment aus dem Tagebuch von Fritz Steinert, siehe Anm. 37. Vgl. Habichts Lebenslauf vom 11.12.1936; LASA-MER, C 48 I h, Nr. 1145, Bl. 32: »26. Juli 1934 Enthebung aus außenpolitischen Gründen«.

173 Habichts Lebenslauf vom 15.1.1936; ebd., Bl. 2.

174 Schreiben des Oberpräsidenten der Provinz Sachsen an den Regierungspräsidenten in Merseburg, 15.10.1936; LASA-MER, C 48 I e, Nr. 1152.

175 Jasch, *Staatssekretär Wilhelm Stuckart*.

176 Habicht half Stuckart Anfang 1934 dabei, sich zur Statusverbesserung eine niedrigere NSDAP-Mitgliedsnummer zu verschaffen: Schreiben von Wilhelm Stuckart an die Reichsleitung der NSDAP, 17.2.1934; BA-B, PK 1120, M 0089. Für den Hinweis auf diese Quelle danke ich Darren O'Byrne, Cambridge.

177 Vortrag Lammers' bei Hitler, 17. 8. 1938, in: Akten der Reichskanzlei, Bd. V, S. 1043. Vgl. auch den Vortrag vom 6. 7. 1938, S. 1032 f.

178 Schreiben des Reichs- und Preußischen Ministeriums des Inneren an den Oberpräsidenten der Provinz Sachsen, 14. 11. 1936; LASA-MER, C 48 I e, Nr. 1152.

179 Schreiben von Nelly Blies, Wiesbaden, an den Reichsorganisationsleiter der NSDAP, 7. 4. 1932; BA-B, NS 22/1055, Bl. 210 ff. Man hatte Sprenger sagen gehört, »es ginge nicht, dass Anhänger der ›Gruppe Habicht‹ in Wiesbaden an führender Stelle seien!«.

180 Giesel, Bürgermeister, S. 221.

181 Schreiben des Oberpräsidenten der Provinz Sachsen an den Regierungspräsidenten in Merseburg, 15. 10. 1936; LASA-MER, C 48 I e, Nr. 1152. Aktennotiz über einen Anruf der Gauamtsleitung von Halle-Merseburg vom 27. 11. 1936; ebd.

182 Gegenüber dem Oberpräsidium der Rheinprovinz erklärte Simon: »Er selbst will versuchen, Habicht zu bekommen.« Aktenvermerk des Oberpräsidiums der Rheinprovinz, 29. 3. 1937; Stadtarchiv Koblenz, Best. 623/Nr. 7216, Bl. 47. Vgl. auch Habichts Schreiben an den Vizepräsidenten des Regierungspräsidiums, 13. 5. 1939; Ratsarchiv Wittenberg, Personalakte: »Der Gauleiter des Gaues Koblenz-Trier Staatsrat Simon hat mir im Laufe der letzten 2 Jahre wiederholt die Stelle als Oberbürgermeister der Stadt Koblenz angeboten«.

183 Personalvorgänge in den Akten des Regierungspräsidiums; LASA-MER, C 48 I h, Nr. 1124.

184 Dienstanweisung für die Vertreter des Auswärtigen Amts bei den Armee-Oberkommandos, 10. 4. 1940; PA-AA, R 60765. Für den Hinweis auf diese Quelle danke ich Johannes Hürter, München. Zur Institution der VAAs vgl. Hürter, Nachrichten, S. 371–374. Vgl. auch den Aktenvermerk, Deutsche Informationsstelle, 23. 11. 1939; PA-AA, R 66826.

185 Frauenfeld, *Reu'*, S. 170 f.

186 Auch zum Folgenden: Hürter, Nachrichten, S. 374 ff.

187 Alfred Frauenfeld wurde Generalkommissar auf der Krim, Franz Schattenfroh erhielt im Mai 1942 einen Posten als Referatsleiter in der Kulturpolitischen Abteilung des Auswärtigen Amts, siehe: Keipert, *Handbuch, Bd. 4*, S. 46.

188 Vgl. die Auswahl der Feldpostbriefe in der Sammlung des Museums für Kommunikation zum Thema »Kameradschaft«: *http://www.museumsstiftung.de/briefsammlung/feldpost-zweiter-weltkrieg/briefliste.html?action=searchresults&what=letter&le_keyword=Selbstbilder:%20Kameraden,%20Kameradschaft.*

189 KTBTH, 28. 3. 1943.

190 Siehe Kap. IV.

191 KTBTH, 3.9.1941, 9.7.1942, 9.6.1943, 16.7.1941. Zu einem seiner wichtigsten Unterführer beförderte Habicht vielleicht nicht zufällig den ehemaligen HJ-Führer Theodor Röber, der gleichzeitig NSDAP-Mitglied war; Eintrag in der NSDAP-Mitgliederkartei, Nr. 3610507, Eintritt 1.5.1935; BA-B, BDC.

192 KTBTH, 31.3.1943.

193 KTBTH, 15.10.1942, 17.11.1942, 18.5.1943.

194 Vgl. Rosenberg, *Tagebücher*, S. 287 (24.9.1939).

195 Vgl. Hachtmann, *Effizienz*, S. 57.

196 Rösch, *NSDAP*, S. 184 f.

197 Der Schlichtungsausschuss der NSDAP-Reichsleitung hatte allein 1926/27 rund zweihundert Streitfälle zu bearbeiten; Rösch, *NSDAP*, S. 184, 220 f.

198 Vgl. Lehmann, *Kreisleiter*, S. 79 f.

199 Von neun Nationalsozialisten, die 1927 auf der Wahlliste gestanden hatten, blieben auf der Wahlliste von 1928 nur zwei übrig, vgl. die Wahlliste der NSDAP-Ortsgruppe zur Stadtverordnetenwahl in Wiesbaden, 6.1.1927; HHStAW, Abt. 483/10130. Vgl. Wahlliste der NSDAP-Ortsgruppe zur Stadtverordnetenwahl am 20.5.1928, o.D.; HHStAW, Abt. 483/10138.

200 Vgl. Zibell, *Sprenger*, S. 117.

201 Artikel »Weizen und Spreu«, NB, Folge 18, Mai 1930, S. 1 f.

202 Auch zum Folgenden: Korrespondenz zwischen Habicht und Körner, 7.9., 18.9., 22.9.1929; HHStAW, Abt. 483/10150, Bl. 518, 521, 529.

203 Der Wiesbadener Lokalhistoriker Otto Fink sprach in seiner Darstellung der Stadtgeschichte von einem ständigen »Intrigenkampf« unter den örtlichen Nationalsozialisten, siehe Anm. 22.

204 Erwähnung in den Unterlagen des Amtsgerichts Wiesbaden; HHStAW, Abt. 469/33/3160, Bl. 13–16.

205 Schreiben von Habicht an Sprenger, 12.4.1928; HHStAW, Abt. 483/10138, Bl. 378.

206 Briefwechsel von Habicht mit Dr. H. und C. Bein, 24.10.1927; HHStAW, Abt. 483/10135.

207 Artikel »Das System Habicht. Unfähigkeit oder Korruption?«, in: *Das Wochenende*, Nr. 35, 30.8.1930, S. 5. Artikel »Endlich Klarheit über die Wiesbadener Nationalsozialisten. Ortsgruppenführer Habicht abermals verurteilt. Er ist erkannt!«, in: *Das Wochenende*, Nr. 25, 21.6.1930, S. 3.

208 Stellungnahme von Boettner, Amtsgericht Wiesbaden, 1.3.1930; HHStAW, Abt. 469/33/3173.

209 Privatklage Habicht gegen Boettner, September 1930; HHStAW, Abt. 469/33/3173.

210 Wirsching, Authentizität.

211 Urteilsbegründung des Amtsgerichts Wiesbaden, 22.1.1931; HHStAW, Abt. 469/33/3173, Bl. 28–30.

212 Akten des Amtsgerichts Wiesbaden; HHStAW, Abt. 469/33/3123, 3173, 3159.

213 Schriftliche Erklärung des Rechtsanwalts des Beklagten Dr. R. W. Horst, 16. 7. 1930; HHStAW, Abt. 469/33/3160, Bl. 13–16.

214 Rheinwacht, 4. 5.–12. 5. 1931, gesammelt in einem Schreiben an Strasser; BA-B, NS 22/1055, 123–129.

215 Auszug aus dem Strafregister; Ratsarchiv Wittenberg, Personalakte.

216 Privatklage Arthur Hallgarten gegen Habicht, Amtsgericht Wiesbaden; HHStAW, Abt. 469/33/3161.

217 Privatklage Liebschütz gegen Habicht, 29. 8. 1928; HHStAW, Abt. 483/10 138, Anl. 577.

218 Korrespondenz zwischen Ortsgruppe Wiesbaden und Gauleitung Frankfurt; HHStAW, Abt. 483/10 131.

219 Briefe von Sprenger ließ Habicht von einem Mitarbeiter beantworten, »da er befürchtet, dass eine Antwort durch ihn ihm neue Unannehmlichkeiten zuziehen könnte«, Schreiben der Ortsgruppe Wiesbaden an die Gauleitung, 11. 8. 1930; HHStAW, Abt. 483/10 142, Bl. 101.

220 Auch zum Folgenden: Korrespondenz zwischen Sprenger und Strasser, 14. 4., 8. 5. 1931; BA-B, NS 22/1055, Bl. 78, 87 ff.

221 Schreiben von Habicht an Strasser, 16. 5. 1931; BA-B, NS 22/1055, Bl. 121.

222 Schreiben von Habicht an Sprenger, 11. 11. 1931; BA-B, NS 22/1055, Bl. 10 f.

223 Schreiben der Gauleitung Frankfurt an den Reichs-USchlA, 10. 12. 1931; BA-B, NS 22/1055, Bl. 5.

224 Auch in den offiziellen Parteigeschichten wird Habichts Rolle beim Aufbau der NSDAP in der Stadt ausführlich gewürdigt, siehe Anm. 22, 39.

225 Auch die NSDAP-Reichsleitung stellte auf Anfrage klar, dass sie die Finanzierung der regionalen Parteipresse als Aufgabe der Gaue ansah, Schreiben der NSDAP-Reichsleitung an Margarete Habicht, 19. 8. 1931; BA-B, NS 22/1055, Bl. 131.

226 Drei Monate Haft wegen seiner Hilfe für einen untergetauchten Straftäter und fünf Monate Haft für einen weiteren Verstoß gegen das Republikschutzgesetz. Vgl. Zibell, *Sprenger*, S. 165 ff.

227 Auszug aus dem Strafregister; Ratsarchiv Wittenberg, Personalakte. Die NSDAP stellte Habichts Weggang aus Wiesbaden deshalb wie einen Märtyrermythos dar, siehe die Parteigeschichten, Anm. 21, 39.

228 Schreiben von Sprenger an Strasser, 14. 4. 1931; BA-B, NS 22/1055, Bl. 87 ff.

229 Schreiben von Habicht an Strasser, 17. 7. 1931; BA-B, NS 22/1055, Bl. 118.

230 Zum Ausschluss des prominenten österreichischen Nationalsozialisten Walter Riehl durch Habicht im August 1933 vgl. den Artikel »Reichsdeutscher Protest gegen die Methoden Habichts«, Reichspost, 2. 3. 1934; PA-AA, R 73 477.

231 Oberstes Parteigericht der NSDAP, Sache Ferdinand Krackowitzer, Januar/Mai 1936; BA-B, OPG, F0056.

232 Auch zum Folgenden: Artikelsammlung des Auswärtigen Amts zu Habicht in Österreich; PA-AA, R 73477. Vgl. Schafranek, *Sommerfest*, S. 105 ff.; Ross, *Hitler*, S. 182 f.; Holzmann, *Die österreichische SA*, S. 114 f.

233 Bericht vom 18.6.1934; ADAP, Serie C, Bd. III.1, S. 45.

234 Auch zum Folgenden: Schafranek, *Sommerfest*, S. 76–80, 224 f.; Ross, *Hitler*, S. 169 f.; Holzmann, *Die österreichische SA*, S. 106, 111; Bauer, *Hitlers zweiter Putsch*, S. 230.

235 KTBTH, 4.12.1943.

236 Bauer, *Hitlers zweiter Putsch*, S. 127–160, 211, 231.

237 Hogan/Fico, *Leadership*, S. 400.

238 Ross, *Hitler*, S. 33.

239 Aktennotiz des Auswärtigen Amtes, Abt. II, 26.2.1934; PA-AA, R 73477; ADAP, Serie C, Bd. I.2, S. 701, 710 f.; Die Tagebücher von Joseph Goebbels, 28.4.1934, 21.2.1934.

240 Ross, *Hitler*, S. 189–193 f., 206, 209 f.

241 Artikel »May Muzzle Habicht. Hitler said to be displeased by Ultimatum to Austria«, *New York Times*, 21.2.1934.

242 Hachtmann, Effizienz, S. 57.

243 Regierungspräsident von Merseburg, Bericht über Besprechung vom 7.1.1938; LASA-MER,C 48 I h, Nr. 1146a, Bd. 2.

244 Landrat Holtz, Einspruch gegen Eingemeindungsantrag, 18.8.1937; LASA-MER, C 50 Wittenberg, Nachtrag Nr. 58.

245 Stellungnahme OB Habicht, 17.2.1938; LASA-MER,C 48 I h, Nr. 1146a, Bd. 2.

246 Ebd.

247 Schreiben von Gauleiter Eggeling an Staatssekretär Pfundtner, 13.1.1938; ebd.

248 Schreiben von Habicht an den Landrat, 4.3.1937; LASA-MER, C 50 Wittenberg, Nachtrag Nr. 58; Vermerk über Besprechung vom 25.9.1937; LASA-MER, C 48 I h, Nr. 1146a, Bd. 2.

249 Bericht über Besprechung vom 7.1.1938; LASA-MER, C 48 I h, Nr. 1146a, Bd. 2. Oberpräsident Sachsen, betr. Eingemeindungsantrag der Stadt Wittenberg, 24.2.1938; LASA-MER, C 50 Wittenberg, Nachtrag Nr. 58.

250 Bescheid des Reichsinnenministers, 23.7.1938; LASA-MER, C 48 I h, Nr. 1146a, Bd. 2.

251 Schreiben Landrat Holtz an Reichsinnenminister Frick, 2.8.1938; LASA-MER, C 50 Wittenberg, Nachtrag Nr. 58. Schreiben Landrat Holtz an Oberpräsident von Ulrich, 5.8.1938; ebd.

252 Protokoll der Verhandlung im Rathaus Wittenberg, 7.1.1938; LASA-MER, C 48 I h, Nr. 1146. Vgl. dazu das erboste Protestschreiben von Gauleiter Eggeling, 13.1.1938; LASA-MER,C 48 I h, Nr. 1146a, Bd. 2.

253 Schreiben Kreisbauernführer Berger an Landesplaner Richert, 6.8.1938; LASA-MER, C 50 Wittenberg, Nachtrag Nr. 58.

254 Sie schalteten den Gauleiter ein und versuchten, durch Eingaben an höhere Stellen, die Entscheidung zu revidieren, vgl. z. B. das Schreiben von Berger an Richert, ebd.

255 Protokoll der Verhandlung im Rathaus Wittenberg, 7. 1. 1938; LASA-MER, C 48 I h, Nr. 1146.

256 Berechnung des Wartegeldes, 4. 7. 1941; PA-AA, Pers B/794, Bd. 1, Bl. 45 f.

257 Die Unterscheidung in Karrierebeamte und NS-Quereinsteiger war keine nachträgliche Erfindung, vgl. Hürter, Amt.

258 Hentig, *Leben*, S. 334 f.

259 Reichardt/Seibel, Radikalität, S. 19.

260 Die Tagebücher von Joseph Goebbels, 15. 12. 1939: »Mit Habicht unsere Dif[f]erenzen mit dem A. A. besprochen. Er wird mir helfen, sie aus dem Wege zu räumen. Ich glaube, er ist ein brauchbarer Partner. Auch Ribbentrop scheint des ewigen Streitens müde zu sein.«

261 Ebd, 11. 6. 1940.

262 Ebd., 29. 11. 1939.

263 Aktenvermerk des Referenten Klatten, 17. 1. 1940; PA-AA, R 66826.

264 Schreiben des Referenten Klatten an den Gesandten Alternburg, 22. 11. 1939; PA-AA, R 66826.

265 Vertraulicher Bericht, ohne Verfasser, mit Paraphe von Rudolf Likus, 6. 9. 1940; PA-AA, R 27177. Für die Identifizierung der Paraphe danke ich Martin Kröger, Berlin, und Johannes Hürter, München.

266 Vgl. Hachtmann, *Social Spaces*.

267 Hentig, *Leben*, S. 334 f.

268 Die Tagebücher von Joseph Goebbels, 31. 8. 1940. Erst als Habicht bereits »abgebraust« war, wurde er von Ribbentrop offiziell »zur Disposition gestellt«, siehe die Verfügung, Min.Dir. Kriebel, 9. 9. 1940; PA-AA, Pers H./794, Bd. 1, Bl. 52.

269 KTBTH, 7. 7. 1941, 27. 11. 1942, 11. 4. 1943, 12. 12. 1943.

270 KTBTH, 3. 12. 1942.

271 Vgl. Hachtmann, Effizienz, S. 57.

272 KTBTH, 23. 8. 1941.

273 KTBTH, 29. 12. 1943.

274 KTBTH, 10. 5. 1942.

275 KTBTH, 4. 4. 1943.

276 Brief von Heinz-Georg Lemm an Stephanie Zibell über Habicht vom 6. 12. 1992. Für die Kopie des Briefes danke ich Stephanie Zibell, Mainz.

277 Vgl. z. B. KTBTH, 24. 11. 1943.

278 Vgl. Rosenberg, *Tagebücher*, S. 480 (29. 7. 1943), S. 481 (30. 7. 1943), S. 484–487 (7. 8. 1943), S. 508 (29. 7. 1944), S. 513 (22. 10. 1944), S. 514–517 (26. 10. 1944), S. 519 (12. 11. 1944).

279 KTBTH, 20. 8. 1941.

280 Brief von Heinz-Georg Lemm an Stephanie Zibell über Habicht vom 6.12.1992.

281 Undatierte Radioansprache von Th. Habicht (1933); Dokumentationsarchiv Funk, Wien.

282 Habicht, *Unstaat*, S. 20 ff. (Artikel »Volksgemeinschaft«).

283 Habicht, *Unstaat*, S. 14 ff. (Artikel »Führertum«).

284 Vgl. z. B. den Leitartikel von Adolf Hitler, »Nicht Masse, sondern Wille entscheidet«, *Illustrierter Beobachter*, Folge 39 (1930), S. 665.

285 Hitler, *Mein Kampf*, Bd. 2, S. 1123–1143; Zehnpfennig, *Hitler*, S. 172 f., 177 ff.

286 Zehnpfennig, *Hitler*, S. 166, 179.

287 Bialas, *Ordnungen*, S. 54–62; Zehnpfennig, *Hitler*, S. 169, 173, 177 ff.

288 Bialas, Ethik, S. 30.

289 Hitler, *Mein Kampf*, Bd. 2, S. 1124.

290 Leo, Der »fremde Andere«, S. 262 f.

291 Föllmer, Boulevardpresse, S. 293 f.

292 Ebd., S. 293 f.

293 Föllmer, *Individuality*.

294 Hettling, Kultur, S. 334 f.

295 Schäfer, *Geschichte des Bürgertums*, S. 210 ff.

296 Hettling, Kultur, S. 324 f.

297 Hettling, Selbständigkeit, S. 73.

298 KTBTH, 5.4.1942.

299 Wildt, *Generation des Unbedingten*, S. 128–142.

300 Hamilton, *Who Voted for Hitler*, S. 485. Vgl. Falter, *Wähler*, S. 25.

301 Vgl. Falter, *Wähler*, S. 110 ff., 164, 179 ff.

302 Captain Herbertson, Wiesbaden, Annual Reports on Rhineland, 20.6.1930; TNA, FO 371/14375. Zu einem Vorfall vom 7.8.1929, nämlich »The Singing of ›Deutschland über Alles‹ in Wiesbaden«. Zur »Activity of the Nationalsozialistische Deutsche Arbeiterpartei« im Mai und Juni 1930 in verschiedenen Orten der Pfalz vermerkte der Bericht: »Violent speeches were made against the occupation, and in encouragement of hatred and a warlike spirit.«

303 Vgl. Munz, *Wiesbaden*, S. 229 f.

304 Falter, *Wähler*, S. 371 f.

305 Die Wahlergebnisse von 1928 und 1930 aus den sechsundachtzig Abstimmungsbezirken wurden auf Grundlage verschiedener lokalgeschichtlicher Quellen nach den historischen Stadtteilen neu arrangiert – die im Folgenden genannten Ergebnisse beruhen auf diesen Berechnungen; Stadtarchiv Wiesbaden; WI-2/2258 sowie NL 31/6. Anhaltspunkte für die sozioökonomischen Strukturen ergeben sich u. a. aus der jeweiligen Wohndichte (Anzahl der Wahlberechtigten) und den historischen Straßen- und Häuserver-

zeichnissen der Stadt, in denen die Bewohner mit Berufsangaben verzeichnet sind; HHStAW, II/52.

306 Falter, *Wähler*, S. 347 f.

307 Auch zum Folgenden: Zenker-Oertel, *NSDAP*, S. 84–111.

308 Schriftwechsel zwischen Habicht und Ringshausen vom April 1929; HHStAW, Abt. 483/10 155.

309 Zit. nach: Zenker-Oertel, *NSDAP*, S. 99 f.

310 Stein, *NS-Gaupresse*, S. 199; Zibell, *Sprenger*, S. 160. Den Lokalteil betreute Gaupropagandaleiter Leopold Gutterer, der spätere Staatssekretär im Propagandaministerium; BA-B, PK DO-256/SSO, 45-A.

311 Zit. nach: Zenker-Oertel, *NSDAP*, S. 102.

312 Steber, *Regions*.

313 »VB« und »IB« wurden auch von der Wiesbadener NSDAP bezogen; vgl. Zenker-Oertel, *NSDAP*, S. 95 f.

314 Raphael, *Pluralities*.

315 Das zeigt eine Stichprobe von einhundert Ausgaben des NB und der RW, die in ausgewählten Fällen mit dem VB und dem IB abgeglichen wurden.

316 Kershaw, Antisemitismus, S. 38.

317 Vgl. z. B. die Ausgabe des *VB* vom 12./13. 10. 1930, in dem unter der Überschrift »das jüdische Problem« mehr als eine ganze Seite mit antisemitischen Hetzartikeln gefüllt war. Vgl. z. B. die Titelseiten des *VB* vom 11./12. 5., 27./28. 7., 22. 7. 1930, sowie die Zusammenfassung einer Hitler-Rede, 29. 7. 1930, S. 3.

318 Vgl. z. B. Hitlers Leitartikel »Politik der Woche«, *IB*, Folge 27, Juli 1930. Vgl. dagegen Adolf Hitler, »Marxismus gegen Rasse und Persönlichkeit«, *IB*, Folge 43, 25. 10. 1930, S. 743. Vgl. auch die Karikaturenseite »Im Marxistenstaat«, *IB*, Folge 41, 11. 10. 1930, S. 717.

319 Artikel »Das braune Hemd«, *NB*, Folge 19, Mai 1928, S. 6: »Wer Deutschland befreien will, der muss es von seinen inneren Feinden befreien, von Marxismus und Judentum.« Leitartikel »Zerschlagt das Zentrum«, *NB*, Folge 36, September 1930, S. 2.

320 Leitartikel »Die zweite Form«, *RW*, 30. 5. 1931, S. 1 f.; Leitartikel »Wo steht der Feind«, *NB*, Folge 31, Juli 1930, S. 1 f.: »Wer ist nun der Gegner, dem ureigentlich der Kampf gilt? Es ist zunächst immer und ewig der gleiche: der Marxismus!« In dem Artikel kamen keine antisemitischen Referenzen vor.

321 Kershaw, *Hitler*, Bd. 1, S. 560.

322 Vgl. Sprenger, *Zibell*, S. 161 f.

323 Schreiben von Sprenger an Strasser, 14. 4. 1931; BA-B, NS 22/1055, Bl. 87 ff.

324 Jacobsen, *Außenpolitik*, S. 111; Kershaw, *Hitler*, Bd. 1, S. 522 ff.

325 Bauer, Hitler und der Juliputsch, S. 194, 221 ff.

326 Rede Habicht, »Kampf um Österreich«, an der Universität Graz am 12. 5. 1933 (Nationalsozialistisches Pamphlet).

327 Vgl. Bauer, Hitler und der Juliputsch, S. 198.

328 Undatierte Radioansprache von Th. Habicht (1933); Dokumentationsarchiv Funk, Wien.

329 Holzmann, *Die österreichische SA*, S. 110 ff.

330 ADAP, Serie C, Bd. II.1, S. 33 f.; ADAP, Serie C, Bd. I.2, S. 903 f.; ADAP, Serie C, Bd. III.1, S. 45.

331 Ross, *Hitler*, S. 34 ff.

332 Auch zum Folgenden: Holzmann, *Die österreichische SA*, S. 111 ff.

333 ADAP, Serie C, Bd. II.1, S. 55, 129.

334 ADAP, Serie C, Bd. II.1, S. 54.

335 ADAP, Serie C, Bd. II.1, S. 257; ebd., S. 129.

336 Auch zum Folgenden: ADAP, Serie C, Bd. II.1, S. 283, 288, 301 ff., 362.

337 Ross, *Hitler*, S. 148 f.

338 Bauer, *Hitlers zweiter Putsch*, S. 14.

339 Aktenvermerke und Reaktionen zu Habichts Radioansprachen in: PA-AA, R 73477. Vgl. Auch ADAP, Serie C, Bd. I.2, S. 550–552, 680–683. Vgl. z. B. *New York Times*, 11. 8. 1933.

340 ADAP, Serie C, Bd. I.2, S. 729 ff.

341 Bericht des deutschen Botschafters in Rom, von Hassell, 23. 2. 1934; PA-AA, R 73477.

342 Aufzeichnung des deutschen Botschafters in Rom, von Hassell, 26. 2. 1934, in: ADAP, Serie C, Bd. II.2, S. 517.

343 Auch zum Folgenden: Politischer Lagebericht des deutschen Botschafters in Rom, von Hassell, 22. 2. 1934; PA-AA, R 73477.

344 Schreiben des Gesandtschaftsrats Dr. Hüffer an die bayerische Staatskanzlei, 22. 7. 1933, Antwortschreiben des Staatsministers Esser an den Gesandtschaftsrat Dr. Hüffer, 4. 9. 1933; PA-AA, R 73477.

345 ADAP, Serie C, Bd. I.2, S. 693. Siehe auch ADAP, Serie C, Bd. I.2, S. 701.

346 ADAP, Serie C, Bd. I.2, S. 710 f.

347 Bohrmann, NS-Presseanweisungen, S. 97 (Presseanweisung vom 20. 2. 1934).

348 ADAP, Serie C, Bd. I.2, S. 763 f.

349 ADAP, Serie C, Bd. I.2, S. 732.

350 Vgl. z. B. Artikel »Habichts ›Ultimatum‹ an Österreich«, *Reichspost*, 20. 2. 1934; PA-AA, R 73477.

351 Bruppacher, *Hitler*, S. 388.

352 Die Tagebücher von Joseph Goebbels, 21. 2. 1934: »Hitler schreit Habicht furchtbar am Telephon an. Ein quatschender Dilettant! Furchtbar, diese kindischen Fehler! Wir müssen's ausbaden.«

353 Ross, *Hitler*, S. 189–194, S. 206, 209 f. ADAP, Serie C, Bd. II.2, S. 598 ff., 600 ff. Habichts Radiopropaganda ging freilich weiter, Rundfunkrede von Habicht, »Die österreichische Verfassung 1934«, Bericht in der *Berliner Börsenzeitung*,

4.5.1934; PA-AA, R 73477. Anfang Mai 1943 wurde erneut die Veröffentlichung einer Habicht-Rede verboten, Bohrmann, *NS-Presseanweisungen*, Bd. 2, S. 207 (3.5.1934). Hitler ließ solche Alleingänge in der Radiopropaganda später ausdrücklich verbieten, vgl. die Anordnung Hitlers vom 8.8.1934, in: *Akten der Reichskanzlei*, Bd. II, S. 2.

354 Artikel »Habicht in schwerer Bedrängnis«, *Wiener Zeitung*, 21.2.1934; PA-AA, R 73477. Vgl. Holzmann, *Die österreichische SA*, S. 114.

355 Bericht über die Erhebung der Nationalsozialisten in Wien am 25.7.1934, Rudolf Weydenhammer, o.D. (1938); BA-B, NS 26/634.

356 Stellungnahme des SS-Standartenführers Dr. Otto Gustav Wächter, betr. Juli-Erhebung 1934, an den Reichsführer-SS, 31.5.1938; IfZ-Archiv, MA 289.

357 Siehe Anm. 37. Erstmalig zitiert bei Bauer, *Hitlers zweiter Putsch*, nach Mitteilung durch den Vf.

358 Vgl. Bauer, *Hitlers zweiter Putsch*, S. 206–211.

359 Ross, *Hitler*, S. 243–246.

360 ADAP, Serie C, Bd. II.1, 426 f.; Ross, Hitler und Dollfuß, S. 164.

361 Denkschrift von Alfred Rosenberg, »Afghanistan. Zielsetzung des Außenpolitischen Amtes der NSDAP«, zur Vorlage an Hitler, 18.12.1939; ADAP, Serie D, Bd. VIII, S. 431–435.

362 Mark, *Schatten*; Mark, *Krieg*, S. 97 ff., 113 ff.

363 Schröder, *Deutschland*, S. 38 f.; ADAP, Serie D, Bd. VIII, S. 44, 241, 329, 433.

364 Hentig, *Leben*, S. 334 f.

365 Auch zum Folgenden: Rosenberg, *Tagebücher*, S. 305 (14.12.1939), S. 297 (1.11.1939), S. 305 f. (14.12.1939).

366 Telegramm von Kleist an Habicht, 18.12.1939; ADAP, Serie D, Bd. VIII, S. 430.

367 Rosenberg, *Tagebücher*, S. 309 (7.1.1940).

368 Aktennotiz Rosenbergs über die Tätigkeit des Gesandten v. Hentig im Auswärtigen Amt vom 8.7.1941, abgedruckt in: Seraphim, *Tagebuch*, S. 237. Aufzeichnung des Außenpolitischen Amtes der NSDAP, betr. »Unternehmung gegen Indien«, 12.12.1939; ADAP, Serie D, Bd. VIII, S. 415.

369 Umbreit, Auf dem Weg zur Kontinentalherrschaft, S. 50 ff.

370 Rosenberg, *Tagebücher*, S. 324 ff. (27.4.1940).

371 Mitteilung von Curt Bräuer gegenüber dem IfZ, 24./25.11.1958; IfZ-Archiv, ZS 601.

372 Dahl, *Quisling*, S. 116, 154 f.; Rosenberg, *Tagebücher*, S. 302, 305 f. (11.12./19.12.1939)

373 ADAP, Serie D, Bd. VIII, S. 429.

374 Auch zum Folgenden: ADAP, Serie D, Bd. IX, S. 131, 134, 137 f., 217.

375 Darstellung von Curt Bräuer in seinem Austausch mit dem IfZ von 1958/59; IfZ-Archiv, ZS 601, S. 137 f.

376 ADAP, Serie D, Bd. IX, S. 138, 318.

377 Bericht von Theodor Habicht, 17.4.1940; IfZ-Archiv, ZS 601; Rosenberg, *Tagebücher*, S. 336 (6.9.1940).

378 ADAP, Serie D, Bd. IX. S. 159 f., S. 213–217.

379 Vgl. Bräuers und Habichts Rechtfertigungsberichte vom 17.4.1940; ADAP, Serie D, Bd. IX, S. 159 f.; IfZ-Archiv, ZS 601.

380 Reisekostenrechnung über die Dienstreise von Habicht, 17.5.1940; PA-AA, Pers B/794, Bd. 1, Bl. 21–26.

381 Habichts Hotelzimmer wurde am 19.4. gekündigt, als Hitler den Bericht von Rosenberg erhielt. Reisekostenrechnung über die Dienstreise von Habicht; ebd. Vgl. Rosenberg, *Tagebücher*, S. 324 f. (27.4.1940).

382 Rosenberg, *Tagebücher*, S. 326 (27.4.1940).

383 Bei einem Anlass von Anfang September 1940; ADAP, Serie D, Bd. X, S. 407.

384 Keipert, *Biographisches Handbuch des deutschen Auswärtigen Dienstes*, Bd. 1, S. 246.

385 Rosenberg, *Tagebücher*, S. 328 (30.4.1940).

386 Mazower, *Hitler's Empire*, S. 104 f., 247, 478.

387 KTBTH, 16.10.1942.

388 Hogan/Fico, *Leadership*, S. 400.

389 Nachruf des Oberbürgermeisters von Wittenberg, 29.2.1944; Ratsarchiv Wittenberg, Personalakte: »Mit seltener Tatkraft, Frische und Energie hat er s. Z. die ihm zunächst noch fremde Tätigkeit als Leiter einer Stadtgemeinde übernommen und trotz mancher Schwierigkeiten in verhältnismäßig kurzer Zeit beachtliche Erfolge auf allen Gebieten der Verwaltung erzielt.«

390 Hentig, *Leben*, S. 334 f.

391 Artikel »Theo Habicht gefallen«, *VB*, 4.3.1944; BA-B, NS 5-VI/17592, Bl. 123.

III Volksgemeinschaft

1 KTBTH, 20.8.1942, 22.8.1942.

2 Schreiben an den Bürgermeister von Teuchel, 12.7.1937; LASA-MER, C 50 Wittenberg, Nachtrag Nr. 58.

3 Divisionstagesbefehl, 83. Inf.Div./Kdr., 6.11.1943; BA-MA, RH 26-83/56.

4 Steber/Gotto, Volksgemeinschaft, S. 21 f.

5 Kershaw, Volksgemeinschaft, S. 37 ff.

6 Vgl. aber Hürter, Military Elite; Rass, »Volksgemeinschaft«; Römer, »Volksgemeinschaft«.

7 Auch zum Folgenden: Förster, *Wehrmacht*, v. a. S. 100–121.

8 Offiziersstellenbesetzung des Füsilierregiments 27 vom 12.12.1944; für dieses Dokument danke ich Ingolf Breese, Schwarzenbek. Unter den Reserveoffizieren des Regiments waren sieben Kaufleute, mehrere Verwaltungs-

beamte, ein Buchhalter, ein Rechtsanwalt und ein Schauspieler, daneben auch zwei HJ-Führer und einige Schüler und Studenten.

9 KTBTH, 3.12.1943.

10 Personalakten Gerhard Kegler, Friedrich-Wilhelm Müller und Heinz-Georg Lemm; BA-MA, Pers 6/299967, Pers 6/55145, Pers 1/75434. Die Personalakten eines weiteren Kompaniechefs und des Bataillonskommandeurs in Habichts I. Btl. sind nicht erhalten.

11 KTBTH, 16.5.1943.

12 Fotoalbum »Russland-Chronik« von Heinz-Georg Lemm, 2 Bde., abgeschlossen 24.12.1943; Wehrgeschichtliches Museum Rastatt, Inv.-Nr. 018099.

13 Fotoalbum von Heinz-Georg Lemm über seine Rekruten- und Offiziersausbildung, 1936–38; Wehrgeschichtliches Museum Rastatt, Inv.-Nr. 018101.

14 Vortrag von Helen Roche, Erziehung und Entbürgerlichung, auf der Konferenz »Wie bürgerlich war der Nationalsozialismus?«, Jena, 21.10.2016. Helen Roche spricht im Hinblick auf das Erziehungsprogramm der Nationalpolitischen Erziehungsanstalten im NS-Staat von einer »schleichenden Verbürgerlichung«.

15 Artikel »Wieder ein Güstrower Ritterkreuzträger«, o.D., Zeitungsausschnitt im Nachlass Lemm; Wehrgeschichtliches Museum Rastatt.

16 Vgl. z.B. KTBTH, 11.7.1941, 16.7.1941, 5.9.1941, 21.2.1943.

17 KTBTH, 11.7.1941.

18 Oberstleutnant Gerhard Kegler: KTBTH, 20.6.1941.

19 Oberst Josef Stuppi, Mitgliedsnummer 90140 (o.D.); BA-B, BDC, S0046, Frame 0958.

20 Hauptmann Hans Scharf, NSDAP-Mitgliedsnummer: 851275 (Eintritt 1.12.1931); BDC-Ortsgruppenkartei, T0017, Frame 2933; Mitgliedschaft in SA, NSV, RLB (o.D.); BA-B, R 9361 I/3039, Frame 151166.

21 Der Bataillonsadjutant, Oberleutnant Werner von Ahn, war NSDAP-Mitglied und SA-Mann; NSDAP-Mitgliedsnummer: 2034801 (Eintritt 1.5.1933); BA-B, BDC-Ortsgruppenkartei, A0010, Frame 407; Mitgliedschaft in der SA seit September 1933; BA-B, R 9354/01. Die Stabskompanie des Regiments führte ein profilierter Nationalsozialist, Wilhelm Troitzsch, siehe Buddrus/Fritzlar, *Professoren*, S. 406ff.

22 Zum Ordonnanzoffizier des I. Bataillons, Hans-Friedrich Wendel, sowie zum Chef der 2. Kompanie, Heinz-Georg Lemm: KTBTH, 28.8.1941, 16.5.1943.

23 Fotoalbum von Heinz-Georg Lemm (Anm. 12).

24 Kroener, Ressourcen, S. 876f.; Rass, Sozialprofil, S. 713f.; Römer, *Kameraden*, S. 81ff.

25 Kroener, Auf dem Weg, S. 678f.

26 Hürter, *Notizen*; Herbert, Wer waren die Nationalsozialisten.

27 Analyse mit der Software Wmatrix der University of Lancaster. Ich danke Johannes Hürter für die digitale Fassung der Heinrici-Tagebücher. Rayson, Key Words.

28 Vgl. z. B. KTBTH, 12. 7. 1941, 4. 4. 1943, 27. 11. 1942.

29 KTBTH, 4. 12. 1943, 5. 3. 1942, 19. 7. 1942, 12. 12. 1943, 25. 8. 1941.

30 KTBTH, 25. 5. 1943, 4. 4. 1943, 8. 10. 1942, 27. 11. 1942, 20. 8. 1942, 14. 6. 1943, 16. 7. 1942, 31. 1. 1943. Den Begriff des »Fanatismus« benutzte allerdings selbst Habicht kaum, siehe KTBTH, 18. 2. 1943. Vgl. Neitzel/Welzer, *Soldaten*, S. 66–74.

31 KTBTH, 25. 5. 1943.

32 KTBTH, 5. 3. 1942.

33 Nolzen, Die NSDAP, der Krieg und die Gesellschaft, S. 113 ff.

34 KTBTH, 26. 4. 1942.

35 »Erhebung über den Einsatz und die Bewährung der Parteigenossen im Wehr- oder anderweitigem Kriegsdienst seit dem 1. Sept. 1939 nach dem Stande vom 1. Mai 1943«, mit Begleitschreiben des NSDAP-Reichsorganisationsleiters vom 24. 1. 1944; BA-B, NS 1/664. Für den Hinweis auf diese Quelle danke ich Armin Nolzen, Bochum, und Michael Buddrus, Berlin.

36 Vgl. Nolzen, Die NSDAP, der Krieg und die Gesellschaft, S. 120 f.

37 Die Politischen Leiter der Jahrgänge ab 1906 wurden zu 11 Prozent verwundet und fielen zu fast 8 Prozent, während über 10 Prozent ein Eisernes Kreuz erhielten – das waren Werte, die nahezu exakt dem Gesamtdurchschnitt entsprachen, der aus der zitierten Parteistatistik für die Masse der gewöhnlichen NSDAP-Mitglieder in der Wehrmacht hervorgeht.

38 Denkschrift »Erfahrungen und Beobachtungen in der neuen Wehrmacht«, Pg. Heinrich Härtle, 21. 1. 1941; *Akten der Partei-Kanzlei der NSDAP*, Frame 126 04764–04782.

39 KTBTH, 5. 6. 1943, 25. 5. 1943.

40 Gemeint war Oberst Busso von Wedel, Kdr. des IR 89; KTBTH, 16. 7. 1942, 23. 11. 1943.

41 KTBTH, 9. 6. 1943.

42 Es handelte sich um Kurt Kühme, Rgt.Kdr. in der 83. Inf.Div.; KTBTH, 25. 11. 1943.

43 Brief von Heinz-Georg Lemm an Stephanie Zibell, 6. 12. 1992.

44 Fotoalbum von Heinz-Georg Lemm (Anm. 12).

45 KTBTH, 29. 11. 1943.

46 Fotoalbum »Herrn Oberbürgermeister Habicht zur Erinnerung an erfolgreiche Arbeit für die Lutherstadt Wittenberg«, 28. 10. 1939; Ratsarchiv Wittenberg.

47 KTBTH, 2. 7. 1942, 4. 4. 1942, 16. 10. 1942.

48 KTBTH, 3. 11. 1942.

49 KTBTH, 2. 7. 1942.

50 KTBTH, 23.1.1943.

51 KTBTH, 23.1.1943.

52 KTBTH, 16.7.1941, 10.5.1942, 16.5.1943.

53 KTBTH, 25.4.1942.

54 Buddrus/Fritzlar, *Professoren*, S. 406 ff.

55 KTBTH, 24.5.1943, 18.5.1943, 6.6.1942.

56 Zu Oberst Stuppi, Kdr. des IR 27, siehe Anm. 19; Oberst Busso von Wedel, Kdr. des IR 89, hatte die NSDAP-Mitgliedsnummer 1033779 (Eintritt 1.4.1932); BA-B, BDC-Ortsgruppenkartei, Y0035, Frame 940.

57 Zum Oberst Kurt Kühme, dem Kdr. des Gren.Rgt. 406; KTBTH, 24.11.1943.

58 KTBTH, 17.7.1941, 26.7.1941. Zu Habichts Verwundung (Lungensteckschuss und Granatsplitter im Hals): Eintrag in der Kartei des HPA zum EK 1/Russlandfeldzug mit Verleihungsdatum vom 12.9.1941; BA-MA, RW 59/2176, Verleihungslisten-Nr. 6962. Eintrag im Lazarettkrankenbuch, Nr. 439, Reservelazarett Bad Reichenhall; Archiv des Landesamts für Gesundheit und Soziales, Berlin, Versorgungsamt/Krankenbuchlager. Habicht wurde am 7.11.1941 vom Reservelazarett Nr. 123 in Berlin nach Bad Reichenhall verlegt und von hier am 4.12.1941 wieder für die Truppe freigegeben.

59 KTBTH, 27.7.1942, 29.7.1942, 4.8.1942, 19.4.1943.

60 NSDAP-Erhebung, Mai 1943 (siehe Anm. 35): Von den einfachen Parteimitgliedern aller Jahrgänge erhielten insgesamt 8,3 % bis zum Stichtag am 1. Mai 1943 das EK II, von den Parteifunktionären dagegen nur 6,8 %. Beim EK I waren es 1,1 % gegenüber 0,8 %. Die Differenzen lagen wohl an der unterschiedlichen Altersschichtung. In den Jahrgängen ab 1906 waren die Werte beider Gruppen fast gleichauf bei ca. 10 %.

61 So z.B. sein Regimentskamerad Karl Büsing, der bei Kriegsbeginn rund vierzig Jahre alt war und im Zivilberuf Fabrikbesitzer war; KTBTH, 18.10.1942.

62 KTBTH, 21.1.1943.

63 Als er im März 1942 nach der Genesung von seiner Verwundung an die Front zurückkehrte, erhielt er anfangs nur das ungeliebte Kommando über die Stabskompanie, während seine 4. Kompanie von einem seiner ehemaligen Zugführer befehligt wurde.

64 Rass, Sozialprofil, S. 715.

65 KTBTH, 11.9.1942, 17.9.1942.

66 Vgl. die Liste der 12. Inf.Div./Abt. IIa zur Verfügung H.P.A. Nr. 1113/42 geh., 18.9.42, betr. Abstellung und Herauslösung der Hauptleute etc. zur Führer-Res.; BA-MA, RH 26-12/268.

67 KTBTH, 16.11.1942, 18.3.1943.

68 Auch zum Folgenden: KTBTH, 12.11.1942. Im März 1942 kehrte Habicht nach seiner Verwundung vom September 1941 wieder an die Front zurück und fuhr schon im Dezember 1942 wieder auf Urlaub.

69 KTBTH, 17.6.1943. Am 21.6. fuhr er ab, um am Bataillonsführerlehrgang in Antwerpen teilzunehmen, und erst am 24.11.1943 gingen die Tagebucheinträge weiter, als Habicht seinen Posten als Bataillonsführer im GR 406 antrat.

70 Denkschrift »Erfahrungen und Beobachtungen in der neuen Wehrmacht«, Pg. Härtle, 21.1.1941; *Akten der Partei-Kanzlei der NSDAP*, Frame 126 04764–04782.

71 Nachweis über Habichts Reserveübungen; PA-AA, Pers H/Bd. 2, Bl. 14. Als Truppenteil ist das Ers.Btl. des Inf.Rgt. 11 in Wittenberg angegeben. Spätestens 1939 gehörte Habicht dem Inf.Rgt. 4 in Oschatz an.

72 Der Oberbürgermeister von Wittenberg, Beileidsschreiben an Margarete Habicht, 29.2.1944; Ratsarchiv Wittenberg, Personalakte.

73 Schreiben des Stadtkämmerers, 29.8., 4.10., 11.10.1939; Stadtarchiv Koblenz, Bestand 623/10766.

74 Schreiben von Margarete Habicht an den Stadtkämmerer, 27.9.1939; ebd.

75 Gefangenenakten zu Franz Wambacher und Eduard Widmann; National Archives and Records Administration, Record Group 165, Entry 179, Box 558, 562.

76 NSDAP-Erhebung, Mai 1943 (siehe Anm. 35): Von 141684 eingesetzten Politischen Leitern der Jahrgänge 1894–1900 waren bis zum 1. Mai 1943 insgesamt 2076 gefallen oder an Verwundungen gestorben.

77 KTBTH, 5.6.1943.

78 KTB der 18. Inf.Div., 5.3.1943; BA-MA, RH 26-18/35: »I./Füs.Rgt. 27 steht nach wie vor an alter Stelle.« Funkspruch des Gren.Rgt. 424 an die 122. Inf. Div., 6.3.43, 14.00 Uhr; BA-MA, RH 26-122/30: »Verstärktes I./27 riegelt Feindstoß ab«.

79 KTBTH, 19.3.1943.

80 KTBTH, 8.5.1943. Laut Habicht war das »eine der 6 höchsten Auszeichnungen« im IR 27 bis dahin. Zum Vergleich: Im Nachbarregiment, dem GR 89, gab es bis Mai 1943 1 Eichenlaub, 6 Ritterkreuze, 3 Nennungen im Ehrenblatt des Heeres; Mitteilungsblatt Nr. 4 des GR 89 v. 25.5.1943; BA-MA, RH 37/4979.

81 Schreiben Gen.Kdo. II. AK/Abt. Ia, betr. Lehrgänge für Btl.- und Abt.-Führer, 21.5.1943; BA-MA, RH 26-12/271.

82 KTBTH, 15.3.1943.

83 KTBTH, 5.6.1943.

84 Fotoalbum von Heinz-Georg Lemm (Anm. 12).

85 Befehl des Oberbefehlshabers des Heeres, Erziehung des Offizierkorps, 18.12.1938; BA-MA, RH 26-12/257.

86 KTBTH, 21.1.1943.

87 Bavaj, *Ambivalenz*, S. 58–72.

88 Frei, *Führerstaat*, S. 111.

89 Bavaj, *Ambivalenz*, S. 84ff. In der Debatte um die Volksgemeinschaft wurde die Wehrmacht kaum beachtet, vgl. Steuwer, Sprechen von der »Volksgemeinschaft«.

90 Crang, *Army*, S. 21f., 37.

91 Knox, *Destiny*, S. 171ff.; Guerrazzi, »Wir können nicht hassen«, S. 358f.

92 Seixas, *Division*, S. 104–108.

93 Knox, *Destiny*, S. 172; Absolon, *Wehrmacht*, S. 164, 171f.

94 Knox, *Destiny*, S. 204f., 217f.

95 Befehl des Oberbefehlshabers der Luftwaffe, Zusammengefasste Bestimmungen über den Kriegsoffiziernachwuchs, 28.11.1940; BA-MA, RW 19/1127.

96 Verfügung OKH/HPA Nr. 21/42, Förderung von Führerpersönlichkeiten, 4.11.1942; BA-MA, RH 26-12/268.

97 Förster, *Wehrmacht*, S. 103; Müller, *Wehrmacht*, S. 108.

98 Kroener, *Ressourcen*, S. 896.

99 Das meldete die Personalabteilung der Division im Juli 1942: »Alte Feldwebel sind kaum noch vorhanden. Diese sind gefallen, verwundet worden oder zu Kriegsoffizieren befördert, erscheinen somit als Offiziere in der Offz.-Stellenbesetzung.« 12. Inf.Div./Abt. IIa, an das II. AK, 20.7.1942; BA-MA, RH 26-12/266.

100 In der 2. Kompanie z.B. rückte der Hauptfeldwebel Lüthke als Kompaniechef auf; in der 1. Kompanie übernahm 1942 der Leutnant Claus Breger das Kommando, ebenfalls ein Kriegsoffizier – er erhielt im September 1942 das Ritterkreuz und wurde im Sommer 1944 Kommandeur des I. Bataillons. Zu Habichts 4. Kompanie siehe unten.

101 KTBTH, 9.6.1943.

102 KTBTH, 3.9.1941, 10.7.1942

103 Herbert, Echoes of the Volksgemeinschaft, S. 65.

104 Auch zum Folgenden: Schreiben von Ingolf Breese, Schwarzenbek, an den Vf., 15.1.2015, über seinen Vater, Hans Breese, Habichts ehemaligen Kompaniefeldwebel.

105 KTBTH, 9.9.1942.

106 Empfehlungsschreiben Oberst Rudelsdorff, betr. Vorzugsweise Beförderung des Ritterkreuzträgers Hptm. d.R. Eberhard Pasternack zum Major d.R., 9.5.1944; BA-MA, N 111/3.

107 Vgl. die Schriftwechsel von Oberst Rudelsdorff mit dem Adjutanten des Füs.Rgt. 27, Hptm. Weber, u.a. zum Kommando über die 12. Inf.Div.; BA-MA, N 113/2.

108 Schreiben von Oberst Detlev Rudelsdorff an Oberstleutnant Engel, 16.11.1943, Schreiben von Oberst Detlev Rudelsdorff an Major Osterhold, 4.1.1944; BA-MA, N 113/1.

109 Schreiben von Oberst Stuppi an Oberstleutnant Gerhard Engel, 26.3.1943;

BA-MA, RW 8/6, Bl. 188; Schreiben von Oberstleutnant Gerhard Engel an Generalleutnant Osterkamp, 21. 2. 1943; BA-MA, RW 8/6, Bl. 54: »Ich bitte gehorsamst um Verzeihung, wenn ich diesmal die Zeit von Herrn General mit einer mehr privatdienstlichen Angelegenheit in Anspruch nehme.«

110 Feldpostbrief des Traditionsverbands des ehem. Großherzoglich-Mecklenburgischen Grenadier-Rgts. Nr. 89, November 1943; BA-MA, Msg 3/4036.

111 Schreiben des Kommandeurs des Inf.Rgt. 27, Oberstlt. v. Bülow, 12. 11. 1940, Regiments-Nachrichtenblatt Nr. 1; BA-MA, RH 27/888.

112 Das wurde sogar auf der Kompanieebene nachgeahmt, auch in Habichts Kompanie, siehe die Kompaniegeschichte der 4./Inf.Rgt. 27, Uffz. B. Priebe, März 1941; BA-MA, Msg 2/17047. Vgl. Meteling, Ruhm.

113 Artikel »Eichenlaub für Major Lemm«, Rostocker Anzeiger, 15./16. 7. 1944; Wehrgeschichtliches Museum Rastatt, Nachlass Heinz-Georg Lemm.

114 KTBTH, 30. 9. 1942.

115 KTBTH, 1. 5. 1943.

116 Bialas, *Ordnungen*, S. 233 f.

117 KTBTH, 22. 8. 1941, 26. 8. 1942.

118 Fernschreiben der 12. Inf.Div./Abt. IIa an das II. AK, 10. 11. 1942; BA-MA, RH 26-12/268.

119 KTBTH, 20. 5. 1943.

120 KTBTH, 26. 5. 1943.

121 Den gesellschaftlichen Ehrgeiz von Breeses Frau bestätigt der gemeinsame Sohn auch aus heutiger Sicht: »Sie hatte Schneiderin gelernt, wusste sich zu kleiden, und eine gewisse Eitelkeit war ihr nicht abzusprechen. Sie wollte mit ihrem Mann angeben, und dazu gehörten auch die entsprechenden Schulterklappen.« Schreiben von Ingolf Breese, Schwarzenbek, an den Vf., 15. 1. 2015.

122 Frank Bajohr, ›Community of Action‹; vgl. Hitler, *Mein Kampf*, Bd. 2, S. 1135.

123 Vgl. Steuwer, Sprechen von der »Volksgemeinschaft«, S. 516.

124 Herbert, *Geschichte Deutschlands*, S. 501. In der Wehrmacht galt dies u. a. für die Urlaubszuteilung. Habicht notierte, »das ständig wiederkehrende Lied in allen Briefen von Frauen, Müttern und Bräuten ist der Hinweis, dass der X, der Y und der Z aus dem gleichen Dorf – »Der doch *auch* im Osten ist!« – schon zweimal auf Urlaub gewesen sei seitdem, während *er* – usw.«; KTBTH, 9. 9. 1942.

125 KTBTH, 7. 6. 1942.

126 Befehl des Oberbefehlshabers des Heeres, Erziehung des Offizierkorps, 18. 12. 1938; BA-MA, RH 26-12/257.

127 Absolon, *Wehrmacht*, Bd. 5, S. 171.

128 Zehnpfennig, *Hitler*, S. 172, 175 f., 179; Hitler, *Mein Kampf*, Bd. 2, S. 1139.

129 Nolte, *Ordnung*, S. 196 f.

130 KTBTH, 26.5.1943. Vgl. die Personalakte zu Hans Breese; BA-MA, Pers 6/264911. Bei Kriegsende war Breese Hauptmann und Bataillonsführer des I./IR 27.

131 Knox, *Destiny*, S. 213f.

132 Ebd., S. 218.

133 KTBTH, 4.12.1943.

134 Die Kriegsoffiziere galten als aktive Offiziere und besaßen damit einen höheren Status als Habicht, der Reserveoffizier war.

135 Habicht, *Unstaat*, S. 20ff. (Artikel »Volksgemeinschaft«).

136 Bialas, *Ordnungen*, S. 233ff.

137 KTBTH, 4.4.1943.

138 Zur Rolle der Persönlichkeit in der Theorie: Bialas, *Ordnungen*, S. 54–62. Vgl. Bajohr/Wildt, *Volksgemeinschaft*.

139 Hitler, *Mein Kampf*, Bd. 2, S. 1123ff.

140 Bialas, *Ordnungen*, S. 61.

141 Frei, »Volksgemeinschaft«, S. 111.

142 Zur performativen Perspektive: Steuwer, Sprechen von der »Volksgemeinschaft«, S. 510ff., Wildt, *Volksgemeinschaft als Selbstermächtigung*.

143 Vgl. z.B. Habicht, *Unstaat*, S. 6. In den Wiesbadener Mitgliedslisten waren unter 698 Mitgliedern nur 58 Frauen, von denen 28 ihren »Beruf« als »Ehefrau« oder »Hausfrau« angaben.

144 Margarete Habicht leitete »jahrelang die Mädchengruppe« des BDM in der Stadt, siehe das Schreiben von Nelly Blies, Wiesbaden, an den Reichsorganisationsleiter der NSDAP, 7.4.1932; BA-B, NS 22/1055, Bl. 210ff.

145 In den erhaltenen Akten der Wiesbadener NSDAP lassen sich rund 730 Mitglieder aus der Zeit zwischen 1928 und 1931 ermitteln, davon mehr als fünfhundert mit Berufsangaben. Davon waren je nach Berechnungsgrundlage zwischen 27 und 37 Prozent Arbeiter, während es im Reichsdurchschnitt rund 40 Prozent waren; eigene Berechnungen nach den Berufsklassifikationsmodellen von Mühlberger/Madden, *Nazi Party*, S. 185–196. Zusammenfassend: Haar, Sozialstruktur.

146 Auf der NSDAP-Wahlliste von 1927 standen ein Arbeiter und ein Tüncher, doch beide waren schon im nächsten Jahr wieder verschwunden; HHStAW, Abt. 483/10130. Auf der Wahlliste der NSDAP für die Stadtverordneten-Wahlen vom 20.5.1928 gab es einen Kraftfahrer und sonst nur Kaufleute, Handwerksmeister oder Beamte; HHStAW, Abt. 483/10138.

147 Wegehaupt, Funktionäre, S. 50; Lehmann, *Kreisleiter*, S. 39.

148 Schneider, *Kriegsgesellschaft*, S. 486f.

149 Anonymes Beschwerdeschreiben mehrerer SA-Männer aus Wiesbaden an die NSDAP-Reichsleitung, 2.7.1931; BA-B, NS 22/1044, Bl. 67f. Sämtliche orthographischen und grammatischen Fehler im Original.

150 Hachtmann, »Geist der Volksgemeinschaft«.

151 Schneider, *Hakenkreuz*, S. 569 f.
152 Schneider, *Kriegsgesellschaft*, S. 893.
153 Herbert, *Geschichte Deutschlands*, S. 499 f.
154 Sheffield, *Leadership*.
155 Auch zum Folgenden: Field, Civilians.
156 Rass, Sozialprofil, S. 720.
157 Field, Civilians; Knox, *Destiny*, S. 173 f.; Seixas, *Division*, S. 106 f.
158 Befehl des Oberbefehlshabers des Heeres, Erziehung des Offizierkorps, 18. 12. 1938; BA-MA, RH 26-12/257.
159 Denkschrift »Erfahrungen und Beobachtungen in der neuen Wehrmacht«, Pg. Heinrich Härtle, 21. 1. 1941; *Akten der Partei-Kanzlei der NSDAP*, Frame 126 04764–04782.
160 KTBTH, 24. 6. 1941, 26. 4. 1942, 7. 6. 1942, 13. 6. 1942, 19. 10. 1942, 5. 2. 1943, 12. 2. 1943, 25. 2. 1943.
161 KTBTH, 29. 5. 1942.
162 Steuwer/Leßau, Nazi.
163 Hitler, *Mein Kampf*, Bd. 2, S. 1155.
164 KTBTH, 13. 6. 1942, 13. 7. 1942, 17. 11. 1942, 13. 2. 1943.
165 RMdI, 4. 8. 1938 (MBl. 1290).
166 Vgl. z. B. KTBTH, 7. 4. 1943: »Suchen Herr Oberleutnant was?«
167 KTBTH, 21. 1. 1943.
168 KTBTH, 18. 7. 1941.
169 Vor allem bei Todesfällen kam er darauf zu sprechen, z. B. KTBTH, 13. 8. 1941: »Vom Feldlazarett 32 bekomme ich die Mitteilung, dass der bei Rynowa schwerverwundete Gefr. Schleibing an den Folgen seiner Verletzungen – Oberschenkel u. Blasendurchschuss – am 4. 8. gestorben sei. Schade. Er war ein stiller, netter Junge, 22 Jahre alt, Sattler, hatte Polen, Frankreich und Holland mitgemacht. Einziger Sohn einer Witwe irgendwo in einem kleinen Dorf Westfalens. Ich habe ihr heute morgen geschrieben.«
170 Eintrag im Tagebuch vom 15. 12. 1943.
171 KTBTH, 24. 11. 1943.
172 Torp, *Konsum*; Berghoff, *Kleinstadt*, S. 353, 435–463.
173 KTBTH, 19. 1. 1943, 6. 3. 1942.
174 Manchmal ging es allerdings nur darum, Post zu überbringen, vgl. z. B. KTBTH, 6. 8. 1942.
175 KTBTH, 25. 9. 1942, 12. 10. 1942.
176 KTBTH, 12. 8. 1942, 29. 7. 1942.
177 Habicht, *Unstaat*, S. 20 ff. (Artikel »Volksgemeinschaft«).
178 KTBTH, 4. 8. 1941, 28. 7. 1942, 31. 7. 1942.
179 KTBTH, 26. 12. 1943.
180 KTBTH, 4. 7. 1942.
181 KTBTH, 26. 3. 1942.

182 Kroener, Veränderungen, S. 274, 277 f.

183 Auch zum Folgenden: Schreiben von Ingolf Breese, Schwarzenbek, an den Vf., 27. 4. 2014, 15. 1. 2015.

184 Sie lebte zuletzt in Oberhausen, wo sie im Oktober 1987 im Alter von 94 Jahren ohne Nachkommen verstarb; Mitteilung der Stadt Oberhausen an den Vf. vom 16. 10. 2013. Vgl. das Rundschreiben von Theo Röber, Kameradschaft 4. I. R. 27, 27. 4. 1982: »Bruno Priebe hatte auf Einladung Frau Habicht in Oberhausen besucht.«

185 Rundschreiben von Heinz Lehmler, Kameradschaft 4. I. R. 27, Dezember 1985: »Grüße von ihm [Generalleutnant Lemm] und Frau Habicht hatte ich in Undeloh [beim letzten Treffen] ausgerichtet. Frau Habicht, eine Frau, die am 16. 1. 1986 93 Jahre alt wird, zeigt auch immer noch Interesse. Sie überwies mir für die 3 DDR Kameraden wieder einen Betrag für Weihnachtspakete.«

186 Schreiben von Elli Röber an Margarete Habicht, o. D. (Herbst/Winter 1987).

187 Römer, Kameraden, S. 313 ff. In den Meinungsumfragen im amerikanischen Geheimlager Fort Hunt stellten rund zwei Drittel der befragten Soldaten ihren Offizieren ein positives Zeugnis aus. Vgl. z. B. das Verhör des Obergefreiten Adolf Roth in Fort Hunt, 3. 7. 1944; US National Archives and Records Administration, College Park, Record Group 165, Entry 179, Box 533: Q: Wie sind Sie mit den Offizieren ausgekommen? R: Mit denen sind wir gut ausgekommen. Es war nur ein Abstand da. Q: War das Freundschaft? R: Na, die Offiziere waren mehr für sich. Q: Aber Sie waren doch viel mit Offizieren zusammen. Sind Sie mit denen gut ausgekommen? R: Ja. Q: Waren sie freundlich? R: Na, nicht gerade freundlich, denn es war ja immer der Abstand da.«

188 Das wurde auch in dem Benachrichtigungsschreiben betont, das ein Offizier aus Habichts Regiment nach dessen Tod an Margarete Habicht schrieb: »Dies ist gewiss auch im Sinne Ihres Mannes gelegen, der als einer unserer tapfersten und fürsorglichsten Führer seiner Männer aus unseren Reihen geschieden ist.«

189 Eines der Bilder aus Lemms Fotoalbum zeigt ihn beim »Kaffeeklatsch« an einem weiß gedeckten Tisch mit dem Berufsoffizier Martin Steglich und dem Kriegsoffizier Claus Breger, »beim Treffen der RK-Träger des Rgts«; Fotoalbum von Heinz-Georg Lemm (Anm. 12).

IV Krieg

1 KTBTH, 8. 4. 1942.

2 Mawdsley, *Thunder*, S. 255.

3 Ebd., S. 290; Frieser, *Ausweichen*, S. 288 f., 293, 345. Habichts Bataillon befand sich in der Nähe des Ortes Nowosokolniki.

4 Ein Beispiel für diese »Neue Operationsgeschichte« ist Wettstein, *Wehrmacht*.

5 Vgl. hierzu und zum Folgenden den Bericht des Divisionskommandeurs über die Operationen der 12. Inf.Div.; BA-MA, RH 26-12/164. Vgl. Keubke, *Geschichte*.

6 KTB (Ia) der 12. Inf.Div., 17./18. 10. 1941; BA-MA, RH 26-12/22.

7 KTBTH, 12. 7. 1941, 3. 8. 1941.

8 Bessel, *Violence*, S. 158–166.

9 KTBTH, 14. 3. 1942.

10 Stachelbeck, Strategy, S. 2.

11 Wettstein, *Wehrmacht*, S. 60 f.

12 Abschließende Einsatzbesprechung bei der 134. Inf.Div. vom 16. 6. 1941; BA-MA, RH 26-134/5.

13 Befehl des KG des II. AK vom 26. 7. 1941; BA-MA, RH 26-12/31.

14 Vgl. z. B. Schauwecker, *Sturmangriff*.

15 Ausbildungsvorschrift 1938, S. 99–112.

16 Ausbildungsvorschrift 1940, S. 265 f.

17 Ausbildungsvorschrift 1942, S. 180 f.: »Der Angriff ist möglichst unter Umfassung zu führen. Der Zugführer muß anstreben, seine Gruppen zangenförmig aus verschiedener Richtung auf das Angriffsziel anzusetzen.«

18 Wilhelm Reibert, *Der Dienstunterricht im Heere. Ausgabe für den Schützen der Schützenkompanie*, Berlin 1941, S. 263, 282.

19 Ausbildungsvorschrift 1942, S. 70, 72, 86; Ausbildungsvorschrift 1938, S. 14, 19, 26.

20 Ausbildungsvorschrift 1938, S. 14; Ausbildungsvorschrift 1942, S. 70, 189, 207.

21 Ausbildungsvorschrift 1942, S. 86, 113, 189.

22 Römer, *Kameraden*, S. 116 f.

23 Ausbildungsvorschrift 1942, S. 126, 163, 207; Ausbildungsvorschrift 1938, S. 101.

24 Ausbildungsvorschrift 1938, S. 32 ff., 108 f. Ausbildungsvorschrift 1942, S. 178.

25 Ausbildungsvorschrift 1938, S. 26.

26 Ausbildungsvorschrift 1942, S. 85 f.

27 Ebd., S. 86.

28 Die britische Infanterievorschrift von 1937 legte zwar Wert auf ein bedachtes Vorgehen, doch erst die neue Vorschrift von 1944 ermahnte die Truppen explizit zu einem flankierenden Angriffsverfahren: Infantry Training 1937, S. 108 ff.; Infantry Training 1944, S. 53.

29 Infantry Training 1937, S. 56, 59, 106 f., 109.

30 Die britische Vorschrift von 1937 etwa enthielt gleich vier Passagen, in denen die Offiziere dazu ermahnt wurden, unnötige Verluste zu vermei-

den – in der deutschen Vorschrift von 1942 kam dies nur an einer Stelle vor; Infantry Training 1937, S. 108, 121, 130, 132; Ausbildungsvorschrift 1942, S. 178. Bei den Briten wurde auch das kräfteschonende Verfahren des Flankenangriffs stärker betont, vgl. Infantry Training 1944, S. 65 ff. Das stärkste Wort in den britischen Vorschriften war »boldness«: Infantry Section 1938, S. 1; Infantry Training 1937, S. 110.

31 Doubler, *Bocage*.

32 Römer, *Kameraden*, S. 276.

33 KTBTH, 12. 7. 1941.

34 KTBTH, 3. 9. 1941.

35 Zwischen Ende August und Anfang Oktober 1941 verzeichnete das IR 89 177 Tote und 682 Verwundete, während es beim IR 48 110 Tote und 305 Verwundete und beim IR 27 44 Tote und 177 Verwundete waren; Bericht des Divisionskommandeurs über die Operationen der 12. Inf.Div.; BA-MA, RH 26-12/164.

36 Ein Veteran des Infanterieregiments 27 dankte dem damaligen Regimentskommandeur Gerhard Kegler in der Nachkriegszeit in einem Brief dafür, dass er seine Soldaten bei den verlustreichen Kämpfen am 17./18. Oktober 1941 »nicht sinnlos« in den Tod gehetzt habe – während der Divisionskommandeur gemeint habe, »die 89er würden es schon schaffen«; Schreiben von Richard Stelzner an Gerhard Kegler, 13. 6. 1953; für dieses Dokument danke ich Dietrich Kegler, Dormagen.

37 KTBTH, 15. 3. 1942.

38 KTBTH, 28. 2. 1943.

39 KTBTH, 4. 3. 1943.

40 KTBTH, 5. 3. 1943.

41 Hierzu und zum Folgenden: Nübel, *Durchhalten*, S. 122–143, 384–387.

42 KTBTH, 28. 7. 1942. In diesem Fall ordnete er den Ausbau einer Riegelstellung hinter einer neuralgischen Stellung an, nachdem diese bei einem sowjetischen Angriff fast verlorengegangen war.

43 KTBTH, 13. 7. 1942.

44 Im Sommer 1942 z. B. musste Habicht mit seinem Bataillon an der Nordfront des Kessels einen Frontabschnitt von dreitausend Metern Breite mit nur 302 Kämpfern und 33 MGs verteidigen; Stärkemeldung des Abschnitts von Wedel vom 27. 8. 1942; BA-MA, RH 26-12/67.

45 Vgl. Nübel, *Durchhalten*, S. 124 f.

46 Wegner, Aporie, S. 269 ff.

47 KTBTH, 25. 7. 1941.

48 KTBTH, 27. 3. 1942, 3. 3. 1943, 2. 4. 1943.

49 KTBTH, 12. 11. 1942.

50 KTBTH, 20. 10. 1942.

51 KTBTH, 6. 7. 1942.

52 Stargardt, *War*, S. 8, 18.
53 Nachrichtenblatt des Grenadierregiments 89, Mai 1943, BA-MA, MSg 3/4301.
54 Feldpostbrief des Traditionsverbands des ehem. Großherzoglich-Mecklenburgischen Grenadier-Rgts. Nr. 89, November 1943; BA-MA, Msg 3/4036.
55 Römer, *Kameraden*, S. 81, 215. Vgl. Neitzel/Welzer, *Soldaten*, S. 253.
56 Römer, *Kameraden*, S. 212 ff., 224 ff.; Neitzel/Welzer, *Soldaten*, S. 266 f.
57 KTBTH, 30. 7. 1941.
58 KTBTH, 8. 8. 1942, 15. 8. 1942, 22. 5. 1942.
59 KTBTH, 9. 6. 1942.
60 KTBTH, 19. 12. 1943, 27. 12. 1942.
61 KTBTH, 3. 11. 1942.
62 KTBTH, 30. 12. 1943, 5. 3. 1942.
63 KTBTH, 20. 1. 1943, 11. 2. 1943.
64 KTBTH, 12. 2. 1943.
65 KTBTH, 12. 2. 1943.
66 KTBTH, 28. 4. 1942.
67 KTBTH, 31. 1. 1943.
68 Feldpostbrief Hans Simon, 15./IR 27, 6./7. 2. 1943; Museum für Kommunikation Berlin, Serie 3.2002.1288.
69 KTBTH, 19. 12. 1943.
70 KTBTH, 13. 5. 1942.
71 KTBTH, 14. 6. 1943.
72 KTBTH, 16. 5. 1942.
73 Zur Entwicklung der Verluste siehe Graphik S. 234.
74 KTBTH, 27. 2. 1943, 24. 2. 1943.
75 KTBTH, 7. 11. 1942.
76 Siehe Anhang.
77 KTBTH, 4. 8. 1941, 25. 8. 1941.
78 Vgl. zum Dezember 1943: KTBTH, 3. 12., 10. 12., 13. 12., 15. 12., 18. 12., 20. 12., 25. 12. 1943.
79 Hürter, *Notizen*.
80 KTBTH, 31. 1. 1943.
81 KTBTH, 19. 12. 1943.
82 KTBTH, 26. 11. 1943.
83 Baberowski, *Räume*.
84 Vgl. freilich die Ausführungen zu kriegerischer Gewalt, ebd., S. 151–169.
85 Vgl. ebd., S. 39 f.
86 Analyse mit der korpuslinguistischen Software Wmatrix der University of Lancaster.
87 KTBTH, 4. 3. 1943.
88 KTBTH, 1. 12. 1942.
89 KTBTH, 16. 10. 1942.

90 KTBTH, 27.11.1943, 11.8.1942.
91 KTBTH, 25.11.1943, 29.11.1943.
92 KTBTH, 20.9.1942, 3.11.1942, 1.12.1942.
93 KTBTH, 13.6.1943.
94 Habicht, *Unstaat*, S. 7, 32; KTBTH, 25.7.1941.
95 KTBTH, 4.10.1942.
96 Auch zum Folgenden: Nübel, Raum, S. 285–307.
97 Nübel, Neuvermessungen, S. 227.
98 KTBTH, 20.4.1943.
99 KTBTH, 27.4.1943.
100 KTBTH, 8.6.1942.
101 KTBTH, 29.5.1942.
102 Vgl. den ausführlichen Bericht über die Strafexpedition von Oblt. Jensen, Nachrichtenabteilung 42, 18.12.1941; BA-MA, RH 24-2/327, Bl. 21–24.
103 In den sowjetischen Nachkriegsermittlungen im Kreis Zalutschskij, in dem die Strafexpedition stattfand, wurden für die gesamte Besatzungszeit nur rund dreißig weitere Exekutionen nachgewiesen, die nicht im Zusammenhang mit den Repressalien vom Dezember 1941 standen. Bericht der Außerordentlichen Staatlichen Kommission über die deutschen Verbrechen im im Kreis Zalutschskij; GARF, 7021/34/352, Bl. 6–9.
104 Vgl. z.B. den Untersuchungsakt Nr. 5, Landsowjet Tarasowskij, 30.3.1945; GARF, 7021/34/364, Bl. 60–61.
105 Rass, *Menschenmaterial*, S. 358f.
106 KTBTH, 7.4.1942.
107 KTBTH, 7./8.6.1942.
108 KTBTH, 29.5.1942.
109 KTBTH, 23.5.1942.
110 KTBTH, 28.9.1942.
111 KTBTH, 27.6.1942.
112 KTBTH, 29.6.1942.
113 KTBTH, 22.8.1942.
114 Vgl. Nübel, *Durchhalten*, S. 131f.
115 Untersuchungsakt Nr. 21, Landsowjet Klewitscheskij, 5.4.1945; GARF, 7021/34/364, Bl. 174.
116 Rutherford, Life and Death, S. 373.
117 KTBTH, 8.4.1943.
118 KTBTH, 22.8.1942.
119 KTBTH, 13.3.1942.
120 KTBTH, 9.11.1942.
121 KTBTH, 7.11.1942.
122 KTBTH, 27.4.1943.
123 Vgl. Nübel, Raum, S. 305f.

124 Vgl. Nübel, *Durchhalten*, S. 215–221.
125 Vgl. Nübel, *Durchhalten*, S. 223 ff., 255 ff.
126 Vgl. Nübel, *Durchhalten*, S. 360.
127 KTBTH, 25. 8. 1941, 20. 4. 1943.
128 Nübel, Durchhalten, S. 256 f.
129 KTBTH, 13. 6. 1942. In der Stellung an der Südfront, die Habicht im Januar 1943 übernahm, betrug die Entfernung von den Wohnbunkern zur HKL allerdings 300 Meter, was Habicht als zu weit ansah, vgl. KTBTH, 20. 1. 1943.
130 KTBTH, 7. 4. 1942.
131 KTBTH, 5. 7. 1942.
132 KTBTH, 9. 9. 1942, 15. 11. 1942, 7. 11. 1942.
133 Im Juli 1943 etwa erzählte er, dass er wieder »einen sehr schönen Bunker« habe, der in »Wohn- und Schlafraum« eingeteilt sei und mit »Bilder[n] von schönen Landschaften« und »schönen Mädchen« geschmückt werden sollte; Feldpost Hans Simon, 15./IR 27; Museum für Kommunikation Berlin, Serie 3.2002.1288.
134 KTBTH, 16. 5. 1942.
135 Fotoalbum von Heinz-Georg Lemm (Kap. III, Anm. 12).
136 Vgl. Nübel, *Durchhalten*, S. 255.
137 KTBTH, 5. 7. 1942, 3. 10. 1942.
138 KTBTH, 23. 5. 1943, 27. 10. 1942.
139 KTBTH, 28. 9. 1942, 13. 5. 1942.
140 KTBTH, 28. 9. 1942.
141 KTBTH, 16. 5. 1943.
142 KTBTH, 1. 5. 1943.
143 KTBTH, 16. 5. 1942, 11. 9. 1942.
144 KTBTH, 28. 9. 1942.
145 Vgl. Römer, *Kameraden*, S. 111–157; Neitzel/Welzer, *Soldaten*, S. 71–82.
146 KTBTH, 31. 8. 1942.
147 KTBTH, 14. 8. 1941.
148 KTBTH, 18. 8. 1941.
149 KTBTH, 25. 7. 1941, 22. 8. 1942, 1. 1. 1944.
150 Kipp, »*Großreinemachen im Osten*«, u. a. S. 112–116, 131–135, 457 f.
151 KTBTH, 6. 7. 1941, 28. 4. 1942, 21. 9. 1942, 27. 10. 1942.
152 KTBTH, 21. 3. 1943.
153 KTBTH, 24. 11. 1943.
154 KTBTH, 4. 3. 1943.
155 KTBTH, 6. 9. 1942.
156 KTBTH, 7. 9. 1942.
157 KTBTH, 20. 8. 1941.
158 KTBTH, 30. 12. 1943.

159 KTBTH, 1.1.1944.
160 Kühne, *Kameradschaft*.
161 KTBTH, 4.4.1943.
162 Kühne, *Kameradschaft*, S. 272 ff.
163 Neitzel, Vergemeinschaftung.
164 Vgl. die Ermittlungsakten im Moskauer Nationalarchiv, GARF; siehe unten im nächsten Abschnitt.
165 KTBTH, 14.3.1942.
166 Browning, Holocaust, S. 220.
167 Römer, *Kameraden*, S. 442–466; Bajohr/Pohl, *Massenmord*.
168 Habicht bemerkte sogar die litauischen Kollaborateure, die das Massaker ausführten – sie patrouillierten in der Stadt und begrüßten Habichts Truppe »mit dem deutschen Gruß«, KTBTH, 26.6.1941.
169 Frauenfeld, *Reu'*, S. 202 ff.
170 KTBTH, 7.7.1941.
171 Angaben zur Volkszählung von 1939 nach: http://demoscope.ru/weekly/ssp/rus_nac_39_ra.php?reg=999.
172 Im Archiv des US Holocaust Memorial Museum sind keine Unterlagen oder Erkenntnisse über antisemitische Gewalttaten aus der Region Demjansk vorhanden; für die hausinternen Nachforschungen im USHMM und diese Auskunft danke ich Jürgen Matthäus, Washington.
173 Römer, *Kameraden*, S. 136–141.
174 KTBTH, 8.6.1942.
175 KTBTH, 27.11.1943.
176 KTBTH, 22.8.1941, 10.6.1942, 19.12.1943.
177 KTBTH, 21.5.1942.
178 Kühne, *Kameradschaft*, S. 149 f.
179 Kühne, Massen-Töten, S. 36 f.
180 Das zeigt der Schriftwechsel des Veteranenvereins der ehemaligen 4./IR 27 aus der Nachkriegszeit.
181 KTBTH, 25.8.1941, 9.3.1942, 7./8.6.1942.
182 KTBTH, 24.12.1943.
183 KTBTH, 27.5.1942.
184 Collins, *Violence*, S. 375 ff.
185 Kühne, *Kameradschaft*, S. 149 f.
186 KTBTH, 2.8.1942.
187 KTBTH, 1.5.1943.
188 KTBTH, 3.4.1943.
189 KTBTH, 6.3.1942, 18.3.1942, 14.4.1942.
190 KTBTH, 8.8.1942.
191 KTBTH, 19.1.1943.
192 KTBTH, 5.3.1943.

193 KTBTH, 19.4.1943.
194 Geyer, Wie die Deutschen das Krieg-Machen lernten.
195 Collins, *Violence*, S. 65, 80f., 402ff.
196 KTBTH, 25.2.–6.3.1943.
197 KTBTH, 20.4.1942.
198 KTBTH, 23.10., 24.10., 25.10.1942.
199 KTBTH, 3.2.1943.
200 Latzel, *Soldaten*, S. 227–233.
201 KTBTH, 7.8.1942.
202 Römer, *Kameraden*, S. 389–392.
203 KTBTH, 20.8.1941.
204 KTBTH, 12.3.1942, 25.4.1942.
205 KTBTH, 16.3.1942.
206 KTBTH, 6.3.1943, 7.3.1943.
207 KTBTH, 8.4.1942.
208 KTBTH, 28.6.1941.
209 KTBTH, 14.3.1942.
210 KTBTH, 16.8.1942.
211 KTBTH, 31.7.1942.
212 KTBTH, 25.2.1943.
213 Latzel, *Soldaten*, S. 246; Römer, *Kameraden*, S. 393.
214 KTBTH, 10.7.1942, 12.7.1941, 5.8.1941, 25.2.1943, 26.2.1943.
215 Collins, *Violence*, S. 41–57.
216 Ebd., S. 28f.
217 KTBTH, 5.3.1943.
218 KTBTH, 8.2.1943.
219 KTBTH, 22.8.1941, 25.8.1941.
220 KTBTH, 7.4.1942.
221 KTBTH, 9.5.1943.
222 KTBTH, 21.4.1942.
223 Baberowski, *Räume*, S. 156f.
224 Ebd., S. 156.
225 Collins, *Violence*, S. 370–381.
226 KTBTH, 4.4.1943.
227 KTBTH, 19.12.1943, 4.3.1943.
228 Das zeigt der Schriftwechsel des Veteranenvereins der ehemaligen 4./IR 27 aus der Nachkriegszeit.
229 KTBTH, 31.7.1942.
230 KTBTH, 5.9.1941.
231 Baberowski, *Räume*, S. 152, 155f.
232 KTBTH, 20.6.1941, siehe Anhang.
233 KTBTH, 10.8.1941.

234 KTBTH, 28.8.1941.
235 KTBTH, 25.6.1941.
236 KTBTH, 12.7.1941.
237 KTBTH, 17.7.1941.
238 KTBTH, 30.3.1942.
239 KTBTH, 6.8.1941.
240 KTBTH, 13.7.1942.
241 Baberowski, *Räume*, S. 190f.
242 KTBTH, 29.6.1941.
243 KTBTH, 4.8.1941.
244 KTBTH, 26.2.1943.
245 Pohl, *Herrschaft*, S. 9, 98f., 291, 348f.
246 Rass, *Menschenmaterial*; Hartmann, *Wehrmacht*; Rutherford, *Combat*.
247 Hartmann, *Wehrmacht*.
248 KTBTH, 9.4.1942.
249 Pohl, *Herrschaft*, S. 324.
250 KTBTH, 27.11.1942.
251 KTBTH, 9.11.1942.
252 KTBTH, 7./8.3.1942.
253 KTBTH, 20.2.1943.
254 KTBTH, 2.6.1943.
255 So das Plädoyer von Nelson, Introduction.
256 Lower, *Nazi Empire Building*, S. 2–4, 44–68.
257 Mazower, *Hitler's Empire*, S. 353.
258 Liulevicius, Language; Blackbourn, Conquest.
259 Fulbrook, Nazis, S. 131, 150.
260 Gerwarth/Malinowski, Holocaust, S. 454–459.
261 Barth, Grenzen.
262 Conrad, *Kolonialgeschichte*, S. 66, 104ff.
263 Steinmetz, *Devil's Handwriting*.
264 KTBTH, 22.8.1942.
265 Blackbourn, Conquest, S. 152.
266 Habicht, *Unstaat*, S. 78.
267 KTBTH, 25.7.1941.
268 KTBTH, 27.11.1942.
269 Liulevicius, Language.
270 Blackbourn, Conquest, S. 157ff.
271 KTBTH, 5.7.1941.
272 Blackbourn, Conquest, S. 151–156.
273 KTBTH, 3.11.1942.
274 Kundrus, Kontinuitäten.
275 KTBTH, 23.8.1941.

276 KTBTH, 3.9.1941.

277 KTBTH, 15.5.1943.

278 KTBTH, 18.8.1941, 5.7.1941.

279 KTBTH, 18.8.1941, 5.7.1941.

280 KTBTH, 8.3.1942.

281 KTBTH, 18.4.1942, 3.11.1942.

282 Divisionsbefehl der 12. Inf.Div./Abt. Ic/Ia Nr. 607/41 geh., 17.11.1941; BA-MA, 26-12/82, Anl. 3.

283 KTBTH, 4.3.1942.

284 KTBTH, 7.3.1942.

285 KTBTH, 6.6.1942.

286 KTBTH, 7.6.1942.

287 Genovese, *Roll, Jordan, Roll*, S. 3–7.

288 Genovese/Fox-Genovese, *Self-Deception*, S. 26.

289 KTBTH, 1.6.1943.

290 Rutherford, Life.

291 Sorokina, People; Penter, *Kohle*, S. 390.

292 Umansky, Geschichtsschreiber.

293 Feferman, Investigation, S. 593.

294 Das zeigen zum einen die Dokumentenköpfe, zum anderen auch die Teilbestände der lokalen ASK aus dem Regionalarchiv Novgorod, die im US Holocaust Memorial Museum in Washington als Kopien archiviert sind und mit den in Moskau überlieferten ASK-Akten übereinstimmen; USHMM, RG-22.031, Fund R-152-9-9 und Fund R-1793-1-12. Für die Kopien aus dem USHMM danke ich Jürgen Matthäus, Washington.

295 Um die Personennamen exemplarisch zu verifizieren, wurden die Namen der vierzig Einwohner, die laut ASK-Akten aus der Ortschaft Danilowo deportiert wurden, in den Beständen zu Displaced Persons des Internationalen Suchdienstes Bad Arolsen recherchiert, doch ließen sich keine Übereinstimmungen mit Sicherheit feststellen, vor allem weil die Angaben in den Unterlagen des Suchdienstes vielfach zu ungenau sind; Wiener Library, ITS-Datenbank.

296 Bericht über die Strafexpedition von Oblt. Jensen, Nachrichtenabteilung 42, 18.12.1941; BA-MA, RH 24-2/327, Bl. 21–24.

297 Rjadovo (57°54'93.09"N, 31°61'05.68"E), Landsowjet Borowskij, 18.12.1941: 3 Personen erschossen; Nikulino-2 (57°53'89.70"N, 31°63'61.44"E), Borowskij, 18.12.1941: 6 Personen erschossen; Wankowo (57°51'16.40"N, 31°65'34.82"E), Borowskij, 18.12.1941: 4 Personen erschossen; Gromkowo (57°49'50.07"N, 31°65'38.25"E), Borowskij, 18.12.1941: 2 Personen erschossen; Lebedinez (57°45'39.81"N, 31°76'09.37"E), Landsowjet Schubinskij, 14.12.1941: 14 Personen erschossen; Luschki (57°44'87.99"N, 31°82'99.42"E), Schubinskij, 14.12.1941: 4 Personen erschossen; Bolschoj Ostrow

(57°43'15.63"N, 31°86'33.02"E, Schubinskij, 14.12.1941: 11 Personen erschossen; GARF, 7021/34/352, Bl. 6–9.

298 Den Kern des besetzten Gebiets im Kessel von Demjansk bildete das Territorium des Kreises Demjansk, an den Rändern überschnitt er sich aber auch mit vier weiteren Kreisen, dem Kreis Molwotizkij im Süden, dem Kreis Pola im Nordwesten, dem Kreis Lykowo im Norden und dem Kreis Waldaj im Nordosten.

299 KTBTH, 7.3.1942.

300 Eintrag im KTB (Ia) der 12. Inf.Div. vom 11.12.1941; BA-MA, RH 26-12/22, Bl. 239.

301 Tätigkeitsbericht (Ic) vom 1.6.–15.12.1941; BA-MA, RH 26-12/82.

302 Römer, *Kommissarbefehl*, S. 356f.

303 Akt über die Gewalttaten der deutsch-faschistischen Eroberer und ihrer Helfershelfer im Kreis Demjansk, Gebiet Nowgorod, 11.4.1945; GARF, 7021/34/364, Bl. 3–14. Auf der listenmäßigen Übersicht in der Akte wird die Gesamtzahl der Exekutierten mit 346 angegeben.

304 Im Kreis Zalutschskij: 87; im Kreis Lytschkowskij: 44 (zzgl. 184 ohne namentliche Identifizierung), im Kreis Molwotitzkij: 155, im Kreis Polawskij: 155, im Kreis Waldaj: 0, im Kreis Demjansk: 346; GARF, 7021/34/352, 354, 356, 359, 350, 364.

305 Aus den sowjetischen Nachkriegsermittlungen ist bekannt, dass die Deutschen bei ihrem Rückzug im Februar 1943 etwa zehntausend Menschen aus dem Kreis Demjansk deportierten. Nach Recherchen russischer Journalisten aus den 1960er Jahren betrug die Zahl der Einwohner im Kessel unter der deutschen Besatzung rund neuntausend; *Avangard* Nr. 2, 1967.

306 Untersuchungsakt Nr. 5, Landsowjet Tarasowskij, 30.3.1945; GARF, 7021/34/364, Bl. 60–61.

307 Untersuchungsakt Nr. 21, Landsowjet Klewitscheskij, 5.4.1945; GARF, 7021/34/364, Bl. 174.

308 Befragungsprotokoll, Gemeinde Danilowo, 26.3.1945; GARF, 7021/34/364, Bl. 181.

309 KTBTH, 19.5.1942.

310 Mühlhäuser, *Eroberungen*; vgl. jetzt die differenzierte Studie von Röger, *Kriegsbeziehungen*.

311 Römer, »Im alten Deutschland«, S. 66ff.

312 KTBTH, 2.6.1943.

313 KTBTH, 8.8.1942.

314 KTBTH, 2.6.1943.

315 KTBTH, 18.8.1941.

316 Vgl. Pohl, *Herrschaft*, S. 309.

317 KTBTH, 17.5.1943.

318 Fotoalbum von Heinz-Georg Lemm (Kap. III, Anm. 12).

319 KTBTH, 8.8.1942.

320 KTBTH, 8.8.1942.

321 Zitiert nach: Pohl, *Herrschaft*, S. 184. Vgl. auch zum Folgenden ebd., S. 183–194.

322 Allgemeine Aufstellung der von den deutsch-faschistischen Verbrechern im Kreis Polawskij, Gebiet Nowgorod, verübten Verbrechen gegen die Zivilbevölkerung der UdSSR; GARF, 7021/34/359, Bl. 2.

323 Rutherford, Life, S. 360.

324 Dieckmann/Quinkert, *Kriegführung*; Tönsmeyer, Hungerökonomien.

325 Vgl. Rutherford, Life, S. 367 f.

326 KTBTH, 1.4.1943.

327 KTBTH, 30.6.1941.

328 KTBTH, 24.3.1942.

329 Vgl. Pohl, *Herrschaft*, S. 201, 240.

330 Untersuchungsakt über die Untersuchung der Massengräber im Mai 1945; GARF, 7021/34/364, Bl. 15 f.

331 KTBTH, 26.3.1942.

332 KTBTH, 29.8.1942.

333 Vgl. Pohl, *Herrschaft*, S. 322–328.

334 Vgl. Mawdsley, *Thunder*, S. 254.

335 Im Kreis Zalutschskij: 4979; im Kreis Lytschkowskij: 5062, im Kreis Molwotitzkij: 1071, im Kreis Polawskij: 503, im Kreis Waldaj: 0, im Kreis Demjansk: 10 522; GARF, 7021/34/352, 354, 356, 359, 350, 364.

336 KTBTH, 12.2.1943.

337 Vgl. Pohl, *Herrschaft*, S. 327.

338 KTBTH, 1.6.1943.

339 Befehl der 83. Inf.Div./Abt. Ia Nr. 422/43 g.Kdos., 24.12.1943; BA-MA, RH 26-83/47.

340 KTBTH, 24.12.1943.

341 KTBTH, 31.12.1943.

342 Rutherford, *Combat*.

343 Tönsmeyer, Besatzungsgesellschaften.

344 KTBTH, 19.3.1942.

345 Siehe z. B. Latzel, *Soldaten*, S. 151 ff.; Kilian, *Wehrmacht*, S. 197–203.

346 Auch zum Folgenden: Hartmann, *Wehrmacht*, S. 415 f.

347 Baberowski, *Räume*, S. 190 f.

348 Stirk, *Politics*, S. 2 f.

349 KTBTH, 18.8.1941, 30.4.1942, 12.9.1942.

350 Erlichman, *Strategies*; Carruthers, *Occupation*.

351 Carruthers, *Preoccupied*.

352 Stirk, *Politics*.

353 Auch zum Folgenden: Erlichman, *Strategies*, S. 81, 88 f., 116 ff.

354 Seixas, *Division*, S. 242 f., 248, 257–260, 277 ff.
355 Auch zum Folgenden: Ebner, *Kolonialliteratur*.
356 Lehnstaedt, *Okkupation*, S. 210 ff., 252 f.
357 Vgl. Pohl, *Herrschaft*, S. 194.
358 Vgl. Rutherford, Life, S. 370.
359 Manche der Fotos waren mit der eigenen Kamera aufgenommen worden, andere hatten die Autoren von Fotografen bezogen, bei denen man Abzüge aus einer Auswahl bestellen konnte. Eine Reihe von Bildern aus Lemms Fotoalbum stammte aus dem Druck »Russischer Bildbericht«, als Fotograf war »Walter Kusmann« angegeben, als Produzent »Rich. Fischbach, Reutlingen«.
360 Fotoalbum von Heinz-Georg Lemm (Kap. III, Anm. 12).
361 Vgl. z.B. das Fotoalbum eines Obergefreiten aus dem IR 89; BA-MA, MSg 2/6813.
362 Schröder, *Jahre*, S. 374–382.
363 Seixas, *Division*, S. 367.
364 Von einhundertzehn Dörfern im Kreis Demjansk gab es nach dem Abzug der Deutschen nur noch dreiundzwanzig; Avangard, Nr. 2, 1967.
365 Luftbild vom 6. 1. 1943; NARA, RG 373, GX-02132, Bild 15 (Luftbilddatenbank Dr. Carls).
366 Domaschi: 57°45'26.44"N, 32°44'37.69"E; Danilowo: 57°43'40.22"N, 32°41'59.07"E; Nakladez: 57°43'14.29"N, 32°43'53.59"E; Mamajewschtschina: 57°41'41.80"N, 32°42'48.65"E.
367 Wesowo: im Bereich 57°31'15.63"N, 32°29'14.13"E; Penkowo: 57°30'45.12"N, 32°28'30.50"E; Tarassowo: 57°32'3.86"N, 32°26'57.46"E.

V Ausblick

1 Telegramm der Partei-Kanzlei der NSDAP mit der von Martin Bormann genehmigten Pressenotiz, 29. 2. 1944; PA-AA, Pers H/794, Bd. 2, Bl. 6.
2 KTBTH, 22. 8. 1942, vgl. Kap. III, S. 130.
3 KTBTH, 4. 3. 1943.
4 KTBTH, 22. 8. 1942, vgl. Kap. III, S. 130.
5 Herbert, *Geschichte Deutschlands*, S. 508 f.; Bessel, End, S. 291.
6 Thießen, Schöne Zeiten.
7 Wehler, *Gesellschaftsgeschichte*, Bd. 5, S. 110.
8 Auch zum Folgenden: Thießen, Schöne Zeiten, S. 173.
9 Herbert, *Geschichte Deutschlands*, S. 676 f.
10 Bauerkämper, Road.
11 Conway, Democracy.
12 Bauerkämpfer, Road, S. 450 f.
13 Erlichman, *Strategies*, S. 294 f.

14 Bauerkämpfer, Road, S. 448 ff., 453.
15 Conway, Democracy, S. 76 ff.
16 Wolfrum, *Demokratie*, S. 58 f.
17 Erlichman, *Strategies*, S. 256–271.
18 Conway, Democracy, S. 78; Wolfrum, *Demokratie*, S. 149.
19 Potthoff, Bürgerlichkeit, S. 87.
20 Föllmer, Individuality.

Das Tagebuch von Theodor Habicht – Auszüge

1 Kommandeur des IR 27, Oberstleutnant Gerhard Kegler.
2 Kommandeur der 12. Infanteriedivision, Generalmajor Walther von Seydlitz-Kurzbach.
3 Chef der 3. Kompanie des I. Bataillons.
4 Ordonnanzoffizier im I. Bataillon.
5 Habichts Offiziersbursche.
6 Bataillonsführer und Habichts direkter Vorgesetzter.
7 Habichts Offiziersbursche.
8 Hauptfeldwebel in Habichts 4. Kompanie.
9 Ordonnanzoffizier des IR 27.
10 Kompaniefeldwebel in Habichts 4. Kompanie.
11 Kommandeur des Grenadierregiments 547 und Habichts direkter Vorgesetzter.
12 Habicht wartet auf Nachricht von seiner Ehefrau aus Berlin, das zu dieser Zeit starken Luftangriffen ausgesetzt war.
13 Der Regimentskommandeur des GR 547, Oberst Colli.
14 Habichts Bataillonsadjutant.

Quellen und Literatur

Archivquellen

Bibliothek für Zeitgeschichte, Stuttgart
Sammlung Sterz, Feldpostserie Johannes T., IR 27 (07504)

Bundesarchiv-Militärarchiv, Freiburg (BA-MA)
Kriegstagebuch Theodor Habicht (MSg 2/12955–12958), Schriftgut von Kommandobehörden (RH 26-12, RH 26-83, RH 24-2, RH 24-43, RH 20-16), Personalunterlagen (Pers 6, Pers 1), Nachlässe Engel, Lemm, Rudelsdorff (N 113, RW 8, 679), Kartei zu Verwendungen und Auszeichnungen (RW 59), Traditionsverbände (MSg 3), Aktenmaterial und Selbstzeugnisse vom IR 27 und IR 89 (RH 37, MSg 2)

Bundesarchiv Berlin-Lichterfelde (BA-B)
NSDAP-Reichsorganisationsleiter (NS 22), NSDAP-Reichsschatzmeister (NS 1), DAF (NS 5-VI), Reichslandbund, Pressearchiv (R 8034-III), Personalunterlagen (R 3001), ehem. Berlin Document Center (NSDAP-Mitgliederkarteien, Personalunterlagen)

Bundesarchiv-Koblenz (BA-K)
Nachlass Wilhelm Stuckart (N 1292)

Deutsche Dienststelle (Wehrmachtauskunftsstelle), Berlin
Verlustlisten, Erkennungsmarkenverzeichnisse, EDV- und ZK-Nachweise vom IR 27, IR 89 und GR 547

Dokumentationsarchiv Funk, Wien
Tonaufnahme einer Rundfunkansprache von Theodor Habicht, 1933

Hessisches Hauptstaatsarchiv, Wiesbaden (HHStAW)
Korrespondenz des Wiesbadener NSDAP-Ortsgruppenleiters/Kreisleiters Theodor Habicht (Abt. 483), Unterlagen zu Wahlen in Wiesbaden (Abt. 403), Polizeiverwaltung (Abt. 408), Amtsgericht (Abt. 469), Lokalpresse (Abt. 469), Schulzeugnis Theodor Habicht (Abt. 429), Straßen- und Häuserverzeichnis (II-52)

IfZ-Archiv, München
Reichsführer SS (MA 289), Teilnachlass Richard Suchenwirth (ED 420), Nachlass Werner Otto von Hentig (ED 113), Bibliographie der Gauleiter (MS-161-2), Zeugenschrifttum Curt Bräuer, Hermann Böhme (ZS 601, 1615)

Museum für Kommunikation, Berlin
Sammlung Feldpost: Briefserie Hans Simon, IR 27 (3.2002.1288)

Landesarchiv Sachsen-Anhalt, Merseburg (LSA-MER)
Regierungspräsidium Merseburg (C 48), Landratsamt Wittenberg (C 50), Schriftverkehr der NSDAP Wittenberg (Rep. P 501), Personalakte Theodor Habicht (C 48)

Landesbibliothek Wiesbaden
Zeitungsbestand: Nassauer Beobachter, Rheinwacht (60 Gr. 2 Gz 8793, 8794)

Landeshauptarchiv Koblenz
Reichsgrafschaft Holzappel (Best. 47), Oberpräsidium der Rheinprovinz (Best. 403)

Österreichisches Staatsarchiv, Wien
Gauakt Theodor Habicht

Politisches Archiv des Auswärtigen Amtes, Berlin (PA-AA)
Deutsche Informationsstelle (R 66826, 63947), Dienststelle Ribbentrop (R 27177), Büro des Staatssekretärs (R 29534, 29681), Rundfunkpolitische Abteilung (R 67491, 67467), Außenpolitische Rundfunkarbeit (R 67613), Lageberichte Büro Habicht (R 60659), Rundfunkreden Theodor Habicht (R 73477), Personalakte Theodor Habicht (Pers B/Pers H), Nachlässe (Bräuer, Grobba, Melchers)

Ratsarchiv Wittenberg
Personalakte Theodor Habicht, Erinnerungsalbum für Theodor Habicht

Staatsarchiv der Russischen Föderation (GARF)

Ermittlungsakten der Außerordentlichen Staatlichen Kommission (ASK) zu deutschen Kriegsverbrechen im Kreis Demjansk, Kreis Zalutschskij, Kreis Waldaj, Kreis Lytschkowskij, Kreis Molwotitzkij, Kreis Polawskij (P-7021-34)

Stadtarchiv Koblenz

Personalakte Theodor Habicht, Ratssitzungen, Verfügungen der Stadtverwaltung, Unterlagen zur Immobiliensuche des Oberbürgermeisters (Best. 623)

Stadtarchiv Wiesbaden

Publikationen der NSDAP-Kreisleitung (Best. 321), Lokalgeschichte Ernst Jungmann/Otto Fink (NL 34), Unterlagen zu Wahlen in Wiesbaden (WI-2, NL 31), Verwaltungsberichte (V 66, 68, 74)

The National Archives, Kew

Berichte von britischen Besatzungsbehörden in Wiesbaden, 1930 (FO 371)

US Holocaust Memorial Museum, Washington

RG 22.031 (Akten der Außerordentlichen Staatlichen Kommission aus dem Regionalarchiv Novgorod)

US National Archives and Records Administration, Washington

Deutsche Aufklärungsbilder, Region Demjansk (RG 373, GX-01912, 02132, 02940), beschafft durch Luftbilddatenbank Dr. Carls

Wehrgeschichtliches Museum, Rastatt

Teilnachlass Heinz-Georg Lemm mit Fotoalben (Inv.Nr. 018099–018101)

Wiener Library, London

Mikrofiche-Bestand: Völkischer Beobachter, Illustrierter Beobachter; Digitalarchiv des Internationalen Suchdienstes Bad Arolsen

Zentralarchiv des Verteidigungsministeriums der Russischen Föderation, Moskau (CAMO)

Kartenmaterial der Roten Armee zum Kessel von Demjansk (221-1351-899)

Gedruckte Quellen und Sekundärliteratur

Absolon, Rudolf, *Die Wehrmacht im Dritten Reich*. Bd. 5, Boppard am Rhein 1988.

Adorno, Theodor, Sociology and Psychology, in: *New Left Review* 47 (1968), S. 79–95.

Akten der Partei-Kanzlei der NSDAP. Rekonstruktion eines verlorengegangenen Bestandes. Hrsg. vom Institut für Zeitgeschichte, München [u. a.] 1983–1992.

Akten der Reichskanzlei. Die Regierung Hitler 1933–1945. Hrsg. von Hans Günter Hockerts [u. a.], Bd. I–VII, München 1996–2015.

Akten zur deutschen auswärtigen Politik. Serie C: 1933–1937, 6 Bde., Göttingen 1971–1981.

Akten zur deutschen auswärtigen Politik. Serie D: 1937–1941, 13 Bde., Göttingen 1950–1970.

Arbogast, Christine, *Herrschaftsinstanzen der württembergischen NSDAP. Funktion, Sozialprofil und Lebenswege einer regionalen NS-Elite 1920–1960*, München 1998.

Ausbildungsvorschrift für die Infanterie. Heft 9: Führung und Kampf der Infanterie. Das Infanterie-Bataillon, Berlin 1938.

Ausbildungsvorschrift für die Infanterie. Heft 9: Führung und Kampf der Infanterie. Das Infanterie-Bataillon, Berlin 1940.

Ausbildungsvorschrift für die Infanterie. Heft 2a: Die Schützenkompanie, Berlin 1942.

Baberowski, Jörg, *Räume der Gewalt*, Frankfurt a. M. 2015.

Bajohr, Frank, »Community of Action« and Diversity of Attitudes. Reflections on Mechanisms of Social Integration in National Socialist Germany, 1933–45, in: Steber/Gotto, *Visions*, S. 187–199.

Bajohr, Frank, *Parvenüs und Profiteure. Korruption in der NS-Zeit*, Frankfurt a. M. 2001.

Bajohr, Frank, Das »Zeitalter des Tagebuchs«? Subjektive Zeugnisse aus der NS-Zeit. Eine Einführung, in: ders./Sybille Steinbacher (Hg.): *»Zeugnis ablegen bis zum letzten«. Tagebücher und persönliche Zeugnisse aus der Zeit des Nationalsozialismus und des Holocaust*, Göttingen 2015, S. 7–21.

Bajohr, Frank/Pohl, Dieter, *Massenmord und schlechtes Gewissen. Die deutsche Bevölkerung, die NS-Führung und der Holocaust*, Frankfurt a. M. 2008.

Bajohr, Frank/Wildt, Michael (Hrsg.), *Volksgemeinschaft. Neue Forschungen zur Gesellschaft des Nationalsozialismus*, Frankfurt a. M. 2009.

Barth, Boris, Die Grenzen der Zivilisierungsmission. Rassenvorstellungen in den europäischen Siedlungskolonien Virginia, den Burenrepubliken und Deutsch-Südwestafrika, in: Boris Barth/Jürgen Osterhammel (Hrsg.), *Zivilisierungsmissionen. Imperiale Weltverbesserung seit dem 18. Jahrhundert*, Konstanz 2005, S. 201–228.

Bauer, Kurt, Hitler und der Juliputsch 1934 in Österreich: eine Fallstudie zur nationalsozialistischen Außenpolitik in der Frühphase des Regimes, in: *VfZ* 59 (2011), H. 2, S. 193–227.

Bauer, Kurt, *Hitlers zweiter Putsch. Dollfuß, die Nazis und der 25. Juli 1934*. St. Pölten/Salzburg/Wien 2014.

Bauerkämper, Arnd, The Twisted Road to Democracy as a Quest for Security: Germany in the Twentieth Century, in: *German History* 32 (2011), S. 431–455.

Bavaj, Riccardo, *Die Ambivalenz der Moderne im Nationalsozialismus. Eine Bilanz der Forschung*, München 2003.

Bergerson, Andrew Stuart, *Ordinary Germans in Extraordinary Times. The Nazi Revolution in Hildesheim*, Bloomington 2004.

Berghoff, Hartmut, *Zwischen Kleinstadt und Weltmarkt. Hohner und die Mundharmonika. Unternehmensgeschichte als Gesellschaftsgeschichte (1857–1961)*, Paderborn 1997.

Bessel, Richard, The End of the Volksgemeinschaft, in: Martina Steber/Bernhard Gotto (Hrsg.), *Visions of Community in Nazi Germany. Social Engineering and Private Lives*, Oxford 2014, S. 281–294.

Bessel, Richard, *Violence. A Modern Obsession*, London 2015.

Bialas, Wolfgang, *Moralische Ordnungen des Nationalsozialismus*, Göttingen 2014.

Bialas, Wolfgang, Nationalsozialistische Ethik und Moral. Konzepte, Probleme, offene Fragen, in: ders./Lothar Fritze (Hrsg.), *Ideologie und Moral im Nationalsozialismus*, Göttingen 2014, S. 24–63.

Blackbourn, David, The Conquest of Nature and the Mystique of the Eastern Frontier in Nazi Germany, in: Robert L. Nelson (Hrsg.), *Germans, Poland, and Colonial Expansion to the East*, New York 2009, S. 141–170.

Bohrmann, Hans (Hrsg.), *NS-Presseanweisungen der Vorkriegszeit. Edition und Dokumentation*, Bd. 2: 1934, München [u. a.] 1985.

Browning, Christopher, The Holocaust: Basis and Objective of the Volksgemeinschaft?, in: Steber/Gotto, *Visions*, S. 217–225.

Bruppacher, Paul, *Adolf Hitler und die Geschichte der NSDAP. Eine Chronik, Bd. 1*, Norderstedt [3]2014.

Buddrus, Michael/Fritzlar, Sigrid, *Die Professoren der Universität Rostock im Dritten Reich. Ein biographisches Lexikon*, München 2007.

Carruthers, Susan L., *The Good Occupation. American Soldiers and the Hazards of Peace*, Cambridge, Mass. 2016.

Carruthers, Susan L., *Preoccupied. Wartime Training for Postwar Occupation in the United States*, 1940–45, Vortrag auf der Konferenz »The Allied Occupation of Germany Revisited«, am Deutschen Historischen Institut London, 19. 9. 2016.

Collani, Gernot von, Deutsche Versionen des Narcissistic Personality Inventory (NPI-d). Zusammenstellung sozialwissenschaftlicher Items und Skalen, 2014, abgerufen auf *http://zis.gesis.org*.

Collins, Randall, *Violence. A Micro-Sociological Theory*, Princeton 2008.

Conrad, Sebastian, *Deutsche Kolonialgeschichte*, München 2008.

Conway, Martin, Democracy in Postwar Western Europe: the Triumph of a Political Model, in: *European History Quarterly* 32 (2002) 1, S. 59–84.

Conze, Eckart [u. a.], *Das Amt und die Vergangenheit. Deutsche Diplomaten im Dritten Reich und in der Bundesrepublik*, München [3]2010.

Crang, Jeremy A., *The British Army and the People's War 1939–1945*, Manchester/New York 2000.

Dahl, Hans Fredrik, *Quisling. A Study in Treachery*, Cambridge 1999.

Dieckmann, Christoph/Quinkert, Babette (Hrsg.), *Kriegführung und Hunger 1939–1945. Zum Verhältnis von militärischen, wirtschaftlichen und politischen Interessen*, Göttingen 2015.

Doubler, Michael D., *Busting the Bocage. American Combined Arms Operations in France, 6 June–31 July 1944*, Fort Leavenworth 1988.

Ebner, Timm, *Nationalsozialistische Kolonialliteratur. Koloniale und antisemitische Verräterfiguren »hinter den Kulissen des Welttheaters«*, Paderborn 2016.

Ellison, Nicole, Future Identities: Changing Identities in the UK – the Next 10 Years. Social Media and Identity, Januar 2013, abgerufen auf *https://www.gov.uk*.

Erlichman, Camilo, *Strategies of Rule. Cooperation and Conflict in the British Zone of Germany 1945–1949*, Diss. Edinburgh 2015.

Falter, Jürgen W., *Hitlers Wähler*, München 1991.

Falter, Jürgen W., *Zur Soziographie des Nationalsozialismus. Studien zu den Wählern und Mitgliedern der NSDAP*, Köln 2013.

Feferman, Kiril, Soviet Investigation of Nazi Crimes in the USSR. Documenting the Holocaust, in: *Journal of Genocide Research* 5/4 (2003), S. 587–602.

Field, Geoffrey, »Civilians in Uniform«: Class and Politics in the British Armed Forces, 1939–1945, in: *International Labor and Working-Class History* 80 (2011) 1, S. 121–147.

Föllmer, Moritz, Die Berliner Boulevardpresse und die Politik der Individualität in der Zwischenkriegszeit, in: Wolfgang Hardtwig (Hrsg.), *Ordnungen in der Krise. Zur politischen Kulturgeschichte Deutschlands 1900–1933*, München 2007, S. 293–326.

Föllmer, Moritz, *Individuality and Modernity in Berlin. Self and Society from Weimar to the Wall*, Cambridge 2013.

Föllmer, Moritz, Wie kollektivistisch war der Nationalsozialismus, in: Birthe Kundrus/Sybille Steinbacher (Hsg.), *Kontinuitäten und Diskontinuitäten. Der Nationalsozialismus in der Geschichte des 20. Jahrhunderts*, Göttingen 2013, S. 30–53.

Förster, Jürgen, *Die Wehrmacht im NS-Staat. Eine strukturgeschichtliche Analyse*, München 2007.

Frauenfeld, Alfred E., *Und trage keine Reu'. Vom Wiener Gauleiter zum Generalkommissar der Krim. Erinnerungen und Aufzeichnungen*, Leoni am Starnberger See 1978.

Frei, Norbert, *Der Führerstaat. Nationalsozialistische Herrschaft 1933 bis 1945*, München 2013.

Frei, Norbert, »Volksgemeinschaft«. Erfahrungsgeschichte und Lebenswirklichkeit der Hitler-Zeit, in: ders., *1945 und wir. Das Dritte Reich im Bewusstsein der Deutschen*, München 2005, S. 107–128.

Frevert, Ute, Was haben Gefühle in der Geschichte zu suchen?, in: *Geschichte und Gesellschaft* 35 (2009), S. 183–208.

Frieser, Karl-Heinz, Das Ausweichen der Heeresgruppe Nord von Leningrad ins Baltikum, in: Karl-Heinz Frieser (Hrsg.), *Das Deutsche Reich und der Zweite Weltkrieg*, Bd. 8, Stuttgart 2007, S. 278–296.

Fröhlich, Elke (Hrsg.), *Die Tagebücher von Joseph Goebbels*, München 1987–2008.

Fulbrook, Mary, Nazis mit reinem Gewissen? Zivile Funktionsträger und der Holocaust, in: Bialas/Fritze, *Ideologie*, S. 129–151.

Genovese, Eugene D., *Roll, Jordan, Roll. The World the Slaves Made*, New York 1974.

Genovese, Eugene D./Fox-Genovese, Elizabeth, *Fatal Self-Deception. Slaveholding Paternalism in the Old South*, Cambridge 2011.

Gerwarth, Robert/Malinowski, Stephan, Der Holocaust als »kolonialer Genozid«? Europäische Kolonialgewalt und nationalsozialistischer Vernichtungskrieg, in: *Geschichte und Gesellschaft* 33 (2007), S. 439–466.

Geyer, Michael, Wie die Deutschen das Krieg-Machen lernten, in: Peter Gleichmann/Thomas Kühne (Hrsg.), *Massenhaftes Töten. Kriege und Genozide im 20. Jahrhundert*, Essen 2004, S. 105–142.

Geyer, Michael, Aggressiver Individualismus und Gemeinschaftsideologie, in: *Zeithistorische Forschungen* 1 (2004), H. 1.

Giesel, Robert, Leipzigs nationalsozialistische Bürgermeister (1937–1945), in: *Leipziger Stadtgeschichte*. Jahrbuch 2011, S. 171–232.

Graf, Rüdiger/Steuwer, Janosch, Selbstkonstitution und Welterzeugung in Tagebüchern des 20. Jahrhunderts, in: dies. (Hg.): *Selbstreflexionen und Weltdeutungen. Tagebücher in der Geschichte und der Geschichtsschreibung des 20. Jahrhunderts*, Göttingen 2015, S. 7–36.

Gonzales, A. L./Hancock, J. T., Mirror, Mirror on my Facebook Wall: Effects of Exposure to Facebook on Self-Esteem, in: *Cyberpsychology, Behavior & Social Networking* 14 (2011), H. 1–2, S. 79–83.

Guerrazzi, A. O., »Wir können nicht hassen.« Zum Selbstbild der italienischen Armee während des Krieges und nach dem Krieg, in: C. Gudehus/S. Neitzel/H. Welzer (Hrsg.), *»Der Führer war wieder viel zu human, viel zu gefühlvoll«: Der Zweite Weltkrieg aus der Sicht deutscher und italienischer Soldaten*, Frankfurt a. M. 2011, S. 350–392.

Haar, Ingo, Zur Sozialstruktur und Mitgliederentwicklung der NSDAP, in: Wolfgang Benz (Hrsg.), *Wie wurde man Parteigenosse? Die NSDAP und ihre Mitglieder*, Frankfurt a. M. 2009, S. 60–73.

Habicht, Theo, *Wider den Unstaat! Gesammelte Aufsätze*, Leipzig [2]1930.

Hachtmann, Rüdiger, Elastisch, dynamisch und von katastrophaler Effizienz – zur Struktur der neuen Staatlichkeit des Nationalsozialismus, in: Sven Reichardt/Wolfgang Seibel (Hrsg.), *Der prekäre Staat. Herrschen und Verwalten im Nationalsozialismus*, Frankfurt a. M. 2011, S. 29–73.

Hachtmann, Rüdiger, Vom »Geist der Volksgemeinschaft durchpulst«, in: *Zeitgeschichte-online*, Januar 2010.

Hachtmann, Rüdiger/Süß, Winfried (Hrsg.), *Hitlers Kommissare. Sondergewalten in der nationalsozialistischen Diktatur*, Göttingen 2006.

Hachtmann, Rüdiger, Social Spaces of the Nazi *Volksgemeinschaft* in the Making: Functional Elites and Club Networking, in: Steber/Gotto, *Visions*, S. 200–214.

Hamilton, Richard F., *Who voted for Hitler?*, Princeton 1982.

Hartmann, Christian [u. a.] (Hrsg.), *Hitler, Mein Kampf. Eine kritische Edition*, 2 Bde., München 2015.

Hartmann, Christian [u. a.], Einleitung, in: dies. (Hrsg.), *Hitler, Mein Kampf. Eine kritische Edition*, Bd. 1, München 2016, S. 8–84.

Hartmann, Christian, *Wehrmacht im Ostkrieg. Front und militärisches Hinterland 1941/42*, München 2009.

Hentig, Werner Otto von, *Mein Leben eine Dienstreise*, Göttingen 1962.

Herbert, Ulrich, *Best. Biographische Studien über Radikalismus, Weltanschauung und Vernunft 1903–1989*, Bonn [5]2011.

Herbert, Ulrich, Echoes of the Volksgemeinschaft, in: Steber/Gotto, *Visions*, S. 60–72.

Herbert, Ulrich, *Geschichte Deutschlands im 20. Jahrhundert*, München 2014.

Herbert, Ulrich, Wer waren die Nationalsozialisten? Typologien des politischen Verhaltens im NS-Staat, in: Gerhard Hirschfeld/Tobias Jersak (Hrsg.), *Karrieren im Nationalsozialismus. Funktionseliten zwischen Mitwirkung und Distanz*, Frankfurt a. M./New York 2004.

Hettling, Manfred, Bürgerliche Kultur – Bürgerlichkeit als kulturelles System, in: Peter Lundgreen (Hrsg.), *Sozial- und Kulturgeschichte des Bürgertums. Eine Bilanz des Bielefelder Sonderforschungsbereichs*, Göttingen 2000, S. 319–339.

Hettling, Manfred, Die persönliche Selbständigkeit. Der archimedische Punkt bürgerlicher Lebensführung, in: ders./Stefan-Ludwig Hoffmann (Hrsg.), *Der bürgerliche Wertehimmel. Innenansichten des 19. Jahrhunderts*, Göttingen 2000, S. 57–78.

Hogan, Robert/Fico, James, Leadership, in: W. Keith Campbell/Joshua D. Miller (Hrsg.), *The Handbook of Narcissism and Narcissistic Personality Disorder. Theoretical Approaches, Empirical Findings, and Treatments*, Hoboken, N.J. 2011, S. 393–402.

Holzmann, Michael E., *Die österreichische SA und ihre Illusion von »Großdeutschland«. Völkischer Nationalismus in Österreich bis 1933*, Berlin 2011.

Hürter, Johannes, Das Auswärtige Amt, die NS-Diktatur und der Holocaust. Kritische Bemerkungen zu einem Kommissionsbericht, in: *VfZ* 59/2 (2011), S. 167–192.

Hürter, Johannes (Hrsg.), *Notizen aus dem Vernichtungskrieg. Die Ostfront 1941/42 in den Aufzeichnungen des Generals Heinrici*, Darmstadt 2016.

Hürter, Johannes, *Hitlers Heerführer. Die deutschen Oberbefehlshaber im Krieg gegen die Sowjetunion 1941/42*, München 2006.

Hürter, Johannes, The Military Elite and Volksgemeinschaft, in: Steber/Gotto, *Visions*, S. 257–269.

Hürter, Johannes, Nachrichten aus dem »Zweiten Krimkrieg« (1941/42). Werner Otto v. Hentig als Vertreter des Auswärtigen Amts bei der 11. Armee, in: Wolfgang Elz/Sönke Neitzel (Hrsg.), *Internationale Beziehungen im 19. und 20. Jahrhundert*, Paderborn [u. a.] 2003, S. 360–387.

Hüttenberger, Peter, *Die Gauleiter. Studien zum Wandel des Machtgefüges in der NSDAP*, Stuttgart 1969.

Infantry Section Leading, London 1938.

Infantry Training. Training and War, London 1937.

Infantry Training. Part VIII: Fieldcraft, Battle, Drill, Section and Platoon Tactics, London 1944.

Jacobsen, Hans-Adolf, *Nationalsozialistische Aussenpolitik 1933–1938*, Frankfurt a. M./Berlin 1968.

Jasch, Hans-Christian, *Staatssekretär Wilhelm Stuckart und die Judenpolitik*, München 2012.

Keipert, Maria/Grupp, Peter (Hrsg.), *Biographisches Handbuch des deutschen Auswärtigen Dienstes. 1871–1945*, Bd. 1–5, Paderborn [u. a.] 2000–2014.

Kershaw, Ian, Antisemitismus und die NS-Bewegung vor 1933, in: Hermann Graml/Angelika Königseder/Juliane Wetzel (Hrsg.), *Vorurteil und Rassenhass. Antisemitismus in den faschistischen Bewegungen Europas*, Berlin 2001, S. 29–47.

Kershaw, Ian, *Hitler. 1889–1936. Hubris*, London 2001.

Kershaw, Ian, Volksgemeinschaft. Potential and Limitations of the Concept, in: Steber/Gotto, *Visions*, S. 29–42.

Kershaw, Ian, »Working Towards the Führer.« Reflections on the Nature of the Hitler Dictatorship, in: *Contemporary European History* 2 (1993), Nr. 2, S. 103–118.

Kilian, Jürgen, *Wehrmacht und Besatzungsherrschaft im Russischen Nordwesten 1941–1944. Praxis und Alltag im Militärverwaltungsgebiet der Heeresgruppe Nord*, Paderborn [u. a.] 2012.

Kipp, Michaela *»Großreinemachen im Osten«. Feindbilder in deutschen Feldpostbriefen im Zweiten Weltkrieg*, Frankfurt a. M./New York 2014.

Knox, MacGregor, *Common Destiny. Dictatorship, Foreign Policy and War in Fascist Italy and Nazi Germany*, Cambridge 2000.

Koehl, Robert, Feudal Aspects of National Socialism, in: *The American Political Science Review* 54 (1960), S. 921–933.

Kramer, Nicole/Nolzen, Armin (Hrsg.), *Ungleichheiten im »Dritten Reich«. Semantiken, Praktiken, Erfahrungen*, Göttingen 2012.

Kraushaar, Wolfgang/Wieland, Karin/Reemtsma, Jan Philipp, *Rudi Dutschke, Andreas Baader und die RAF*, Hamburg 2005.

Kroener, Bernhard R., Die personellen Ressourcen des Dritten Reiches im Spannungsfeld zwischen Wehrmacht, Bürokratie und Kriegswirtschaft 1939–1942, in: ders. [u. a.] (Hrsg.), *Das Deutsche Reich und der Zweite Weltkrieg*, Bd. 5.1, Stuttgart 1988, S. 693–1001.

Kroener, Bernhard R., Strukturelle Veränderungen in der militärischen Gesellschaft des Dritten Reiches, in: Michael Prinz/Rainer Zitelmann (Hrsg.), *Nationalsozialismus und Modernisierung*, Darmstadt 1991, S. 267–296.

Kroener, Bernhard R., Auf dem Weg zu einer »nationalsozialistischen Volksarmee«. Die soziale Öffnung des Heeresoffizierkorps im Zweiten Weltkrieg, in: Martin Broszat [u. a.] (Hrsg.), *Von Stalingrad zur Währungsreform. Zur Sozialgeschichte des Umbruchs in Deutschland*, München 1998, S. 651–682.

Kühne, Thomas, *Kameradschaft. Die Soldaten des nationalsozialistischen Krieges und das 20. Jahrhundert*, Göttingen 2006.

Kühne, Thomas, Massen-Töten. Diskurse und Praktiken der kriegerischen und genozidalen Gewalt im 20. Jahrhundert, in: Gleichmann/Kühne, *Töten*, S. 11–52.

Kundrus, Birthe, Kontinuitäten, Parallelen, Rezeption. Überlegungen zur »Kolonialisierung« des Nationalsozialismus, in: *Werkstatt Geschichte* 43 (2006), S. 45–62.

Lasch, Christopher, *The Culture of Narcissism. American Life in an Age of Diminishing Expectations*, New York 1978.

Latzel, Klaus, *Deutsche Soldaten – nationalsozialistischer Krieg? Kriegserlebnis – Kriegserfahrung 1939–1945*, Paderborn [u. a.] 1998.

Lehmann, Sebastian, *Kreisleiter der NSDAP in Schleswig-Holstein. Lebensläufe und Herrschaftspraxis einer regionalen Machtelite*, Bielefeld 2007.

Lehnstaedt, Stephan, *Okkupation im Osten. Besatzeralltag in Warschau und Minsk 1939–1944*, München 2010.

Leo, Per, Der »fremde Andere«. Zur Sichtbarkeit des Einzelnen in den Inszenierungen der modernen Großstadt, in: Hardtwig, *Ordnungen in der Krise*, S. 262–291.

Leonhard, Jörn, *Die Büchse der Pandora. Geschichte des Ersten Weltkriegs*, München 2014.

Levy, Kenneth N./Ellison, William D./Reynoso, Joseph S., A Historical Review of Narcissism and Narcissistic Personality, in: Campbell/Miller, *Handbook of Narcissism*, S. 3–13.

Liulevicius, Vejas Gabriel, The Language of Occupation: Vocabularies of German Rule in Eastern Europe in the World Wars, in: Nelson, *Germans*, S. 121–139.

Longerich, Peter, *Propagandisten im Krieg. Die Presseabteilung des Auswärtigen Amtes unter Ribbentrop*, München 1987.

Lower, Wendy, *Nazi Empire Building and the Holocaust in the Ukraine*, Chapel Hill 2005.

MacDonald, Pat, Narcissism in the Modern World, in: *Psychodynamic Practice* 20 (2014), H. 2, S. 144–153.

Mark, Rudolf A., *Krieg an fernen Fronten. Die Deutschen in Zentralasien und am Hindukusch 1914–1924*, Paderborn 2013.

Mark, Rudolf A., *Im Schatten des* Great Game. *Deutsche »Weltpolitik« und russischer Imperialismus in Zentralasien 1871–1914*, Paderborn 2012.

Matthäus, Jürgen/Bajohr, Frank (Hrsg.), *Alfred Rosenberg. Die Tagebücher von 1934 bis 1944*, Frankfurt a. M. 2015.

Mawdsley, Evan, *Thunder in the East. The Nazi-Soviet War 1941–1945*, London 2005.

Mazower, Mark, *Hitler's Empire. Nazi Rule in Occupied Europe*, London 2008.

Meteling, Wencke, Der Ruhm verpflichtet! Regimenter als Träger kriegerisch-vaterländischer und konservativ-monarchischer Traditionsstiftung in Preußen in der ersten Hälfte des 19. Jahrhunderts, in: Horst Carl/Ute Planert (Hrsg.), *Militärische Erinnerungskulturen vom 14. bis zum 19. Jahrhundert. Träger, Medien, Deutungskonkurrenzen*, Göttingen 2012, S. 263–295.

Miebach, Bernhard, *Soziologische Handlungstheorie. Eine Einführung*, Wiesbaden [4]2014.

Miller, Daniel [u. a.], *How the World Changed Social Media*, London 2016.

Mühlberger, Detlef/Madden, Paul, *The Nazi Party. The Anatomy of a People's Party 1919–1933*, Bern 2007.

Mühlhäuser, Regina, *Eroberungen. Sexuelle Gewalttaten und intime Beziehungen deutscher Soldaten in der Sowjetunion, 1941–1945*, Hamburg 2010.

Müller, Rolf-Dieter, *Hitlers Wehrmacht 1935–1945*, München 2012.

Munz, Marius, *»Wiesbaden est boche et le restera.« Die alliierte Besetzung Wiesbadens nach dem Ersten Weltkrieg 1918–1930*, Norderstedt 2014.

Nelson, Robert L., Introduction: Colonialism in Europe? The Case against Salt Water, in: Nelson, *Germans*, S. 1–9.

Neitzel, Sönke/Welzer, Harald, *Soldaten. Protokolle vom Kämpfen, Töten und Sterben*, Frankfurt a. M. 2011.

Neitzel, Sönke, Soldatische Vergemeinschaftung; Vortrag auf der Konferenz zur Holocaustforschung der Bundeszentrale für politische Bildung, Berlin, 27. 1. 2013.

Nolte, Paul, *Die Ordnung der deutschen Gesellschaft. Selbstentwurf und Selbstbeschreibung im 20. Jahrhundert*, München 2000.

Nolzen, Armin, Die NSDAP, der Krieg und die deutsche Gesellschaft, in: Jörg Echternkamp (Hrsg.), *Das Deutsche Reich und der Zweite Weltkrieg*, Bd. 9.1, München 2004, S. 114–117.

Nolzen, Armin, The NSDAP's Operational Codes after 1933, in: Steber/Gotto, *Visions*, S. 87–100.

Nolzen, Armin, Die NSDAP vor und nach 1933, in: *Aus Politik und Zeitgeschichte 47* (2008), S. 19–26.

Nolzen, Armin, Die sächsische NSDAP nach 1933. Sozialstrukturen und soziale Praktiken, in: Günther Heydemann/Jan Erik Schulte/Francesca Weil (Hrsg.), *Sachsen und der Nationalsozialismus*, Göttingen 2014, S. 43–57.

Nübel, Christoph, *Durchhalten und Überleben an der Westfront. Raum und Körper im Ersten Weltkrieg*, Paderborn 2014.

Nübel, Christoph, Neuvermessungen der Gewaltgeschichte. Über den ›langen Ersten Weltkrieg‹ (1900–1930), in: *Mittelweg 36* (2015), H. 1, S. 225–248.

Nübel, Christoph, Raum in der Militärgeschichte und Gewaltgeschichte. Probleme, Ergebnisse und neue Felder der Forschung, in: *Militärgeschichtliche Zeitschrift* 73 (2014).

Orlow, Dietrich, *The History of The Nazi Party*, Bd. 1: *1919–33*, Newton Abbot 1971.

Penter, Tanja, *Kohle für Stalin und Hitler. Arbeiten und Leben im Donbass 1929 bis 1953*, Essen 2010.

Plöckinger, Othmar, *Unter Soldaten und Agitatoren. Hitlers prägende Jahre im deutschen Militär, 1918–1920*, Paderborn 2013.

Pohl, Dieter, *Die Herrschaft der Wehrmacht. Deutsche Militärbesatzung und einheimische Bevölkerung in der Sowjetunion, 1941–1944*, München 2008.

Potthoff, Marie-Christine, Traditionelle Bürgerlichkeit im internationalen Kontext: Rotary und Lions Clubs nach 1945, in: Gunilla Budde/Eckart Conze/Cornelia Rauh (Hrsg.), *Bürgertum nach dem bürgerlichen Zeitalter. Leitbilder und Praxis seit 1945*, Göttingen 2010, S. 81–98.

Pyta, Wolfram, Hitler. *Der Künstler als Politiker und Feldherr. Eine Herrschaftsanalyse*, München 2015.

Raab, Jürgen, *Erving Goffman*, Konstanz 2008.

Raphael, Lutz, *Imperiale Gewalt und mobilisierte Nation. Europa 1914–1945*, München 2011.

Raphael, Lutz, Pluralities of National Socialist Ideology: New Perspectives on the Production and Diffusion of National Socialist *Weltanschauung*, in: Steber/Gotto, *Visions*, S. 73–86.

Rass, Christoph, *»Menschenmaterial«: Deutsche Soldaten an der Ostfront. Innenansichten einer Infanteriedivision 1939–1945*, Paderborn [u. a.] 2003.

Rass, Christoph, Das Sozialprofil von Kampfverbänden des deutschen Heeres 1939 bis 1945, in: Jörg Echternkamp (Hrsg.), *Das Deutsche Reich und der Zweite Weltkrieg*. Bd. 9.1: Politisierung, Vernichtung, Überleben, München 2004, S. 641–741.

Rass, Christoph, »Volksgemeinschaft« und »Wehrgemeinschaft«, in: Malte Thiessen/Dietmar von Reeken (Hrsg.), *»Volksgemeinschaft« vor Ort? Neue Forschungen zur sozialen Praxis im Nationalsozialismus*, Paderborn 2013, S. 309–324.

Rayson, Paul, From Key Words to Key Semantic Domains, in: *International Journal of Corpus Linguistics* 13 (2008), H. 4, S. 510–549.

Reibel, Carl-Wilhelm, *Das Fundament der Diktatur. Die NSDAP-Ortsgruppen 1932–1945*, Paderborn [u. a.] 2002.

Reichardt, Sven, *Faschistische Kampfbünde. Gewalt und Gemeinschaft im italienischen Squadrismus und in der deutschen SA*, Köln/Weimar/Wien 2002.

Reichardt, Sven, Neue Wege der vergleichenden Faschismusforschung, in: *Mittelweg 36* (2007), H. 1, S. 9–25.

Reichardt, Sven, Praxeologische Geschichtswissenschaft. Eine Diskussionsanregung, in: *Sozial.Geschichte* 22 (2007), H. 3, S. 43–65.

Reichardt, Sven/Seibel, Wolfgang, Radikalität und Stabilität: Herrschen und Verwalten im Nationalsozialismus, in: dies., *Staat*, S. 8–27.

Reschke, Oliver/Wildt, Michael, Aufstieg der NSDAP in Berlin, in: Michael Wildt/Christoph Kreutzmüller (Hrsg.), *Berlin 1933–1945*, München 2013, S. 19–32.

Reschke, Oliver, *Kampf um den Kiez. Der Aufstieg der NSDAP im Zentrum Berlins 1925–1933*, Berlin 2014.

Reynolds, Elizabeth K./Lejuez, C. W., Narcissism in the DSM, in: Campbell/Miller, *Handbook of Narcissism*, S. 14–21.

Röger, Maren, *Kriegsbeziehungen. Intimität, Gewalt und Prostitution im besetzten Polen 1939 bis 1945*, Frankfurt a. M. 2015.

Römer, Felix, »Im alten Deutschland wäre solcher Befehl nicht möglich gewesen«. Rezeption, Adaption und Umsetzung des Kriegsgerichtsbarkeitserlasses im Ostheer 1941/42, in: *VfZ* 56 (2008), S. 53–99.

Römer, Felix, *Kameraden. Die Wehrmacht von innen*, München 2012.

Römer, Felix, *Der Kommissarbefehl. Wehrmacht und NS-Verbrechen an der Ostfront 1941/42*, Paderborn [u. a.] 2008.

Römer, Felix, Truppenführer als Täter. Das Beispiel des Majors Günther Drange, in: Christian Hartmann (Hrsg.), *Von Feldherren und Gefreiten. Zur biographischen Dimension des Zweiten Weltkriegs*, München 2008, S. 69–80.

Römer, Felix, Volksgemeinschaft in der Wehrmacht? Milieus, Mentalitäten und militärische Moral in den Streitkräften des NS-Staates, in: Welzer/Neitzel/Gudehus, *»Der Führer«*, S. 55–94.

Rösch, Mathias, *Die Münchner NSDAP 1925–1933. Eine Untersuchung zur inneren Struktur der NSDAP in der Weimarer Republik*, München 2002.

[Rollet, Edwin], Nationalsozialist oder Kommunist? Theo Habicht. Hrsg. vom Bundeskommissär für Propaganda, Wien [o. D.] ca. 1934.

Ross, Dieter, *Hitler und Dollfuß. Die deutsche Österreich-Politik 1933–1934*, Hamburg 1966.

Roth, Claudia, *Parteikreis und Kreisleiter der NSDAP unter besonderer Berücksichtigung Bayerns*, München 1997.

Rutherford, Jeff, *Combat and Genocide on the Eastern Front. The German Infantry's War 1941–1944*, Cambridge 2014.

Rutherford, Jeff, Life and Death in the Demiansk Pocket: The 123rd Infantry Division in Combat and Occupation, in: *Central European History* 41 (2008), S. 347–380.

Schäfer, Michael, *Geschichte des Bürgertums. Eine Einführung*, Köln [u. a.] 2009.

Schafranek, Hans, *Sommerfest mit Preisschießen. Die unbekannte Geschichte des NS-Putsches im Juli 1934*, Wien 2006.

Schauwecker, Franz, *Vor dem Sturmangriff*, Berlin 1939.

Schmidt, Rainer F., *Die Außenpolitik des Dritten Reiches 1933–1939*, Stuttgart 2002.

Schneider, Michael, *Unterm Hakenkreuz. Arbeiter und Arbeiterbewegung 1933 bis 1939*, Bonn 1999.

Schneider, Michael, *In der Kriegsgesellschaft. Arbeiter und Arbeiterbewegung 1939 bis 1945*, Bonn 2014.

Schröder, Bernd Philipp, *Deutschland und der Mittlere Osten im Zweiten Weltkrieg*, Göttingen 1975.

Schröder, Hans Joachim, *Die gestohlenen Jahre. Erzählgeschichten und Geschichtserzählung im Interview: Der zweite Weltkrieg aus der Sicht ehemaliger Mannschaftssoldaten*, Tübingen 1992.

Schumann, Dirk, *Politische Gewalt in der Weimarer Republik 1918–1933. Kampf um die Straße und Furcht vor dem Bürgerkrieg*, Essen 2011.

Seiffert, Anja/Heß, Julius, *Afghanistanrückkehrer. Der Einsatz, die Liebe, der Dienst und die Familie. Ausgewählte Ergebnisse der sozialwissenschaftlichen Langzeitbegleitung des 22. Kontingents ISAF*, Potsdam 2014.

Seixas, Xosé Manoel Núñez, *Die spanische Blaue Division an der Ostfront 1941–1945. Zwischen Kriegserfahrung und Erinnerung*, Münster 2016.

Seraphim, Hans-Günther (Hrsg.), *Das politische Tagebuch Alfred Rosenbergs 1934/35 und 1939/40*, München 1964.

Sheffield, Gary D., *Leadership in the Trenches. Officer-Man Relations, Morale and Discipline in the British Army in the Era of the First World War*, New York 2000.

Shepherd, Ben H., *Hitler's Soldiers. The German Army in the Third Reich*, New Haven/London 2016.

Siemens, Daniel, *Hitler's Brownshirts: Violent Mobilisation and Disciplinary Integration in the National Socialist SA, 1921–1945*, Habilitationsschrift, Universität Bielefeld 2016.

Sorokina, Marina, People and Procedures. Toward a History of the Investigation of Nazi Crimes in the USSR, in: *Kritika: Explorations in Russian and Eurasian History* 6 (2005), S. 797–831.

Stachelbeck, Christian, Strategy ›in a Microcosm‹: Processes of Tactical Learning in a WWI German Infantry Division, in: *Journal of Military and Strategic Studies*, 13 (2011), H. 4, S. 1–20.

Stargardt, Nicholas, *The German War. A Nation Under Arms, 1939–45*, London 2015, deutsch: *Der deutsche Krieg 1939–1945*, Frankfurt a. M. 2015.

Steber, Martina, Regions and National Socialist Ideology. Reflections on Contained Plurality, in: M. Umbach/C.-C. W. Szejnmann (Hrsg.), *Heimat, Region and Empire. Spatial Identities under National Socialism*, Basingstoke 2012, S. 25–42.

Steber, Martina/Gotto, Bernhard, Volksgemeinschaft. Writing the Social History of the Nazi Regime, in: Steber/Gotto, *Visions*, S. 1–25.

Stein, Peter, *Die NS-Gaupresse 1925–1933. Forschungsbericht, Quellenkritik, neue Bestandsaufnahme*, München [u. a.] 1987.

Steinmetz, George, *The Devil's Handwriting. Precoloniality and the German Colonial State in Qingdao, Samoa, and Southwest Africa*, Chicago/London 2007.

Stelbrink, Wolfgang, *Die Kreisleiter der NSDAP in Westfalen und Lippe. Versuch einer Kollektivbiographie mit biographischem Anhang*, Münster 2003.

Steuwer, Janosch, Was meint und nützt das Sprechen von der »Volksgemeinschaft«? Neuere Literatur zur Gesellschaftsgeschichte des Nationalsozialismus, in: *Archiv für Sozialgeschichte* 53 (2013), S. 487–534.

Steuwer, Janosch/Leßau, Hanne, »Wer ist ein Nazi? Woran erkennt man ihn?« Zur Unterscheidung von Nationalsozialisten und anderen Deutschen, in: *Mittelweg* 36 (2014), H. 1, S. 30–51.

Stirk, Peter M. R., *The Politics of Military Occupation*, Edinburgh [2]2012.

Swett, Pamela E., *Neighbors and Enemies. The Culture of Radicalism in Berlin, 1929–1933*, Cambridge 2004.

Tamborski, Michael/Brown, Ryan P., The Measurement of Trait Narcissism in Social-Personality Research, in: Campbell/Miller, *Handbook of Narcissism*, S. 133–140.

Thießen, Malte, Schöne Zeiten? Erinnerungen an die »Volksgemeinschaft« nach 1945, in: Bajohr/Wildt, *Volksgemeinschaft*, S. 165–187.

Tönsmeyer, Tatjana, Besatzungsgesellschaften. Begriffliche und konzeptionelle Überlegungen zur Erfahrungsgeschichte des Alltags unter deutscher Besatzung im Zweiten Weltkrieg, in: *Docupedia-Zeitgeschichte*.

Tönsmeyer, Tatjana, Hungerökonomien. Vom Umgang mit der Mangelversorgung im besetzten Europa des Zweiten Weltkrieges, in: *Historische Zeitschrift* 301 (2015) 3, S. 662–704.

Torp, Claudius, *Konsum und Politik in der Weimarer Republik*, Göttingen 2011.

Twenge, Jean M./Campbell, W. Keith, *The Narcissism Epidemic. Living in the Age of Entitlement*, New York 2009.

Twenge, Jean M., Narcissism and Culture, in: Campbell/Miller, *Handbook of Narcissism*, S. 202–209.

Umansky, Andrej, Geschichtsschreiber wider Willen? Einblick in die Quellen der »Außerordentlichen Staatlichen Kommission« und der »Zentralen Stelle«, in: Angelika Nußberger [u. a.] (Hrsg.), *Bewusstes Erinnern und bewusstes Vergessen. Der juristische Umgang mit der Vergangenheit in den Ländern Mittel- und Osteuropas*, Tübingen 2001, S. 347–374.

Umbreit, Hans, Auf dem Weg zur Kontinentalherrschaft, in: Bernhard R. Kroener [u. a.] (Hrsg.), *Das Deutsche Reich und der Zweite Weltkrieg*, Bd. 5.1, Stuttgart 1988, S. 3–345.

Ullrich, Volker, *Adolf Hitler. Die Jahre des Aufstiegs 1889–1939*, Frankfurt a. M. 2013.

Vangelisti, Anita L./Knapp, Mark L./Daly, John A., Conversational Narcissism, in: *Communication Monographs* 57 (Dez. 1990), S. 251–274.

Wagner, Andreas, Partei und Staat. Das Verhältnis von NSDAP und innerer Verwaltung im Freistaat Sachsen 1933–1945, in: Clemens Vollnhals (Hrsg.), *Sachsen in der NS-Zeit*, Leipzig 2002, S. 41–56.

Watson, Alexander, »For Kaiser and Reich«. The Identity and Fate of the German Volunteers, 1914–1918, in: *War in History* 12 (2005), H. 1, S. 44–74.

Watts, Ashley L./Lilienfeld, Scott O. [u. a.], The Double-Edged Sword of Grandiose Narcissism: Implications for Successful and Unsuccessful Leadership Among U. S. Presidents, in: *Psychological Science* 24 (2013), H. 12, S. 1–11.

Weber, Thomas, *Hitlers erster Krieg. Der Gefreite Hitler im Weltkrieg. Mythos und Wahrheit*, Berlin 2011.

Wegehaupt, Phillip, Funktionäre und Funktionseliten der NSDAP. Vom Blockleiter zum Gauleiter, in: Benz, *Parteigenosse*, S. 39–59.

Wegner, Bernd, Die Aporie des Krieges, in: Frieser, *Das Deutsche Reich und der Zweite Weltkrieg*, Bd. 8, S. 211–274.

Wehler, Hans-Ulrich, *Deutsche Gesellschaftsgeschichte*. Bd. 4: *Vom Beginn des Ersten Weltkriegs bis zur Gründung der beiden deutschen Staaten 1914–1949*, München 2003.

Wehler, Hans-Ulrich, *Deutsche Gesellschaftsgeschichte*. Bd. 5: *Bundesrepublik und DDR 1949–1990*, München 2008.

Wettstein, Adrian, *Die Wehrmacht im Stadtkampf 1939–1942*, Paderborn [u. a.] 2014.

Wierling, Dorothee, *Eine Familie im Krieg. Leben, Sterben und Schreiben 1914–1918*, Göttingen 2013.

Wildt, Michael, *Generation des Unbedingten. Das Führungskorps des Reichssicherheitshauptamtes*, Hamburg 2002.

Wildt, Michael, *Volksgemeinschaft als Selbstermächtigung. Gewalt gegen Juden in der deutschen Provinz 1919 bis 1939*, Hamburg 2007.

Williams, Zoe, Me! Me! Me! Are we living through a narcissism epidemic?, in: *The Guardian*, 2. 3. 2016.

Wirsching, Andreas, Hitlers Authentizität. Eine funktionalistische Deutung, in: *VfZ* 64 (2016), H. 3, S. 387–417.

Wolfe, Tom, The »Me« Decade and the Third Great Awakening, in: *New York Magazine*, 23. 8. 1976.

Wolfrum, Edgar, *Die geglückte Demokratie. Geschichte der Bundesrepublik Deutschland von ihren Anfängen bis zur Gegenwart*, Stuttgart 2006.

Zehnpfennig, Barbara, *Adolf Hitler: Mein Kampf. Weltanschauung und Programm. Studienkommentar*, München 2011.

Zenker-Oertel, Claudia, *Die Wiesbadener NSDAP in der Weimarer Republik*, Diss. Leipzig 2005.

Zibell, Stephanie, *Jakob Sprenger. NS-Gauleiter und Reichsstatthalter in Hessen*, Darmstadt 1999.

Zibell, Stephanie, Oberbürgermeister Theodor Habicht. Werdegang eines Nationalsozialisten, in: *Koblenzer Beiträge zur Geschichte und Kultur* 9 (1999), S. 72–100.

Abbildungsnachweis

1 Narodowe Archiwum Cyfrowe, Warschau, Bildnummer 1-E-712

3, 7 Städtische Sammlungen der Lutherstadt Wittenberg / RA, Inv.Nr. Neuzeit 437

4 Karte vom Tiefbau- und Vermessungsamt Wiesbaden

5 Generiert mit WMatrix (© Lancaster University / Paul Rayson)

6, 11, 12 Wehrgeschichtliches Museum Rastatt

8 Privat: Ingolf Breese, Schwarzenbek

9, 10 Zentralarchiv des Verteidigungsministeriums der Russischen Föderation, Moskau

13 US National Archives and Records Administration

Ortsregister

Personenregister

Wegen der nahezu durchgängigen Erwähnung Theodor Habichts wurde dieser Name hier nicht aufgenommen.